THE FIVE FORCES
THAT CHANGE EVERYTHING

HOW TECHNOLOGY IS SHAPING OUR FUTURE

原动力

改变未来世界的5大核心力量

[美] 史蒂文·霍夫曼（Steven S. Hoffman）◎著

周海云◎译

中信出版集团 | 北京

图书在版编目（CIP）数据

原动力：改变未来世界的 5 大核心力量 /（美）史蒂
文·霍夫曼著；周海云译 . -- 北京：中信出版社，
2021.9（2025.3 重印）
书名原文：The Five Forces That Change
Everything: How Technology is Shaping Our Future
ISBN 978-7-5217-3240-5

Ⅰ.①原… Ⅱ.①史… ②周… Ⅲ.①技术革新－作
用－经济体系－研究 Ⅳ.① F20

中国版本图书馆 CIP 数据核字（2021）第 124541 号

原动力——改变未来世界的 5 大核心力量

著者：　　[美]史蒂文·霍夫曼
译者：　　周海云
出版发行：中信出版集团股份有限公司
　　　　　（北京市朝阳区东三环北路27号嘉铭中心　邮编 100020）
承印者：　北京盛通印刷股份有限公司

开本：787mm×1092mm 1/16　　印张：24.75　　字数：377 千字
版次：2021 年 9 月第 1 版　　印次：2025 年 3 月第 3 次印刷
京权图字：01-2021-3238　　　书号：ISBN 978-7-5217-3240-5

定价：88.00 元

特别致谢：

浙江大学讲座教授卢伟教授

清华大学全球领导力秘书长顾常超博士

周海云（Joseph Zhou）

目 录

推荐序一
未来，藏在元命题与现实机遇之间

张亚勤

清华大学智能产业研究院院长、讲席教授

美国艺术与科学院院士

毫无疑问，最近几十年，曾经人们对未来景象的种种描述正在随着技术的演进加速变成现实。除了家用电脑、互联网、移动手机、数字支付等广为人知的发明外，无人驾驶、生物芯片、智能机器人、远程手术等技术也正在变成现实。

我们正在进入第四次工业革命，人工智能正在深层次地改变我们的产业模式、社会结构和经济形态。信息智能、物理智能和生物智能的融合使我们的未来充满了变数，但人类的发展使得确定性的力量往往比预想中更早、更快、更有力地影响到我们的生活。对未来的预测或许已经根深蒂固地成为"硅谷思维"的组成部分。无论是企业家、投资人，还是技术布道师，来自硅谷的思想者们从来不会克制对预测未来的渴望，他们善于勾画宏大的技术发展与人类生存蓝图，并且提醒我们随时警惕其中潜藏的不安与威胁。

比如大家现在看到的这本《原动力》。

这本书的作者史蒂文·霍夫曼是硅谷著名的创业家、天使投资人、硅谷知名孵化器"创始人空间"（Founders Space）的创始人。他的代表作《让大象飞》在营销与产品领域影响了很多人。在《原动力》这本书中，霍夫曼通过他在前沿科技领域的多年观察，融合了近年来大量学术研究、数据报告以及技术思想家的观点，总结了 5 个在他看来可以确定地改变未来的"元命题"：海量连接、生物融合、人类扩张、深度自动化，以及智能爆炸。

就像从家用电脑的出现可以推导出信息革命的发生，技术正在我们所处的时代确定性地向前推进，比如生活与产业中的网络连接节点越来越多，人工智能的水准不断提升。通过这些确定性趋势，这本书尝试站在非常遥远的未来审视现在，为全球技术发展搭建一座高瞻远瞩的瞭望塔。

或许读者会怀疑，现在关注这些元命题会不会为时尚早，又或者会觉得站在数十年、上百年之后来观照现在，可能与自己的工作和生活关系不大。但只有看得足够远，才能准确预测下一步的方向。在某种程度上，这本书正是通过这种远与近的结合，在瞭望元命题的同时，帮助我们发现现实中的科研与产业机遇。

比如说，书中探讨了在生物融合的背景下，聪明药研发与寿命延长的可能性。我们知道，谈论这类技术的大爆发还为时尚早。但在今天，人工智能在蛋白质解析与病毒研究、新药研发中的作用不断加大。在全球抗击疫情的过程中，人工智能技术就在疫苗的快速研发中起到了至关重要的作用。

当生物技术与信息技术的融合越发成熟，寿命延长成为确定性趋势，我们是否应该提前考虑在老龄化、长寿化社会中，可以发现哪些产业机遇？如何更好地服务社会并获得价值？

再比如说，书中详尽讨论了超级人工智能出现的可能性，即作者所谓的智能爆炸。作者认为："一旦人工智能学会了如何编写出比它们自己更智能的代码，我们就会遇到一个被称为人工智能奇点的拐点。

在这个拐点上，机器人正常的自我改善的周期会出现失控的现象，从而导致智能爆炸的发生。最后的结果将是出现一个强大的超级智能，而它在智能的质量上将远远超越所有人类的智能。"

作者将智慧城市比作"魔法王国"，但我们知道现实中并不存在魔法，我们能做的是将那些想象中的魔法具象为可解释的科学路径与研究方法。这也是我在清华大学成立智能产业研究院的初衷，我希望能够面向第四次工业革命，以及智慧交通、智慧物联、智慧医疗等领域，提供可信、可控、产业化的研究成果。

看得更远，才能做得更细。面向共同的未来，不同的领域应该有明确的分工协作。比如思想家洞察未来方向，科学家完成技术研发适配，产业从业者推动技术改变生活，带来价值。而《原动力》这本书，毫无疑问主动承担起了眺望未来的责任。

另一方面，我们可以看到，面对不断加速发展的以多样化方式进入生活的信息与智能技术，作者就像很多硅谷思想家那样，始终保持着谦逊自省与对技术的高度警惕。基本在每一部分技术讨论中，作者都会列举正反两方面的观点，并引用不同信息源交叉佐证。

在探索和发展技术的过程中，确实应该提升对技术伦理、技术安全可控的观照。比如在人工智能技术的发展进程中，就需要严格确保它是为人类服务的。在人工智能改变社会结构的过程中，需要积极引导劳动者与人工智能共存，把社会福祉放在技术价值之上。

我认为，人工智能要发展成为负责任的技术，应秉持 3R 原则："积极响应"（responsive）、"适应发展"（resilient）、"坚守价值"（responsible）。"积极响应"原则意味着研究者应优先选择适应社会及行业需求的技术；"适应发展"原则预示着技术发展应该趋于透明、可解释，且更具鲁棒性；"坚守价值"原则代表着研究者在研究理论、算法，尤其是将它们应用于不同行业时，必须牢记该行业的基本原则，并了解技术可能产生的后果和影响。

只有把握了这些原则，才能确保技术不会朝着作者担忧的方向加速、失控，我们也才能够让一系列细分工作在价值正确的道路上被准确完成。

另一个让我印象深刻的地方，在于霍夫曼对时代与技术发展的宏观洞察和巨大抱负。在日常生活与工作中，我们可能更多会关注"明天做什么"，以及"明年应该取得怎样的成绩"，少有人会充满热情与野心地分析几十年、一百年之后人类应该怎样。关于这些技术与人类的元命题，这本书给出了一些兼具常识性与创造力的答案。阅读这本书的收获，或许不在于你是否认同改变未来的正是这 5 种技术，而在于从中收获一种广阔的眼界和探索方法，从而在你的学习与工作中寻觅线索，完成推理，找到改变你自身未来的那种"原动力"。

这本书结尾处写道："随着新技术持续不断地涌现，它们将会用一种我们无法抵抗的力量来推动我们向前，但是这并不意味着我们不能影响事物发展的走向。我们现在正处在历史关键的转折点，最终如何利用我们手上的技术，将取决于我们这一代人。"

这让我想起了艾伦·图灵的名言："这不过是将来之事的前奏，也是将来之事的影子。"

世界之挑战与世界之动人，正在于此。

推荐序二
大脑、赛博格、量子技术、自动化，以及技术奇点

史蒂夫·曼（Steve Mann）

可穿戴计算之父，可穿戴增强现实之父

当今社会，技术正在不断地改变着我们的世界，给我们的生活带来前所未有的影响。正是在这样纷繁的背景下，霍夫曼在这本新作中对各种全新技术的描述不但做到了清晰明了，而且精彩纷呈。这个社会正在不断加速地发生变化，有时候这对整个社会而言都是很难于理解的。然而，从一开始这本书就把人类的大脑放在了海量连接的核心处，从而使我们对于人类当下发展的状态有了更深刻的理解。

在这本书中，霍夫曼描述了 5 种可能会对人类未来产生重大影响的"原动力"，而我想用下面这 5 个词对这 5 种力量做一个概述：大脑、赛博格、量子技术、自动化，以及技术奇点。

第一种力量是指人类的大脑以及将人类的大脑互联在一起的海量连接。在我与朋友共同创立 InteraXon 公司和 BlueberryX 公司的过程中，我亲眼见证了这种力量的发展，其中 InteraXon 公司生产制造的是缪斯大脑感应头带，而 BlueberryX 公司生产制造的是大脑和世界感知眼镜，这种眼镜能持续不断地监测我们的身体、情感以及大脑的健康状况，即便我们身处水下，监测过程也不会中断。随着我们的大脑与一个大范围的、并行的、可穿戴的电脑网络连接在一起，社会的

基本架构正在朝着情感计算与健康的方向转变，同时我们还将获得与数字以及物理世界进行沟通和互动的全新方式。

第二种力量是赛博格时代。赛博格时代也被称作后人类时代，与其相关的流行思潮有所谓的超人类主义或者后人类主义。正是在这样一个时代，以前被我们用来定义人类的根本属性受到了挑战。对于这种力量，我本人拥有非常深切的体验，因为媒体经常把我称为"世界上第一个赛博格"，尽管我个人并不喜欢这样一个称呼，但这个称呼已经在主流文化中流行了起来。在我还很小的时候，也就是在 20 世纪六七十年代，我曾尝试用很多疯狂的方式对自己的身体进行改造和调整。其中有些纯属孩童时期的愚蠢行为，但有些变成了今天在全世界各地被广泛接受的新发明。这其中就包括"可穿戴计算"和"可穿戴人工智能"，这些都是我在创立"可穿戴计算"项目时带到麻省理工学院的。早在1991年，当我还在麻省理工学院的时候，查尔斯·威科夫（Charles Wyckoff）和我就创造了"扩展现实"（extended reality）这个词，这个词的内涵后来又演变成为 X-现实（X-reality）和 XR 智能。今天，我们可以看到所有这些零散的项目正在聚拢到一起，为赛博格时代的到来奠定基础。

第三种力量涉及的是一个与纳米尺度相关的量子时代，而这让我想起了我曾经提到的所谓的"后-后人类时代"或者"后赛博格时代"。在这样一个全新的时代，我们将有能力开发出全新的材料和纳米机器，而这些材料和机器不但能让我们拥有超人的力量，还能够从根本上改变我们周围的物质世界。

第四种力量就是所谓的自动化、人工智能以及机器智能的时代。这三者不但本身各自是重要的力量，而且当它们与其他力量结合在一起的时候，它们实际上还是一种力量倍增器。赋予机器类似人类的智能可以直接为赛博格时代带来各种正面的反馈，并将放大和加速早已在进行中的技术变革。

第五种力量是人们曾经热议的技术奇点或者说智能爆炸。在麻省理工学院，我们过去常说，当一个方程包含了一个奇点的时候，你实际上碰到了一个以零为分母的错误，而这也意味着方程中的某些量会变得无穷大。在某种意义上，我们正在看到的就是在一个很大的尺度上出现的以零为分母的现象。软件在近乎为零的时间内以近乎为零的成本不断地复制自身，其结果就是马文·明斯基（Marvin Minsky）、雷·库兹韦尔（Ray Kurzweil）和我所说的"感知奇点"（sensory singularity）。当这样一个奇点出现时，感知人工智能（sensory intelligence）就会在近乎为零的时间内以近乎为零的成本出现爆发式的增长。这一终极力量的威力和潜力相当于我们把原子劈开，从而改变甚至毁灭我们整个人类。

在这本书中，所有这些匪夷所思的想法被一种令人深思且容易理解的方式组合在了一起。所以，任何试图紧随技术发展最新趋势的人都能够对技术的发展方向，以及这些根本性的突破会如何改变我们的生活及周围的世界，获得一些切身的感受。

前　言
改变一切的 5 种力量

　　首先让我来介绍一下我自己。我的名字叫史蒂文·霍夫曼，但是在硅谷，很多人都叫我"霍夫曼船长"，因为我是一家世界领先的创业加速器的"船长"和总裁，同时我还是一位风险投资人。在过去的数年时间里，我一直在全球各地旅行并与顶尖的创业者、科学家以及有远见的思想者合作。这给了我前所未有的机会，让我可以近距离地接触各种匪夷所思的技术、相关的研究项目，以及开发这些技术的研究人员。我相信，这些技术将会从根本上影响居住在这颗行星上的每一个人。

　　我很快就会带你开启一段非凡的旅程，走入那些注定会重塑我们这个世界的天才的大脑，去了解他们脑洞大开的创意。我还会向你揭示，新的科学突破和人们在商业上的冒险将会如何改变我们的生活，同时又是如何将科幻小说中的故事转变成现实的。从硅谷的生物黑客到我们在日本所看到的像真人一样的机器人，再到乌克兰的世界第一例有三个父母的婴儿，我会逐步深入地向你展示各种可能性的极限，以及这些可能性会给我们人类带来何种令人难以置信的影响。

　　每向前迈出一步，我都会向你展示这些发现如何成为正在改变人类的 5 种基本力量的一部分，而正是这 5 种基本力量在推动着人类以一种前所未有的步伐向前发展。当下我们正生活在这样一个时代，过去各种被认为完全不可能的事情正在成为你眼前的现实，而且也正因为这一点，我们更有必要弄明白我们的想象力和创造力正在把我们带往何处。我们创造出来的东西不但可以让人类活得更久、更健康、更富足，还很有可能会永久地改变我们，甚至会摧毁我们。在未来的数年时间里，我们所做的每一个决定都关乎人类会成为什么样的物种，以及向哪个方向演化。

随着机器开始逐渐胜任人类在过去数个世纪里需要完成的绝大多数工作，我们正在走向一场大规模的社会重组。例如，纳米技术已经发展到了这样一个阶段，今天我们不但已经为这个世界引入了一些新的纳米材料，而且有可能制造出人的肉眼根本看不见的纳米机器人，而这项技术将永久地改变我们人类在地球上的生活。通过基因工程，我们已经把演化掌握在了自己的手中，创造出了以前从来没有存在过的新的动植物物种。我们还在开发很多种不同的人工智能程序，它们不但能够预测未来的事件，创造出逼真的模拟环境，而且能够从它们自己所犯的错误中学习。另外，太空技术也已经发展到了这样一种程度，现在我们已经有能力在太阳系中向另一颗行星殖民，同时去发现外星的生命形式。

作为正在我们周围发生的技术变革背后的推动力，有 5 种基本力量将决定我们人类选择的方向。理解这 5 种基本力量可以说是至关重要的，因为从我们经济发展的方式和制度运作的方式到人类作为一个物种会如何演化，这 5 种基本力量的影响范围已经遍及整个社会结构。为了能清楚地解释这 5 种基本力量，本书将被分成如下 5 个部分。

1. 海量连接：这种力量会推动人类将机器和大脑一起接入相互连接的智能数字网络，而这也将从根本上改变我们的生活和工作方式，并且将物质世界和虚拟世界融合成一种全新的、另类的现实。

2. 生物融合：这种力量会推动人类把生物学与其他技术融合起来，从而使我们能够解码构成生命的基本模块，创造出全新的动植物物种，征服疾病并提升人类的能力。

3. 人类扩张：这种力量会驱使人类向已知宇宙的边缘扩张，它不但会推动我们更进一步地沉入量子世界，而且会让我们更深入地探索外层空间，从而真正掌控这两个空间所拥有的巨大潜力。

4. 深度自动化：这种力量会推动人类通过算法使所有与管理、生长以及生命维持相关的底层过程自动化，而这无疑会加速创新、创造财富，并且把我们从各种日常的工作中解放出来。

5. 智能爆炸：这种力量会驱使我们开发出远超人类能力的新型超级智能体，而这也将促使拥有意识的机器出现在这个世界上，它们会管理我们的经济，充当我们的伙伴，并且与我们的意识相融合。

　　对于上面所提到的每一种力量，我都会深入探究其中一些非常棘手的问题。比如，我们将如何适应这样一个世界：在这个世界里，会有数十亿个不同的智能设备，而它们将一直不断地观察、分析并响应我们的每一个动作？把大脑与互联网直接连接，并且通过网络与他人进行互动，会是一种什么样的感觉？我们是否应该修改生命的遗传密码，并以此来创造新的农作物、能治疗癌症的药物，以及培育基因编辑婴儿？与机器相融合，并且在我们的社会中建立起赛博格这样一个新的阶层，可能意味着什么？当人工智能达到或者超越人类的智能水平时，又会发生什么？

当我们着手处理这一系列问题时，我会向你揭示众多与之相关的科学发现，并阐明当下正在发生的、横跨众多领域的重要改变。我的目标是点燃你的想象力，因为我即将在你面前展示的正是我们将要面对的未来。所以，我请你和我一起踏上这样一段非同寻常的旅程，去发现这 5 种基本力量会把我们人类带往何方。

第一种力量

海量连接

这种力量会推动人类将机器和大脑一起接入相互连接的智能数字网络，而这也将从根本上改变我们的生活和工作方式，并且将物质世界和虚拟世界融合成一种全新的、另类的现实。

对智人来讲，要想超越部落，建立起一个真正的文明，就需要一场通信方式的革命，而这场革命在历史上是以书面文字的形式出现的。书写可以让人们克服巨大的时空障碍与另一个人建立联系，它使我们可以将积累的知识、传统以及信仰一代接一代地传承下去。如果没有书面文字，我们根本不可能拓展贸易、进行有组织的宗教活动，或建立起一个现代化的社会。换句话说，如果没有书面文字，创新和进步就会停滞不前。

谷登堡发明的铅活字印刷术是人类历史上通信方式的重大突破。印刷术加快了人与人之间的思想交流，并且使大规模的知识传播成为可能。它促成了西方历史中文艺复兴和启蒙时代的出现，并最终引发了科学革命。信息流动的速度越快，文明发展的脚步就越快。

从最初的驿马快递到后来的电报，再到近代的有线电话，在每一个关键的技术里程碑处，我们与他人进行沟通并分享知识的能力都出现了指数级的递增。正是这种能力把我们带入了今天这个时代，并且让我们看到了计算机的诞生。同样，让这些机器如此强大的原因并不是它们具有不断提升的处理能力、存储能力以及便携性，而是这些机器自身也具备相互交流的能力。

把计算机连接在一起而形成的互联网已经导致了我们看到的各种创新的爆发。你可以把互联网与人类大脑中连接不同区域的通道相比较。在每个人的大脑中都有数十亿个神经元，而每个神经元又都有上千个突触。如果在这数万亿个神经突触之间没有连接，那么我们的大脑就根本无法运作。用同样的方式，我们现在已经建立起了一个全球性的网络，而这个网络是由数十亿个人类的大脑和计算机一起工作才能构成的。也正是这一点使得互联网变得如此强大。

20 世纪 60 年代末互联网的前身阿帕网（ARPANET）问世以来，每一次重要的网络升级都刺激了前所未有的创新，以及在经济领域中生产率的提升。从窄带到宽带、从有线到无线的转变催生了无数的新产品和新服务，甚至在这个过程中最微不足道的升级也是至关重要的，因为我们的网络就处在创新生态系统的核心，每一次改善都会影响与网络连接的每一个人和每一件事情。

对创业者、投资人、研究人员以及企业来讲，想要创新就需要开展合作、交换信息，同时去接触最新的技术，否则他们就无法在市场上率先推出下一代的产品和服务。升级与通信有关的基础设施并不会改变这个世界，但是一些有能力利用这个网络的创业者将会创造出下一个微软或者谷歌。

我们必须记住的是，技术并不是孤立存在的，它们都是某个单一系统的一部分。有时候你可能会获得当下可以实现的最为先进的技术，但是如果没有生态系统的支持，这项技术也只不过是一个学术实验而已。在这一点上，没有比机器学习算法更鲜明的例子了，机器学习算法从问世至今已经有将近半个世纪了，但是在有足够多的人可以上网之前，这项技术根本没有什么实际的用途。如果没有海量连接出现，这种算法根本无法访问海量的高质量数据，并随后以此创造出诸如人工智能助手、物流和供应链自动化、自动驾驶汽车等一系列需要海量数据的产品。

这一点对于 YouTube（优兔）和 Netflix（网飞）也同样成立。在高带宽网络出现之前，市场上有数十种不同的在线视频服务，但所有这些公司最后都失败了。只有在宽带出现以后，上面所说的这两家公司才真正开始起飞。如果没有在大范围和海量连接技术方面获得的进展，这两家公司根本就不会存在。

那么，接下来我们又会看到什么呢？当下我们又该朝哪个方向前进呢？在互联技术上我们是否还会迎来另一次新的重大突破呢？是的，而且这一新的重大突破在规模上或许还可以和互联网本身相媲美。当我们成功开发出一种能够把我们的大脑与互联网连接在一起的、耐用的高带宽连接技术时，接下来的这一步就必定会发生。通过把我们的思想直接转化为数字指令，同时让大脑可以获取基于云的海量信息和处理能力，我们不仅能永久地改变我们相互交流的方式，而且将改变我们感知周围世界并和这个世界进行互动的方式。另外，当你把脑机接口与其他技术（比如虚拟现实和增强现实设备）融合在一起时，一场新的创新就会爆发。

今天，虚拟现实和增强现实的头戴设备，以及原始的读取大脑信息的设备，只不过刚刚开始触及各种可能性。在接下来的数十年时间里，当我们回头看这些设备时，我们的感觉将非常类似于我们今天看待早期的打孔计算机。随着海量连接摆脱了物理界面的限制，并转向更直接的大脑互动，我们关于互联网的整个概念也将会发生改变。我们将不再从外部来操控各种应用程序，实际上我们将居住在这些程序中。

想象一下，你如果在大脑中安装了一块芯片，当你四处走动的时候它不但可以接收海量的数据，而且能够及时处理这些信息，并且让你与其他人进行大脑与大脑间的直接沟通，甚至交换已经完全成形的概念和记忆，这会是一种什么样的感受？我们会不会把数字现实和物理现实看作同一个现实，并且认为这两者在本质上是完全相同的？虚拟物体在外观上、行为上甚至在感觉上是否会和物质世界中的任何东西一样真实？与极其逼真的虚拟生命体进行互动，并体验一种完整的增强现实又会是一种什么样的感受？当我们深入下一波的海量连接时，这些只不过是我们想要提出的其中几个问题。

在接下来的旅途中，你即将了解到的是一些站在最先进的脑机接口技术、神经修复术以及认知平台背后的人和他们的研究项目。我还会向你展示在梦境记录和人工感官感知等方面的技术突破。与此同时，我会提出一系列困难的问题，比如，对于大脑读取设备，我们应该设定什么样的限制？我们是否有可能入侵人类的大脑并重写相关的记忆？如果有一种技术能够接触并读取我们最深层次的思想，那么对于这种技术，我们又会有哪些伦理上的顾忌？在一个混合现实的世界里生活和工作会是什么样子？

神经领域的先驱者

能够分析我们的脑电波并记录思想的机器正在全世界各地的实

验室和企业里被开发出来。这些机器背后的技术叫作脑机接口，它已经有很长的历史了。1924年，德国神经科学家汉斯·伯格（Hans Berger）发明了第一台脑电图仪（EEG），这台机器和我们今天广泛使用的机器并没有很大的区别。

伯格对脑电波的迷恋源于他年轻时的一次经历。起初，他在大学里学的是数学，理想是成为一名天文学家。然而，仅仅过了一个学期，他就辍学并加入了德国骑兵。有一天他骑马外出，但随后就发生了事故。幸运的是，他伤得并不重，但由于某些未知的原因，他远在千里之外的妹妹感觉到他发生了某种可怕的事情，所以让他的父亲给他发了一份电报。

伯格后来这样写道，他相信："这是一起自发的心灵感应案例，这样的案例通常发生在有人遭遇致命的危险时。当时我以为自己死定了，所以我把当时的想法传递了出去，而与此同时，由于我和我的妹妹特别亲近，所以她就扮演了一个信息接收者的角色。"[1]

从此以后，伯格开始沉迷于想弄清楚他的大脑是如何把信号传递给他的妹妹的。他回到了大学，决定潜心学医，期望能够发现这种"精神能量"的生理学基础。这促使他最终开发出了第一台能够探测脑电波的设备——脑电图仪。

一台脑电图仪实际上是一组可以被放置在人头顶的传感器，而这些传感器主要是用来测量大脑中的电活动变化的。脑电图仪能够感知到的是神经元内部以及神经元之间的离子电流的电压变化。需要澄清的是，脑电图仪并不能读取你的想法，但是它能够读取你的大脑发出的电信号。利用一台电脑，它还可以对这些电信号的模式进行匹配。如果电脑知道某些特定的电信号模式与大脑中的某些状态、某个词汇或者某种行为有关，那么它就可以破解相关的信息，并理解与你的思维过程有关的某些事情。

今天，有很多创业公司正在使用脑电图仪来捕捉大脑产生的数字信号，然后再把这些数字信号传送给计算机，以进行存储和数据处理。分析这些信号所形成的脑电波模式，可以告诉我们一些大脑内部正在发生的事情。例如，贝塔波与一个人的清醒状态、关注程度以及警觉程度有关，而阿尔法波则与一个人的放松状态、内心的平静程度以及头脑的清醒程度相关。其他的脑电波模式也与不同的精神状态相关，比如当某人成功辨别出某种东西时会出现所谓的"啊哈"时刻。虽然脑电波的分辨率很低，但创业者正在利用脑电图仪来创造各种不同的应用，比如能够帮助人们进行冥想的移动应用、能够追踪心理健康的软件等。

脑电图仪的优点是无创，这意味着你根本没有必要把电子设备插入大脑，而且相对来讲脑电图仪会更加便宜，你完全可以在网上花几百美元或更少的钱来购买一条可以感应脑电波的头巾。然而，当下消费者级别的脑电图仪存在的问题是，它们往往不能像人们期待的那样很好地工作。捕捉到的信号往往会伴有很大的噪声，原因是电极和头皮之间的连接无法做到完美的贴合。另外，在消费者级别的脑电图仪中，电极的数量通常很少，你根本无法获得精确的读数，头发也经常会碍事儿，而且头皮的任何颤动都有可能会产生错误的信号。

这样说吧，在实验室里脑电图仪确实可以很好地工作。但请记住，我们如今还处在脑机接口发展的早期阶段，情况肯定还会不断得到改善。实际上，某些重大的改变正在发生，其形式很可能是一种更加复杂的人工智能系统，该系统不但能过滤掉信号中的噪声，而且能够更好地解码复杂的脑电波。

总部设立在波士顿的创业公司 Neurable 正在利用机器学习技术

对脑电图仪信号进行测量和分类，以期能够提高信号的精确度。拉美西斯·阿尔凯德（Ramses Alcaide）正是这家公司背后的极富远见的CEO（首席执行官），在很小的时候，他就已经表现出了自己的创业精神。在他4岁的时候，他的父亲把家从墨西哥搬到了美国，期望能够找到更好的机会。6岁的时候，他就已经可以自己去买来一些损坏的电子游戏机，然后修好这些游戏机并再次卖掉它们来赚钱。等到他9岁的时候，他已经可以通过维修计算机赚钱了。在密歇根大学获得神经科学博士学位后，他创办了Neurable这家创业公司，而这家公司将他对于人类智能的兴趣与他在商业上的技巧完美地组合在了一起。

当我和他见面的时候，阿尔凯德和我分享了他想打造一个脑机操作系统的计划。这就像我们在智能手机上有iOS（苹果公司开发的移动操作系统）和安卓系统一样，他相信，对于下一代的脑机接口，我们也会需要一种先进的操作系统。通过开发一款由大脑控制的消费者级别的耳机，Neurable公司已经朝着这个方向迈出了第一步。在有了这样一副耳机后，你就可以用你的思想来控制音乐播放器了。

Spark Neuro是另一家让人着迷的神经科学创业公司，它选择了在人们观看视频内容的时候具体地分析他们的脑电波。利用生物反馈数据，这家公司帮助电视网络公司制作出了更好的节目，同时还帮助广告商销售了更多的产品。Spark Neuro公司起到的作用更像是一个专题小组，只不过这家公司并不会向人们询问他们的意见，而是利用脑电图仪来捕捉他们的神经活动。然后，一个深度学习算法会推断出参与者实际上正在想些什么。这一点很重要，因为在一个专题小组中，人们说出来的想法往往和他们实际感受到的完全不同。很多时候，参与者会迎合群体的意见，并且讲述他们认为其他人想要听的内容。利用脑机接口，Spark Neuro公司打算搜集更加精确的数据。

那么，他们是如何做到这一点的呢？Spark Neuro 演示了这样一个场景。当人们观看有关婴儿、小狗和小猫的有趣视频时，他们的系统能够清晰地探测到脑电波的改变。这种改变实际反映的正是人们在感到快乐时所表现出来的脑电波的变化，这或许可以解释为什么那些超级可爱的动物视频会在网上火起来。他们甚至在 2016 年美国总统大选前，在独立选民的身上测试了这项技术，基于参加这项实验的人群所做出的反应，人工智能就曾经预测特朗普将会赢得选举。

这种类型的脑科学技术能够让广告商售出更多的产品吗？一些世界上最大的品牌商显然相信这可以。Spark Neuro 的客户包括了视频网站 Hulu、美国全国广播公司（NBC）、巴克莱银行、美国通用汽车公司以及世界上最大的啤酒公司安海斯-布希公司。如果现在已经有了足够多的消费者在日常生活中使用脑机接口，那么搜集这一类数据很可能就像今天在网站上进行数据分析一样普遍。

在地球另一端的韩国，SOSO 是一家在教育和医疗保健领域利用脑电图仪的创业公司。和很多韩国商人一样，这家公司的创始人也喜欢在喝烧酒时吃极为辛辣的食物。在喝了无数杯烧酒后，我们开始讨论脑机接口的未来。这家公司的 CEO 闵东滨（Dongbin Min）解释了这种技术将如何帮助学生更好地集中注意力。当学生在平板电脑上玩一系列的学习游戏时，他们头上戴着的脑电图仪也在监控着脑电波，并向他们提供各种神经反馈。游戏会利用正在输入的数据实时改变游戏的玩法，以改善每一个学生的具体表现以及提高他们的专注程度，这对于那些有学习障碍的儿童显然更有价值。闵东滨的团队同时还在利用类似的神经反馈游戏来帮助老年人改善他们的记忆功能，延缓认知能力的下降。在这一领域中使用脑电图仪目前还处于刚刚起步的阶段，但是闵东滨已经决定找到一种全新的方法来利用脑机接口，以促进这项技术在教育和医疗保健领域的应用。

在脑电图仪研究领域的最前沿，作为顶尖的神经科学家和加拿大多伦多大学的教授，阿德里恩·内斯特（Adrian Nestor）已经完成了一些具有深远影响的实验。在实验中，他在让实验对象观看计算机屏幕图像的同时，还通过脑电图仪头盔捕捉到了实验对象的大脑数字信号。而现在在机器学习算法的帮助下，他已经能够只利用来自大脑的数字信号就对屏幕上的图像进行数字化的重构。换句话说，他已经成功地从某个人的大脑中提取出一幅图像，然后再把图像传输给计算机。

这项技术有很多潜在的应用。未来，你或许可以存储你的视觉记忆，然后再把这些记忆当作图像上传到云端。或者，如果你愿意的话，你还可以在晚上睡觉的时候戴上脑电图仪头盔，这样你甚至可以从梦境中直接捕获你梦中的画面。另一种可能性是，这项技术将让那些无法用语言表达的人，比如中风患者，利用头脑中想象出来的图像而不是词汇来进行表达。

"在搜集针对潜在嫌疑人的目击证人的证词方面，这项技术还可以让执法部门不再依赖于向一个素描画家提供口头描述来获得可以被法庭采纳的证据。"内斯特这样说道。[2] 在将来的某一天，律师很可能会在法庭上使用从目击证人的大脑中直接捕捉到的画面来作为证据。

如果这还不够疯狂，加州大学伯克利分校的研究人员还进行过这样一项实验，在实验中，他们在实验对象的头脑中捕捉到了由实验对象自己想象出来的图像。为了做到这一点，他们不得不使用比脑电图仪头盔更复杂、更先进的设备，即所谓的 fMRI（功能性核磁共振成像）技术，这项技术通过探测与血液流动有关的变化了解大脑的活动。

在实验中，志愿者需要躺在一台 fMRI 机器内，然后连续数小时观看一段好莱坞电影的预告片。在整个过程中，所有被探测到的大脑活动都会被输入一台计算机内，然后相关的程序就会学习如何把电影中的视觉模式与相应的大脑活动联系起来。最后，他们获得的结果是一段虽然模糊却依然可以分辨内容的视频，而这段视频再现了志愿者当时正在看的内容。

在目前这个阶段，这项技术实际上还没有真正准备好。没有人会愿意每天晚上躺在一台笨重的 fMRI 机器里，目的却只是记录他们自己的梦境。然而，总有一天，类似的技术或许会让我们在第二天早上醒来的时候观看自己的梦。

虽然目前在世界各地的实验室里都已经有了相当可喜的成果，但眼下的这一代设备依然有着很大的局限性。如果我们真的想要直接跨入海量连接的未来，并且将我们的大脑与互联网连接起来，那么当下没有什么比在大脑中直接植入芯片更好的做法了。你介意让别人撬开你的头骨，然后在里面植入某种传感器吗？无论你喜欢与否，这种技术正在向我们迎面扑来。

神经植入芯片和大脑芯片

仔细观察智人的演化，我们的大脑在过去的 3 万年时间里并没有发生什么改变，可以说我们的大脑与我们居住在洞穴中的史前祖先基本上没有什么差别，然而我们周围的世界已经发生了巨大的改变。史前的大脑怎么可能在一个现代的、高科技的社会中依然正常运转呢？我们眼前这个社会已经与人类在过去的数千年时间里作为狩猎采集者所经历的社会截然不同。所以，这实际上表明了大脑具有某种不可思议的可塑性。

如果人类的大脑有代码，它一定不是硬编码①的，因为它具有非常高的可塑性。大脑中的神经通路可以很容易地进行重构，而在我们的一生中，新的习惯和行为一直在我们的大脑中构建新的神经通路。每当你学会一种新的技能，比如演奏一种乐器或者进行某种运动时，你大脑中的神经回路就会发生改变。这使得人类能够适应几乎任何任务，从写诗到建造摩天大楼，它还使我们能够适应非常不同的环境。

这种可塑性对我们史前的祖先来讲是至关重要的，因为他们必须学会如何在各种不同的地方生活，比如亚马孙热带雨林、卡拉哈里沙漠、安第斯山脉等。可以说，正是人类大脑的可塑性才使我们主宰了整个地球，并且重塑了这颗行星，使其适应我们的需求。然而，虽然我们已经取得了很大的进步，但对于我们大脑的运作方式，我们目前所知甚少，甚至无法完全理解自己的意识。

利用脑机接口，科学家才刚刚开始了解隐藏在我们头骨下的秘密。米格尔·尼科莱利斯（Miguel Nicolelis）是一个身材矮胖的很有说服力的巴西人，当他说话时，他非常喜欢挥动自己的手臂，而他正是在脑机接口领域处于领先地位的研究人员之一。作为一名神经生物学教授，在过去的30年时间里他一直在设计一系列的实验，而正是这些实验把脑机接口的可能性推向了极限。

小时候，尼科莱利斯经常在漫长的下午与他的祖母一起在家里的后院进行探索，也就在这个过程中，他变得对科学越来越痴迷。从圣

---

① 硬编码是指将数据直接嵌入程序或者其他可执行对象的源代码中的软件开发方式，与从外部获取数据或在运行时生成数据不同，硬编码的数据通常表示某种不变的信息。——译者注

保罗大学获得博士学位以后，他去拜见了自己的导师，巴西神经科学之父恺撒·蒂莫-亚里亚（Caesar Timo-Iaria），他对自己的导师说他已经厌倦了每次只能处理一个神经元的实验方式。按照这样的速度，他需要花费10亿年的时间才能完成他的研究。他想一次记录下数百个神经元的活动，同时倾听由大脑奏响的交响乐。蒂莫-亚里亚告诉他，他最好还是去买一张飞往美国的机票，然后再去寻找一个足够疯狂的人来资助他的研究。

尼科莱利斯接受了这个提议，并最终来到了杜克大学，在那里他开始突破他的研究领域的边界。2003年，他的团队决定在一只名叫奥萝拉的枭猴身上做实验，他们打开了它的头颅，然后在里面植入了有96个电极的阵列。这些电极把它的大脑与一个机械手臂连接在了一起，而这个手臂可以控制电子游戏的操纵杆。仅凭它的思想，这只枭猴成功地弄清楚了如何在屏幕上移动光标。每一次当它成功地将光标移动到目标上时，它就可以获得橙汁奖励。

在接下来的实验中，他们增加了植入这只猴子大脑中的电极数量，然后再把这些电极与控制一个轮椅移动的电脑连接了起来。这只猴子很快就学会了如何用自己的思想控制这个轮椅，并且非常熟练地控制着轮椅朝着一盘看上去非常饱满诱人的葡萄行驶了过去。

尼科莱利斯意识到，如果一只猴子能够用它的大脑控制机械手臂和轮椅，那么人类毫无疑问也能够做到。在随后的实验中，他决定尝试一些不同的东西，他把两只老鼠的大脑直接与互联网连接在了一起，而这两只老鼠又被放在了不同城市的独立的笼子里。当有好吃的东西的时候，科学家会点亮在第一只老鼠的笼子上方的黄灯。这只老鼠很快就学会了，当黄灯亮起来的时候它可以通过推动一根杠杆获得食物。第二只老鼠在有食物的时候却并没有被给予任何类似的提示。然而，因为它的大脑与第一只老鼠的大脑通过互联网直接连接在了一起，所以它也接收到了第一只老鼠的大脑传来的信号。在很短的时间里，第二只老鼠就搞懂了第一只老鼠的大脑传来的信号，并推动了杠杆。

"这些实验表明，我们实际上已经在大脑间建立了复杂的、直接的通信连接。"尼科莱利斯这样说道。[3]

从本质上来讲，尼科莱利斯已经成功地通过互联网把思想从一个活生生的大脑转移到了另一个活生生的大脑中。如果你明白了这一点，你就会理解这是一项令人震惊的成就，它意味着我们有能力在大脑间直接传递信息。我们所要做的就是在大脑中植入电极，然后再把我们自己连接到互联网上。

尼科莱利斯接着调整他的实验，现在只要第二只老鼠能够成功解码来自第一只老鼠的大脑信号并且吃到给它准备的食物，第一只老鼠就能够获得额外的奖励。此时，这两只老鼠的大脑已经开始下意识地进行同步，期望能够获得最大的好处。这一反馈回路的建立促使第一只老鼠发送出了更加清晰的信号，以改善老鼠间的通信质量并增加能够获得的奖励数量。这两只老鼠甚至没有意识到它们的大脑在工作的时候就像是一个单一的整体。

今天，老鼠和猴子已经不是仅有的在大脑中植入芯片的动物，人类也有了自己的志愿者。大脑之门（BrainGate）是一家由斯坦福大学和布朗大学合作建立的研究公司，这家公司的研究人员已经将阿司匹林药片大小的芯片植入了四肢瘫痪的病人的大脑中，这使他们可以用自己的思想来控制机械手臂。

"其中的一位参与者告诉我们，在这次实验开始的时候，她真正想做的一件事是再次演奏音乐，"斯坦福大学的生物工程师保罗·奴优究基安（Paul Nuyujukian）这样说道，"所以，当我后来看到她在一个数字键盘上进行演奏时，那种感觉实在太棒了。"[4]

那些四肢瘫痪的病人现在还能够通过他们的思想在平板电脑上与应用程序进行互动。

"平板电脑已经成了我的第二天性，这太直观了，"其中的一位参与者这样说道，"感觉上，这比我记忆中使用鼠标更加自然。"

对那些失去了手臂或者腿的人来讲，突然之间他们又能够使用电脑、演奏音乐、自己吃东西，以及驾驶轮椅四处走动了，这种自由的感觉实在太令人兴奋了，而这只不过是刚刚开始。在一次高空坠落后，丹尼斯·德格雷（Dennis Degray）很不幸地从锁骨以下瘫痪了，但现在他已经能够在大脑芯片的帮助下给他的朋友发送短信了。

在加州大学旧金山分校，科学家在人工智能的帮助下已经成功地把大脑信号转变成了语音。他们让大脑中已经植入了电极的志愿者来训练人工智能辨别他们的大脑信号，然后再输出类似参与者的合成语音。

"通过这项研究，我们首次证明了我们完全可以基于一个个体的大脑活动来生成完整的口语句子。"爱德华·张（Edward Chang）这样说道，他是一位神经外科手术的教授。[5]

埃隆·马斯克相信这就是未来。他的创业公司 Neuralink（神经链接）已经融资了数亿美元，用于对上述这些大学的研究成果展开商业化的运作。Neuralink 希望能够改善那些患有神经系统疾病的人的生活，比如患有阿尔茨海默病和帕金森病的人，以及那些遭受了脑损伤和脊髓损伤的人。然而，它的最终目标是创造出一个可以和人工智能连接的第三层次的大脑。

"在有了高带宽的大脑接口后，我认为我们就可以选择是否与人工智能进行融合了。"马斯克这样说道。[6]

为了做到这一点，Neuralink 希望植入大脑芯片的过程可以像准分子激光手术那样简单且毫无痛苦。他们设想了一种只需要局部麻醉的门诊手术，手术时激光会先在你的头骨上钻一个很小的洞，然后芯片就可以通过这个洞滑进去了。

虽然我们已经取得了上述这些进步，但在短期内我并不建议你在自己的大脑中安装一块芯片，毕竟在这个领域我们还有很长的路要走。另外，电极常常会在生物体内溶解和腐蚀，而且目前还没有人知道这些设备的寿命或者与这些设备长期共存可能产生的影响。

即便技术上的障碍可以被克服，阻止我们大规模接受这种新技术的最大障碍实际上是我们的恐惧。当涉及在人们自己的大脑中植入某种异物时，绝大多数人都会感到害怕，除非他们有非常好的理由，否则他们绝不会这样做。虽然我对这项技术非常着迷，但我也绝不会同意在自己的头骨上钻一个洞，仅仅为了可以不用智能手机就连上互联网。

下一代的脑机接口

麻省理工学院的研究人员采用了一种完全不同的做法，他们发明了一种被称为 AlterEgo（另一个自我）的设备，这种设备不会读取人的脑电波，而是依赖于一种被称为"默读"的过程，即当你在头脑中对自己说话的时候，你会激活声带周围的肌肉。AlterEgo 能够感知这些微小的肌肉运动，并对其进行解码，而最后获得的结果就是所谓的"无声的语句"了。

"我们的想法是，我们是不是有可能建立一个被看作在人体内部运行的计算平台？因为它在某种程度上已经将人体和机器融合在了一起，它会让你感到，它好像就是我们自身感官的某种内部延伸。"阿纳夫·卡普尔（Arnav Kapur）这样说道，[7] 他在麻省理工学院读研究生的时候就已经参与了这个项目，"想象一下，你能够完美地记住任何东西，像一台电脑一样快速地计算任何数字，无声地给其他人发送短信，并且在突然间你就已经精通了多国语言，这样你就可以在你的头脑中倾听某一种语言的翻译了，不过当你开口说话的时候，你使用的仍将是另一种语言。"[8]

卡普尔是在印度的新德里长大的，可以说他是带着他自己的视角进入这个项目的。他想要开发的是一种可以增强我们自身但不会替代我们的技术。他的目标是设计出既能够激发我们的好奇心和创造力，又能够增强认知能力的设备。卡普尔自身所表现出来的发明创造力似乎没有任何界限，虽然他目前还只有20多岁，但他已经发明了一架可以利用3D（三维）打印生产的无人机，对"大规模测量基因表达"进行了实验，为有视觉障碍的人士开发了一款可以用来描述这个世界的语音设备，还与人合作设计了一款月球车。

麻省理工学院的团队已经让 AlterEgo 达到了这样一种程度，它已经能够分辨出最基本的关键词，比如"现在几点"，然后它会用骨传导耳机向用户提供他能够听见的答案。它还能执行一些最基本的任务，比如做加减法或者移动屏幕上的光标。或许关于 AlterEgo 最吸引人的一点是，它并不是真正的脑机接口，所以这也意味着它并不能读取你最深层的想法。它只能被用来解读你默读的词语。

"我们相信，有一点毫无疑问是非常重要的，那就是，一种人们每天都会使用的接口绝不应该侵犯用户的个人思想，"卡普尔这样说道，"它对于用户的大脑活动并没有任何形式的物理访问。我们认为，任何人都应该对他向其他人或者计算机传递什么信息拥有绝对的控制权。"[9]

　　虽然他们已经取得了上述这些进展，但这件麻省理工学院的原型设备仍然是一个未完成的项目。当我联系卡普尔并询问他是否已经准备好把这件设备商用化时，他告诉我，该设备距离商用化还需要一段时间。然而，只要有足够的时间和资金，他期望达到的目标是让这件设备完全"隐形"，这意味着与一副无线耳机相比，这件设备将会更加不引人注意。

　　AlterEgo 代表的只不过是当下很多正在出现的新技术之一，这些新技术都拥有能够改变脑机接口未来的潜力。还有一种技术被称为硬脑膜外电子（epidural electronics），也叫电子文身。电子文身设备比一张纸还薄，并且像创可贴一样柔软。你可以很简单地把它像贴纸一样粘贴在你的皮肤上，然后它就可以开始读取你的脑电波了。欧洲的研究人员目前正在测试用电子文身制作的电极，这种电极可以像传统的脑电图仪一样精确，还可以通过喷墨打印机被低成本地生产出来。要不了多久，创业公司就很有可能会在市场上推销这种脑机接口了，你完全可以把它粘贴在你的耳朵后面或者刘海下方，到那时每个人都将变得异常聪明。

　　当然，还有很多其他的技术正在出现，它们可以让读取脑电波的精确度远远超过当下的脑电图仪。例如，准弹道光子技术（quasi-ballistic photons）就具有穿透头骨并看到在大脑中正在发生什么的能力，而且这种技术的精确度远远超过了当下的脑电图仪。正是在看到了这种技术的潜力后，马克·扎克伯格立刻组建了一个特别的硬件小组。脸书（Facebook）刚宣布这一消息时，媒体上很快就出现了大量的炒作，但是在这之后的几年时间里，我们并没有看到实际的产品被推向市场。这是因为这种提取神经信息的方法对面向消费者的设备来说速度太慢了。

世界各地正在测试的其他技术还包括超声波技术、无线电频率技术、磁场和电场技术。一些研究人员甚至在探索纳米传感器，这种传感器实际上是直径相当于人的头发丝粗细的微小颗粒，它们可以将外部的磁场能量转换为大脑内部的电信号。在把这种传感器注射进某人的大脑后，它们就可以被当作一种脑机接口来使用了。还有一种可能性是利用病毒将某种DNA（脱氧核糖核酸）植入细胞中，这样就可以改变这些细胞的功能，并使它们像纳米传感器一样工作。

西奥多·伯格（Theodore Berger）是南加州大学的生物医学工程师，他不但是一位思想家，还是一位发明家和梦想家。他成长在一个非常重视内省和成就的家庭中，他的成就会对你和你周围的人产生重大影响。

当伯格意识到心理学并没有什么工具能完整地理解行为的因果关系时，他决定用他的一生来解开这个谜题。当下他正在开发一种人工的海马体，用于将短期记忆转变为长期记忆。

"我们并没有把个体的记忆重新放回他们的大脑，"伯格这样说道，"我们正在赋予大脑产生记忆的能力。"[10]这是我们了解大脑如何存储长期记忆的第一步。如果我们成功了，那么下一步就是找到将新的记忆直接写入大脑的方法。

事实上，DARPA（美国国防部高级研究计划局）投资了数千万美元，以研究智能头盔和其他双向的设备，目的是实现在士兵的大脑中读取和写入数据。他们把这个项目称为"下一代无须手术的神经技术"。

"通过创造出一个无须手术就能够更加方便地使用的脑机接口，DARPA就能够向前线部队提供某些工具，而这些工具可以让前线的行动指挥官持续地、有意义地参与以极快的速度展开的动态行动。"艾尔·艾蒙迪（Al Emondi）这样说道，艾尔是 DARPA 在神经技术和脑机互动方面的专家。[11]

DARPA 在卡内基–梅隆大学的团队正在研究一种完全无创的设备。这种设备可以利用超声波来引导光线进出大脑，以此记录大脑的神经活动，而与此同时，它还可以利用相互干涉的电场对特定的神经元进行写入操作。

DARPA 在莱斯大学的团队则将目标瞄准在一个微创的用于对大脑进行读写的双向系统上。这个系统利用扩散光学断层成像技术（diffuse optical tomography）对大脑进行读取，而其写入功能利用的是磁遗传学中所使用的某种受体蛋白，这种蛋白可以让神经元变得对磁场极其敏感。

显然，美国国防部认为对大脑进行读写在技术上是可行的，而这种技术对于军队的价值显而易见。在一个混乱的、嘈杂的战场环境中，士兵们不但可以利用脑机接口来实时共享战场信息，还可以实时地与基于云的人工智能、卫星、无人机、坦克以及各种机器人进行协同。这就把战场上的所有战斗力量，包括人和机器，组合成了一件单一的、强大的武器。

那么，我们该如何看待这个领域的现状呢？说实话，这还很难讲，因为技术的进步并不是线性的。它很有可能会在突然之间就爆发出来，而真正的突破同样有可能会在明天就成为现实，或者也有可能让我们等待数年甚至数十年的时间，但我们知道这肯定能够成为现实。毫无疑问，某一天脑机接口肯定会用一种无缝的方式把我们与互联网连接在一起。

思维助理和大脑应用程序

那么，脑机接口将如何改变我们的日常生活呢？这些设备是否会最终替代今天的智能手机，并成为我们的主要通信工具呢？这样的情况很可能会出现，如果这些设备被设计成可以无缝地与我们的认知功能协同，你与你的思维助理进行互动就会像与自己进行交谈一样自然。毕竟，我们一直在头脑中与自己进行对话。为什么我们不邀请一个先进的人工智能加入这样的对话呢？这个人工智能甚至可以帮助我们解决各种问题，让我们有更好的自我感觉，还能在一个更高的水平上表现自我。

这种复杂的人工智能将被设计成可以与我们的认知流相融合，这样它才会让你感到轻松自然，而不会产生某种被迫的感觉。与你今天和苹果的 Siri、亚马逊的 Alexa 或者谷歌的 Google Home（这些人工智能会让你感到很无趣）进行交谈不同的是，一个得到精心设计的具有认知能力的人工智能会与我们的思维流融合，在我们真正需要它之前，我们根本不会意识到它的存在。它会持续不断地监督我们内部的对话，预测我们的需求，并随时准备好对它认为我们想要的东西做出响应。如果我们正竭力想要回忆某一个事实，在没有任何提示的情况下，它会主动激活某一个智能程序，然后在互联网上搜索相关的信息并将搜索的结果呈现给我们。如果你想要发送一段短消息、打一个电话，或者与某人进行一段对话，你也只需要在头脑中想到某个人的名字，然后在自己的头脑中闪现出一段想要发送的信息就可以了，所有的操作都可以如此轻松简单。

与此同时，我们还可以在头脑中浏览互联网。无论你想要知道什么，你只需要想一想就能实现查找。当我们可以在网上实时查找任何信息时，我们就没有任何理由去记忆相关的内容了。如果想要保存某些东西以便快速检索，我们可以利用事实上几乎没有任何限制的云存储来增强我们的大脑。我们或许最终还可以上传和存储任何在我们的头脑中形成的图像，或者把这些图像发送给朋友或者同事，这就好像我们今天在网上分享照片和视频一样。

或许我们还可以利用全球计算机的处理能力来帮助我们进行复杂的计算，并且让任何人都表现得像一个天才。为了进一步增强我们的智能，很有可能会出现一大批专业的大脑 App（应用程序）。正如我们今天为智能手机下载各种 App 一样，将来我们也会在一大堆的大脑 App 中进行选择，而这些 App 不但可以帮助我们组织各种活动、分享各种体验，还可以玩游戏、登录股票市场、翻译外语、规划旅行时间表，以及做其他更多的事情。

这些 App 将被设计得可以和我们底层的认知过程自然地融合。它们的目标是在简化我们生活的同时让我们变得效率更高，它们或许会执行一些任务，比如提醒我们各种预约、安排会议、管理与工作有关的项目、注意我们的财务状况，以及跟进无数的杂务。我们甚至可能告诉思维助理去以我们的名义处理一些事情，比如进行商业交易的谈判、签署法律合同、为亲属购买礼物，以及照顾孩子。

在某些时候，我们可能会把思维助理看作自身的延伸，我们或许还会相信，它们的任何行为都是为了实现我们的最大利益。与其去担心一些事情，我们很可能会将很多问题都交给思维助理，让它们去想出最好的解决方案。虽然所有这一切听上去很神奇，也很有用，但这样做肯定是有代价的。让任何人，尤其是那些大企业，访问我们的大脑，会造成严重的隐私和安全风险。万一我们的大脑被黑客入侵了怎么办？

大脑黑客攻击、精神控制以及思维隐私

即使脑机接口可以极大地提高我们的生活质量，让我们在工作中表现得更好，并且能够开启不可思议的新体验，我们真的想让这些设备来触碰我们内心最深处的思想吗？

诚然，我们中的绝大多数人都可以忍受大企业，比如脸书、亚马逊、苹果以及谷歌，对我们在网上所做的每一件事进行监督，从我们与朋友的聊天、浏览的网页，到我们使用了什么样的 App，我们会购买什么产品，以及在一天中的任何时候我们所处的位置。你可能认为现在有越来越多的人关心隐私问题，但实际上大多数人根本不在乎。绝大多数人只是不想被打扰，智能手机所带来的便利的重要性已经远远超过了人们对于自身数据的担忧。

为了能够让自身的收益最大化，像脸书这样的大公司已经在利用人们这种很容易满足的心态。脸书目前正因滥用用户数据而面临来自世界各国政府的质疑。包括欧盟在内的很多国家都已经制定了更加严格的隐私法案，美国的一些政客还希望看到脸书公司被拆分，或者受到更加严格的监管。

但与此同时，普通人可以说已经基本上完全投降了。虽然脸书再三向它的用户说谎，把用户的数据出售给一些声名狼藉的公司，并且对用户的隐私也没有表现出任何形式的尊重，但人们并没有因此成群结队地离开脸书。在坠入那场危机的谷底后，脸书的股价现在也已经开始反弹。而且，虽然脸书对于公众的抱怨给予了口头上的支持，但他们显然仍然把利润放在公众的隐私之上。

如果政府不积极介入并保护人们的隐私，那么从脑机接口获得的数据会比我们目前的在线数据更安全吗？这显然是很值得怀疑的。如果政府无法对这些设备已经表现出来的能力进行严格的监管，那么企业很自然地就会利用这一点来发展自己的业务。绝大多数企业绝不会自动放弃这些：利用从大脑获得的数据来推广它们的产品、销售广告、提供个性化的服务或者预测人们会做些什么以及会如何去做。

所以，我们必须这样问自己：我们是否真的想要这些设备，以及我们是否真的相信政府会保护我们？虽然政府已经开始强制执行各种法规，但开发这些硬件和软件的企业是否遵守这些法规呢？如果它们不遵守这些法规，它们又会面临什么样的惩罚呢？

一旦开始将大脑与互联网进行连接，我们如何才能够确保精神隐私得到尊重？我们要清楚地知道我们把什么东西放到了网上，同时完全明白脸书这样的企业正在网上追踪我们的一举一动，但是我们如何才能够确切地知晓一个脑机接口设备正在监控我们的哪些思想，以及它会如何利用这些信息呢？

让我们来思考这样一个假想的场景。假设你在工作中迷上了你的同事，这个人很可能还是你的员工，而你又不由自主地开始在大脑中幻想各种可能的场景。也许你能够控制你的行为，但控制思想会困难很多。如果每个人在工作中都必须使用脑机接口来提升生产效率，那么这件事对你来讲意味什么呢？你在私底下的这些幻想会被上传到公司的服务器上吗？你会被认为犯下了精神性骚扰罪吗？也许不会，但如果后来你做了些稍稍有点儿出格的事，而你的同事为此向公司投诉，这会引发什么样的后果呢？如果你最后不得不上法庭应诉，人们又会如何看待上述这些数据呢？

即便这些数据没有任何问题，你真的想让一家公司访问你内心深处最隐秘的那些部分吗？如果你头上的脑机接口有可能会搜索你大脑中的思想、情绪以及各类记忆，并利用这些信息来赚钱或做一些更加糟糕的事情，你还会毫无顾忌地接受这样一款设备吗？

这样说吧，如果你现在正在上网，那么你很有可能正在被跟踪，而且在搜集到了足够多的数据以后，某种智能算法就可以开始分析你的心理状况。它甚至能够为你建立起一个相当精确的个性轮廓。那么，这和我们上面所描述的有什么区别吗？

这也是为什么那些大公司会不遗余力地向我们保证所有这些设备都是安全的。脸书已经表示，它未来推出的脑机接口将会类似于麻省理工学院的 AlterEgo，这也就是说，它的设备将只会记录用户在心中默读的内容。但是，对于我们的思想这样一种完全个人化的东西，我们能够将其托付给任何一家企业吗？

我相信，需要有一种完全独立的方法来确保我们大脑数据的安全。这可能会以未来的区块链或者某种具有高度安全属性的存储系统的形式出现，在这样一种系统中，我们将对自己的大脑数据保留控制权和其他基本的权利。也许我们会植入一些特殊的硬件来限制对我们大脑的某些特殊区域的访问。对于每一个因技术而产生的问题，通常都会有一个技术上的解决方案，但是在某种程度上，所有这一切都需要有某种程度的信任，因为我们需要某个人或者某种东西来创造出我们所需要的硬件和软件。

那么，我们是不是可以用某种方法来迫使企业保护我们的数据呢？或许这样的方法根本就不存在。还记得吗，人们曾惊讶地发现有人在偷听他们通过亚马逊的 Alexa 语音助手进行的通话。这些偷听者实际上正是亚马逊的员工，而他们只不过是在完成自己的工作而已，但是，这难道不会让人感到不安吗？我们中有很多人都会在自己的卧室里使用 Alexa 语音助手，而且在这些设备打开的时候，我们一般不会注意自己正在说什么或者正在做什么。

对于那些大型技术公司可能做出的承诺，难道我们不应该表示怀疑吗？对于政府会如何利用我们的大脑数据，难道我们不应该有更多的担忧吗？爱德华·斯诺登揭露了美国国家安全局是如何对全世界各地的关键人物开展大规模秘密监控计划的，事实上他们在这样做的时候并没有受到任何公众的监督，而且这种做法也已经超出了美国宪法的限制。所以，我们有什么理由认为他们不会在商用的脑机接口上另外开发后门呢？

我可以预见，某些政府甚至可能会强迫民众接受在大脑中植入芯片，这样他们就可以更好地控制民众的行为了。这种反乌托邦式的未来实在太过于真实了，请你考虑下如今的各国政府是如何对社交媒体实行监管、过滤在互联网上政治不正确的内容，甚至在智能手机上安装间谍软件的。虽然目前还不可能有任何国家会要求其所有的公民在任何时候都佩戴脑机接口设备，但这很可能只是一个时间问题。

甚至更加可怕的是，如果某些怀有恶意的人不仅用这些技术来监控人们的大脑，还用这些技术来重写人们的记忆并控制他们的行为，那么到时候会出现什么样的结果呢？不，这一切绝不是什么低成本的科幻电影中的情节。事实上浙江大学的研究人员已经验证了这种可能性，并实现了用脑机接口对老鼠进行实际的精神控制。

"研究结果显示，安装了大脑芯片的老鼠在人类思想的引导下可以很顺利并很成功地在一个复杂的迷宫中完成决定行走方向的任务。"研究人员这样描写道。[12]

在这个实验中，每当人类操控者想象移动他自己的左臂时，安装了大脑芯片的老鼠就会接到命令向左转，而每当操控者想象移动自己的右臂时，老鼠就会向右转。每当他眨眼时，老鼠就会向前奔跑。在整个实验的过程中，老鼠表现的就好像是它自己在做决定一样。

在得克萨斯大学的西南医学中心，研究人员在一些鸟的大脑中植入了错误的记忆，从而改变了它们唱歌的方式。"我们在这些鸟的大脑中找到了一条神经通道，如果我们激活这条通道，这些鸟就可以在音节持续的时间方面被植入错误的记忆。"托德·罗伯茨（Todd Roberts）这样说道，托德的团队在实验中利用了激光来操控大脑神经元之间多个突触的活动。[13]

上述实验让我们产生了一种令人毛骨悚然的想法：将来你的大脑或许会被一个黑客入侵。如果你的大脑与互联网连接在了一起，那么再多的安全措施也无法确保你的信息安全。在网上，任何东西都有可能会被"黑"（hack）。今天如果有人入侵了你的智能手机并且盗窃了你的身份，这确实是一件很糟糕的事。因为他们很可能会毁掉你的信用记录，并且让你的生活在6个月内变得凄凉无比。但如果你当时还佩戴了一个脑机接口设备，那么这样的身份盗窃就会有一种全新的含义。

黑客很可能不会满足于盗窃你的金钱和密码，他们也许还想偷走你的过去，改写你的记忆，并且对你的大脑进行重新编程。你甚至很可能会在不知不觉间成了他们的奴隶。

我们是否正在走向一个赛博朋克、反乌托邦以及奥威尔式的噩梦，在这个噩梦中，思想警察可以监控我们的一举一动，黑客可以为我们植入虚假的记忆并控制我们，而且我们所有最私密的思想实际上都属于另外一个人？我希望不会发生这样的事情，但是我们该如何处理这样一种可能性呢？毕竟邪恶的精灵马上就要从瓶子中冒出来了。

即便整个世界选择禁止使用脑机接口，就像我们禁止使用化学武器一样，但仅仅这样做就足够了吗？最终某个人很可能会开发出一款功能非常强大的脑机接口设备，它可以在远处利用激光、超声波或者其他技术来读取我们的思想。在机场，人们或许会被迫通过一台大脑扫描器，而不是通过一台金属探测器。如果我们最终还是陷入了这样一个世界，那么它很可能会让我们所有人都患上偏执型精神分裂症，我们外出的时候不得不考虑是否应该在自己的头上裹上锡箔。[①]

埃隆·马斯克已经表示，他创立并投资 Neuralink 的目的就是把"生物智能与机器智能"融合在一起。他担心的是如何把人类从一个几乎无所不能的人工智能的手中拯救出来，但是谁又能把我们从我们自己的手中拯救出来呢？纵观我们的整个历史，人类往往是我们自己最大的敌人。

几乎所有的政府都不太可能在不久的将来强迫民众接受脑机接口，但如果我们自愿这样做又会如何呢？我们所要做的就是让资本本身所具有的自然力量来接管整个过程，到那时我们可能会发现，这些脑机接口设备非常有用且让人无法拒绝，我们可能会很乐意牺牲我们内心最深处的思想来换取它们所提供的各种好处。

这样的说法现在听起来可能会有点儿牵强，但是看一看我们今天使用的智能手机。我们中的大多数人现在都已经无法离开智能手机，哪怕只离开几个小时的时间。我们需要手机一直在我们伸手可及的地方，而且很少会考虑我们正在送出去的数据。真正的脑机接口对于我们生活的重要性可能会比手机还大。或许在将来的某一天，如果没有脑机接口的帮助，我们就完全无法与他人竞争，甚至无法在这个世界上继续生存。一个没有脑机接口的人很有可能会被看作一个下等人。他缺乏增强的智能以及在大脑与大脑之间进行直接沟通的能力，在工作场所或者社会环境中会被认为完全无法接受。

这是一种可怕但又非常真实的可能性。还记得吗，人是一种社会

① 在任何物体的表面裹上金属，如锡箔后，它就可以完全隔断电磁辐射。这种现象被称为电磁屏蔽。——译者注

性动物，无论我们周围的人在做什么，我们中的大多数人都有可能会有样学样。因为我们所有人都想成为某个群体的一部分，而这是刻印在我们的 DNA 中的。我们更害怕被群体排除在外，而不是害怕被操纵。我们人类的历史讲述的就是这样一个故事，而历史总是会不断重复的。

那么，将来实际会发生什么呢？我们究竟会在地球上创造出一个人间天堂，在那里人类不但可以增强自己的脑力、更好地合作，还能够进入一个更高的生存水平，还是为自己创造出一个地狱，在那里我们最终成为没有灵魂的僵尸或奴隶？我认为最大的可能性是，上述这两种极端的情形都不会成为现实。相反，把我们的大脑与互联网连接在一起，最终形成的东西很可能会非常像互联网自身。其中包含的正面和负面的因素应该有大致相同的比例。

我们很可能会以一种我们从来没有想象过的方式与其他人连接在一起，而这样的方式不但会提高我们的思维能力和生产力，还会创造出一个更加富足、更有活力的世界。但是，在这个过程中，我们或许会失去我们自身思维的隐私性，同时还会在某种程度上丧失对自己生活的控制权。就像现在我们受到智能手机的支配一样，我们会发现，我们的生活也将因此发生不可逆转的改变。另外，正如我们在过去的自然演化过程中曾经多次做到过的那样，我们将不得不再次去适应一个全新的环境。

虚拟现实的下一波浪潮

当我们思考下一阶段的海量连接的时候，脑机接口只不过是这一未来系统中的一个环节，这个未来的系统还将包括虚拟现实和增强现实。人们最终将使用脑机接口在一个完全虚拟的环境中与他人进行互动。

　　虚拟现实现在已经问世，但是它现在的样子和未来我们会看到的样子完全不同。我们目前还处在虚拟现实的早期，这就像你把20世纪70年代雅达利公司推出的模拟乒乓球街机游戏《Pong》与现代的电子游戏进行对比。在虚拟世界成熟起来以后，它将变得和我们的现实无法区分，从视觉到听觉再到触觉、味觉以及嗅觉，其中将包括我们所有的感知。虚拟现实还将成为海量连接的基础结构的一部分，而这也将从根本上改变我们与他人开展沟通、工作、娱乐以及社交的方式。

　　要想弄明白我们已经走了多远，我们就要先回到虚拟现实最开始出现的那段时间里。虚拟现实已经经历了很多次转变，这可以追溯到维多利亚时代。1838年，英国发明家和物理学家查尔斯·惠特斯通（Charles Wheatstone）发明了第一件虚拟现实设备。这件设备在当时被称为立体镜，它通过两面镜子来映射某一件物体的图像，从而创造出了3D立体的错觉。它的概念和那些简单的塑料玩具是完全一样的，你可以把那些玩具放在你眼睛的前方，然后你就可以看到3D效果了。这件设备的设计思路在当时的确可以说是非常聪明的，但是在虚拟现实真正到来之前，它还需要另外150年的时间和许许多多失败的实验。

　　接下来的里程碑出现在了1956年，一位名叫莫顿·海利希（Morton Heilig）的好莱坞电影摄影师发明了传感影院（Sensorama），这是一种非常类似于20世纪80年代随处可见的街机游戏的设备，同时它也是一个极具雄心的商业项目。海利希想要创造的是一种能够把人带入电影中的沉浸式体验，而当时传感影院能够向人们提供的正是在布鲁克林大街上骑摩托车的体验。这款设备的使用者在沉浸于城市3D立体景色的同时还能够感受到摩托车座位的震动，以及模拟的风刮在脸上的感觉，甚至还有各种气味从身旁飘过。但不幸的是，传感影院因成本太过高昂而根本无法赢利。

20世纪80年代中期，杰伦·拉尼尔（Jaron Lanier）率先开始销售创新的虚拟现实软件、虚拟现实眼镜以及手套。但不幸的是，拉尼尔对于他所处的时代依然超前了几十年，所以他的公司最后破产了。帕尔默·勒基（Palmer Luckey）是虚拟现实创业公司Oculus的创始人，他接续了拉尼尔当初留下的足迹。2012年，勒基在众筹平台Kickstarter上发起了一场有关虚拟现实头盔的众筹活动，在这次活动中，他筹集到了数百万美元，而他对虚拟现实技术的描述也紧紧抓住了公众的想象力，很快每个人都开始热烈地谈论虚拟现实的未来。在落实了新的风险投资后，虽然他的产品离真正上市还有很长的路要走，但勒基已经很幸运地把他的创业公司以数十亿美元的价格卖给了脸书公司，而这更进一步证明了，掌握时机就是一切。

紧跟在Oculus公司之后，市场上又出现了一波第三方设备的热潮，它们都承诺让用户有更加沉浸的体验。在虚拟现实的环境中，大多数人想做的第一件事是四处走动一下，但是当你想这样做的时候，你很难避免和房间里的家具相撞或者撞到墙壁上，又或者被某件东西绊倒。因此，人们围绕着虚拟环境创造出一种特殊的跑步机，一个很小的行业已经涌现了出来，这种特殊的跑步机可以让你在虚拟环境中自由走动。它们不但可以让用户在一个虚拟的世界里跑步、弯腰并躲闪，还能让用户扭动自己的身体、坐下或跳跃。

另一种不同的但更加便携的虚拟现实设备是所谓的触觉手套。这一类设备可以为你的手提供触觉反馈，可以让用户感觉到虚拟物体的形状、纹理以及动态。另外，还有一些设备不需要你戴任何手套，却仍然能够追踪你的手部动作。这些设备通常会使用红外线照相机和

LED（发光二极管）灯，把你的手部动作转换成在虚拟世界中的动作。

如果你真的想要获得一种全身心的体验，你还可以选择触觉套装，这种设备可以让你整个身体都获得一种虚拟现实的体验。这些套装看上去就和2018年上映的好莱坞电影《头号玩家》（*Ready Player One*）中的设备完全一样，其中有些套装甚至可以进行动作捕获，还附带能够记录用户生命体征以及情绪压力水平的传感器。为了更深地沉浸其中，你还可以选择戴上一个多感官的面罩，这个面罩可以模拟上百种不同的气味，从火药和燃烧的橡胶的气味到新鲜出炉的面包的气味。

所有这些装备都存在一个问题，而这也是它们目前仍然处在一个超级边缘的市场中的原因，那就是这些装备都非常昂贵且笨重。单单高端的触觉手套就可能让你花费数千美元，另外，穿戴这些装备也会让人感到非常痛苦，想象一下，你需要相当大的工作量才能把所有这些装备都穿戴起来。最后，还有所谓的兼容性问题，并不是所有的虚拟现实游戏和App都能够在这些设备上运行。所以，你可能会发现你最喜欢的游戏并没有为你准备好相应的礼包。

如果一种新产品比现有的解决方案更难以使用，那么大多数人都不会花精力去更换，没有人会自找麻烦。目前来讲，手机还很难被取代。如果你想玩游戏、下单订一份午餐，或者查看你的短消息，你只需要轻轻一点就能做到。虚拟现实却需要你戴上笨重的面罩，花时间在一个让人感到头痛的用户界面上不断翻找，然后你才能够真正开始享受它所带来的好处。

仅仅完成基本任务所需的工作量和时间就已经延缓了这些设备被大规模接受的速度，另外，在公共空间里把真实的世界隔离在外，也会让人感到奇怪和不安。人们通常不喜欢在户外或者咖啡馆内使用虚拟现实设备，这意味着绝大多数虚拟现实的活动只会发生在家里或者在一个特殊的环境里。与智能手机相比，这就严重限制了虚拟现实设备在日常生活中的实用性。

不过，我们都知道，如果虚拟现实能够真正兑现其最初的宏大承诺，那么所有这些障碍实际上都是无关紧要的：只要人能够真正"走入"一部电影，虚拟现实就将是无法抗拒的。但是，要想让这一点成为现实，虚拟现实还需要向消费者提供其他娱乐方式根本无法比拟的全新价值。

想象一下，你现在已经可以在一个极其逼真的、场景如此丰富和吸引人的世界里实现你最狂野的幻想。这将是一种全新的海量连接的方式，人们将为此投入大量的时间、金钱以及精力来创造他们自己的虚拟身份。他们在这些虚拟的世界里发展起来的关系和进行的互动，将会变得和他们在真实生活中的任何事情同样有意义和重要，甚至可能会更加重要。

事实上，很可能有一天，人们将不再区分什么是真实的，什么是虚拟的，甚至连"虚拟现实"一词也很有可能会逐渐消失。也只有在那个时候，我们才会知道虚拟现实是否已经真的成为另一种现实。

人工的感官知觉

我们的大脑实际上是一个黑盒子。除了我们的感官告诉它的那些东西外，它对于外部世界实际上什么也不知道。我们的感官会把我们看到、听到、闻到、触摸到以及尝到的每一样东西都转换为电脉冲信号。而大脑接收到的实际上就是这些电脉冲信号，随着时间的推移，我们逐渐学会了该如何来解释这些信号。绝大多数人都没有意识到的是，我们的大脑实际上具有很强的可塑性。如果你改变了输入的信号，那么你就改变了我们所感知的现实。

将来，我们很有可能会抛弃所有前面曾提到过的那些虚拟现实的设备，因为利用某种更加先进的接口，我们可以把模拟视觉、听觉、嗅觉、触觉以及味觉的电信号直接发送给大脑。这些信号将会被映射到大脑中专门处理这一类输入的中心区域，然后我们的大脑就会接手并对这些信号进行处理，同时将这些信号解释为真实的信号。

这听起来就像是一种幻想，但是你可能会很惊讶地发现，我们距离达成这样的目标实际上并不遥远。今天，失聪者已经可以通过在耳蜗中植入芯片重新恢复听力。这种芯片实际上是一种通过手术植入的神经假体设备，它利用直接刺激人体听觉神经的电信号来替代正常的听觉过程。今天全世界有超过 30 万人正在使用这种耳蜗植入芯片。

我们现在不仅能够对人的听觉做到这一点，而且对于视觉也可以实现同样的效果。有一家名为第二视觉（Second Sight）的创业公司已经开发出了一款叫作 Orion 的大脑植入芯片，它可以通过安装在一副墨镜上的镜头将拍摄的图像转换为电脉冲，而这些电脉冲又会被用来刺激人类大脑中的视觉接收器。虽然这种人工的视觉还远远没有达到完美的地步，但它确实已经可以让盲人重见光明了。

"我仍然无法用文字来描述这种感觉。我的意思是，我从完全看不到任何东西，也就是说漆黑一片，到突然间可以看到有一些细小的、不断闪烁的光点在我的周围移动。"杰森·艾斯特惠森（Jason Esterhuizen）这样说道，他是在一次车祸中失明的。[14]

"这实际上是我们第一次有了一种可以完全植入的设备，人们已经可以在植入这种设备后像没事一样回家了。"加州大学洛杉矶分校的外科医生内德·普罗廷（Nader Pouratian）这样解释道。

上面我们谈到了听觉和视觉，那么嗅觉呢？斯科特·穆尔黑德

（Scott Moorehead）在教他 6 岁的儿子玩滑板时不慎跌倒在了马路上，他的脑部因此受到了损伤。虽然他现在已经从内出血和脑震荡中恢复了过来，但嗅觉再也没能恢复如初，因为他鼻子中的嗅觉神经和大脑之间的连接已经被切断了。

"在失去嗅觉前，你根本不会知道，失去嗅觉实际上是一种让人很情绪化的体验，"穆尔黑德这样说道，此时他已经陷入了深度的沮丧中，"你会开始去想一些非常糟糕的事情，比如某一天我的女儿要结婚了，而我肯定会陪着她走上红毯，到那时我一定会紧紧拥抱她，但我无法知道在那个时候她身上会有什么样的味道。"[15]

虽然他很沮丧，但穆尔黑德不是一个轻言放弃的人。他成了一名很成功的商人，经营着电信业巨头威瑞森公司（Verizon）在美国最大的零售代理公司，而且他已经决定尝试去改善他当下的状况。通过一个朋友，他找到了弗吉尼亚联邦大学的一支研究团队，这支团队的研究方向正是如何将化学气味转化为有用的电信号。穆尔黑德向他们提议，他自己不仅可以成为他们的测试对象，而且可以成为他们的商业伙伴。最终，他不但向这支研究团队提供了使其研究成果商业化的初始资金，还和他们共同创立了一家名叫草坪男孩的创业公司，而公司的名字取自费西乐队（Phish）的一首很受欢迎的曲子。穆尔黑德希望这家公司的技术不但能够让他自己的嗅觉恢复正常，还可以帮助数百万名和他有同样境遇的人。

你想在一个虚拟世界里品尝一些东西吗？美国国立卫生研究院的科学家发现，味觉根本不需要舌头的参与，刺激老鼠的味觉皮质就足以让它们相信尝到了甜的或苦的东西。为了证明这一点，他们在老鼠的大脑中植入了一根光纤，这样就可以用激光来刺激相关的神经元了。通过刺激老鼠大脑岛叶皮质的苦味感知区，他们成功地让老鼠撅起了嘴巴，就好像它们刚刚吃下了某种很苦的东西。在第二项实验中，研究人员先给老鼠喂了一些很苦的东西，然后再通过刺激老鼠大脑的甜味感知区使那些东西变得可口了起来。

"我们发现，在大脑的一些区域，或者说在皮质的某些区域，某些特定范围内的神经元实际上代表了各种不同的味道，所以存在甜区、苦区、咸区等不同的感知区。"感觉神经学家尼克·里巴（Nick Ryba）这样解释道。[16]

由于绝大多数人对于在大脑中植入光纤会有抗拒的心理，日本明治大学的研究人员宫下芳明（Homei Miyashita）采用了一种完全不同的做法。他发明了一种人工的味觉发生器，这种发生器的体积小到足以塞进你的嘴里。这款设备使用了5种不同的凝胶来对应人类的舌头能够分辨的5种味道：咸、酸、苦、甜和鲜。他把这款设备称为"海苔卷合成器"，并宣称这种冰棒大小的装置能够合成任何味道。

"就像光学显示器利用三原色的光来合成任何一种颜色一样，这款合成器可以和味觉传感器采集的数据一起来合成和分配任意一种味道。"宫下芳明这样说道。这款设备可以让测试对象误以为他们正在品尝"从口香糖到寿司的各种味道，而且在这个过程中你根本不需要将任何食物放入他们的口中"。[17]

宫下芳明相信，这种技术可以将"一种全新的媒介添加到现在的多媒体体验中"。换句话说，如果你想在一个虚拟的世界里品尝你看到的东西，那么请准备好在你的嘴里含一个"海苔卷合成器"。你要么这样做，要么在你的大脑里植入某种东西，对此你又会如何选择呢？

今天，绝大多数健康的人都不会考虑在他们的大脑中植入一块芯片，但是将来情况可能会完全不同。在将来的某一天，我们会开发出令人难以置信的微小芯片和机器人，它们可以被很轻松地植入大脑或者注射入血管。这些纳米大小的设备将能够抵御生物体内各种液体的腐蚀，所以它们可以在很长的一段时间里保持运作的状态，并允许我们通过直接刺激大脑的某些区域获得栩栩如生的虚拟体验。

发明家、作家以及科学家雷·库兹韦尔（Ray Kurzweil）相信，这些机器人将"进入我们的大脑，并且从我们神经系统的内部，而不是利用附着在我们身体外部的设备，向我们提供虚拟现实和增强现实的体验"。

库兹韦尔毕生都在推动技术发展的极限。小时候，他就曾经把电话的中继设备改装成一个可以计算平方根的计算器。在 14 岁的时候，他写出了可以用来分析统计偏差的软件，当时 IBM（国际商业机器公司）曾经将这款软件与 IBM 1620 计算机一起进行捆绑发布。从麻省理工学院毕业后，他发明了世界上第一台电荷耦合平板扫描仪、光学字符识别软件以及全文本语音合成器等各种设备。

库兹韦尔在谷歌的团队目前正致力于对大脑皮质进行粗略的模拟。到目前为止，还没有人对大脑皮质有完美的理解，但是工程师们已经能够用语言来做一些很有意思的应用了。库兹韦尔相信，到 21 世纪 30 年代，他们将会对大脑皮质做出非常好的模拟。

"医用纳米机器人最重要的应用将是把我们人类大脑皮质的顶层与在云中的人造大脑皮质进行连接，"库兹韦尔这样解释道，"这就像你的手机通过访问云让它自己变得比以前智能 100 万倍一样，我们将直接通过我们的大脑做到这一点。这实际上是一件我们通过智能手机早已经做到的事，虽然智能手机并没有在我们的身体内或大脑中，而如果有人纠结于这一点，那么我认为这实在有点儿吹毛求疵了。在使用手机的时候，我们用到了手指、眼睛和耳朵，但在本质上，它们也只不过是我们大脑的延伸而已。将来，我们将能够通过我们的大脑直接做到这一点。"[18]

要想让拟真的虚拟体验成为现实，我们很可能需要将纳米技术和更加先进的脑机接口技术混合在一起。将来的某一天，我们肯定能创造出好莱坞电影《黑客帝国》中所描写的那种超级真实的模拟场景，而当这一天真的到来时，肯定会有大量的人想要抢先体验。他们或许根本不需要把自己浸泡在一个剥夺身体感知的密封舱内，就能够完全沉浸在一种全感官的虚拟体验中。或许他们只需要坐在椅子上或者躺在床上，因为在人们大脑中植入的芯片只需要阻断来自身体其他部位的所有信号，就可以让人完全过渡到一种虚拟的生存状态。

当这一切真的发生时，它的吸引力将是人们无法抵挡的，但是从生存状态的层面来讲，它又是令人感到恐惧的。有些人或许会不愿意再回到现实生活中，我们都曾经听说过有些人因不想停下手中的电子游戏而不幸离世。一个模拟的宇宙很可能会令人上瘾，很多人会选择依赖生命维持设备，这样他们就不用离开那个虚拟的世界了。等到我们真的能做到这一点时，人类会发生什么呢？我们会让机器在没有我们的情况下继续运转下去吗？或者我们会通过编程让机器人利用先进的体外受精技术和人工子宫来继续生产更多的人类吗？

最后，如果我们想要的只是逃进一个模拟的世界，那么人类的延续还有什么意义呢？当然，这样的问题我们可以留给哲学家，但说实话，我不认为我们会走得那么远。在这个世界上总会有这样一些人，他们认为让自己消失在一个虚拟的世界里，无论这个世界看似多么真实，都是一种空洞的、毫无意义的体验。他们会更愿意用自己的生命去做一些他们认为有价值的、有目的的事，所以他们绝不会被虚拟世界生活的魅力诱惑。当然，还会有另外一些人出于宗教或者个人的原因而拒绝进入任何模拟的世界。他们会待在外面，就像我们今天这样继续生活下去。或许他们会错过数以十亿计的模拟世界中的奇幻场景，但是他们将继续我们人类在这个世界中的旅程，即便我们这个世界也可能只是另一个模拟的世界而已。

我们生活的这个世界也是一个模拟世界吗

在由美国科技网站 Recode 举办的代码大会上，埃隆·马斯克这样说道："40 年前，我们有了第一款街机游戏《Pong》，这款游戏的画面上只有两个长方形和一个点，当时我们也只能做到这样了。但现在，40 年后，我们已经有了像照片一样真实的 3D 模拟游戏，可以让数百万人同时在线，并且其画质每年还在不断改善。很快我们就会有虚拟现实，并且会有增强现实。无论你假设改进速度如何，这些游戏最终都会变得和现实难以区分，当然也只是难以区分而已。"[19]

马斯克继续说道，要么我们可以制造出无法与真实世界区分开来的模拟世界，"要么我们的文明将不复存在"。他甚至相信我们可能早已经生活在一个虚拟的模拟世界中了，他当时是这样说的："我们只有十亿分之一的机会是生活在真正的现实中的。"[20]

有这种看法的人并不是只有马斯克一人，呆伯特喜剧漫画的创始人斯科特·亚当斯（Scott Adams）也认为我们很可能生活在一个模拟的世界里。他在自己的博客上这样写道："小时候，我曾梦想有一天我长大了以后可以成为一名世界著名的卡通画家。当你的现实生活与你的童年幻想吻合的时候，它会让你质疑现实的本质。我真的赢得了百万分之一的概率，还是说有某些其他的事情正在发生呢？"[21]

亚当斯更进一步地指向了在他的信念背后的物理学。首先，如果我们真的生活在一个模拟世界里，那么我们应该可以预料，我们无法穿越这个模拟世界的边界。事实上，这一点毫无疑问是真实的。在不超越光速的前提下，没有人能够穿越宇宙的边界。其次，我们将无法观察到构成现实的基本组成单元，这一点毫无疑问也是真实的。当我们深入由量子力学主导的尺度时，所有的东西都只能用概率来描述。在量子世界里，对于任何东西我们都无法给出一个确定的量，我们甚至无法给出在任何一个确切的时间点上光子所处的位置和它的动量。亚当斯指出，这一点和很多计算机游戏是非常相似的，在任何一款计算机游戏中，宇宙的边界都是无法抵达的，另外，当用户玩游戏时，算法会动态地生成游戏的世界。[22]

在牛津大学工作的瑞典哲学家尼克·波斯特洛姆（Nick Bostrom）撰写了一篇名为《模拟论》（*The Simulation Argument*）的论文，在这篇论文中他论证道，如果人类在演化到能够掌握超级智能的高级阶段前没有灭绝，如果我们这个文明倾向于开发能够重现祖先生活的模拟世界，那么几乎可以肯定，我们当下正生活在其中的一个模拟世界里。为什么这样说呢？因为在一个高级文明里，制造一个逼真的模拟世界的成本非常低，这样的模拟世界的数量很可能会达到数十亿，所以，与唯一的、真正真实的现实相比，你生存在这数十亿个模拟世界中的可能性会更大。

那么，所有这些是否意味着我们正生活在一个模拟世界中呢？我不这么认为，而且波斯特洛姆也不这样认为。所有这些仅仅意味着那种可能性是存在的。我个人的观点是，如果我们正生活在一个模拟世界里，那么某个人还可以把设计工作做得更好。如果由我来设计，这个世界将会截然不同。但由于我们没有选择自己所处的模拟世界的权利，所以我猜想，我们被困在一个随机交给我们的模拟世界中。唯一的安慰是，或许还有其他版本的我们正生活在一个比我们更好或者更差的现实世界中，而这样一幅场景和当今理论物理学最前沿的弦理论可以说是遥相呼应。对于这一理论，我不会在这里展开讨论。

当然，你完全可以这样说：正因为我们可能永远也无法明确事情的真相，所以你完全可以选择去相信任何你想相信的东西。不过，可以确定的是，在未来的某个时刻，创造出接近真实的模拟世界是完全有可能的，而当这一切真的实现时，人们肯定会蜂拥而至。尤其是如果我们可以实现我们最疯狂的幻想，那么毫无疑问肯定会有人想要放纵一下自己。对大多数人来讲，把他们自己转变为他们能够想象的任何人或者任何东西，并进入一个真实的毛骨悚然的冒险中，却又无须承担可能会因此在精神上受到创伤，在身体和容貌上遭到损毁，或者必须直面死亡等风险，那将会是一种让他们兴奋莫名的体验。

在我们看到上述这些可能性后，我猜想，有很多人会更愿意选择一个模拟世界而不是他们当下所生活的真实世界，他们甚至可能会完全抛弃这个真实世界。但这真的是一件非常糟糕的事情吗？这实际上取决于你有多么重视这个真实世界，或者你认为这个真实世界是什么。如果你相信这个真实世界早已经是一个模拟世界，那么它就不再是一个问题。你只不过是放弃了一个模拟世界，并转而选择了另一个模拟世界。

超级多层重叠：增强现实

让我们先把上面那些拟真的模拟世界放在一边。正因为增强现实是通过把数字世界与现实的物理世界重叠在一起后才形成的，所以从近期来看，增强现实对我们的生活产生的影响显然要比虚拟现实更大。在虚拟现实中，用户进入的是一个完全由计算机模拟的世界，与虚拟现实不同的是，增强现实本质上仍然是一种与真实世界互动的体验，但是在增强现实中，用户周围的物理环境无论在视觉上还是在听觉上，甚至在数字上都得到了强化。

就像虚拟现实一样，增强现实也曾经有过一段很失败的开始，其中最广为人知的就是谷歌眼镜。围绕着这款能够将数字信息叠加在真实世界上的小小设备，曾经出现过大量的炒作，但是这款设备给我们带来的体验留下了很多值得期待的地方。小巧的屏幕、笨拙的界面，以及有限的实用性，使得这款设备更像是某种噱头而不是某种突破。但是，安装在这款设备上的摄像头早已经决定了它的命运，很多人对于在未经他们许可的情况下就被摄像头捕捉下来的可能性感到无法接受，虽然他们中的大多数人从未试用过这款设备。他们把谷歌眼镜的早期使用者戏称为"眼镜浑蛋"（glassholes）。

但是，手机游戏《口袋妖怪》（Pokémon Go）获得了巨大的成功。仅仅在推出后的第一年，这款游戏的下载量就已经超过了5亿次，它展现了增强现实拥有的未来前景。这款游戏玩起来很简单，你只需要举起手机，就可以在屏幕上看到有一只动画怪物出现在手机正在拍摄的东西上方。这款游戏需要达成的目标是捕捉这些妖怪，并且训练它们，让它们与其他玩家的妖怪战斗。但是，《口袋妖怪》这款游戏是真正意义上的增强现实吗？大多数专家认为这只是一种假的增强现实，另外，举起你的手机并不是一种沉浸式的体验。它更像是一种在完整的增强现实体验和手机App体验之间的某种过渡性的产品。

有很多其他的 App 曾经尝试过利用同样的技术，但都失败了。这是因为大多数人都不想在使用一款 App 或者玩游戏的时候举起自己的手机，这样做实在太麻烦了，而且体验也很糟糕。要想让增强现实真正成为市场上的主流，它就必须以一种截然不同的方式出现。Magic Leap 公司在推出其增强现实头盔时曾承诺可以做到这一点，但他们的产品对大多数人来讲还是过于笨重了。苹果、谷歌以及其他公司也正致力于开发一款更轻的头盔或眼镜，从而可以向人们提供他们所期望的、可以从增强现实中获得的那种沉浸式的体验，但是到目前为止还没有人能做到这一点。

虽然技术上的障碍依然存在，但是增强现实正在以令人惊讶的速度不断取得进展。据估计，现在有大约 1 亿人正在使用融入了增强现实的购物技术，到 2025 年，在零售业中使用虚拟现实和增强现实技术的全球市场预计将达到 16 亿美元。利用增强现实技术来实现室内导航将是另一个有望获得快速增长的领域。今天，大多数人会使用谷歌地图和类似的应用程序在户外为自己指路，但是当他们走入一家购物中心，或者一栋综合性的办公大楼时，想要快速抵达正确的位置就有可能会让人挠头了。随着人们越来越多地使用手机上的增强现实软件，这种情况将很快发生改变。

汽车制造商目前正在利用抬头显示器在汽车导航中引入增强现实，由于导航的图像会被投射到汽车的前挡风玻璃上，所以我们将不再需要低头看车内的屏幕就能获得导航信息。我们不仅能够在视野中看到叠加在上面的导航信息，还能看到各种危险警报、交通警示以及仪表盘信息，比如车速、油量以及天气状况。

从近期来看，增强现实最大的增长领域将是工业应用。扩展现实产业内幕（XR Industry Insight）曾经组织过一次调查，调查结果表明，有 65% 的增强现实企业目前正专注于工业应用。弗雷斯特市场咨询公司（Forrester）估计，到 2025 年，会有 1 400 万名美国工人在他们的工作中经常使用智能眼镜。这将包括在工厂和仓库中工作的工人、设计师、牙医等各种人群。技术人员和维修人员也正在使用增强现实技术，以此更快地解决问题或进行维修，因为有了增强现实后，他们已经不再需要向专家咨询或者阅读冗长的产品使用手册了。今天，基于增强现实技术的企业培训已经是一项很大的业务。美国前沿科技研究机构 ABI Research 估计，到 2022 年，这个市场的规模将达到 60 亿美元。

医疗保健行业很可能是在使用增强现实技术的所有领域中增长最快的行业。从现在起到 2025 年，增强现实在医疗保健行业的接受度预计将每年增长 38%。外科手术医生现在已经可以在他们的手术过程中使用增强现实应用程序，因为这些程序不但能提醒他们手术中的各种风险和危害，还能够提供有关病人和手术过程的详细信息。其他类似的应用程序还可以帮助护士寻找到病人的静脉并避免各种错误，甚至还有一款增强现实应用程序的设计目的就是向任何使用除颤器的人展示在紧急情况下他们需要做什么。

有了上面这些进展后，要想让一款增强现实设备像我们的手机一样被广泛使用还需要做些什么呢？首先，我们需要开发出一种不会成为推广增强现实设备障碍的硬件，这款设备必须是某种人们戴在自己的脸上再长时间也没关系的东西。眼镜有这样的潜力，但是我们中的大多数人都不太愿意佩戴一副眼镜。另一种选择是隐形眼镜，包括 Mojo Vision 公司、谷歌公司以及三星公司在内的多家公司正致力于开发一款轻薄舒适的可以贴在你眼睛上的增强现实微型镜片，但这并不是一件容易的事。

一个比硬件更大的挑战是用户体验的设计。要想让增强现实设备在消费者中流行起来，它必须十分简单，而且在使用时还应该非常直观。我们需要找到一种方式，让人们毫不费力地找到叠加在真实世界上的虚拟内容并与之进行互动。只有当我们克服了实用性问题的时候，大多数人才会真正去拥抱增强现实设备。

　　一旦我们真的做到了这一点，增强现实就会从根本上改变我们的生活和工作方式，这或许相当于把整个世界转变为一个极其强大的网页浏览器。各种物体将突然间拥有全新的维度和功能。比如你拿起一瓶处方药，此时所有关于这瓶处方药的信息将会以高清视频、信息图表以及 3D 模型的形式呈现在你的眼前。增强现实系统将会识别这种药物，警告你这种药物的所有副作用或者与其他药物的相互作用，然后指导你服用多少剂量。

　　想象一个叠加了很多层不同信息的超级连接的世界，通过这些连接你可以获得所有你可能需要的信息，而你根本不需要掏出手机或者笔记本电脑，因为它们就在那里等待着你前去访问。想要在外出旅行的时候坐在你的自动驾驶汽车里上网购物吗？你只需要进入一家虚拟商店，然后就可以开始浏览了。想要在夏威夷预订一家酒店吗？你也只需要摆动一下手，就可以在一个 3D 的虚拟度假村里四处走动了。想要在展览会上向你的客户展示销售资料吗？你可以随时弹出你的产品的虚拟图像来进行演示。

　　一旦这一切成为可能，我们原来所认识的海量连接也将彻底发生改变。我们不会再每天花数小时的时间紧盯着手机，而会抬起头来环顾周围的世界，而与此同时，展现在我们面前的将是一层又一层似乎无穷无尽的信息，以及那些早已经和我们的日常生活交融在一起的互动式数字内容。

混合现实：多重模式的生存方式

随着海量连接不断演化，我们最终可能会生活在一个多重模式并存的世界里，在这样的世界里，我们可以无缝地在物理世界与增强现实和虚拟现实之间自由切换。对大脑信号进行操控，将使得虚拟物体不但看上去是真实的，而且在感觉上也是真实的，因为它们同样可以激活我们的五官。另外，采用同样的方式，脑机接口也可以实现逼真的虚拟现实体验，从而最终将虚拟现实和物理世界融合在一起，形成一个混合的现实。

在一种完整的多重模式的生存方式下，数字物体和物理物体之间的分界线将会完全消失。如果我能够拿起一台虚拟的笔记本电脑，感受到它的外形、纹理甚至重量，它不但会变得真实起来，而且会真的有用。我会更愿意拥有一台虚拟的笔记本电脑，这样我就不需要带着一台实体的笔记本电脑到处跑了，如果我还能够从虚拟键盘上获得真实的触觉反馈，那就更棒了。由于它的便利性，我甚至会愿意花更多的钱来获得这样一台虚拟的笔记本电脑。

想象一下，你在增强现实的环境中穿越一个城市公园，在这样一个混合现实的公园里，你不但能伸手触及那些虚拟的花朵，还能够闻到花香。也许我们还可以在这样的公园里购买到虚拟的零食，比如一桶裹着焦糖的爆米花，并且在不用担心卡路里的情况下品尝到爆米花的质感和味道。在漫步的过程中，或许我们还会遇到在真实的世界里从来没有存在过的物体，比如一栋虚拟的建筑和经过了增强改造的景观，甚至可能会有一个个性非常迷人的人工智能虚拟公园管理员来帮助我们。

在多重模式的生存方式中，我们很可能会花费大量的时间对自己的虚拟环境进行定制。到那时，我们很可能会购买虚拟的宠物、绘画作品以及盆栽植物来装饰我们的家，而不会再想购买真实的宠物、绘画作品以及盆栽植物。为什么会这样呢？因为这些虚拟的东西不但看上去像真的一样，而且会有额外的好处。我们不用再担心如何照顾宠物，我们挂在墙上的绘画作品可以很容易地获得更新，而且我们的虚拟盆栽植物还可以在没有任何自然光或水的情况下成长。

上述技术不仅可以用来装修我们的房子。事实上，虚拟整容和身体改造很有可能是这种技术最经常被用到的地方。就像我们当下最常见的美容 App 一样，那些十几岁的年轻女孩很可能会为之疯狂，她们会想尽办法让她们的眼睛变得更大、嘴唇变得更加丰满，与此同时还会在她们的头顶上装饰魔鬼的双角，在脸颊上点缀一颗颗星星。但更有可能的是，她们绝不会到此为止，她们或许还会用猫尾巴、闪烁着各种光芒的皮肤以及动画文身来装饰她们的身体。

人们或许会花费大量的时间来设计自己的世界，因为这将能够体现他们的身份以及他们希望其他人如何看待自己。对有些人来讲，这甚至可能成为一份全职工作。这就像我们今天的电脑游戏一样，很有可能还会出现一些罕见的收藏品以及品牌商品。围绕着创造和设计虚拟物体、服装以及各种环境，众多全新的行业会发展起来，当然还会有众多著名的时装设计师、建筑师、演员以及各种虚拟世界的创造者参与进来，相互争夺消费者手上的金钱。

当多重模式的生存方式成了我们日常生活的一部分的时候，那些不想体验混合现实的用户很可能会选择关闭其中的一些功能，但是当他们这样做的时候，他们实际上也会失去其中的大部分功能。这种感觉可能比你把智能手机遗忘在家一整天还要糟糕。

对那些选择全盘接受多重模式生存方式的人来讲，这个世界将会变成一个更加奇幻的地方。你不但可以看到由人工智能控制的店主分身在照看各种店铺，接受我们的订单并为我们提供各种服务，而且在城市的不同部分很可能会有不同模式的增强现实覆盖。比如，在具有历史意义的区域和博物馆内，每个人都有可能会穿着那个历史时代的服装出现；在一场体育赛事上，球迷们很可能会选择穿上代表他们支持的球队的衣服；而在一场摇滚音乐会上，人们或许会选择融入现场群体共享的体验中。

我们所遵循的混合现实的规则很有可能还取决于我们当时所处的地理位置。如果你正待在一个购物中心或者在某个商业区内，你可能不得不忍受利用混合现实投放的广告。在学校里，很可能所有的学生都会被禁止显露身体上的虚拟强化特征，或者随便在墙上画各种虚拟的涂鸦。在办公室里，企业很可能会操控我们自己对现实的设定，以提升员工之间的合作、沟通以及劳动生产力。而当我们走进法院或者警察局的时候，系统或许会完全覆盖我们的个人设定并阻止任何形式的信息传输。

当我们去国外旅行的时候，类似的事情也会发生。我可以预见在未来，与西方文化相比，亚洲和中东的文化可能会要求人们对社会规则表现出更大的尊重。各种形式的自我表达很有可能会受到审查或者限制，而且控制我们体验的主流平台也会完全不同，从而导致你处于一个截然不同的虚拟环境中。我们将不得不适应当地的规则和社会规范，而这也意味着很可能不会出现一个单一的、全球统一的混合现实体验。我们将面对无数个独立的混合现实环境，而这又取决于我们会在哪里、我们正在做什么，以及我们正在使用哪些平台。

第七波海量连接的浪潮

纵观我们的历史，我们已经经历了好几波海量连接的浪潮，而每一次这种浪潮的到来都永久地改变了人类的文明。最开始的时候是口语，但紧接着到来的是书面语言、活字印刷术、远程通信、电视以及互联网。我们现在正处在第七波海量连接浪潮的前端。

当这一波浪潮真的到来时，它可以让我们更简单地获取各种信息，并且在我们的日常生活中更充分地利用这些信息。在我们的大脑中植入芯片并且进入一个增强的现实中或许看起来很奇怪，甚至会让人感到害怕，但是自从我们的史前祖先首次学会使用石锤、木矛以及其他工具，我们就在不断强化我们的身体。制造能够扩展我们能力的机器正是我们用于构建先进文明的方式，而且我们绝不会放弃把我们的头脑与人类历史上最强大的工具——互联网连接在一起的机会。

让真正的、多重模式的海量连接成为可能的实际上正是设备性能的指数级增长。我们必须记住，在新的技术被大规模部署后会发生什么。早期的超级计算机可以填满一整栋建筑，而且它们的计算能力比我们今天戴在手腕上的手环还要弱好几个数量级。对人类基因的第一次测序花费了大约 10 亿美元和 13 年的时间才将将完成，但今天我们只需要花费不到 1 500 美元和数小时的时间就能完成基因测序。要不了多久，一种先进的脑机接口和增强现实系统将会变得比今天的一副蓝牙耳机还不起眼，在功能上却比我们现在已经拥有的任何设备都更加强大。

一旦我们的大脑被连接在一起，并且所有的感官都得到了强化，人类就将进入一种新的生存方式和发展阶段，在这个阶段，物理的实体和虚拟的对象将被融合为一个单一的现实。这不但会改变我们与这个世界进行互动的方式，而且会让我们生存在一个更高的层次上。想象一下，我们与其他人交流的不仅仅有各种信息，还有我们的思想和情绪，而这又将是一幅怎样的场景？

我们将不再被束缚在自己的身体内，这可以说是人类历史上第一次，我们可以知道，触动和窥探另一个人的意识以及用一种我们从来没有体验过的方式来分享生活会是一种什么样的感受。横亘在我们与其他人之间的在精神、身体以及数字状态上的鸿沟将会消失。正是在这一点上，海量连接将会实现人类数千年以来的梦想，我们将真正超越我们自身。

没有人知道这一切是否会在 20 年或者 200 年后到来，但我们知道这一切肯定会到来，所以还请耐心地准备好，在前方，我们将体验到的很可能是一趟更加狂野的旅程。

第二种力量

生物融合

这种力量会推动人类把生物学与其他技术融合起来，从而使我们能够解码构成生命的基本模块，创造出全新的动植物物种，征服疾病并提升人类的能力。

我们正在进入一个生物学和其他技术不断融合的时代，而这个时代已经向我们推出了在实验室内培养的牛肉与各种仿生的眼睛和耳朵。随着我们成功完成对人类基因组的测序，随着基因编辑工具的出现，人类已经做好了重塑整个自然世界的准备。通过操控生命的源代码，我们现在已经能够创造出可以抵抗害虫的作物、生长速度更快的鱼类，以及能够在极端条件下生存的牲畜。基因工程师甚至已经开始消除以前无法治愈的疾病，并且培养出从未存在过的生命形式。

我们的身体给我们带来的自然限制已经不再是无法改变的障碍。生物黑客们（biohackers）正在尝试在他们自己的手臂、双腿以及胸腔内植入芯片，以此监控自己的健康状况、增强自己的感官能力并获取各种信息。而那些大脑黑客正在尝试使用聪明药来提升人类的脑力。创业公司正在提供各种基因疗法，并尝试通过在人体中注入人们年轻时期的血液来延长人的寿命。而与此同时，低温冷冻设备正在冷冻人们的身体和大脑，这样在将来的某个时刻，这些人就很有可能起死回生。

围绕这些技术，很自然地就产生了一些伦理上的问题。通过改变胎儿的基因预防致命性的疾病，是否符合道德伦理？利用基因编辑技术设计出拥有高智商和如电影明星般容貌的婴儿，又会产生什么样的反响？我们是否应该培养携带了人类 DNA 的转基因猪来充当器官的捐赠者？当涉及我们在大自然中扮演上帝的角色时，我们应该在哪里划出我们的底线？

当我们在这片之前从未有人涉足的处女地里进行开拓时，技术在其中应该扮演什么样的角色，以及我们应该选择走哪一条路，将由我们所有人来共同决定。随着我们正式踏入生物融合这个狂野的新世界，对于上述这些问题我们还会展开更多深入的讨论。

"湿件"勇士：无法无天的生物黑客们

生物黑客的与众不同之处在于他们的思维方式。这些把自己描绘成"反抗者"的人根本不愿意等待政府或者大学向他们开绿灯，告诉他们可以开展实验。他们认为双盲实验、随机实验以及有安慰剂参与的对照控制实验根本无须拖延，无须事先获得任何形式的机构批准。这些黑客往往把自己看作具有开拓精神的反叛者，并且想完全按照自己的方式冲破现有生物学的限制。他们很乐意在车库、地下室以及临时的实验室中工作，在非常有限的预算下开展实验，并且对于任何想法都会毫不犹豫地去尝试，哪怕这些想法有可能会违犯一两项法律和法规。

很多生物黑客们自称"超人类主义者"（transhumanists），而且他们相信，人类已经不再需要接受自然界强加在人类身上的生物学限制。相反，当我们尝试强化人类这个物种并使其继续演化时，我们应当利用一系列全新的技术，比如基因编辑工具包和芯片植入等，尝试通过工程设计绕过这些天然的障碍。生物黑客常常直接从科幻小说和电影中汲取灵感，并把自己看作一个美丽的新世界的先锋。这些超级极客已经下定决心用电子产品来强化自己的感官，用药物来提升自身的智力，用植入的芯片来改变自己身体上的器官，用基因编辑工具包来重新编码自己的 DNA。简而言之，他们想在即将到来的后人类世界里成为第一批超人类。

"生物黑客"一词最早出现在 1988 年，当时该词被用来描述那些在 DIY（自己动手做）实验室中用有机物做实验的业余工程师。从那以后，该词的含义慢慢被扩充了，因为生物黑客已经开始组织起自己的运动，而这个运动的名字就叫作 DIYbio，意思是"自己动手的生物学"。现在在北美、欧洲以及亚洲的主要城市都有被叫作 DIYbio 的团体，这些生物黑客的俱乐部包括伯克利的 BioLabs（生物实验室）、纽约的 Genspace（基因空间）、阿姆斯特丹的 Open Wetlab（开放湿件实验室）以及巴黎的 La Paillasse（长椅）。它们中有很多会提供各种设备和培训课程，有些甚至会提供资助。

在大多数情况下，只是一些爱好者、业余科学家以及创业者在做一些非常基础性的实验，而这些实验和你在高等生物学的课堂上有可能会看到的实验非常类似。其中包括开发能够在黑暗中发出荧光的酸奶，培育转基因的青蛙，以及寻找把富含维生素的藻类转变为可口饮料的方法。

"车库生物学的时代已经来临，"罗博·卡尔森（Rob Carlson）这样说道，卡尔森是生物经济投资公司（Bioeconomy Capital）的董事总经理，同时也是这个领域的先驱，"在过去，人们对生物学的主流看法是，搞生物学不但昂贵而且很艰难。但是现在，虽然生物学依然是一门很难的学科，但它已经不那么昂贵了。"[1]

鉴于在网上只需要花费 100 美元就能购买到一个基础的基因编辑工具包，这个领域已经对任何拥有一定的基础知识且有大量时间可以用来消磨的人敞开了大门。你已经不再需要花费一大笔钱来获取干净的蛋白质和其他基础性材料。连实验室设备的成本也在下降，因为生物黑客们已经开始建造他们自己的低成本设备，比如分子复印机和芯片实验室。今天，只需要花费数千美元，车库生物黑客们就可以开始操作了。

位于硅谷核心地带的 BioCurious（生物好奇心公司）就迎合了这些有抱负的创新者。它的网站自豪地宣称，它是这个世界上最大的生物学社区实验室空间。它目前的项目包括：开发一个开源的生物打印机、墨鱼核糖核酸测序、细菌和酵母的核糖体测序，以及一项耗时数周的旨在建造一台倒置的光学荧光显微镜的黑客马拉松。这听起来是不是非常有意思？显然，有很多人也确实是这样认为的。那里现在已经聚集了成千上万名生物黑客，而且这个数字还在快速增加。

生物黑客并不仅仅局限于科学极客以及创业者，还有很多艺术家和设计师，他们也在尝试进行生物黑客的实验。早在 2000 年，一个自称转基因艺术家的名叫爱德华·卡茨（Edward Kac）的人与法国国家农学研究所合作培养出了一只能够散发绿色荧光的兔子。他通过将一种源自海蜇的蛋白质基因植入兔子的体内，使其能够在紫外线的照射下散发出绿色的荧光。无论你认为这是不是艺术，毫无疑问这就是一种生物黑客的行为。

对于我们中的那些没有时间或者没有任何意愿建立实验室，但仍然想要发明一种在这个世界上从来没有存在过的植物或动物的人，我们还可以选择委托寒武纪基因组公司（Cambrian Genomics）。这家从事人工合成生物学的创业公司最初是在旧金山的一个临时实验室里开始运营的，它不但可以让客户对植物和动物的基因代码进行一些小修小改，还可以在电脑上设计这些动植物的身体组织。

"这个世界上的任何人，只要稍微有点儿钱，就可以创造出一种生物，而这改变了游戏的规则，"寒武纪基因组公司的 CEO 奥斯汀·海因茨（Austen Heinz）这样说道，"这将创造出一个全新的世界。"[2]

这家公司的客户还包括 Petomics 和 SweetPeach 这两家创业公司。Petomics 公司的产品是一种益生菌，它可以让猫和狗的粪便闻起来像是香蕉，而 SweetPeach 公司目前正在开发一种个性化的微生物来保持阴道的健康。

磨刀人和赛博格

当生物黑客开始在自己身上进行实验，希望用最新的技术来提升身体和大脑时，这一切开始变得危险起来。因为这些具有高度冒险精神的人绝不会等待科学最终赶上他们最喜欢的漫画书中所描述的技术水准，所以他们会自己承担相应的风险并开始推进整个过程。风险包括尝试将机械设备和电子设备植入人的肉体，用未经测试的药物进行实验，在身体上进行创新性的外科手术，甚至利用基因编辑技术赋予自己各种新的能力，而所有这一系列做法的目的都是让人的身体和大脑超越正常人类的极限。

很多生物黑客实际上只是一些赶时髦的家伙，他们真正想要的是加入一种前卫的亚文化，但还有些生物黑客真的想要超越他们周围的人。在后者中，有少数人由于某些医疗问题而无法依靠人们普遍接受的方法解决，所以才转向了生物黑客。但最后我们也不要忘记，还有一些急迫的发明家，他们根本不想等待 FDA（美国食品及药物管理局）的批准，而且根本不会介意让自己成为小白鼠。

无论他们的动机是什么，用自己的身体做实验这件事实际上和科学一样古老。19 世纪初，当时还是医学院学生的斯塔宾斯·弗斯（Stubbins Ffirth）就下定决心去证明黄热病不具有传染性，他在自己的身上涂抹了被污染的呕吐物、血液、唾液、汗水和尿液。弗斯甚至直接吞下了从病人嘴里喷出的黑色呕吐物。他没有患上黄热病，却因此获得了医学博士学位。

另一个狂热的先驱是德国外科医生奥古斯特·比尔（August Bier），正是他在 1898 年发明了脊髓麻醉。他首先在自己身上进行了实验，然后又在他的助手身上进行了实验。为了证明脊髓麻醉的效果不容置疑，比尔用刀捅、用锤砸，甚至用火烧他的助手，接着他又毫无人性地拔掉了他助手的阴毛并用力挤压他的睾丸。所以，他的助手最终离开了他，并成为他最狂热的批评者之一，这一点儿也不让人感到奇怪。

我还可以从历史中翻找出更多类似的例子，但仅仅上面这两个例子已经足以说明，用自己的身体做实验的生物黑客正走在一条有着悠久传统的道路上，而且他们已经把自己看作无所畏惧的先驱。在这方面，目前还没有比蒂姆·坎农（Tim Cannon）更好的例子，坎农是一个居住在匹兹堡的软件开发人员，但他同时还是刑房湿件公司（Grindhouse Wetware）的联合创始人。他们团队的名言是：计算机是硬件，App 是软件，而人类是"湿件"。

"从我小时候起，我就一直在告诉我周围的人，我想成为一个机器人，"坎农这样说道，"而如今，这似乎已经不再是一件不可能的事了。"[3]

坎农并不只是说说而已。早在 2013 年，他就在自己的手臂上植入了一件很大的由电池供电的设备。由于没有任何经过认证的外科医生会同意进行这样的手术，他让自己的 DIY 团队（其中包括一名穿孔和文身专家）切开了他的皮肤，植入了那件设备，然后再把伤口缝合好。从照片来看，他手臂的样子很可怕，但是坎农对结果非常满意。他把那件植入的设备称为 Circadia 1.0（昼夜节律 1.0），而这件设备的功能只是记录各种生物数据，比如体温等，然后再把数据直接传输到他的智能手机上。

坎农和他的小伙伴们还研发了一种会发光的圆盘，并将其植入了他们的手背。"植入这件设备与穿孔和整容非常类似，而且也纯粹是为了美观，"他们在新闻稿中这样解释道，"这只是一种非常简单的装置，它将证明在人体中植入各种技术的可能性，还将为更加先进和具有更多功能的身体强化方式铺平道路。"[4]

在这条道路上，坎农和他的小伙伴们并非孤军奋战。实际上，现在已经有成百上千的人正在通过外科手术将各种电子设备和不同的材料植入皮肤下方，以此强化身体。他们喜欢把自己称为"磨刀人"（grinders），而且会经常聚集在类似 biohack.me 这样的在线论坛上。在那里，成百上千个想要成为赛博格（cyborgs）的狂热分子会交流他们的手术技巧，获得非法麻醉药物的渠道以及哪里有最好的抗生物涂层等信息。

另一个已经走在了所有人前面的生物黑客名叫凯文·沃里克

（Kevin Warwick），他是考文垂和雷丁大学的一名教授。沃里克在自己的身上植入芯片已经有数十年了，这也为他赢得了"赛博格上校"的绰号。2002 年，他把一块植入的电子芯片与他左臂的神经纤维连接在了一起，然后他又把这块芯片连接到一台电脑上，就这样，这台电脑可以像接收和传输无线电波一样监控从他的大脑传输到手臂上的神经信号。

在一次实验中，沃里克飞到了纽约，然后将他的半机械手臂连接到了一台电脑上，而这台电脑又利用互联网与还在英国的一只机器人手掌连接在了一起。当他移动自己手指时，那只机器人手掌模仿了他的所有动作。接着机器人手掌又把信号传递给了沃里克，这样他就可以感觉到他对任何物体施加了多大的力量。这次实验的结果表明，他的身体和大脑并不需要处于同一个地方，所以他完全可以把自己的意识扩展到世界各地。

接下来，沃里克说服他的妻子在不使用麻醉剂的情况下在她的手腕上植入了微芯片。这一做法并没有结束他们的婚姻，反而使他们在身体上和情感上更加亲密了。通过把他的妻子与互联网连接在一起，沃里克把他自己的神经系统和妻子的神经系统也连接在了一起。每当他的妻子握住他的手的时候，他的大脑就会接收到一个电脉冲。利用这样的方式，他们开始通过自己的神经系统进行交流，他们两人现在整天都在向对方发送信号，而这也在他们两人之间创造了一种新型的亲密关系。

"当你回想在性行为中会涉及哪些东西时，你肯定会认同，性行为是一种相当亲密的行为，但它还没有那么亲密。这才是真正的亲密！你让你们自己身体的内部都连接在了一起。"沃里克这样说道。[5]

如果你恰好是"赛博格上校"的学生之一，那么请做好心理准备，你可能会遇到一些非同寻常的课堂项目，比如把某人的手指变成天线。他的一个学生希望用指尖感觉到一件物体离他到底有多远，通过在他的头上安装一个超声波传感器，并且在他的手指上绕上导线，他成功地将距离转变成了电脉冲，而这些电脉冲又使得通过手术植入他手指的磁铁发生了振动。这就使得他无须用眼睛观看就获得了一种对距离的感觉，这项技术将来很可能会对盲人非常有用。

感官增强是众多生物黑客想要提升的核心。利维乌·巴比茨（Liviu Babitz）心心念念地想要创造出一种新的人类器官，他在自己的胸口植入了一种电子装置，而这种装置每当他面向北方的时候就会开始振动。他把这种装置称为"生物指北针"，并且把它看作制造一个完整的生物导航系统的第一步。巴比茨设想了一个人类可以像鸟类一样导航的世界，人们甚至根本不需要环顾四周就可以立刻准确地知道他们正面朝什么方向。这听起来或许有点儿古怪，但是在增强现实已经成为常态的未来世界里，我们的视觉会被一层又一层的数字内容笼罩，所以这种类型的通过额外的感官进行导航的能力很可能也会非常有用。

理查德·李（Richard Lee）是美国犹他州的一名销售人员，同时也是两个孩子的父亲，他已经走向了一个截然不同的方向。他的目标是通过强化人们的私处来提升他们的性生活质量。他在这方面的第一次尝试是推出了 Lovetron 9000 这款产品。当把这款产品植入一个男性耻骨的下方时，它可以让男性的阴茎产生振动。

"我不确定是什么让我想到要开发 Lovetron 这样的产品的，"李坦率地承认道，"离婚后，我完全放弃了这个项目，因为我觉得我以后可能会一直单身。但后来我遇到了一个学习性心理学的女人，她鼓励我完成了这个项目。她使我相信，这款产品可以让很多两性关系变得更加紧密。"[6]

李的实验已经超越了仅仅使性伴侣产生性高潮。在他的手上有一块可用于对设备进行远程控制的 NFC（近场通信）芯片，前臂上有一块可用于监控温度的生物测温芯片，他还在两个不同的指尖植入了两块磁铁，用于探测磁场，在双耳软骨中植入了磁性扬声器。由于他的右眼失明，他计划将植入耳软骨的扬声器连接到超声波测距仪上，这样他就可以像蝙蝠一样进行回声定位了。

对李来讲还有一个实验的结果不是很理想，当时他在自己的小腿中植入了好几根聚合物泡沫管，按照他的说法，这些管子完全可以承受棒球棍的全力一击。他把这些管子称作他的非牛顿盔甲。但不幸的是，他手术后缝的线最后裂开了，这迫使他不得不取出那些管子。但是，这次失败并没有让他停止在自己身上做实验。

"接受自然赋予我们的那些愚蠢的缺陷，实际上是一种没有必要的投降或者顺从的行为。"李这样坚持道。[7]

像李这样的业余爱好者会愿意切开自己的小腿、大腿、耳朵、手指、手臂甚至腹股沟，从而转变成一个赛博格，这似乎是一件很奇怪甚至让人感到害怕的事情，而现在已经有一些国家正在考虑如何才能搭上生物黑客的班车了。瑞典已经开始尝试在公交系统中使用 NFC 植入芯片，大约有 1 500 名测试对象会在他们的皮肤下嵌入微型的 NFC 芯片，这使得他们在进入火车站的时候只需要刷一下他们的手就可以办理进站手续了。

将来，或许在身体中植入芯片不但是一种实际的需求，还是一件无法避免的事。人们很可能会在出生的时候就已经在身体中植入芯片了，并且在他们的一生中，芯片还需要定期更新，这就像我们今天会不断升级手机和智能手表一样。植入的设备毫无疑问会变得越来越小，这样的话那种痛苦的手术过程就会成为过去。要不了多久，在身体中植入电子设备很可能会比文身更容易且痛苦更小。最终，植入的电子设备会变得非常小，整个植入的过程在感觉上就好像被针扎了一下。等技术发展到了这一阶段，生物黑客或许就不会再显得那么极端了，而我们所有人都有可能在某一天成为"磨刀人"。

重塑人体的解剖结构

还有另一种形式的生物黑客，其目的并不是拓展人类的脑力或者身体能力，他们更多的是出于一种美学上的需求。这些生物黑客致力于改变自己的外表，对于他们的脸和身体，他们往往会创造出古怪的或者让人感到不安的改变。这些生物黑客常常看起来就好像刚刚从电视连续剧《星际迷航》的摄影棚中走出来一样。他们的头上会有凸出的角，手臂上会有各种凸起，胸口和背部的皮肤下甚至会凸起心和星星的形状。

市场对熟练的、能够使用最新技术的"身体改造艺术家"有很大的需求。他们是雕刻和塑形的大师，而且能够用一些以前根本不可能的方法来凸显修改后的形体。最早的人体植入物都是不锈钢的，但是今天绝大多数的植入物是模塑硅胶。一个人体艺术家通常会用手术刀在皮肤上切开一个很浅的伤口，然后再用皮膜拉皮机打开一个足够大的洞，以便让植入物能够滑进去，在这之后他们就会缝合伤口。大多数人在做这种手术的时候是不打麻药的，因为你很难说这种手术是否合法，所以他们只能忍受痛苦。

对很多人体黑客来讲，这样做的部分诱人之处还在于，整个过程是非常可怕的，而且其中有真正能够让人震惊的价值。你也可以说整个过程体现了一种朋克摇滚的精神内涵。在过去，你留一个莫西干发型，然后穿着一件皮夹克四处走动，就已经足以树立起你反叛的形象了。但在随后的日子里，出现了各种文身以及更加极端的在自己的鼻子、嘴唇、脸以及其他身体部位穿孔的装扮。今天，上述这些都已经是家常便饭了，所以真正的叛逆者和社会颠覆分子都在寻求更加激进的改变人体的方式。而所有这些都只不过是他们向这个社会宣示的部分内容罢了。

"你拥有技术，同时还在进行生物医学的研究，更何况这里还有那么一大群愤怒的人特别喜欢文身，那么这一切也就必定会发生了，"坎农谈起为什么他会选择在匹兹堡创立公司时这样说道，"在这里，喜欢这类东西的人实在太多了。"

但这并不是人们这样对待自己身体的唯一理由。修身教会的成员会认为自己正在利用现代技术来实践一种古老的传统。他们相信，参与各种修身的仪式和典礼可以强化心灵、身体与灵魂之间的联系，帮助他们成为精神上完整的个体。

大部分人只是喜欢他们身体最后的样子。他们认为这实在太酷、太漂亮，甚至太性感了。一种对某些人来讲看上去非常可怕的身体上的修改，对其他人来讲却可能很有吸引力。围绕着对身体的修饰和崇拜，有一个完整的亚文化，有些人对此十分着迷，他们会利用各种植入物、穿孔以及外科手术彻底改变他们的外生殖器。对此我不会进行细致的描述，但如果你很好奇，你可以在网上找到相关的照片。请做好被震惊的准备吧，任何你能想象到的事情可能都已经有人做过尝试了。

如果上面这些听起来好像信息量有点儿太大，那么请记住，对我们自己的身体进行修改同样拥有很悠久的历史。在很多文化里，拥有长脖子的女性会被认为非常美丽。为了拉长她们的脖子，早在公元前11世纪，东南亚的女性就已经开始从小在脖子上套很粗的金属环了。同样的做法也出现在了非洲的恩德贝勒部落，那里的女性会佩戴黄铜制作的颈环。这样每增加一个颈环，她们的脖子就会被进一步地拉长。

在中美洲，很多人会在自己的门牙上钻一个洞，然后再用玉石或者黄铁矿来进行修补，有些部落还会用石器把牙齿打磨成不同的形状。另外，早在公元前7世纪，居住在古意大利西北部的伊特鲁里亚女人就已经用金箔来装饰她们的牙齿了。维京勇士们会在他们的牙齿上刻出沟槽，然后再在沟槽中涂上红色，这样他们看上去就会更加可怕了。

中国人早在10世纪就已经开始裹足了，据说当时的宫廷舞女窅娘把她的双足裹成了新月的样子。皇帝李煜对此十分欣赏，裹足后来成了一种习俗和美丽的标志。中国女性的小脚也被称为三寸金莲，据说这样的小脚会使她们受到未来丈夫的青睐。

在这样一种背景下，对身体进行某种极端化的改造似乎并不是什么不寻常的事情，而只不过是人类在过去的数千年里已经习以为常的事情的自然延伸。甚至在现代社会，整形手术也被认为是一件很正常的事情。外科医生几乎每天都在为一些人修改鼻子、脸颊、臀部以及身体的其他部分，以使他们看起来更具吸引力、更能被社会所接受。在这里，最大的不同是，身体改造艺术家所做的事情往往更具实验性，他们会更愿意去做一些任何整形医生都不愿意尝试的事情。

如果有人想要在自己的眉毛下植入像尼安德特人那样的凸起，在前臂上嵌入会发光的臂镯，在脖子上镶嵌数十枚弹珠大小的球体，他们为什么不能这么做？毕竟这是他们自己的选择，而且没有伤害到任何人，你说是不是？但实际上这还真的不一定。在美国，目前绝大多数的身体改造艺术家都没有接受过正规的训练，很多人没有任何经验，而且几乎所有人都没有获得政府发放的从业执照。这就像是在当年蛮荒的西部，任何人都可以成为一个身体改造艺术家，而你只需要在屋檐下挂上一块瓦片就万事大吉了。[1]

那么，这样做合法吗？不一定合法。他们实际上是在一个灰色的区域内操作，在这样一个区域内，他们几乎是想做什么就做什么。有些人甚至会认为完全没有必要使用专业的工具或设备，所以他们会使用一些家居用品，比如用吃饭时用的黄油刀来分离一层层的皮肤。这样的做法不但会让人感到害怕，而且很不负责任。在很多这样的手术中，神经系统和淋巴系统都有可能遭受到严重的损伤，而一旦这样的事情发生，对那个接受手术的人来讲，那将是他一生的噩梦。另外，如果手术不是在一个完全无菌的环境中进行的，感染率也会急剧上升。

问题是，即便你很有钱，而且找到了一个不反对在你的头上植入某种角的整形医生，真正的专业人员也绝不会这么做，这又是为什么呢？因为没有一个专业人员会冒着失去自己的从业执照的风险来做这样一个手术。

无论你是否认可，AMA（美国医学协会）表示，你不能改变你自己的身体以使其偏离这个社会所认为的正常状态。AMA正试图降低诉讼的风险，并对什么是医生可以做的、什么是不能做的制定出一些指南。人们常常会找到一个整形医生，然后提出某些要求，但仅在数周或者数年后就对他们当初的选择感到后悔了。这些都是很棘手的涉及伦理和社会的问题，所以必须在某个地方划出一条界线。

所以结果是，整形医生根本不敢去做任何超出常规的手术，而且按照定义，对身体进行某些激进的修改是一件不正常的事。因此，任

---

① 挂上瓦片指的是开张营业。——译者注

何想要对自己的身体做某些极端修改的人都不得不寻找其他方法。

无论你是如何看待上述这些做法的，就像文身现在已经成为主流文化的一部分，艺术性的甚至某些奇异的身体改造方案都有可能在将来的某一天成为你日常司空见惯的事情。今天的亚文化就是明天的流行文化。

在即将到来的数十年时间里，随着技术的进步，人类甚至可能会用更加极端的方法来改造自己。那些未来的赛博朋克可能会选择为自己添加一根手指或者增加一个器官，而不是简单地在身体中植入什么东西。他们绝不会就此止步。给自己增加一对翅膀或者添加一双蹼足，又会怎么样？可能现在看起来，上述所有这一切都让人感到非常古怪，但是在我们的眼中，美丽、性感、灵性、叛逆、平凡都在不断发生改变。

如果你活的时间足够长，那么请做好这样的心理准备，你可能会遇到一些看上去甚至不像是人类的人。我们或许会发现，我们正生活在一个《星球大战》式的宇宙中，在这个宇宙里，所有的外星人都恰好是我们自身经过改造后的版本。

聪明药、能量激发药丸以及超级补充剂

你根本不需要切开自己的身体或者在身体里注入无线射频识别芯片（RFID），就能成为一个生物黑客。你只需要简单地吞下几粒药，就能够进入一个完整的、可以让你的身体发生改变的世界。现在已经有越来越多的人在这样做，而这样做的目标包括减肥、增强肌肉、强化耐力、提升精力、睡得更好或者变得更加聪明。

让我们来关注一个最有趣但同时也是发展最快的领域之一，这个

领域就是我们所说的"益智药"。益智药是一种药物，也是一种补充剂，而且它还是某种能够改善人的认知功能，包括记忆力、创造力以及主动性的物质。你有没有梦想过自己有一天成为下一个爱因斯坦或者智力抢答赛《危险边缘》（*Jeopardy!*）的冠军？有一种药可以让你实现这个梦想。具体的做法是，你可以通过服用合适的补充剂显著提升脑力。

益智药是从竞争非常激烈的硅谷开始流行起来的，在那里极客和创业者们总是在想办法让他们的生产力得到最大化，同时还能够提升脑力。

道恩·柯林（Dawn Currin）是一家 IT（信息技术）公司的业务分析师，她这样总结道："我们几乎已经榨干了咖啡因的潜力。而每个人也都已经厌倦了红牛，所以我们开始喝巴拉圭茶。这时突然有人说'嘿，这是益智药，让我们来看一看它会产生什么样的效果吧'。"[8]

"这一种或许能帮助你增强记忆力，那一种可以帮助你集中注意力。这一粒药丸可以帮助你改善视力，那一粒药丸可以让你有更多的精力。"戴夫·阿斯普雷（Dave Asprey）这样说道，他是益智药运动的一名领军人物，还是防弹咖啡公司的 CEO，"这些药丸都有一个同样的目的，那就是帮助你最大限度地发挥潜力。"[9]

阿斯普雷是一个技术宅和创业者，他曾经体重超过 300 磅[①]，而且在工作中无法集中注意力。但现在，由于选用了能"提升脑力"的饮食，他已经成了硅谷的超级巨星。在每天服用一大把各种药丸，并且在聪明药上花费超过 100 万美元后，他声称，他已经把自己的智商提高了 20。考虑到我们人类的平均智商是 100，这 20 的提升可以说

---

① 1 磅 ≈ 453.592 4 克。——编者注

已经相当可观了。人们通常认为天才的智商可以达到 140 或以上，但请记住，智商测试并不是一种对人类智力的精确的度量，其结果可能会因不同的测试而出现差异。另外，还没有临床试验的结果可以支持阿斯普雷的说法。

虽然人们对于他提倡的方法的科学有效性持怀疑态度，但阿斯普雷目前已经成了最著名的生物黑客之一，而且我们还必须承认，他真的是一个不知疲倦的自我推销者。阿斯普雷有很宽的肩膀和高高凸起的肱二头肌，所以看上去他更像是一个人到中年的铁人三项运动员。每当他进行演讲时（他经常演讲），他总是那么乐观和鼓舞人心，他是那种可以让人们真正变得自信的人。他不仅竭力推广他的饮食方案、脑力提升药丸以及咖啡，还给出了应该如何生活的建议。

阿斯普雷已经成功地把传统的自我救助与最新的科技结合在了一起。他配备了冷冻治疗舱、大气细胞训练器、红外线床、振动平台以及一系列高科技的运动器械，其中有一些还号称能够在 20 分钟内让你完成相当于两个半小时的运动量。

"生物黑客是一门艺术和科学，它通过改变你周围或者你身体内部的环境，让你能够完全控制自己的生物学状况。"阿斯普雷这样说道。[10]

像大多数参与量化自我运动的人一样，阿斯普雷对于数据也非常着迷。他利用自己身体内的植入物、传感器、健身追踪软件甚至脑电波测量设备来捕捉尽可能多的数据。他坚持监控自己的身体，从心率、激素的分泌，到精神的集中度，然后再以此为依据来调整他每天吃的东西。这实际上是一个不断尝试的过程。

曾经有一段时间，阿斯普雷想要具体测试一下拿破仑·希尔（Napoleon Hill）所提出的有关"性能量转换"的想法，即一个人可以把自己的身体想要花在性繁殖上的能量投入工作，从而改变他自己的生活。为了获得测试的结果，他采用了一种公式，用年龄减去7，然后除以4。这样获得的结果就是男性为了保持健康和活力应该禁欲的天数。

当时，阿斯普雷的计算得出的数字是8，这意味着如果他能够做到在8天内禁欲的话，他会更健康和更快乐。然而，如果他真的想要这样做的话，道家的建议是禁欲30天。在得到他妻子的同意和充分的配合下，他开始测试这个理论。为了做到这一点，他以自己的性生活频率和射精频率为参数画出了他每天的快乐程度曲线。除了一些偶尔的意外，整个实验进行得出奇顺利。他的妻子很享受禁欲后的性生活，因为他的耐力和欲望得到了明显提升，而且他变得比以前更有活力了。现在他已经把这一理论作为他的课程的一部分。

"直到今天，我还一直在遵循着道家的公式，"阿斯普雷这样说道，"而且我也不会随意去拈花惹草。毕竟还有很多的事情等着我去做呢！"[11]

阿斯普雷一直在尝试各种聪明药，但即便是这些聪明药也不足以帮助他准时完成他的书稿。为了赶上最后的截止日期，他不得不连续工作了5个昼夜，但就在这几天里他还依然保持了清醒和高效。

为了能做到这一点，他每天晚上都会摄入由咖啡、碳水化合物以及中链甘油三酯（MTC）油组成的混合物。接着他还会把电极连接到太阳穴上，让弱电流刺激他的大脑90分钟，他把这种做法称为脑电刺激。阿斯普雷还服用皮质醇，同时另外安排了一束紫色的激光从他的头顶穿过，他期望这样的做法可以帮助大脑的线粒体生长。除此之外，他还始终站着在一张很高的桌子旁工作，同时脚上踩着带刺的垫子来刺激他的双腿。

为了让更多的血液流入他的大脑，每隔半个小时他会走到一块可以让他的全身颤动的平板上，然后脚贴着墙壁倒立。就这样过了五天五夜后，他准时交出了书稿，并且说他的出版商对此非常满意。同样，上述所有这些方法都没有得到过科学的验证，它们只不过是一个生物黑客的个人体验而已，但这明白无误地告诉了我们，人们在自己身上做实验时可以走得有多远。

事实上，采用类似做法的并不是只有阿斯普雷一个人。在硅谷可以说到处都有那种专注于技术的人体自我改进大师，他们中有很多人都在兜售自己品牌的聪明药、健康补充剂，以及能够提升认知能力和精力的奇奇怪怪的小玩意儿。

"你可以递给其他人一杯柠檬水，然后告诉他们这是一种能够提升认知能力的药剂，他们马上就会变得兴奋起来。"科学博主以及在药物发现方面的专家德里克·洛（Derek Lowe）这样说道。[12]

这就是所谓的安慰剂效应。如果病人相信了某种药或者疗法，他们就能够真实地体验到它所带来的好处，哪怕这种药或者疗法没有任何治疗上的价值。由于市场上的大多数益智药和健康补充剂都没有得到 FDA 的批准，而且只有极少数目前正处于试验阶段，消费者根本无从知道应该购买哪一种产品，所以人们往往只能诉诸对产品以及其背后的推动者的信任。不幸的是，聪明的市场营销人员完全可以利用这种缺乏科学证据的现状。

几乎所有人都会同意，服用复合维生素对身体有好处。然而，研究人员现在已经得出结论，复合维生素并不能降低癌症、心脏病、认知能力下降或者早逝的风险，而且这还是基于数十年来在众多领域的广泛研究所得出的结论。更为糟糕的是，维生素 E 和贝塔胡萝卜素还很可能对人体有害。虽然我们已经有了大量的证据来支持上述说法，但超过 50% 的美国人目前仍然在服用复合维生素。毕竟，这是一个价值 120 亿美元的产业。

"药丸并不是维持更好的健康状况和预防慢性疾病的捷径，"约翰斯·霍普金斯·韦尔奇中心主任拉里·阿佩尔（Larry Appel）这样说道，"有更强有力的证据证明，其他的营养建议可能更有益于健康，比如吃健康的饮食，维持健康的体重，减少饱和脂肪、反式脂肪、钠和糖的摄入量等。"[13]

有时候愿望很美好，现实却很骨感。我们都希望有一种神奇的药丸可以治愈我们所有的疾病，并且让生活变得更美好。我必须承认，我正是那些喜欢尝试新鲜事物的人之一，虽然我一直有所保留，但在过去的很多年里，我还是尝试了很多种不同的补充剂。转折点出现在我开始在硅谷运营自己的创业公司时，当时我承受了巨大的压力，迫切需要减轻这些压力。也就在那个时候，我听说了卡瓦胡椒。显然，数百年以来斐济人和汤加人一直在使用这种天然的草药作为放松身心的传统药物。所以，我也开始服用并感觉到确实好多了，直到有一天 FDA 宣布卡瓦胡椒与肝脏瘢痕、肝炎、肝功能衰竭甚至死亡有关，我才停了下来。

幸运的是，我并没有受到这些负面效果的影响。但这给我敲响了警钟，我从此改变了对补充剂市场的看法。不管它是一种已经使用了数百年的天然草药，还是一种最新开发的药物，服用任何没有经过广泛临床试验的药物只会给你的健康带来重大风险。但这并不意味着益智药和其他补充剂毫无价值。在将来，我们肯定会在一个更深的层次上理解我们身体的运作方式，所以我相信，有些补充剂很有可能会成为我们一直在期待的神奇药物。然而，在这之前，你想成为实验室里的小白鼠吗？

有很多人，包括我的一些最亲密的朋友，会毫不在意可能存在的风险，并继续在他们自己身上进行实验。如果他们已经理解了其中蕴含的风险，那这就是他们自己的选择。就我而言，当这些勇敢的灵魂试图成为下一个超人时，我会很高兴地站在一旁进行观察，并记录下他们完整的冒险过程。

延长生命：吉尔伽美什的史诗

谈到超人，谁又不想长生不老呢？但至少我知道有这样一个人（就是我的哥哥）认为，对于他脆弱的灵魂，有这样的一生已经足够了，他期待到时候能够平静地离世。然而，大多数人都希望可以将生命延续到未来，这种倾向性可以回溯到最早有记录的神话故事，比如《吉尔伽美什史诗》所记录的时代。在这个古老的美索不达米亚的诗篇中，作为主人公的英雄踏上了去发现永生秘密的危险旅程。虽然他永远也无法获得永生，但你完全有这个可能。

世界各地的科学家和生物黑客正在尝试新的方法以延长生命，很多大公司也正在加紧投入以直面这个古老的挑战。谷歌为此创立了Calico 公司，这家公司的使命是利用最新的科学和技术来解决与老龄化有关的健康问题，并延长生命的健康跨度。他们还引进了重量级的人物来领导这家公司。阿瑟·莱文森（Arthur Levinson）不但是这家公司的创始人和 CEO，还是苹果公司的董事会主席，之前他还曾经担任过基因泰克公司（Genentech）的 CEO。来自普林斯顿大学的戴维·波特斯坦（David Botstein）不但是 Calico 公司的首席科学官，还曾经担任普林斯顿大学刘易斯–西格勒研究所的所长。

"疾病和衰老会影响我们所有的家庭，"谷歌的联合创始人拉里·佩奇在 Calico 公司的成立大会上这样说道,"从更长远的角度来看,我相信,围绕着医疗保健和生物技术所展开的超前思考将能够改善数百万人的生活。"[14]

在这一领域佩奇并非孤身一人。硅谷有很多亿万富翁相信,如果他们可以在这个世界上待更长的时间,世界会变得更美好。据《纽约客》杂志报道,甲骨文公司的 CEO 和联合创始人拉里·埃里森(Larry Ellison)也曾向从事衰老研究的项目捐赠 3.7 亿美元。

"死亡对我来说根本没有任何意义,"埃里森这样说道,"一个人怎么可能原本在这里,然后就这样突然消失了,也就是说不在这里了?"

由贝宝(PayPal)的联合创始人以及硅谷的著名投资人彼得·蒂尔(Peter Thiel)所建立的"突破实验室"(Breakout Labs)目前正在资助一些非常激进的科学和大胆的创意,比如用干细胞培育骨骼、修复与老龄化有关的细胞损伤,以及研究出快速冷却和保存器官的方法等。

"我们可以永生的主张是不言自明的。它不违反物理学的定律,所以我们肯定能实现它。"科技创业者、长寿基金(Longevity Fund)投资人阿拉姆·萨贝提(Arram Sabeti)这样表示道。

易贝(eBay)的创始人皮埃尔·奥米迪亚(Pierre Omidyar)捐赠了数百万美元用于研究为什么有些人能够从疾病中康复过来。

"我的想法是,老龄化应该是一种可塑的、有弹性的过程,它只不过是通过编码被写在了我们的基因里。而如果某种东西是可以被编码的,那么你就能破解这种编码,"尹俊(音译,Joon Yun)这样说道,他是一个医疗保健对冲基金的基金经理,同时也是有关长寿研究的捐赠人,"如果你能够破解这种编码,那么你也能改写那些代码。"

延长寿命是有科学在背后给予强力支持的。格陵兰睡鲨可以活到 500 岁，而且永远也不会得癌症。蛤蜊，也就是我们用来做蛤蜊浓汤的蛤蜊，也可以活到 500 岁以上。乌龟可以活到 200 岁。而对线虫的研究表明，一个相对简单的基因突变可以让它们的寿命延长 10 倍。那么，是什么阻止了我们延长自己的寿命呢？

对此，分子遗传学家简·维吉（Jan Vijg）做了一个很好的总结，他是这样说的："你不能仅仅从乌龟身上复制某种单一的机制，我们必须把我们的基因组也变得和乌龟一样，但那样的话我们也就变成乌龟了。"

研究长寿的科学家的主流观点是，衰老是演化的自然产物。死亡的好处在于它为拥有改良基因的新一代让出了道路，从而增加了整个物种的长期生存概率。不同的物种之所以会有不同的寿命，是因为不同的寿命期限原本就是为不同的物种量身定做的（或者说对于该物种的演化是最有利的）。

"如果你能够一直保持 20~30 岁之间的衰老速度，你可以活到 1 000 岁。但是到了 30 岁，一切都会开始改变。"埃里克·维尔丁（Eric Verdin）这样说道，他是美国巴克衰老研究所的 CEO。[15] 30 岁以后，我们人类的死亡率每 7 年翻一番。一旦我们传播了我们的基因，并且养育了后代，那么从演化的角度来看，之后发生的任何事情都已经不重要了。这也是为什么我们的身体不可能让我们活得更久。

UNITY 生物技术公司是硅谷的宠儿，它相信它有能力通过处理人体的衰老细胞来解决这一演化机制给我们带来的限制。这些衰老细胞会随着衰老积累在我们的体内并不断繁殖，同时释放出能导致炎症的物质并使其他健康的细胞也开始衰老。

"利用基因技术去除这些衰老细胞可以明显地改善健康状况，延长人的寿命。"徐明（音译，Ming Xu）这样说道，他是梅奥诊所团队中的一员，他们这支团队在老鼠身上进行了类似的实验。[16]

另一种有希望的方法是延长我们的端粒，端粒是每一缕 DNA 末端的帽状结构。每当有细胞进行自我复制时，端粒就会变得更短，直到变得太短后死亡或失去活性。端粒变短会增大与年龄有关的疾病的风险。对小鼠进行的端粒酶基因治疗在不引发癌症的情况下延缓了衰老并延长了寿命。然而，当今的科学还不清楚其中的机制，因为拥有长端粒的动物并不一定拥有更长的寿命。对自己的身体了解得越多，我们就能越清醒地意识到，我们对自己身体的了解实在太少了。

"刚开始的时候，我们认为这很简单，你只要找到身体里的钟就行了，"戈登·利思戈（Gordon Lithgow）这样解释道，他是在延长线虫寿命这一领域的主要研究人员，"但是现在，我们已经在线虫体内发现了大约 550 个调节寿命的基因。而且我怀疑，在线虫基因组内的 2 万个基因中，有一半或多或少地参与了对寿命的调节。"

哈佛大学的遗传学家乔治·丘奇（George Church）是在探索长寿的这个领域更有个性的人物之一。他浓密的大胡子和蓬乱灰白的头发使他看上去很像达尔文。然而，他的野心是把演化掌控在自己的手上。他已经与他人共同创立了 35 家创业公司，并一起撰写了 527 篇科学论文，同时还申请了超过 50 项专利。而所有这一切都是在他患有嗜睡症的情况下完成的，嗜睡症会让他在突然之间陷入沉睡，有时候这甚至会发生在与他人进行交谈的过程中。但他通常会很快醒来，还会带来一些出色的洞见与他人分享。

丘奇有一个项目旨在延长人类的寿命。他从超级百岁老人（即那些寿命超过了 110 岁的老人）以及酵母、蠕虫、苍蝇和其他长寿的动物身上剔除了 45 种不同的基因变异。他现在正在使用基因疗法在

DNA 中添加抗衰老的指令。目前他的实验室已经成功地让老鼠的寿命延长了一倍，此外，他还将在狗的身上开始试验。

"在动物的身上，我们已经验证了 8 种不同的逆转衰老的方法。"丘奇这样说道。他不但想要帮助人们活得更加长久，而且想要看到我们永远也不生病的时代到来，"我们有一个策略，那就是通过改变遗传密码，让任何细胞或者任何身体组织对所有病毒都产生抵抗力。所以，如果你对遗传密码做出了足够多的改变，那么你现在就可以获得某种对所有病毒都具有抵抗力的东西，这其中还包括你以前从来没有见过的病毒。"

除了尝试突破科学的极限外，丘奇还很享受挑战他的同事们的极限。他曾经向《科学》杂志投了一篇完全用基因密码而不是用英语撰写的同行评议。虽然没人能弄明白他到底写了什么，但这篇文章最后还是发表在了《科学》杂志上。另外，据说他曾经只依赖实验室内的营养液生存了数月之久。

由于丘奇孜孜不倦地追求自己的兴趣，在仅仅两年的时间里，他就已经同时完成了杜克大学的两个本科学位的学习，这也就一点儿也不让人感到惊奇了。在研究生阶段，他对于用 X 光和数学来绘制分子的 3D 图像十分着迷，最后他住在了实验室里。

"我对于我正在进行的研究感到非常兴奋，"丘奇这样说道，"所以，我会每周在研究上投入 100 多个小时的时间，而在其他时间里我基本上什么也不做。"[17]

虽然在他的帮助下全基因组测序的成本从数十亿美元降至数千美元，但杜克大学还是以他缺课太多为由把他从正在攻读的博士项目中赶了出去，而这也是为什么他会在哈佛大学毕业。

在硅谷，基因疗法并不是人们所热衷的唯一领域。杰西·卡马辛

（Jesse Karmazin）是创业公司 Ambrosia（不朽）的创始人。针对那些手头很有钱而且想成为永不衰老的"吸血鬼"的人，他推出了一项抗衰老的服务。他声称，注射来自年轻捐献者的血浆可以逆转衰老的过程。他的公司的收费是每升每次 8 000 美元。

"我想说得更清楚一些，就目前来讲这种做法是有效的，它确实逆转了衰老，"卡马辛这样说道，"我并不是真的在说它会给我们带来永生，但是我认为它距离这个目标已经很接近了。"[18]

FDA 完全不认同他的这种观点，并声明称"目前还没有任何证据表明，注射来自年轻捐献者的血浆可以带来任何临床上的好处"。[19]在 FDA 的声明发布后，卡马辛的网站也暂时停止了提供相应的服务，但令人惊讶的是，仅仅在数月之后，它又恢复了服务。卡马辛声称，FDA 在发出警告后并没有来找他，也没有对他的公司采取任何强制性的行动。

或许这是因为在 2005 年，斯坦福大学的干细胞生物学家和神经学家汤姆·兰多（Tom Rando）对外宣布，在他的实验室内完成的多项实验中，来自年轻老鼠的血液成功地使老年老鼠的肝脏和肌肉重新恢复了活力。现在，该由你来决定是否值得花这样一笔钱了。

为了避免上述这种通过注射血浆延长人的寿命的方法，加州大学洛杉矶分校的遗传学家史蒂夫·霍瓦特（Steve Horvath）开发出了一种目前已经被广泛使用的表观遗传时钟（epigenetic clock），用于评估一种由格雷格·法伊（Greg Fahy）开发的包含三种不同物质的全新的抗衰老鸡尾酒疗法。霍瓦特的研究表明，在接受了 12 个月的治疗后，志愿者的生理年龄平均降低了 2.5 岁，而且他们的免疫系统表现出了大规模恢复活力的迹象。

"我原本以为我会看到时钟速度减慢，但没有想到发现了逆转现象，"霍瓦特这样说道，"因为我们可以追踪在每一个个体身上发生的改变，而且因为这种效果在每一个人的身上是如此强烈，我对此感到非常乐观。"[20]

如果这听起来好像有点儿令人难以置信，那么请记住，这项研究目前只有 9 名参与者，而且持续时间也只有一年。霍瓦特现在正在组织一个更大规模的临床试验，以便验证他最初的发现。

在抗衰老领域，目前表现出来的最大趋势是医生会倾向于开出"标识外药物"[①]来获得其中可能存在的好处。例如，西罗莫司已经被 FDA 批准用于冠状动脉支架上的涂层、防止器官移植的排斥反应，以及治疗一种极其罕见的肺部疾病。但现在这种药物已经被用来作为一种未经临床验证的抗衰老药物。这是因为研究人员已经证明，这种药物可以延长老鼠、线虫、苍蝇的寿命，并且可以防止在啮齿类动物、狗、灵长类动物甚至人类当中所出现的与衰老有关的一些疾病。

很多人并不想等待临床试验或者 FDA 的批准，因为这可能永远也不会发生。比如，西罗莫司只是一种普通的药物，这也就意味着没有一家大型的制药公司会有足够的理由用这种药物来资助一项昂贵的临床试验。

"这样做没有利润，"华盛顿大学医学院的病理学教授马特·克贝林（Matt Kaeberlein）这样说道，"没有利润，也就没有了动力。"[21]

二甲双胍是另一种很受欢迎的标识外药物，而且这种药物已经表现出了它的潜力。二甲双胍是用于治疗糖尿病的典型处方，每片仅需5 美分。研究人员发现，服用二甲双胍的糖尿病患者寿命会更长，同时患有心血管疾病的人数会更少，而且患痴呆和癌症的可能性也会

① "标识外药物"本身也是某种处方药，但现在被用在了未经临床验证而且与该药物标识上说明的效用完全无关的情形中。——译者注

更小。

"与历史上的任何一种药物相比，二甲双胍可能已经使更多的人免于因癌症而死亡。"詹姆斯·沃森（James Watson）这样说道，他曾因发现 DNA 双螺旋结构而获得诺贝尔生理学或医学奖。[22]

阿尔伯特·爱因斯坦医学院的衰老研究所主任尼尔·巴兹莱（Nir Barzilai）是二甲双胍最大的支持者之一，他把二甲双胍看作可以延长人类寿命的一种方式。他认为，重要的是如何让人们没有疾病地活到 90 岁或更长寿，而不是让人们在一种很差的生活质量下活得更久。由于没有获得大型制药公司的支持，巴兹莱不得不求助于政府和私人捐助者，以便能筹集到足够的资金来进行临床试验。

Libella（基因疗法公司）则采用了另一种方式。他们把公司搬到了哥伦比亚，从而完全绕开了 FDA 的批准。他们向当地富有的病人提供了参加端粒延长临床试验的机会，而代价是每一剂药物 100 万美元。那么，这究竟是一种不道德的做法，还是一种加速和资助人体试验的好方法呢？

"在美国，按计划完成任何事情都需要花费更长的时间和更加高昂的费用。"Libella 的总裁杰夫·马西斯（Jeff Mathis）这样说道。[23]他认为，他们向病人提供了一个选项，而这个选项本身就是一项价值 100 万美元的服务。

得克萨斯西南大学的癌症和衰老专家杰里·谢伊（Jerry Shay）并不同意这样的观点。他认为其中蕴含的危险是极其巨大的，他指出，激活癌前细胞存在巨大的风险。

如果你想用一种风险更低的方式来延长自己的寿命，或许你还可以试一试限制摄入卡路里。它绝不会让你花费数百万美元的费用，反而会让你省下在杂货店的开支。推特和 Square（移动支付公司）的联合创始人兼 CEO 杰克·多尔西（Jack Dorsey）在工作日每天只吃一顿饭，在周末的时候，他还会尽量不吃任何东西。每天早上他都会先洗一个冰浴，然后再步行 5 英里 ① 抵达推特的总部。多尔西平时会选择喝盐水，并使用一个声称可以屏蔽电磁波传输的近红外桑拿帐篷。除了上述这些外，他还戴了一个 Oura 指环，这样他就可以追踪自己的活动和睡眠状况了。当然，极客们总是需要他们自己的数据的。

雷·库兹韦尔或许是硅谷最著名的抗衰老生物黑客之一。他相信，如果我们可以活得足够长久，并且在我们还在世的时候就能够看到科学最终解决了衰老问题，那么我们所有人都有机会长生不老。他出生于 1948 年，而且在他探索如何实现永生的过程中，他已经尝试了各种不同的方法，其中就包括了定期静脉注射长寿药物。他还愿意在食物、营养补充剂以及药丸上"每天花费数千美元"。[24] 这相当于每年花费 100 万美元。他甚至雇用了一名女配药师来帮助他将每瓶 100 粒的各种药丸从瓶子里倒出来，然后再按照配方分配成他每天服用的剂量。

根据市场研究公司"全球产业分析"（Global Industry Analysts）的数据，抗衰老产业每年可以产生超过 800 亿美元的收入，如此庞大的市场自然会衍生出一些负面的影响。在这个市场上原本就有很多兜售各种灵丹妙药的江湖骗子，现在他们会很高兴有机会从任何愿意相信"青春之泉"的人身上赚到大把的钞票。

"很多在抗衰老行业里混的人都是江湖骗子，"巴兹莱这样说道，"他们会告诉你应该服用这个或者那个，这样你就能长生不老了。但

① 1 英里 ≈ 1.609 3 千米。——编者注

是你必须做一个有安慰剂对照的临床试验，只有这样你才能够说那到底是什么东西以及那东西是否安全。"[25]

Elysium（极乐世界公司）是目前在市场上被炒得最热，同时还有大笔市场推广投入的抗衰老补充剂公司之一。这家公司的联合创始人和首席科学家伦纳德·瓜伦特（Leonard Guarente）是麻省理工学院衰老项目的研究主任，而且他们还有 6 个诺贝尔奖获得者作为顾问，看上去选择这家公司的产品还是很保险的。更让人感到放心的是，其产品的主要成分之一是一种被称为烟酰胺核苷的化学物质，而这种物质已经被证明可以延长老鼠的寿命。

不幸的是，老鼠并不是人。在老鼠身上能起作用的东西并不一定适用于人类。老鼠不会犯心脏病，而且它们的肌肉会突然开始萎缩，而不是像人类一样逐渐萎缩。有成千上万种药物曾经在小鼠、大鼠以及其他动物身上展现出鼓舞人心的效果，这其中就包括了数十种治疗癌症的药物，但将这些药物应用于人类，它们却毫无用处，甚至可能会对人体产生有害的影响。最后，一家公司签约了多少个诺贝尔奖得主并不重要，证据只存在于人体实验中，在真正的临床试验完成前，某种药物的效果也只不过是某些人的猜测罢了。

问题是你根本不知道应该相信谁，而且更麻烦的是，你完全找不到可靠的数据。对顶尖的治疗方式进行临床试验是极其昂贵的，而且还要花很长的时间，尤其是当涉及抗衰老这样的研究项目时就更是如此了。所以，很多公司根本不想进行任何投资。更现实一点儿来讲，在我们知道什么可以行得通、什么又行不通之前，可能还需要数年甚至数十年的时间，但是这对很多老年人来讲可能就有点儿太晚了。这也是为什么人们会冲动地想要在一些补充剂或者在某种疗法上试一下自己的运气，哪怕这些补充剂或者疗法的具体效果还尚不明确。

寿命延长所带来的全球性影响

很多人在担心：如果人类能够活到 150 岁或者可以活更长的时间，会发生什么？它会严重影响从食品的生产到住房，再到劳动力市场的方方面面吗？

在深入探讨这个问题之前，让我们先从其他角度来看一下这个问题：今天，事故和暴力，而不是与年龄相关的疾病，才是 44 岁以下的人死亡的主要原因。在 44 岁以后，癌症致死的原因开始升至榜首，但到了 65 岁以后，心脏病才是主要的死因。即便我们找到了治愈癌症的方法，人类也只会增加 3.3 岁的平均寿命。治愈心脏病可以确保我们再多活 4 年的时间。如果我们能够消除所有的疾病，那么平均寿命会延长到 90 岁，但是如果平均寿命想要超越 90 岁，我们就必须延缓或者逆转衰老的过程，因为已经没有其他的路可以让我们继续向前了。

有一点可以明确的是，虽然遭遇了各种失误和麻烦，研究人员仍然在取得进展，而且我们可能比某些人预期的更接近于取得突破。那么，到底有多接近呢？现在还没有人知道。但是，在接下来的数十年时间里，有很大的可能性我们可以看到有很多疾病，比如癌症，会从威胁我们生命的头号敌人转变成一种可控制的疾病。与此同时，我们的预期寿命也将继续提升，对于那些收入水平和教育水平可以使其充分利用先进治疗手段的人来说更是如此。

那么，我们会长生不老吗？显然不可能。没有什么东西是永恒的，即便我们的宇宙也做不到，但是我们肯定能大幅延长我们的寿命。所以，真正的问题不是"是否"而是"在什么时候"。而当这样的事情真的发生时，它对于我们又意味着什么呢？我们该如何来管理一个人可以活上数百年的世界？我们脚下的这颗星球会变得人口过剩吗？为了在地球上腾出空间，我们会被迫把人送到火星和其他行星上去吗？或许不会。

正如我们已经看到的，随着生活水平的提高，人口数量会趋向于稳定，甚至会下降。你只需要观察一下日本：在可预见的将来，它每年都会失去相当于一个中等城市规模的人口。我们在韩国、中国以及欧洲国家都看到了类似的趋势。人们在年龄到了 80 岁或以上的时候还可以活得更久、更健康或许是一件好事。

在将来，绝大多数生活在工业化国家、有机会接触长寿疗法的人可能会在他们已经被延长的一生中选择只生育一个或两个孩子。而且无论我们的技术多么先进，人们仍然会死于车祸、自然灾害和疾病，所以在某个时间点，人口可能会再次趋向于平衡。

即便世界人口继续增长，也不会造成什么问题。我们还有很大的潜力来承受更多的人口。随着我们继续在食品生产、住房、医疗保健、可再生能源以及交通等领域取得技术进步，人类肯定能找到一种管理大量人口的方法。毕竟，我们是一种非常有创意且适应能力很强的物种。

此外，如果世界人口像日本那样出现了快速下降，我们将很可能不得不放弃依赖自然生育，并开始利用人造子宫培育试管婴儿，如果这也行不通，我们最后还有克隆这一选项。无论使用哪一种方法，我对此都不太担心，而且我还期待着能够健康地活到 100 岁的那一天。

低温冷冻、再生以及兔子的大脑

长生不老是一回事，但起死回生就是另一回事了。耶稣可以成功地做到这一点，但是一家公司或者基金会，无论它们的资金多么充裕，会有能力让死人复活吗？对此我很怀疑，但有很多人对此深信不疑。

沃尔特·迪士尼可能就是他们中的一员，我从小就听说了迪士尼的尸体是如何被冷冻保存起来的，但这实际上只是一个传说。1972年，当时加利福尼亚人体冷冻学会的总裁鲍勃·尼尔森（Bob Nelson）告诉《洛杉矶时报》的记者，迪士尼想让他自己被冷冻保存起来，或许谣言就是这样开始的。

"事实上，沃尔特错过了机会，"尼尔森澄清道，"他从来没有在遗嘱中这样说过，而且在他死后，他的家人也没有这样做。"[26]

1967年1月，尼尔森冷冻了他的第一个客户，这个人的名字叫罗伯特·贝德福德（Robert Bedford），他仅比迪士尼晚一个月去世，这可能导致了有关迪士尼的传说的出现。

真正令人感到惊讶的是，尼尔森并没有接受过任何科学训练，他甚至没有从高中毕业，然而他还是成了这个新兴产业事实上的代言人。不幸的是，数年以后，尼尔森为冷冻人体所筹集的资金用完了，而他也只是锁上了冷冻库，然后自己走人了。在媒体公布了这一消息后，那些被冷冻起来的人的家人才发现他们的亲人正躺在那里腐烂发臭。他们一纸诉状将尼尔森告到了法院，并赢得了80万美元的赔偿。尼尔森为此撰写了一本书，叫作《冷冻人不容易》（*Freezing People is Not Easy*），在书中他透露了自己对冷冻人的看法。

今天有很多基金会和公司正致力于开发和销售人体冷冻技术，以此作为一种服务。在人体冷冻技术的背后，一个诱人的想法是，如果有人因一种现在无法治愈的疾病而死亡，那么可以将这个人冷冻起来，等到将来治愈这种疾病的方法出现，人们可以再把他复活。今天，有很多人相信衰老是一种可以被治愈的疾病，所以在死后身体基本保存完好的任何人都可以进行冷冻。

请记住，人体冷冻技术并不便宜。通常来讲你需要花费20万美元的费用才能让你的身体完整地保存下来。如果你恰巧是一个更加节俭的未来主义者，你还可以花更少的钱永久地保存你的大脑。这个选项也被称为"神经暂停法"（neuro-suspension）。然而，你还必须为你的大脑每年继续支付一笔维护费用，通常来讲在400美元左右，否则保存你大脑的设备的电源就会被切断。所以，你还需要为此设立一个基金。

整个过程是这样进行的：假设当你在医院离世的时候，在你的床边有一支人体冷冻团队，一旦你被正式（合法地）宣布死亡，他们马上就会采取行动。这支团队会稳定住你的身体，向你的大脑提供充足的氧气和血液以维持最低限度的功能，直到你可以被转运到神经暂停设备上。

在神经暂停设备上，实际的冷冻才会真正开始。首先，他们会从你的细胞里抽取出所有的水分，然后用一种人体防冻剂来替代，这是为了保护人体的器官和组织，使其不会形成冰晶。其次，他们会把你的身体放在干冰床上，直到身体的温度下降到零下130摄氏度。最后，他们会把你的身体放在一个充满了液氮且看上去很科幻的金属箱里，并进一步地把你的身体冷却到零下196摄氏度。在实际存储的时候，你的头部会朝下，这样万一发生液氮泄漏事故，你的大脑依然会被浸没在液氮中足够长的时间，这就为工作人员堵住漏洞争取到了时间。

这听起来有趣吗？小时候，我确实是这么认为的。我曾发誓，如果我有钱我也会这么做。我并不是唯一这样想的人，只不过具体的人数已经很难获知，今天，根据《医学伦理杂志》（*Journal of Medical Ethics*）的数据，在美国已经有超过250具身体被冷冻保存了起来，而且有 1 500 人也已经做好了安排，当他们去世的时候，他们的身体会被冷冻保存起来。

"与把自己上传到计算机上相比，我更倾向于人体冷冻保存法，"彼得·蒂尔这样说道，"如果人体冷冻法行得通，你仍然可以是同一个人。但如果你把自己上传到了一台计算机上，而且所有关于你的信息都通过其他的方式表现出来，那么这是不是真正的永生就说不太清楚了。"[27]

另外，还有两位硅谷的名人也是人体冷冻法的信仰者，他们是未来主义者雷·库兹韦尔和森斯研究基金会（SENS Research Foundation）的首席科学官奥布里·德格雷（Aubrey de Grey），他们认为，如果他们无法活得足够长久来实现永生，那么人体冷冻法也是一种不错的后备方案。但真正的问题是，人体冷冻法真的行得通吗？

"在可以让生命的化学过程完全停止的温度下，人类的胚胎通常可以保存数年，"阿尔科生命延续基金会（Alcor Life Extension Foundation）的人这样解释道，"成年人可以在已经冷却到了使心脏、大脑以及所有其他的器官都停止工作的温度下，至少存活一个小时。"[28]

科学家们已经成功地通过低温冷冻法保存了一只兔子的大脑，然后又使其恢复到了一种极佳的状态。然而，这并不意味着这只可怜的兔子的记忆力或者自我感觉也可以恢复过来。至今还没有人能证明这一点。

"使你能够成为'你'的那些神经元（以及其他细胞）和神经突触的特性并不具有普遍性，"加拿大麦吉尔大学的神经科学家和生物学助理教授迈克尔·亨德里克斯（Michael Hendricks）这样解释道，"虽然从理论上来讲是有可能在死亡的组织中保存这些特性的，但现在这样的事情肯定还没有发生。能够做到这一点的技术，哪怕只是在原理上，至今还尚不存在，更不要说可以从这样的生物样本中读取相关信息的能力了。"[29]

就我个人而言，我已经放弃了有一天把自己也冷冻起来的梦想。今天，对任何正在考虑使用人体冷冻法的人来讲，很有可能即便最先进的未来社会也无法把"你"恢复成现在的你。即便他们成功地把你复活了，你也有可能会被困在一个破碎的身体里，无论在精神上还是肉体上都有损伤，还有可能要承受各种慢性的疼痛，以及一些非常严重的大脑损伤。你还想要冒这样的风险吗？对我来讲，一次毫无感觉的死亡听起来可能更具吸引力。

克隆正在成为现实

如果把你自己的身体冷冻起来听起来有点儿古怪，那么克隆出一个你自己的身体又会怎么样？

对克隆的研究可以回溯到 1885 年，当时德国生物学家和哲学家汉斯·德里施（Hans Driesch）证明，只需要抖动一只双细胞海胆的胚胎，它就可以让细胞分裂开来，而分裂开来的每一部分都可以成长为一只海胆。1938 年，另一个名字叫汉斯·斯皮曼（Hans Spemann）的德国科学家提出了一个"非常了不起的实验"，即用另一个细胞的细胞核来替代一个卵细胞的细胞核，然后再从这样的卵细胞培养出一个胚胎。我们再继续向后跳跃到 20 世纪 90 年代，此时我们看到了克隆羊多利的诞生，这是第一只用细胞核移植技术从一只成年羊的体细胞克隆出来的哺乳动物。

今天，在世界各地你都可以看到有人正在克隆各种动物，而其中家畜是被克隆最多的动物。英国的波拉德农场是一家看上去和其他的牧场并没有什么不同的牧场，只不过其中的一些牛是另外一些牛完全相同的复制品罢了。

"我们正尝试让我们的产品保持在品质的最高端，从基因上来讲，我们希望我们的牛可以有合适的体重和恰到好处的脂肪，最好还有足够的数量以及极佳的繁殖能力。"这个牧场的主人巴里·波拉德（Barry Pollard）这样叙述道。[30]

2008 年，FDA 批准了克隆肉的销售。牧场主们现在正在用克隆技术来培育母牛，而这些牛都可以产出更多和更美味的牛奶，以及更大和汁水更多的牛排。你还可以通过母牛的健康状况、对疾病的抵抗能力以及繁殖能力，精确地挑选母牛。随着克隆技术不断成熟，我们会看到全世界越来越多的农场饲养完美的牛、羊、猪以及其他家畜。

但是，当疾病发生变异，而且那些原本就具有抗病能力的家畜对变异后的疾病的抵抗能力变得很低时，新的问题就会出现。缺乏基因的多样性意味着，原本只能够杀死一小部分牲畜的某一种细菌或者病毒，现在有可能会杀死所有的牲畜。随着克隆的成本不断下降，而且这种做法开始被广泛接受，我们很可能会发现在不同的牧场之间，甚至在不同的国家之间，基因的多样性也将会是非常罕见的现象，而这最终必将危及我们的食品安全。

与基因改造生物（GMO）不同的是，克隆的生物在基因上并没有被改良。它们只是原来动物的复制品，但这是否意味着它们作为人类的食物是安全的呢？

"我们并不认为克隆是一种已经成熟的技术，而且我们当然也不认为它们已经可以出现在你的餐桌上。"美国食品安全中心的政策主任杰迪·汉森（Jaydee Hanson）这样警告道，杰迪一直认为，对于克隆的食物我们至今还没有进行足够多的测试。

不管你对此有什么样的感觉，对我们日常的餐桌来讲，克隆肉仍然太昂贵了，而且在克隆肉的成本下降前，我们可能还需要等待一段时间。与此同时，克隆技术正在寻找其他的应用。有些狗特别擅长嗅出毒品、炸弹以及其他非法物品。培育这些狗可能既花时间又很昂贵。这就是为什么北京的警方会欢迎 6 只克隆犬加入他们的队伍。

阿道夫·坎比亚索（Adolfo Cambiaso）是世界上最好的马球运动员之一，他已经完全接受了克隆马。在一场马球比赛中，骑手必须经常更换他们自己的坐骑，但如果有一匹完全相同的马就可以让换马的过程变得更加容易，而骑手也不再需要在比赛期间改变他们的骑乘风格了。一匹克隆马的成本在 12 万美元左右，但是在职业马球比赛中，钱根本不是一件需要考虑的事，而且骑手会不惜一切代价赢得比赛。甚至更有意思的是，在一名骑手对某一匹马产生了情感上的联系后，他们往往不想失去它，然而，大多数职业马球赛使用的小型马在10 岁以后就需要退休了。

"在这么多年以后看到库拉又活了过来，我真的有一种很奇怪的感觉，"坎比亚索这样说道，他在自己的马死了以后克隆了这匹马，"我仍然感到奇怪。谢天谢地，我当初保住了它的细胞。"[31]

很多人会把他们的狗或猫看作家庭的一部分，所以想到有一天会失去它们，人们就像要失去自己的儿子或女儿一样痛苦。

"萨曼莎和我在一起已经有 14 年了，失去它让我感到伤心欲绝，我只想用某种方法让它留在我的身边，"著名歌手、女演员以及导演芭芭拉·史翠珊（Barbra Streisand）这样说道，"如果我知道我可以让它生命中的一部分，那些来自它的 DNA 的东西存活下来，那么当初让它走的时候我也就不会那么难过了。"[32]

史翠珊克隆了萨曼莎，不是一次，而是两次。结果是她现在有了维奥莱特小姐和斯佳丽小姐，它们是史翠珊的狗萨曼莎完全一样的复制品。

秀岩生物工程研究所（Sooam Bioengineering Research Institute）是世界上最大的动物克隆工厂，到目前为止他们已经克隆了 1 000 多只狗，而每克隆一只狗的价格高达 10 万美元。

"是的，克隆已经成为一门生意，"黄禹锡（Hwang Woosuk）这样说道，他是韩国的一名兽医，同时也是秀岩生物科技公司（Sooam Biotech）的研究人员，"如果已经死亡的那只狗的细胞没有被破坏，我们保证你会在 5 个月内得到原来那只狗的复制品。"

要想生产出这些克隆体，就需要代孕的母体。"所谓代孕的母体，有点儿像你在电视连续剧《使女的故事》中所看到的情形，"科罗拉多大学的伦理学家杰西卡·皮尔斯（Jessica Pierce）这样说道，"你可以把它看作犬类版的生殖机器。"

黄禹锡已经在韩国政府那里遭遇了麻烦。他的一些干细胞研究数据被爆出是伪造的，他被指控违反了生物伦理学以及侵吞公款。虽然有这些争议，但黄禹锡的实验室仍然在积极发表论文，并扩大业务。中国的无锡博雅干细胞科技有限公司已经宣布，他们将与秀岩生物科技合作，开设一家更大的克隆工厂。他们的目标是每年生产 100 万头牛的胚胎，以满足中国市场对高品质牛肉日益增长的需求。

如果克隆牛、猫和狗已经够麻烦了，那么克隆人呢？这就是克隆真正产生争议的地方。想象一下，一对年轻的夫妻因为一场事故或者因为疾病失去了他们的孩子。想要让这个孩子起死回生的诱惑是极其巨大的，那么为此这对夫妻会愿意支付多少钱呢？而且这样做会伤害到谁呢？

幸运的是，我们还有一些时间来解决这类问题。克隆人类以及灵长类动物要比克隆狗和猫困难得多，但这并不意味着不可能。中国科学家已经成功克隆了两只猕猴，而且更多的实验还在进行中。

对人进行克隆的市场要远比你想象的广阔得多。在数百万对不育的夫妻中有很多可能会选择用他们自己的 DNA 来创造孩子，如果这样做合法。到 2050 年，完美的家庭有没有可能是由一对已婚夫妻加上父亲的复制品作为儿子，而母亲的复制品作为女儿呢？这会让我们距离永生更近一些吗？或者，这样做会令人感到不安，所以我们永远也不应该这样做吗？

这其中还有更广泛的社会问题会起作用。克隆会非常昂贵，而且很可能会在相当长的一段时间里依然如此。所以，难道这项技术就是为芭芭拉·史翠珊这样的富人服务的吗？而且，在几代人之后，这项技术又会对人类的基因库产生什么样的影响？

随着技术的成熟，我们现在认为古怪和让人感到不安的事情或许也不再是那么难以想象了，因为随着技术的发展，社会规范肯定也会发生改变。就以体外受精技术为例。1978 年，第一个体外受精的试管婴儿路易斯·布朗（Louise Brown）出生了。今天，在这个世界上已经有数百万试管婴儿，而人们并不认为这是一件奇怪的事。我们中的大多数人都已经忘记了当初试管婴儿引发了多么大的争议。

"对于这种做法，人们肯定会持绝对怀疑的态度，"伦敦国王学院女性健康系主任彼得·布劳德（Peter Braude）这样叙述道，"如果今天你和人们探讨有关人类通过克隆技术进行繁殖的话题，那么你的感觉和人们在 1978 年对于试管婴儿的感觉是完全一样的，这就是在扮演上帝。"[33]

我们现在当然可以选择让我们感觉舒适的观点，但是在未来，有一个你自己的克隆体很可能会被认为是一件很平常的事情。请记住，你的克隆体并不是你。人格的形成并不仅仅依靠遗传，同样还会受到环境的影响。

史翠珊已经意识到，她的小狗并不是与萨曼莎完全相同的复制品。"它们有完全不同的个性。"她这样说道。

那么，是否有可能保存宠物的记忆和个性呢？一家名叫 Sinogene 的生物技术公司认为可以做到。他们的计划是利用人工智能和脑机接口来存储狗的记忆，然后再把这些记忆传递给它的克隆体。

在未来，人类也会采用同样的做法吗？你会考虑培养一个你自己的克隆体，然后利用先进的脑机接口把你自己的记忆传递给这个更年轻、更健康的版本吗？如果你真的这样做，这个克隆体会成为另一个你，还是会变成一个完全不同的人？如果此时，那个原来的、更老的你仍然活着，又会发生什么呢？在这种情况下，你会有两个你自己，而每一个都会声称是真正的你。这可能会让你的亲人感到困惑。

如果记忆转移不可能，那么通过基因工程技术让你的克隆体在出生的时候没有大脑，然后再把你自己真正的大脑移植入克隆体会怎么样？这种做法可以避免出现另外一个你的麻烦。如果大脑移植也行不通，那么通过手术把你的头移植到克隆体上会如何？这听起来很怪诞，但是有科学家目前正在对此进行研究。

"第一例在人的尸体上进行的头颅移植已经完成，"意大利外科医生塞尔吉奥·卡纳瓦罗（Sergio Canavero）这样宣布道，"下一步是在两个脑死亡的器官捐赠者之间进行完整的头颅交换手术。"

如果这些手术还不足以让你想起弗兰肯斯坦博士的话，那么卡纳瓦罗还曾宣称："在一个活人身上进行类似的手术很快也会成为现实。"卡纳瓦罗的批评者不仅谴责类似的实验是鲁莽的，他们还指出，虽然手术后病人可能会存活下来，但这并不意味着那个人的思想和人格也将完整地保留下来。

"在把这具新的身体融入其原来的身体架构和身体形象的过程中，那个人会遭遇巨大的困难。"意大利科学家在《国际外科神经学》（*Surgical Neurology International*）杂志上这样写道。这篇文章引用了在脸部和手的移植手术中所遇到的类似问题，而这些问题后来又导致了严重的心理学问题，即精神错乱和最终死亡。

但卡纳瓦罗丝毫不为所动。"我知道人类不一定会喜欢手术过程中血淋淋的那一面，但对那些正在承受极端痛苦的人来讲，这只不过是一个在特定的医疗条件下开展的医疗过程而已，"卡纳瓦罗反驳道，"所以，这并不是什么玩笑。"[34]

这一切似乎都很疯狂，但是耶鲁大学医学院的研究人员已经成功地使一头被斩下头颅的猪的大脑存活了 36 个小时。

"这已经是在专业技能上能够达到的极限了，但在本质上这项技能与我们今天保存一个肾脏并没有什么区别，"哈佛大学和麻省理工学院布罗德研究所（Broad Institute of Harvard and MIT）主任史蒂夫·海曼（Steve Hyman）这样解释道，"或许有一天人们会说'把我挂起来，再给我找一具身体吧'，而不是说'把我的大脑冷冻起来吧'。"[35]

这样一具身体很可能就是你的克隆体，而它们会被保存在冷冻室里等待机会来为你服务。这样一个光明的未来，你认为怎么样？

机械仿生体

除了创造一个你自己的克隆体外，或许有一天你会用机械仿生体来维修和升级你现有的身体。从 20 世纪 70 年代的电视连续剧《无敌金刚》到 80 年代的电影《机械战警》，我从小就是看各种有关赛博格的电影长大的。现在，好像我童年时的各种幻想正在成为现实，而我们正处在一个机械仿生体成为现实的时代。

克里·芬恩（Kerry Finn）因 II 型糖尿病所引发的血管疾病失去了左腿。幸运的是，他是犹他大学研发的机械仿生腿的首批测试者之一。与通常的义肢不同，芬恩的机械仿生腿带有自身动力，而且能够自主做出反应。它包含一个微处理器和动力关节，可以自动地对身体的运动做出反应，就好像一条天然的腿那样。

"如果你曾经看过《终结者》这部电影，所谓的机械仿生肢体就是那个样子了，"芬恩这样说道，"它让我觉得我可以做我以前根本做不到的事情。每次我向前迈出一步，感觉都很棒。"[36]

芬恩并不能像《无敌金刚》中的虚构英雄史蒂夫·奥斯汀（Steve Austin）那样以每小时 60 英里的速度奔跑，但是他的机械仿生腿确实让他的生活变得更轻松了。

"如果你想走得更快的话，它就能让你走得更快，还可以给你更多的能量。"这个项目的负责人托马索·兰兹（Tommaso Lenzi）这样解释道。[37] 这条机械仿生腿的重量很轻而且很有力量。它很智能，可以自己适应穿戴者的动作，并且无须穿戴者有意识地去思考应该如何行动。

在约翰斯·霍普金斯大学的应用物理实验室里，人们正在开发一种机械手臂，穿戴者只需要进行思考就可以控制这条手臂。这对内森·科普兰（Nathan Copeland）这样的人来说是一个好消息，他在一场车祸中从胸部以下完全瘫痪了，根本无法感觉或者移动他的手。

"我们将机械手臂与科普兰的大脑连接在了一起，并为他提供了双向电子反馈，"这个项目的首席工程师迈克尔·麦克洛克林（Michael McLoughlin）解释道，"他不仅可以通过思考操作这个装置，还可以接收来自机械手臂的信号，比如手指被触摸时的感觉。这就像《星球大战》中的情节发生在了你的眼前。"[38]

"我可以清楚地感觉到每一根手指，"科普兰这样说道，"这真的是一种很奇怪的感觉。有时候我感觉到的是电，有时候是压力，但更多的时候，我可以非常准确地分辨出大多数的手指，而这种感觉就好像是有人在触碰或者推动我的手指一样。"[39]

在犹他大学，格雷戈里·克拉克博士（Gregory Clark）的团队已经开发出了以《星球大战》中的主角天行者卢克的名字来命名的卢克手臂。这种先进的假肢让截肢者可以通过植入他们神经的一组电极感受触觉。凯文·瓦尔加摩特（Keven Walgamott）在一次电气事故中失去了他的左手和部分手臂。

当他第一次体验卢克手臂时，他说："我几乎要流下泪来，这实在太令人惊喜了，我从没有想过在那只手上我可以再一次地拥有触觉。"[40]

在不远的将来，你根本不需要穿戴假肢就能够成为一个机械仿生人。一种新型的外骨骼装置可以为你带来不可思议的绿巨人般的力量。目前美国的军队也正在开发一款类似的产品，它被称为 FORTIS，它使用人工智能来分析和强化士兵的动作。这款以锂离子电池作为动力的机器人外骨骼承受了绝大部分的重量，使得一个普通的士兵在不需要消耗很大体力的情况下就可以搬起 180 磅的物品爬上 5 层楼。

"我们已经在一些陆军的精锐部队中进行了测试，在穿戴了外骨骼后，他们可以在全副武装的情况下以极高的敏捷性跑步行动。"洛克希德·马丁公司的高级项目经理凯斯·麦克斯韦尔（Keith Maxwell）

这样说道。而洛克希德·马丁公司正是在 FORTIS 这款设备背后的公司。[41]

外骨骼并不只是为了军队而开发的。美国机械仿生体公司（US Bionics）已经开发出了一系列工业用外骨骼，以保证工人在处理大体积的重型负荷时不会扭伤背部、手臂以及腿部。其目的是减少与工作有关的伤害并提高工人的工作效率。

"这些专为工人设计的外骨骼系统基本上把某些特定关节上受到的压力和张力降到了最低的程度，"胡马云·卡泽鲁尼（Homayoon Kazerooni）这样说道，他既是美国机械仿生体公司的 CEO，也是加州大学伯克利分校的教授，"我们正在把机械仿生体设备当作一种可以负担得起的消费产品来开发，这样普通的工人也可以购买这款产品了。"[42]

那么，将来是不是我们所有人在外面走动的时候都会穿上"钢铁侠"套装呢？除非我们碰巧生活在火星或者其他行星上，否则这样的情形不太可能会发生。但是，人们负担得起的外骨骼系统将会极大地改善一些人的生活。那些瘫痪在床或者行动不便的人很有可能有一天会选择外骨骼系统，而不是轮椅。

在一次自行车极限运动事故后，斯蒂芬·桑切斯（Steven Sanchez）自腰部以下瘫痪了，但他后来穿着外骨骼周游世界，而外骨骼也成了他的必需品。同样是腰部以下瘫痪的亚当·戈利斯基（Adam Gorlitsky）借助外骨骼，以 33 小时 50 分 23 秒的成绩完成了 2020 年查尔斯顿马拉松比赛。

请记住，外骨骼技术目前仍然处于极早期的发展阶段。在今后的数年时间里，外骨骼的价格、重量、电池寿命以及外形等都会得到极大的改进。有一天，人们很可能会把这些外骨骼穿在他们的衣服下，并且在没有人能够察觉的情况下四处走动。所以，如果你正在大山里进行背包旅行、清扫你的车库，或者只是感觉到了疲惫，你很可能会穿上一条超级轻便柔软的外骨骼裤子，然后就像什么也没有发生一样继续你一天的生活。

CRISPR 基因编辑技术所带来的革命

在克里克、沃森、威尔金斯和富兰克林于 20 世纪 50 年代发现了 DNA 的双螺旋结构以后，现代的基因学理论就诞生了。他们揭示了基因指令是如何被保存在生物组织的机体内，并且一代接一代地传递下去的。这一突破为我们今天所看到的分子生物学和基因工程学的快速发展奠定了基础。

今天我们已经发明了很多种 CRISPR[①] 这样的先进的基因编辑技术，而这些技术也为我们开发各种类型的新疗法、诊断技术以及转基因生物打开了大门。所有这些都有可能从根本上改善我们的生活和世界，并且释放出有可能用我们无法预测的方式永久地改变地球生命的力量。

让我们从我们吃的食物开始说起。回到 1994 年，当时的一家加州生物技术公司 Calgene 将第一种利用基因工程改造的农作物推向了市场，而这种农作物就是 Flavr Savr 番茄。

"这种番茄能比没有经过基因工程改造的品种在成熟期保持更长的时间，而且据说味道更好。"汤姆·布罗考（Tom Brokaw）在美国

① CRISPR 实际上是原核生物基因组内的一段重复序列，简单地讲，这是细菌与侵入其细胞的病毒进行斗争时使用的免疫武器。而人类利用这种机制可以对目标的 DNA 进行编辑操作。——译者注

全国广播公司的晚间新闻中这样宣布道。[43]

　　不过很快，这个新闻就在社会上激起了很大的反响。大多数人对于通过基因工程改造的食物并没有做好心理准备，批评者们把这种食物称为"弗兰肯斯坦食物"，而 Flavr Savr 番茄也因此被束之高阁了。但是，这并没有阻止孟山都这样的公司继续开发新的利用基因工程改造的农作物，而且孟山都公司还在不久后收购了 Calgene 公司。今天，美国 93% 的大豆和 88% 的玉米都是转基因农作物。无论你喜欢与否，在美国的超市中，超过 60% 的已经加工过的食品，包括饼干、冰激凌、比萨、薯片、沙拉酱、玉米糖浆、发酵粉等都含有来自转基因大豆、转基因油菜籽或者转基因玉米的成分。不幸的是，在这些已经加工过的食品中没有一样会被标记为包含转基因的成分。这实际上也证明了美国企业游说团体具有的影响力。

　　在欧洲，情况就完全不同了。绝大多数欧盟的成员国已经走向了另一个极端，他们要么投票部分禁止，要么完全禁止转基因农作物。他们担心转基因农作物会对人体的健康造成长期影响。但事实上没有人真的知道，当我们开始对我们的食品供应链进行试验时最后会发生什么。到目前为止，转基因农作物并没有表现出任何毒性，甚至在这些农作物跨越了几代以后也是如此。但这是否意味着它们是安全的呢？答案是，到目前为止我们还无法肯定，而且我们可能已经没有足够的时间可以用来等待发现这个问题的答案了。

　　即便你买的是有机食品，你可能仍然没有办法避开转基因食物。转基因农作物可以通过田里的异花授粉以及种子和谷物的混合污染有机农作物。一旦你开始在野外种植转基因农作物，接下来的一切就很难控制了。这让种植有机农作物的农民感到非常头疼，因为从基因污染一直到涉及专利权的各种问题，他们与孟山都公司已经开展了无数次的争论和法律诉讼。

"我们在一些远离大片农田的非常偏僻的地方发现了转基因植物的生长，"亚利桑那州立大学教授、生态学家辛西娅·塞格斯（Cinthia Sagers）这样说道，"这不仅仅是因为它们会从原来的种植地里跳出来，实际上，在北美各地你到处可以看到与这些转基因植物性兼容的杂草。"[44] 换句话说，我们可能正在培育一种超级杂草，而这种杂草甚至可以抵抗药性最强的农药。

虽然转基因农作物有这样或那样的问题，但它的好处是实实在在的。就以我们正在面临的气候危机为例，气候改变不仅会导致更多极端的气象条件，而且会放大破坏农作物的害虫和各种疾病所造成的影响。Pairwise 公司是一家由孟山都公司资助的创业公司，它正在接受挑战，利用 CRISPR 基因编辑技术来开发一种新的农作物品种，这种农作物不但能够抵御各种疾病、忍受干旱、在洪水中存活下来，而且味道会更好，同时在商店的货架上保质期也会更长。

基因改造的农作物并不是什么新鲜事物。自从有了农业，人类就一直在改变各种植物的遗传组成。从生长得最好的作物中挑选种子，以及培育各种杂交的品种一直是我们人类历史的一部分。我们今天吃的水果和蔬菜几乎没有一种与数千年前在野外生长的水果和蔬菜完全一样，今天的往往会更甜、更大，而且保质期更长。另外，它们的产量也会更高。唯一的问题是利用传统的育种技术来改变植物所需要的时间会很长。通过修改和编辑植物的基因，我们不但可以加速这个过程，而且对于最后的结果还可以拥有更大的控制力。正是最后这一点，对于我们想要在一个饮用水缺乏、有更加极端的温度以及有更加致命的虫害和疾病的世界里存活下来至关重要。

50 年以后，我们可能会认为，经过基因编辑和改造的农作物不但更加安全，而且比有机食物更适合我们人类。想象一个这样的世界，在这个世界里，小麦、大豆以及花生是不含变应原的，香蕉可以为我们进行免疫接种，而植物油会含有治疗的成分，可以帮助我们降低癌症和心脏病的风险。在杂货店里，我们或许还会发现各种新奇的水果和蔬菜，比如杧焦（杧果＋香蕉）、蓝苹（蓝莓＋苹果）以及萝椰（胡萝卜＋椰果）。我们甚至可能发现一些靶向农作物，这些农作物在经过了基因编辑后可以精准地适应我们每一个个体在基因和饮食上的需求。我们可能不再需要服用药物，但会消费经过基因改造的产品，以避免患上糖尿病、高胆固醇、高血压等。

更加美妙的是，我们的食物会更加美味、更加健康。甜品会成为一种健康食品，这就像我们在伍迪·艾伦（Woody Allen）的经典电影《沉睡者》中所看到的那样。可能你吃进嘴里的是用香蕉做的甜品，但味道可能更像是焦糖。有人可能会出于有益健康的原因而选择一盘球芽甘蓝，但如果一盒脆奶油甜甜圈比球芽甘蓝更有益于你的健康，你还会选择球芽甘蓝吗？如果是我的话，我肯定会选择脆奶油甜甜圈的。但前提是，我们能够确保针对我们的食物供应链进行基因改良是安全的。

"每一种转基因的有机体都会带来一组不同的好处和潜在的风险，"俄亥俄州立大学的植物生态学家艾莉森·斯诺（Allison Snow）这样说道，"每一项具体的需求都必须逐个进行评估。但目前，美国农业部只有1%的生物技术研究经费被用在了评估这种风险上。"[45]

我们需要考虑的不仅仅是农作物，还有家畜。当下我们正在对我们日常食用的肉类进行基因改造。佛罗里达大学目前正在尝试利用CRISPR技术来培育能够耐热的牛，这样的话这些牛就可以在一个气温更加极端的世界里存活下来了。

在中国，研究人员正在利用 CRISPR 技术来培育一种低脂肪的猪。他们首先把老鼠基因植入了猪的胚胎细胞，然后再诱使这些胚胎细胞产生了 2 000 多个猪胚胎的克隆体。而代孕这些胚胎的母猪最后产下了 12 只雄性的小猪仔。在这些小猪仔成熟后，它们就会比没有这种基因的猪少 24% 的体脂。

这只是众多正在进行的实验之一。在将来，我们还会在杂货店里看到转基因的低脂肪猪肉、牛肉以及鸡肉。我们还会看到体型更大、生长速度更快的家畜，而这样的家畜可以节省农民大量的时间和金钱。AquaBounty 是一家总部设立在马萨诸塞州的创业公司，该公司正在开发一种转基因三文鱼，其生长速度是现有三文鱼的两倍。

"除了一个基因外，它和大西洋三文鱼完全相同。"AquaBounty 的 CEO 西尔维亚·伍尔夫（Sylvia Wulf）这样说道。[46] 这家公司现在已经在加拿大销售他们的三文鱼了。

如果你真的敢放飞自己的想象力，那么或许有一天我们真的会吃到以前根本不存在的动物。如果你修改了足够多的基因，会不会在某个时候某种动物就变成了一个新的物种呢？而一旦这种动物成为一个新的物种，还会有什么可以阻止我们更进一步呢？ 100 年后，一头奶牛很可能一点儿也不像今天的奶牛，它可能没有腿也没有头，还会漂浮在一座工厂化的农场中的一大桶水中。如果这听起来有点儿荒诞的话，那么只要看一看今天的工厂化农场是如何运作的，或许你就会发现这样的想象一点儿也不离谱了。

研究人员或许会决定将猪与鸡进行杂交来生产一种叫作"鸡猪"的动物。有谁想尝一尝这种动物的肉吗？未来的农场很可能会充斥着这些杂交动物，它们的肉会向那些食客提供丰富的滋味、口感以及健康上的好处。如果你无法相信人们真的会食用一些非自然的东西，比如转基因的杂交动物的话，那么你只需要看一看今天我们陈列在商店货架上的加工食品就知道了。你读过在标签上罗列的有关这些加工食品的成分吗？你真的了解在这些产品中使用的一半左右的原料吗？然而，人们经常食用这些东西。这又是为什么呢？因为这些产品被加工成了非常美味的东西，而这会令人难以拒绝。无论你喜欢与否，随着新的转基因食品进入市场，这个趋势还会继续下去，并且很有可能还会加速。

基因编辑技术有可能影响畜牧业的另一种方式是帮助抑制耐药菌的增加。现在不仅医生给病人开了过多的抗生素，而且农民在家畜的饲料中也使用大量的抗生素。其结果是我们正在以惊人的速度培养超级细菌。据估计，仅仅在美国每年就有超过 280 万人感染耐药菌，而其中又有超过 35 000 个死亡病例。卫生专家预估，在接下来的数十年时间里，源于耐药菌的威胁会急剧增加，到 2050 年，每年可能有1 000 万人会死于耐药菌导致的疾病。

为了避免给牲畜使用抗生素，中国西北农林科技大学正在使用CRISPR 基因编辑技术来培育能够抵抗结核病的牛。如果他们的研究取得成功，人们可以期望猪、鸡、鸭以及其他的家畜也能够抵抗各种常见的疾病了。

Locus 生物科学技术公司（Locus Biosciences）正在采用另一种方式来对抗耐药菌，这家创业公司正在使用 CRISPR 基因编辑技术来开发一种可以最终完全替代抗生素的疗法。在过去的 30 年里，所有进入市场的抗生素都是在 1984 年所发现的现有药物的某种变体，这是因为想要开发出一种既能杀死细菌又对人体无害的药物是一项真正的挑战。另外，这样的药物并不是很有利可图，这也是为什么大型医药公司一直在稳步削减对这一领域的投资。Locus 生物科学技术公司声称，他们的第一种药物将针对耐多种抗生素的大肠杆菌菌株，而且整个开发过程是有利可图的。如果这个消息被证明是真实的，那么我们很快就会看到其他使用 CRISPR 基因编辑技术开发的新型抗生素进入市场。

加州大学圣迭戈分校所采用的方法则直指源头。他们正在开发一种基于 CRISPR 技术的系统，可以在细菌的内部使其对抗生素耐药的基因失去活性。如果这种方法有效的话，他们或许可以在耐药微生物感染家畜和人类之前就消灭它们。

CRISPR 技术造福人类的潜力是极其巨大的，而这也是为什么虽然存在各种风险，我们却不能简单地禁止基因编辑技术和转基因有机体，因为这样做将会是一个巨大的错误，另外这项技术还可以让我们处理我们所面对的很多最紧迫的问题。所以，问题绝不是我们是否该使用这项技术，而是该如何负责任地使用这项技术。

基因驱动

CRISPR 基因编辑技术的另一个应用是所谓的基因驱动。而基因驱动在本质上是一种对基因的修改，目的是让修改后的基因以高于正常水平的遗传率在该物种中进行传播。利用 CRISPR 技术，科学家已经可以修改植物或动物的某些基因，然后再确保哪怕在父母中只有一方拥有这些基因，这些基因仍然可以遗传给后代。通过将选定的基因自动插入后代 DNA 的两个副本中，基因驱动可以有效地将隐性性状转化为显性性状。

今天，实施基因驱动不仅是有可能的，而且是一种与入侵物种进行对抗的可行方法。我们以新西兰为例，入侵的老鼠正在毁灭当地的鸟类种群。每年，老鼠会吞食超过 2 600 万只小鸟和鸟蛋。新西兰人一直在努力用毒药、枪械以及陷阱来消灭这些老鼠。虽然他们取得了一些成功，但是老鼠的数量在不断反弹，而鸟类的数量却在持续下降。

为了帮助解决这个问题，麻省理工学院媒体实验室的教授凯文·埃斯维尔特（Kevin Esvelt）前往新西兰，并提出了一种可以完全清除入侵老鼠的基因驱动。这不但可以节省数百万美元的费用，还是一个永久性的解决方案。对环保主义者来讲，这实在是天降及时雨。

"有些东西是肯定会被消灭的，"在新西兰出生和长大的生态学家詹姆斯·拉塞尔（James Russell）这样说道，"要么鸟类被我们带到这里的老鼠杀死，要么我们杀死这些老鼠。而我宁愿人道地杀死这些老鼠，而不是让老鼠不人道地杀死鸟类。"[47]

很多当地人，尤其是天主教教徒和毛利人不同意这样的做法。他们认为对自然选择的过程进行干预是不道德的。他们还相信，基因驱动可能会造成更多的伤害而不是带来好处。如果这些经过了基因修改的老鼠不再局限于生活在新西兰群岛上呢？老鼠有自己跳上和跳下船的习惯，它们很可能会把这种基因传递给世界各地的老鼠种群。这个小小的实验会不会最终导致全球老鼠灭绝？

最初竭力提倡这个想法的埃斯维尔特现在也犹豫了起来："甚至当初提出这个想法都是大错而特错的，因为我严重误导了很多正迫切寻求某种希望的环保主义者。这是一个让人感到尴尬的错误。"

在与哈佛大学的同事一起进行了数学模拟后，埃斯维尔特得出了这样一个结论：基因驱动可能要比他们打算解决的问题更加可怕。即便是最弱的基因驱动，如果没有经过精心设计，都有可能摧毁整个物种。

拉塞尔同意对此应该小心行事，但并不准备放弃把基因驱动当作一种可行的解决方案。他特别提到，超过 60% 的已经在地球上消失的脊椎动物也已经从新西兰群岛消失了，而在这些案例中，有一半是由入侵物种引起的。他认为我们有足够的智慧可以想出某种方法来控制基因驱动，并使其不至于导致整个物种灭绝。

有一种解决方案是，使用一种在设计时并不以杀死动物或植物为目的的基因驱动。埃斯维尔特提议在南塔克特岛进行一次实验，看一看他们是否可以通过修改传播莱姆病的老鼠的基因来消灭莱姆病。他想尝试利用基因驱动让老鼠从出生的时候起就对莱姆病拥有免疫的能力，而不是完全消灭那些老鼠。那么，这是一种可以接受的风险吗？在这个问题上，埃斯维尔特的内心是非常矛盾的。他看到了基因驱动在控制疾病传播上的价值，但同时也认为我们目前仍然不明白这样做的长期后果。

"具有侵略性和自我传播特性的基因驱动在很多方面实际上等同于一种入侵的物种。"埃斯维尔特这样说道。[48]

对于有些物种，我们绝大多数人是不会介意让它们从地球上消失的，其中之一就是蚊子。从人类在地球上诞生起，它们就在传播各种疾病，即便在现代，疟疾依然是这个世界上最致命的疾病之一。据估计，每年有 3 亿~6 亿人会患上疟疾，死亡人数高达 100 万，而其中大多数还是孩子。更令人担忧的是，在非洲的很多地区，70% 的疟疾病例对于比较便宜的抗疟疾药物是具有抗药性的。

伦敦帝国理工学院的遗传学家安德烈娅·克里桑蒂（Andrea Crisanti）一直在研究如何创造出一种基因驱动，而这种基因驱动应该具有消灭传播疟疾的蚊子的潜力。她的转基因雌蚊既不会咬人也不会产卵。在实验室里，克里桑蒂证明了在 8~12 代的时间里，被关在笼子里的蚊子没有产下任何卵。非营利组织"目标疟疾"（Target Malaria）希望将这项技术带到非洲以及其他疟疾高发地区。

约翰斯·霍普金斯大学的研究人员正在采用一种完全不同的方法。他们的目标并不是消灭蚊子种群，因为这可能会影响到以它们为食的动物，他们致力于对蚊子进行基因工程改造，以使它们能够抵御疟疾原虫。通过删除可以让疟疾原虫在蚊子的肠道中生存的基因，他们不仅可以阻止疟疾的传染，还保存了蚊子的种群。

这听起来好像前景很不错，但是这些基因驱动都伴有一定程度的风险。其中的危险是，如果基因驱动失败的话，通过扩展和修改它们的基因库，基因驱动最终会使蚊子对外界的适应能力更强。现在想要搞清楚这种风险究竟有多大可能还为时尚早，但这一类事情也正是科学家正在仔细监控的对象。

DARPA 是美国军方的一个分支机构，这个机构已经为很多有关基因驱动的研究项目提供了资金。事实上，埃斯维尔特就曾经为他自己的项目从 DARPA 拿到过资金。阴谋论者完全可以在这方面大做文章，并声称美国正在准备将基因驱动武器化，或者正在从事针对人种的优生学。但实际情况要简单得多，因为基因驱动是一种对国家安全的威胁，所以军队需要为此做好准备。

如果恐怖分子掌握了基因驱动技术会如何？他们是否会对世界的食品供应链发起攻击？有没有可能一个新纳粹集团开发出了一种以某个种族为目标的基因驱动，从而引发一场使用基因武器的大屠杀？这些可能性真的会让人感到非常震惊，但更可怕的是这些技术在今天已经很容易获得。建立一个实验室，然后开始做实验并不需要花多少钱，所以，无论那些掌握技术的人想要做好事还是做坏事都已经不是问题的重点，关键是这些技术是如此强大和不可预测，如果我们不能找到某种方式对其进行控制或者限制，那么这些技术很可能会给我们带来无法挽回的伤害。

事实上，基因驱动技术在当下已经是一种现实，所以我们根本无法回避。就像当年的原子能一样，我们解开了自然界最大的秘密之一。但问题是，我们能否找到一种方法，使这些技术可以服务于改善我们这个世界，而不是在这个过程中永久性地损害我们的环境，并对我们自己造成伤害。

牛文化：在实验室中培养的肉

如果说基因驱动可以把濒危物种从肉食动物的口中解救出来，并使人类免于寄生虫的侵害，在实验室中培育的肉类就有可能从我们人类的手中拯救数十亿在农场中饲养的家畜以及各种鱼类。每一天，我们会屠杀超过 2 亿头在农场饲养的家畜以及 30 亿条不同的水生动物。但随着基于细胞的肉类生产技术的发展，这一切都可能会发生改变。

"不可能的食物"（Impossible Foods）和"超越肉食"（Beyond Meats）是两家提供素食汉堡的公司，它们的产品现在已经出现在了快餐店的菜单中。追随这两家公司的脚步，"孟菲斯肉制品"（Memphis Meats）这家食品技术创业公司则试图在不伤害任何家畜的情况下向市场提供真正的肉类。这家总部设在加州伯克利的初创企业赋予自己的使命是，利用生物反应器来生产肉类并将这种肉类推向全世界。

"孟菲斯肉制品"并不是唯一一家利用这项技术的公司，目前还有很多家基于细胞的肉类生产技术创业公司正在开发从牛肉、鸭肉、猪肉、鸡肉再到鱼肉的各种产品。但是这并不像你把一堆干细胞放入桶里，然后等待它们自我繁殖那样简单，不同的肉需要有其特有的味道和口感，并且在很多方面还应该与真正的肉一致，没有人会想要一块糊状的牛排。这也是为什么科学家一直在尝试在一种明胶做的支架上培育肌肉细胞。

"肌肉细胞需要附着在某种结构上才能够生长，这就像建筑物的墙需要一个钢筋的框架，或者一栋房子需要一个木制的骨架一样。"哈佛大学的生物工程师凯文·基特·帕克（Kevin Kit Parker）这样说道。[49]

另一个问题是，肌肉细胞在开始的时候会快速复制，但是随着时间的推移，它们会渐渐慢下来，然后完全停止。为了解决这个问题，"孟菲斯肉制品"正在利用基因编辑技术来促进细胞的复制进程。

如果这些还不足以说明他们所遇到的困难的话，那么另一个可能的麻烦就是成本问题了。2013 年，一个人造汉堡的原型价格超过了 30 万美元，到 2018 年，"孟菲斯肉制品"已经使价格降低到了 2 400 美元。而他们的目标是让每一块肉饼的成本降至 5 美元或者更低。

"最大的挑战是如何把在实验室内可行的东西转变成为在商业上有利可图的东西。"戴维·韦尔奇（David Welch）这样说道。韦尔奇是"好食研究所"（Good Food Institute）的科学与技术总监。[50]

食用肉类制品的市场规模现在已经达到了 1.9 万亿美元，而且随着越来越多的风险投资开始流入这个领域，无论今天还存在什么样的问题，它们都将很快得到解决。这是一件好事情，因为一个典型的美国人可以每年消耗超过 200 磅的红肉和禽肉，另外，中国现在已经是世界上最大的肉制品消费市场。如果你不想让大部分的人口都转变为素食者，维持肉类制品持续稳定供应的最佳方法就是提升基于细胞技术的肉制品的生产。如果这样生产出来的肉制品可以更健康、更便宜，而且和我们在农场中饲养的动物类肉制品同样美味，那么让人们接受这种产品就没什么问题了。

除了能够拯救无数动物的生命外，基于实验室技术的肉类生产能否挽救我们的环境呢？一头奶牛每年可以产生 120 千克甲烷，而在世界范围内大约有 15 亿头奶牛，你完全可以自己算一下这道数学题。另外，饲养一头奶牛平均每天还要消耗 26 加仑①的水和 28 磅的饲料，想必现在你应该已经有了一个大致的印象，饲养这些家畜会对我们的环境造成什么样的影响了。即便如此，很多在实验室内培养肉制品的技术仍然有很长的路要走。今天典型的基于细胞的鸡肉生产技术在碳的排放量上大约是农场养殖的鸡的 5 倍，而且是基于植物的肉制品的 10 多倍。这是因为这类技术在生产过程中需要消耗大量的能量。

然而，荷兰的一家创业公司 MosaMeat 声称，他们培育出来的肉制品在生产过程中温室气体的排放量减少了 96%，使用的土地减少了 99%，所需要的水比饲养同类家畜减少了 96%。这家初创企业预测，一旦这种培养出来的肉制品成为大众市场上的食品，很可能我们就不再需要工业化的农场了。

100 年以后，我们很可能会把饲养和屠杀动物看作一种野蛮和不人道的行为，就像我们今天看待古人把人当成祭品来祭祀一样。小孩子们很可能会这样问他们的父母："我们完全可以在工厂里生产肉制品，为什么还会有人为了食物而杀死动物呢？"

DNA 和生物有机计算机

人类不仅在研究如何在培养皿中培育出肉制品，还在研究如何在试管中培育出生物有机计算机。传统的计算机使用硅芯片，但生物有机计算机使用的是由遗传材料制成的生物晶体管。这些由 DNA 和

---

① 1 加仑（美）≈3.785 4 升。——编者注

RNA（核糖核酸）组成的开关又被称为转录因子（transcriptors）。

1994年，南加州大学教授伦纳德·阿德曼（Leonard Adleman）首次演示了DNA计算。仅仅使用DNA，他就解决了"旅行中的推销员"问题，即如何为推销员找到在两点之间最有效的路径。在阿德曼进行了这次实验以后，基于DNA的电子线路已经成功实现了布尔逻辑、算术计算以及神经网络计算。这个现在被称作分子编程的领域正在起飞。

但在这个领域，当下最需要解决的问题是计算的速度。用DNA进行计算的速度之慢会令人感到非常痛苦，计算一个4位数的平方根可能需要花费数小时的时间。另外，用DNA搭建的电路还是一次性的，每次运算你都需要重新搭建相关的电路。在有了这些限制后，DNA计算还能够与硅芯片进行竞争吗？

当然，这样的竞争是绝不会发生在当下的，但是世界各地的科学家正在不断取得进展。麻省理工学院和新加坡科技与设计大学宣布了一项突破性的发现，利用一种有机病毒，他们已经可以开发出更快、效率更高的生物有机计算机。哥伦比亚大学也宣布，他们已经把一套完整的电脑操作系统存储在一条DNA上。而来自微软和华盛顿大学的研究人员则展示了第一种可以被用来存储和检索数据的完全自动化的DNA系统。

"我们的最终目标是把这样一个系统投入生产，对终端用户来讲，这个系统在体验上将与其他任何的云存储服务没有什么区别。"微软的研究员卡琳·施特劳斯（Karin Strauss）这样表述道。[51]

一块很小的DNA涂片可以容纳10 000GB（吉字节）的数据，这意味着一座像购物中心那样大的数据中心完全可以被缩小为一块方糖般的大小。DNA很便宜而且很容易合成，用DNA进行计算所需要的能量也远少于硅处理器。一座谷歌的数据中心每年可能需要消耗价值数百万美元的能量，而一台生物有机计算机可能只需要一些很便宜的代谢物就能够运行了。

除了利用 DNA 进行数据存储外，生物有机计算机还能够在硅计算机无法操作的地方发挥潜在的作用。一支来自苏黎世联邦理工学院的研究团队利用 CRISPR 基因编辑技术在人体的细胞内搭建了一台可运作的双核生物计算机。想象一下，有一台活的电脑在我们的身体内，监控我们的健康状况，修补损坏的组织，并且调节我们的身体功能。我们甚至可能会利用生物有机计算机来提升我们的智能。DNA 计算机还可以与生物化学环境进行相互作用，从而使我们可以在活的生物组织内部提供药物和治疗。

事实上，以色列的研究人员已经迈出了下一步，他们在蟑螂的体内成功搭建了生物电路。他们创造出来的 DNA 可以像日本的折纸一样折叠在一起，这就使得纳米机器人可以运送一些有效的负荷。那些有效的负荷很可能是一个分子、一种酶或者一种抗体。而每一种有效的负荷都可以激活或者关停在整个链条上的下一个纳米机器人，就这样他们在活的细胞体内构建出一条电路。这样的生物电路可以被用在很多方面，比如在一项实验中，科学家就利用了这种生物电路来识别某些细胞是不是癌细胞，然后他们又向癌细胞发送了一个自我毁灭的信号。在将来，类似的生物计算设备可能会被用来对肿瘤的发展进行无创监控，同时还可以对特定的部位进行靶向药物的给药。

上述研究目前还仅仅处在一条漫长道路的开端。随着相关科学的成熟，研究人员还将继续提出有关生物有机计算机如何运作的新理论，并且开发出更多适合生物有机计算机能力的独特应用。

奇美拉和转基因生命形式

调整或修改 DNA 使其成为一种计算设备是一回事，但将活的生物的 DNA 混合在一起，从而创造出奇异的、新的杂交物种就是另一回事了。而这也正是科学家对嵌合杂交物种所做的事情。

嵌合杂交物种，或者说奇美拉（chimera），这个单词有很古老的起源。它实际上是希腊神话中一种怪兽的名字，这种怪兽长着狮子的脑袋、山羊的身体以及蛇的尾巴。今天科学家用嵌合杂交物种一词来描述包含在基因上完全不同的组织的混合生命体，而这种混合生命体是通过早期的胚胎融合、突变或者类似的过程形成的。

一个多世纪以前，英国作家 H. G. 威尔斯在他的科幻小说《莫洛博士岛》（*The Island of Doctor Moreau*）中就已经描绘了这样的场景。这部出版于 1896 年的小说讲述了一个疯狂的科学家的故事，他把野兽转变成了人类，按照他自己的形象塑造了它们的身体和大脑。然而，这些生物无法摆脱它们残忍的本性。最终社会结构瓦解，而且在整个岛屿上还爆发了无政府状态，而那些嵌合杂交物种最后摧毁了莫洛博士和他构筑的愿景。

在不到一个世纪后，科学终于还是赶上了这部小说中所描述的场景。1980 年，加拿大科学家珍妮特·罗桑（Janet Rossant）发表了一篇论文，宣布她成功创造了一种混合了两种不同老鼠基因的嵌合杂交物种。

"我们证明了你真的可以跨越不同物种之间的界限。"罗桑这样说道。[52]

1984 年，英国剑桥动物生理学研究所（The Institute of Animal Physiology）通过混合山羊和绵羊的 DNA 创造出了第一只山绵羊

（geep）。因此诞生的嵌合杂交物种，全身像马赛克一样分布着山羊和绵羊的生物组织。例如，在它的皮肤上由绵羊胚胎长出来的那些部分是松软的长毛，而由山羊胚胎长出来的那些部分则是细硬的短毛。

科学家正在研究一种能够生长出人类器官的嵌合杂交猪。这可能会看上去很怪异，甚至很可怕，但是这样做是有很好的理由的。这个世界正面临着人类肝脏、心脏、肺以及肾脏的严重短缺。在美国平均每天有 33 人因等不到器官移植而死亡，单单在美国目前就有大约 11.5 万名患者停留在等待器官移植的名单上，而且这个问题并没有得到解决。

为了解决这个问题，"人类基因组项目"的倡导者克雷格·文特尔（Craig Venter）与联合治疗方案公司（United Therapeutics Corp）合作开发出了一种转基因的猪，而这种猪的肺可以被安全地移植到人的体内。虽然大多数人并没有意识到这一点，但猪和智人在基因上有很多相似之处。猪仔的器官在尺寸和大小上非常接近于人体的器官，通过调整猪的基因组并使它们变得更加兼容，科学家希望能够创造出一种人体的免疫系统不会排异的杂交器官。

到目前为止，对灵长类动物的研究已经表现出了一些成功的迹象。一只狒狒在移植猪的肾脏后存活了 136 天，而另一只狒狒在移植猪的心脏后存活了将近两年半的时间。在北京的"干细胞和生殖生物学国家重点实验室"里，研究人员最近宣布，他们已经培育出了一只妊娠足月的猪与猴子的嵌合杂交生物体。

当涉及培育一种包含人类细胞的转基因猪的时候，科学家才刚刚开始了解其中会涉及哪些方面的内容。整个过程通常从成人细胞培育的干细胞开始，这些干细胞会被注入一个早期的猪胚胎中。之后这个杂交的胚胎会被放置回母猪的体内，然后母猪会在妊娠足月后生下这个嵌合杂交生物体。

另一种方法是利用基因编辑工具来创造一种没有特定器官的宿主动物。科学家随后会将人类的干细胞注入这种动物的胚胎，以填充失去的器官所留下的空间。随着胚胎的成熟，一个 100% 的人类器官就会出现在这只嵌合杂交生物体内。

虽然在这个领域领先的遗传学家都持乐观态度，但这仍然是一条很坎坷的路。最开始的时候，美国索尔克生物研究所（Salk Institute）的教授胡安·卡洛斯·伊斯皮苏亚·贝尔蒙特（Juan Carlos Izpisua Belmonte）就曾经认为，利用宿主胚胎来培育器官是一件很简单的事。然而，他和他的 40 名同事最终花费了将近 4 年的时间才找到培育一头简单的转基因猪的方法，而这还只是他们现在正在面对的众多障碍之一。

"即便在今天，最匹配的器官，除非它们来自同卵双胞胎，也无法维持很长的时间，因为随着时间的推移，免疫系统会持续不断地对移植的器官发起攻击。"加州大学戴维斯分校的生殖生物学家巴勃罗·罗斯（Pablo Ross）这样说道。[53]

现在想象一下，让人体接受来自另一个物种的器官会有多么困难，即便这个器官来自含有人类细胞的转基因生物也是如此。首先你必须在这个动物的器官中包含足够比例的人类细胞，才有可能进行移植，然而，让一个胚胎接受更多的人类细胞会有很大的问题。即便科学家成功做到了这一点，在这个器官被人体排斥或者简单地衰竭之前，它又能够维持多长的时间呢？另外，在这样做的同时你还需要承担引入猪病毒的风险。

Egenesis 是一家已经获得了风险投资的创业公司，他们正在尝试解决这个问题。他们会首先利用 CRISPR 基因编辑技术将病毒从胚胎的内部分离出来，同时研究人员还在尝试利用转基因绵羊，因为在绵羊的体内不包含有害的病毒。

科学家正在将人类的 DNA 与各种动物混合在一起。随着科学每向前迈出一步，我们距离科幻小说《莫洛博士岛》中的场景就更近了一步。

"这并不是说人们渴望去创造一些会让人感到厌恶的东西，"纽约医学院的细胞生物学家斯图尔特·纽曼（Stuart Newman）这样说道，"但事情就是在这样不断发展着，你不知道它在哪儿才会停下来。"

鉴于目前使用人类的 DNA 来培育嵌合杂交生物体已经有失控的趋势，各国政府是否应该彻底禁止利用人类的 DNA 来创造嵌合杂交生物体呢？下列哪一种做法可能才是更加不道德的，是创造转基因的动物并收割它们的器官，还是让人们在等待中死亡？在这个问题上我们会有正确的答案吗？

"人们担心这种类型的实验会创造出在伦理上模糊的生物，"来自凯斯西储大学的生物伦理学家玄仁洙（Insoo Hyun）这样说道，"我们知道什么是绵羊，我们还知道什么是人，但是如果在一只绵羊的身上有大量的人类细胞或者完整的人类器官，我们又该如何来面对？这才是真正新鲜的事物：对于这种新的物种，我们该如何进行归类呢？"[54]

那么，如果用来自灵长类动物的 DNA 来替代人类的 DNA 又会如何呢？虽然黑猩猩与人类的 DNA 大约有 99% 是完全相同的，但显然这些 DNA 并不来自人类，而且现在黑猩猩还经常在实验室里被用来测试新的药物和针对各种疾病的研究。这或许是一个可以利用的漏洞，但这样做真的更加符合伦理吗？科学家现在必须直面这一系列的问题。事实上，伊斯皮苏亚·贝尔蒙特获得了 250 万美元的政府拨款，条件是他用灵长类动物的细胞而不是人类的细胞来创造他的嵌合杂交生物体。他接受了这笔政府拨款，却继续通过其他的政府拨款使用人类的细胞进行研究。

有些科学家正在尝试在实验室里培育器官，而不再依赖动物。人类的干细胞在理论上可以培育出任何种类的身体组织。它们可以在培养皿上被转变为心脏、肺或者肝细胞。然而，让干细胞在活的生物体外生长为具有完全功能的器官就是另一回事了。另外，任何病人都必须经历痛苦的、入侵式的手术才能收获他们所需要的身体组织。

生物打印是另一种方法，这种方法非常类似于 3D 打印，只不过它使用的是混合了活的细胞和生长因子的生物材料，利用这种材料可以创造出类似生物组织的结构。美国维克森林大学的研究人员已经成功地在啮齿动物身上移植了生物打印的结构，比如肌肉和软骨。与此同时，以色列的研究人员也已经用人类的细胞打印了一颗微型的 3D 心脏。

"这是第一次在这个世界上有人成功设计并打印了一颗完整的心脏，这颗心脏不仅完全由细胞构成，而且包含了血管、心室以及房室。"特拉维夫大学的塔尔·德维（Tal Dvir）教授这样说道。[55]

这听起来好像就是问题的答案，但是不要期待你现在就可以订购一个生物打印的心脏或者肾脏，因为目前仍然有一系列重大的障碍需要克服。生物材料存在很多限制，目前生物打印的器官还很难维持其结构的完整性，而且存在于自然器官中的血管的复杂性是很难用现在的技术来进行模拟的。

所以，这又把我们带回到了转基因动物的身上，在不久的将来，转基因动物可能仍然是器官移植最好的选择，但是除了技术上的困难外，还存在一些社会上的问题。当科学家们开始培育人-猴嵌合杂交生物体，以研究治疗阿尔茨海默病和帕金森氏症这一类大脑疾病的药物时，又会发生什么呢？他们培育出来的嵌合杂交生物体究竟是动物还是人类？我们什么时候会不经意地跨越红线呢？

伊斯皮苏亚·贝尔蒙特培育出了世界上第一例人-猴杂交体。研究人员利用人类的干细胞培育了人-猴嵌合杂交生物体的胚胎。为了解决伦理上的问题，伊斯皮苏亚·贝尔蒙特的研究团队发明了这样一种机制：如果人类的细胞迁移到了杂交体的大脑中，那么这些细胞就会自我毁灭。他们还设立了一条妊娠 14 天的红线，这意味着所有人-猴嵌合杂交生物体的胚胎在两周内就会被毁掉。

但这里依然有这样一个问题，那就是其他科学家是否也会如此小心翼翼？至少我认为这不一定。中国科学院昆明动物研究所的研究员宿兵就将人类大脑的基因植入了恒河猴，其目的是改善它们的短期记忆。有些生物伦理学者担心这些含有人类 DNA 的嵌合杂交生物体最终很有可能会成为一种亚人类，而它们仍然会被用于实验室的实验，会因它们的身体器官而被出售，并且以其他方式被利用。在一个我们的技术已经超越了我们执行法律和伦理准则的能力的世界里，这种技术被滥用的可能性极其巨大。

在宗教团体的压力下，2015 年，美国国立卫生研究院官方正式终止了对人-动物嵌合杂交生物体项目的资助。但现在它又解除了这项禁令，前提是每一项实验在获得资助前都必须经过彻底的审核。那么相关的审核又会涉及哪些内容呢？谁又应该被授予权力来做出最后的决定呢，是政府官员、科学家、宗教领袖还是其他什么人？

如果美国完全限制了这种类型的实验，其他国家又会如何呢？在中国、俄罗斯、欧洲国家以及日本的研究人员会停下他们正在做的事情吗？如果美国禁止或者限制涉及人-动物的转基因研究，那么在这个领域美国就很有可能会落后于其他国家，因为大多数这个领域的顶尖科学家可能会被迫迁移到监管较少的环境中。

　　毫无疑问，在专家们的眼中转基因科学正在加速发展，而且在今后的数十年时间里，这个领域还会稳定地出现源源不断的突破。在短时间内，嵌合杂交生物体很可能会使那些能够拯救生命的药物的测试过程加速。人体实验通常会花很长的时间而且费用昂贵，这个世界的制药巨头们每年都需要花费数十亿美元来进行人体实验，而且很多有希望的药物由于成本过于高昂而至今尚未得到充分的开发。

　　"如果我们能够把人类的细胞放在猪的肝脏中，那么在开发这种化合物的第一年，我们就可以知道这种化合物是否会对人体有毒。"伊斯皮苏亚·贝尔蒙特这样说道。

　　这对于我们开发下一代治疗疾病的药物是有莫大好处的。想象一下，如果我们能够加速药物的测试和开发，有多少人的生活会因此发生改变。除此之外，转基因动物还有可能极大地降低药物生产的成本。研究人员早已经将人类的基因拼接到了鸡的 DNA 上，这样鸡就能生下含有抗癌药物的鸡蛋了。一旦这种鸡生下蛋，制药公司就可以从鸡蛋中提取出相关的药物，包装好，然后马上投放市场。

　　"通过鸡来生产药物，其成本要比普通工厂生产药物低 10~100倍。"爱丁堡大学的莉萨·赫伦（Lissa Herron）这样说道。[56]

　　他们把这些可用于生产药物的转基因动物称为生物反应器。科学家还正在利用转基因山羊、绵羊、兔子以及老鼠的奶来作为一种生物反应器。

　　当农民们把牛、马、绵羊、猪、山羊、骆驼以及羊驼的优点结合在一起，尝试创造出一种全新的家畜时，我们可以预见，将来嵌合杂交动物可以有很多种不同的形式。NASA（美国航空航天局）甚至可能利用这种技术来培育一种可以在其他行星上生存的动物。

在中国，一些真正有创业精神的科学家已经在准备销售经过基因改造的宠物。他们通过一种叫作"转录激活因子样效应物核酸酶"（TALENs）的基因编辑技术培育出了一种新型的微型猪。他们培养出来的微型猪在成年的时候体重还不到20千克，客户在下单的时候还能够选择毛发的颜色和图案。这些猪的售价和其他宠物的价格差不多。

"我们现在已经准备接收订单了，这样我们就可以知道市场的需求有多大了。"华大基因的高级研究主任李勇这样说道。[57]

有些人可能会更喜欢嵌合杂交的宠物而不是传统的宠物品种，最终，宠物爱好者们很可能会自己设计他们的转基因猫和狗的外形以及毛发的触感。这可能会包括眼珠的颜色、身体的形态、毛发的质地以及特定的个性特征等。

动物园和主题公园可能会选择展示最新的嵌合杂交生物体来吸引游客。你能够想象河马–斑马的嵌合杂交生物体会是什么样子的吗？主题公园甚至可能会培育一些像飞马、狮鹫（狮身鹰首兽）或者独角兽等在神话传说中才会出现的动物。谁又知道呢？

基因幻想工程师：一个美丽的新世界

如果我告诉你，你可以拥有像阿诺德·施瓦辛格一样的肌肉，改变你的肤色，或者治愈某种疾病，而你需要做的只是给自己注射某种DNA，你会有什么样的感觉？如果上述这一切还可以通过你在网上购买的基因编辑工具包在家里完成，你又会有什么样的反应？不管你相信与否，生物黑客正在尝试这样做。

作为一名活跃在硅谷的生物黑客和社会活动分子，约西亚·扎伊纳（Josiah Zayner）正是这些叛逆者中的一员。他经常改变的发色以及反建制的观点使他看上去很像是那些随时愿意突破科学和法律边界的人的一分子。在芝加哥大学获得了生物物理学博士学位后，扎伊纳谋得了一份在 NASA 艾姆斯太空合成生物学研究中心（Ames Space Synthetic Biology Research Center）的工作，同时参与了设计未来火星殖民地居住环境的工作。这听起来好像是一份很理想的工作，但是扎伊纳很快就"厌倦了体制内的工作"以及那些只是"坐在那里什么也不干"的研究人员的悠闲节奏。[58] 所以，在仅仅两年后，他就辞去了在 NASA 的工作，并开始去做他自己的事情。

在彻底沉迷于基因编辑所具有的潜力后，他发起了一场众筹活动，向任何想要在细菌的 DNA 上尝试进行基因编辑的人销售廉价的 CRISPR 工具盒。在他自己的车库里，他还研究出如何向青蛙注射利用 CRISPR 技术编辑后所获得的 DNA 来强化它们的肌肉。当这种做法看上去真的有效时，他开始在网上向任何出于好奇想要尝试一下的人出售这些工具盒。如果他能见好就收，可能什么事也不会发生，但扎伊纳并不是这种类型的人。从根本上来讲，扎伊纳是一个永远也不会安分，还总是想挑战权威的人，所以他决定进行一次公开表演。在一次生物技术的大会上，他进行了一场直播，当着所有观众的面，他给自己注射了经过 CRISPR 技术编辑的主要用来增强肌肉的 DNA。

他的这次引人注目的"壮举"确实起到了作用。媒体真的为他而感到疯狂，而他也在一夜间成了生物技术界的名人。但与此同时，他也感受到了引火烧身的味道，这个领域的众多顶尖科学家谴责了他的鲁莽行为，而且州政府的官员也注意到了这件事并开始调查他的行为。从那以后，他就卷入了与政府和科学团体针对他的行为而发生的无数次的争执中。

扎伊纳现在承认，他走得有点儿太远了："毫无疑问，我始终认为，早晚肯定会有人因这种技术而受到伤害。每个人都在尝试超过其他人，而且这种想法只会越来越强烈，只不过这种尝试也会变得越来越危险。"[59]

扎伊纳不仅开创了一个很坏的先例，而且他的实验似乎也没有产生预期的结果。没有任何证据表明那种经过了基因编辑的 DNA 可以增强他的肌肉，而且这种 DNA 很有可能会对他的健康造成持续的伤害，时间将证明一切。但是，这起事件并不能阻止扎伊纳或者其他像他一样的人继续进行各种尝试。

来自大众科学小组的加布里埃尔·里希纳（Gabriel Licina）是另一位在生物黑客中的活跃分子，他认为所有美国人都应该有权利在他们自己身上做实验。为了证明自己的观点，他决定赋予自己夜视的能力。他拿来了一种能够让深海鱼类在黑暗中看清东西的化学物质，然后把这种物质喷进了自己的眼睛里。这听起来有很大的风险，事实也确实如此。没有人确切地知道这样做会产生什么长期的后果。科学家指出，增强光的放大作用可能会对眼睛的细胞结构产生负面的影响。

在使用了这种化学物质后，里希纳声称，在很短的一段时间里他可以在黑暗中看清超过 160 英尺[①]的距离。如果你相信里希纳的数据，那么这确实是一次很有意思的实验，但是他完全可以在实验室动物的身上做相同的实验，而且这样做要比他在自己身上做实验的风险低很多，同时争议也会更少。实际上，像里希纳和扎伊纳这样的活跃人士最希望从他们的公开实验中获得的是公众对这个领域的关注，他们想让更多的人知道他们在做什么。他们感到，政府和大公司所掌握的权

---

① 1 英尺 = 0.304 8 米。——编者注

力实在太大了，而他们的使命是把生物技术直接展示在公众的面前。

针对现行制度所存在的问题，他们给出的例子之一是企业往往会通过收取极其高昂的费用阻止向公众提供真正有价值的治疗方案。这意味着只有富人或者那些购买了高额保险的人才有可能负担得起那些治疗方案，而其他人则需要遭受不必要的痛苦。

这方面的一个例子涉及只有 14 岁的索菲亚·普里布（Sofia Priebe），由于基因突变，她的视网膜开始逐渐退化，这个小女孩开始渐渐失明。也就在这个时候，她的父母听说了火花基因疗法（Spark Therapeutics）这家公司。这家公司已经利用 CRISPR 技术开发出了一种基因疗法，可以帮助人们恢复视力。对那些受到了这种病症影响的人来讲，这简直就是一个奇迹，但这种治疗方式的价格是每只眼睛 42.5 万美元。不幸的是，索菲亚的父母根本无力承担这笔费用，而且他们也没有保险来帮他们支付这笔费用。这意味着他们的女儿很可能会因此失明。

当被问及为什么这种治疗方式的价格会如此之高时，火花基因疗法公司的 CEO 杰夫·马拉佐（Jeff Marrazzo）这样说道："这要归结于我们相信，这就是这种治疗方式本身所蕴含的价值。"[60]

在上面这句话中，"价值"一词在马拉佐的语境中意味着他们可以从市场上攫取到的金额，也就是人们和保险公司愿意支付的价格。这就像在战争年代你能够获得的利润是一样的，因为买家别无选择。有哪个父母会让他们的女儿失明，即便这意味着他们要倾家荡产？具有讽刺意味的是，这种疗法所依赖的技术，或者说大多数与 CRISPR 技术有关的研究项目，在早期实际上都是政府资助的项目。

在经历了大量负面的新闻报道后，马拉佐这样说道："我们下决心要找到一种可以让我们分期付款的新的解决方案。"[61]

这是不是意味着有些人会因此欠那些生物科技公司一大笔钱，而这笔钱的金额之大有可能是他们永远也无法还清的呢？那么，那些只能依赖老年保健医疗制度或者依赖医疗补助制度的人又该怎么办？政府是应该支付相关治疗的全额费用，还是拒绝对病人进行治疗呢？事实上，并不是只有火花基因疗法这一家公司在收取如此高昂的治疗费用。整个制药行业都在朝着这个方向发展，即以消耗公共卫生的费用为代价来实现利润的最大化。

这就是为什么像扎伊纳这样的生物黑客认为，在所有人的面前直接展示这些全新的技术是他们的责任。艾伦·特雷维克（Aaron Traywick）在创立优势生物医药公司（Ascendance Biomedical）的时候也有同样的想法。和扎伊纳一样，他相信在这个领域，不但特立独行是很有必要的，而且应该让 FDA 的监管条例放在太阳底下晒一晒。特雷维克在一次"自我实验"的会议上，曾经当着众人的面给自己注射一种 DIY 的疱疹治疗药剂，这使他登上了新闻头条。他的创业公司在这之前还曾经直播另一次自我注射。28 岁的计算机程序员崔斯坦·罗伯茨（Tristan Roberts）是一名 HIV（人类免疫缺陷病毒）阳性患者，他就曾经接受一种由优势生物医药公司提供的化合物，而该化合物被认为可以减少血液中的 HIV 颗粒的数量。

"我想把我的这次行为奉献给所有因无法获得治疗而死亡的人，"罗伯茨在给自己注射这种未经测试的药物前这样说道，几周以后，他开始担心他是不是犯了一个大错，"我有 98% 的把握认为这种药没有问题，但是仍然有另外 2% 的可能性，这或许是一件很可怕的事情。"[62]

最后，什么也没有发生。罗伯茨没有死，但是那种治疗方式也没有治愈他的 HIV。之后，他和特雷维克闹翻了，所以治疗也就停了下来。特雷维克并没有接受过任何正规的医学训练，他能获得资金的途径也非常有限，所以他转向了另一个实验。他接下来的想法是在墨西哥蒂华纳的一家诊所里利用 CRISPR 技术来治疗肺癌患者。

到了这个时候，我们不得不提出这样一个问题：这种快速、低成本、不受监管的实验是一件好事还是坏事？它是否真的有助于推动科学进一步向前，还是不必要地将人的生命和健康置于危险之中？

"我们一直在担心会发生这一类的事情，而且这样的事情很可能注定会发生。"美国基因和细胞疗法学会（American Society for Gene and Cell Therapy）副会长、斯坦福大学的研究员米歇尔·卡洛斯（Michele Calos）这样说道。[63]

最终，年仅 28 岁的特雷维克死在了华盛顿特区一家水疗中心的感官剥夺池中，原本计划在墨西哥蒂华纳进行的实验也被取消了。

而此时扎伊纳还在继续做他的实验。然而，加州医学委员会已经开始着手对他的无证行医行为进行调查。另外，FDA 也一直追在扎伊纳的身后，想要阻止他销售基因编辑工具包，因为这些基因编辑工具包会被用在人的身上，而这是违法的。

扎伊纳在推特上这样写道："最让人感到心理不平衡的是，虽然那些人的死亡和我没有任何关系，而是因为 FDA 和美国政府拒绝让他们获得最先进的治疗方案，或者在某些情况下这些人甚至没有最基本的医疗保险。然而，遭受牢狱之灾的威胁的却是我。"

无论你对于扎伊纳和特雷维克有什么样的看法，CRISPR 技术就在那里，任何人只要拥有相关的知识和几百美元就可以购买到基因编辑工具包。世界各地受到监管和不受监管的 CRISPR 项目的数量还在不断上升，从治疗肾癌到消除镰状细胞贫血的人体实验也正在进行中。

在中国，深圳南方科技大学的研究人员贺建奎利用 CRISPR 技术对一对双胞胎女孩的胚胎进行了基因编辑，其目的是让她们对 HIV 产生抵抗力。在事情泄露后，他的行为受到了谴责。中国政府下令终止了贺建奎的所有研究项目，而南方科技大学也因此解雇了他。之后不久，深圳的法院判处贺建奎三年有期徒刑以及 300 万元的罚款。

这起事件之所以会在社会上引起强烈的抗议和严厉的惩罚，是因为这种类型的实验很可能会导致这两个女孩和她们未来的后代出现持久性的基因紊乱。CRISPR 还并不是一种完美的工具，尝试对某一个基因进行编辑很可能会在基因组的其他地方造成意想不到的改变。这对双胞胎现在已经健康地出生了，但是贺建奎的团队也承认，到目前为止他们已经发现了一个"偏离目标"的基因突变。

贺建奎可能已经突破了在 HIV 研究上的限制（或边界），但他付出的代价又是什么呢？像扎伊纳这样在自己的身上做实验是一回事，而像特雷维克这样向自愿的成年人提供未经检验的药物则是另一回事。但是，难道任何人都可以在没有发言权且尚未出生的孩子身上进行实验吗？他实际上是把他自己的研究和野心放在了孩子的安全之上，这就打破了医学研究人员的希波克拉底誓词[①]。问题是，政府对于这样的事情应该做些什么？是不是所有用人体胚胎进行的实验都应该被禁止呢？

如果我告诉你，你可以选择你下一个孩子的性别和眼珠的颜色呢？你会这样做吗？没错，你现在就可以这样做，这在美国是合法的。纽约生育研究所（Fertility Institutes）所长杰弗里·斯坦伯格（Jeffrey Steinberg）不仅可以让父母选择他们尚未出生的孩子的性别，而且可以选择他们孩子的眼珠最终是蓝色、棕色还是绿色的，当然前提是这种性状必须存在于他们的基因中。

① 希波克拉底誓词是要求学医的学生在入学后的第一课就要学习并正式宣誓的誓言。——译者注

"这种技术早就存在，以前也只是用于治疗疾病，"斯坦伯格这样解释道，"我已经决定让这种技术对公众敞开大门并扩展它的使用范围，'听着，这是人们都会感兴趣的东西，它不会造成伤害，还可以让大家高兴。让我们扩展它的使用范围吧'。"[64]

利用在 20 多年前就已经发展起来的植入前基因诊断技术（这种技术实际上是体外受精技术的一个分支），父母们现在已经可以更深入地探究孩子的基因组成，并且选择让哪一颗卵子受精。孩子的胚胎并没有被改变，父母们只是被赋予了一个简单的选择权：你是想要让绿色眼珠的卵子受精，还是让棕色眼珠的卵子受精？

当体外受精技术刚开始出现的时候，很多美国人都反对这种做法，他们感到这样做是很危险的。随着时间的推移，这种做法逐渐被大众所接受，而且政府对于这种手术也采取了完全放手的做法，这才导致了当前这种情况的出现。而像斯坦伯格这样的医生甚至已经走到了向父母们提供选择孩子肤色或者发色的地步。

"人们打电话来询问各种各样的问题，包括嗓音、运动能力等，其中身高是询问最多的问题。我有很多病人都想要一个身材高大的孩子，"斯坦伯格这样说道，"来自中国和印度的女性都想要一个男孩。而在世界其他地方，人们会稍稍倾向于要一个女孩。"[65]

那么，我们的底线在哪里呢？中国男性人口要比女性人口多3 400 万，而印度也有类似的情况。社会的压力是如此强大，即便最严格的政府管控也无法防止这种不平衡的出现。另外，还有关于优生学的问题。那么，父母们是否应该被赋予这样的权力，让他们自由地选择一个胚胎，而这个胚胎的 DNA 会最终让他们拥有一个肤色白皙并且发色漂亮的孩子呢？而这样的做法对于社会又意味着什么呢？

"如果你也在从事我正在干的工作，那么你就不会持有这样一种强烈的伦理观念。"斯坦伯格这样争辩道，当然，除非有父母提出"某种会带来伤害的要求"。[66]虽然他持有这样的立场，但是在公众的愤怒变得完全难以控制后，他的诊所还是停止了让父母选择胚胎肤色的选项。

即便美国政府禁止生育诊所开展上述这类业务，其他国家的政府也可能不会这样做。现在，如果你想要一个有三个父母的孩子，你可以去乌克兰，而且费用也只需要 15 000 美元。

2016 年，由于成功帮助生育了世界上第一个有三个父母的婴儿，医学科学家约翰·张（John Zhang）上了新闻头条。他的目标是让父母们可以在不把由线粒体缺陷导致的代谢疾病遗传给下一代的情况下正常怀孕。美国国家科学院认为，为了这个目的尝试这样的过程可能是符合伦理的。然而，由于 FDA 不会允许在美国这样做，张医生不得不搬到另外一个国家来进行这类研究。显然，对那些拥有资源的夫妇来讲，他们会很愿意前往任何可以让这一类有争议的手术合法完成的地方。

"我们现在看到的是一个正在快速滑向'婴儿设计'的不可阻挡的趋势，"马西·达诺夫斯基（Marcy Darnovsky）这样说道，达诺夫斯基是一家总部设在美国的社会监督组织"遗传学和社会中心"（Center for Genetics and Society）的负责人，"我们可以看到，父母们急切地想要赋予他们的孩子各种能力，比如身体更加强壮、不需要太多的睡眠等。有些人更是在大声地嚷嚷，'没错，还有专门用来设定智商的基因，所以我们完全可以拥有一个更加聪明的孩子'。"[67]

对很多人来讲，这应该被认为是一件好事。谁不想有一个永远不会得癌症和其他疾病的孩子呢？为什么不想办法确保你的孩子不会天生就有自闭症或者某种身体上的畸形呢？把孩子的智商提高 10 如何？既然我们已经有能力来决定孩子在出生时会有什么样的基因，那么为什么我们还期望父母们会接受基因随机抽签的结果呢？

原因是社会的压力可能会迫使父母们顺从。没有人想要一个在班级里最笨的孩子，但如果有些家庭无力支付进行这种选择的费用，而有些家庭有能力这样做，又会如何呢？问题是，即便这种技术在某个国家被禁止，那些有钱的父母们仍然有可能去海外寻找类似的服务。这就会导致一种很麻烦的情况出现，那就是这个国家人口中的某些部分会在很多方面被远远抛在后面。

我们难道真的想要一个这样的世界吗？在这个世界里，富人们能够赋予他们的孩子最高的智商、好看的外表、完美的体魄以及其他能够让他超越竞争对手的特征。事实上，我们很可能会进入这样一个世界，在这个世界里，富人们可以创造出一个优等的种族，而这个种族最终会控制我们其他所有的人。

作为一个在大屠杀中失去了很多远亲的犹太人，我对这个问题思考了很长时间。这是一个让人感到非常不安的前景，但是我们无法让时光倒流。现在这项技术已经被展示在我们的眼前，而且它只会变得越来越先进。作为这个社会的一分子，我们需要开始想办法解决这个问题，并且制订一个相应的策略，这样的话类似的场景就不太可能会成为现实了。

我们需要认识到的第一件事是，完全禁止"婴儿设计"是不可能的，因为这只需要有一个国家能够看到，拥有更聪明、更健康和更有能力的孩子符合他们的国家利益。只要有一个国家让这种做法合法化，不仅仅这个国家的公民会享受到其中的好处，它还会在创造一个全新的价值数十亿美元的行业中处于领先地位。

事实上，上述这样的场景已经开始逐渐呈现出来。虽然欧盟、美国和中国都已经禁止创造 CRISPR 基因编辑婴儿，但一位俄罗斯的科学家声称他正在取得进展。俄罗斯国立皮罗戈夫研究型医科大学的研究员丹尼斯·列布里科夫（Denis Rebrikov）说，他正计划将经过基因编辑的胚胎植入女性的体内。

"这是不负责任的，"威斯康星大学麦迪逊分校的生物伦理学家阿尔塔·夏罗（R. Alta Charo）这样说道，"我最大的担心是，通过这种方式诞生的孩子会因此受苦，因为他只是在玩弄技术而已。"[68]

"这项技术还远没有成熟。"哥伦比亚大学的基因研究员迪特尔·埃格利（Dieter Egli）对上述说法表示了赞同。

这项技术还没有成熟，但它早晚会成熟的。等到了那一天，这个世界就必须做出一个决定。让我们假设，我们可以让这个世界上的每一个国家都签署一份禁止"婴儿设计"的协议，但考虑到我们过去在核武器控制和气候变化等问题上的全球合作记录，这几乎也是一件不可能的事。难道仅靠一纸协议就可以阻止像列布里科夫这样的医生向人们提供这样的服务吗？

我认为，更有可能的是，一个"婴儿设计"的黑市将会出现。由于这个市场上有巨量的需求和大量的金钱，这样的服务是肯定会有人提供的。无论最终会产生什么样的结果，你很难想象那些富人不利用这个机会让他们的孩子在各方面都得到全面的提升。

所以，真正的问题并不是在这个世界上是否会出现一种新的超级物种，而是这种超级物种会在什么时候以及以什么样的方式出现。我们必须承认这样一种现实，并且确保这个物种会以一种对这个社会公平和有益的方式出现在世界上。这很可能意味着我们必须让这种做法合法化，而且就像我们当下对所有的医疗程序所做的那样，我们必须主动对这种做法的具体操作进行监管。事实上，这样做也将是压低这种手术价格的唯一途径，并且可以使社会各个阶层的人都能负担得起。政府最终甚至可能需要向穷人提供获得基因编辑服务的补贴。

不难想象，将来这也很有可能会变成竞选的口号。除了有全民基本收入和全民医疗保健外，还必须有全民基因增强服务。如果这件事情处理得当，我们可能会发现，在这个世界上每个人在出生前以及在他们的一生中都需要接受最新的基因升级。而让你的基因升级很可能会像注射流感疫苗一样不过是例行公事罢了。

即便有了更广泛的渠道获得这种技术，很多伦理上的问题也不会消失。富人们是否有可能用钱来获得比普通民众所获得的更加优质的基因升级服务呢？这仍然是一个问题。另外，什么类型的升级服务是可以被允许的呢？父母们是否应该被允许设计他们孩子的个性呢？想要有一个聪明的孩子是一回事，但是想创造一个更加温顺或者更具竞争力的个性就是另一回事了。

所有这些改变对于人类又意味着什么呢？把自然选择掌握在我们自己的手上会减少生物的多样性吗？很多这个世界最伟大的思想者和艺术家都患有抑郁症、自闭症、亚斯伯格综合征，以及诵读困难症。如果我们开始允许父母们从他们的孩子身上系统性地消除这些病症，那么我们是否也会在将来抑制创造力和创新能力呢？

当政府决定在公民中促进某种特性以符合社会的最大利益时，这个世界又会发生什么呢？有些国家可能会决定通过改变基因让他们的公民变得更顺从和更守法，其他国家可能会走得更远。那么，政府是否有权力把人类变成像用同一个模具生产出来的模范市民呢？

我们最终很可能会把一个人的人生经历限制在这个社会可接受的个性类型的一个很狭窄的子集中。在工作中与一个直言不讳的、对各种现有规范持反对意见的人进行交流，很可能让人无法心平气和，但是难道我们想要一个没人会心直口快的世界吗？大多数人都不想让他们的孩子经历抑郁症或者躁狂抑郁症，但是我们中的一些最伟大的思想者和艺术家都曾经经历过这样的病症，其中就包括贝多芬、托尔斯泰、狄更斯、文森特·凡·高、丘吉尔以及歌星玛丽亚·凯里。

什么样的人才是一个完美的人？难道我们想让所有人都获得这种标准的完美吗？事实上，在基因的随机选择中就存在着一种美，而正是这种美才让这个世界变得如此丰富多彩。

第三种力量

人类扩张

这种力量会驱使人类向已知宇宙的边缘扩张，它不但会推动我们更进一步地沉入量子世界，而且会让我们更深入地探索外层空间，从而掌控这两个空间所拥有的巨大潜力。

成为这个宇宙的主宰是人类的最终命运吗？这可能还有待时日去验证，但我们确实已经成了我们脚下这颗行星的主人。我们已经征服了所有与我们竞争的动物，而现在我们正在向未知的领地扩张。向内我们正在深入量子物理学的亚原子世界，而与此同时，向外我们还在将我们的触角伸入外层空间。只要我们人类的想象力能够将那些未知的领地概念化，我们终有一天会抵达那里。我们会不由自主地推动我们已知世界的边界不断向外扩张，而且到目前为止我们已经发现，在我们之前所认为的边界的外面，始终还有更多的东西在等待着我们去发现。

让我们进入由纳米技术和量子物理学主宰的亚原子宇宙，来作为这一章的开始。我们会审视这个人类的肉眼无法看见的世界为什么会拥有如此巨大的潜力，可以在量子计算、生物燃料、癌症治疗和建造摩天大楼等截然不同的领域给我们带来巨大的改变。像石墨烯这样神奇的材料会孕育出一系列全新的产业吗？科学家可以用纳米颗粒创造出复杂的纳米机器人吗？这些分子大小的机器具体能做些什么？操控亚原子粒子会有风险吗？如果这种强大的技术落在了坏人的手里又会发生什么？

之后，我们会飞入太空去探究在月球和火星上进行殖民的可行性。对于一些远离目前现实的想法，我们也会探究其中的可行性，比如利用曲速引擎、太空电梯、冬眠舱以及量子传送来征服广袤的太空。另外，我们还会提出一些伦理上的问题，比如，我们是否应该允许私有企业将广告牌发射进入地球轨道？那些遗留在太空中的垃圾是否会危及宇航员的生命？对太空殖民者来讲，有没有可能避免地球上的细菌污染火星或其他行星？

随着我们逐渐走向人类扩张的边缘，上面这些还仅仅是一些我们将在本书中探讨的话题。

量子计算

量子计算的故事始于 20 世纪 80 年代初，当时阿尔贡国家实验室（Argonne National Laboratory）的理论物理学家保罗·贝尼奥夫（Paul Benioff）提出了一个图灵机的量子力学模型。之后不久，著名的物理学家理查德·费曼（Richard Feynman）和尤里·曼宁（Yuri Manin）推测出量子计算机可以模拟经典计算机无法模拟的东西。从那以后，科学家逐渐发现了如何利用量子力学的状态叠加和纠缠现象来进行计算。

下面我们对量子计算机的原理做一个简单的解释。量子比特非常类似于传统计算机的比特，但是量子比特并不局限于二进制的状态。一个量子比特既可以处于 1 或 0 的量子态，也可以处于 1 和 0 的叠加态。但真正奇异之处在于，无论什么时候，当科学家对量子比特进行测量时，它要么处于 1 的状态，要么处于 0 的状态。然而，测量结果最终是处于状态 1 还是状态 0 的概率实际上取决于这个量子比特在测量前所处的量子态。正是在这一点上，量子比特与基于硅的晶体管已经截然不同了，量子计算机也因此能够以比传统计算机快好几个数量级的速度进行某些计算。

利用上述量子力学现象，IBM、谷歌以及其他公司现在正在尝试制造出世界上最强大的计算机。那么量子计算究竟有什么好处呢？这里举一个简单的例子。当 IBM 开发出在 1997 年击败了国际象棋世界冠军加里·卡斯帕罗夫（Garry Kasparov）的人工智能"深蓝"时，"深蓝"每秒钟可以计算出 2 亿步棋的可能走法，这使得它在比赛中占据了绝对优势，而一台量子计算机可以轻松地做到每秒钟计算 1 万亿步棋。

利用自主研发的量子计算机，谷歌现在已经可以证明由随机数生成器生成的数字的随机性。这一极端困难的计算可能需要花费世界上最快的传统超级计算机 1 万年的时间才能够完成，但只花了量子计算机 3 分 20 秒的时间。这意味着在执行这个特定任务的时候，量子计算机比传统超级计算机快 15 亿倍以上。谷歌的实验可以说是一个里程碑，因为它证明了所谓的量子优越性，这意味着一台量子计算机能够解决普通计算机在人类的时间框架内一生都无法解决的问题。虽然后来 IBM 对这个结果提出了异议，但是就在最近，一支中国的量子计算机研究团队以创纪录的时间解决了一个更加困难的问题。所以，无论你选择相信谁，我们目前正踏步走在通往量子优越性的道路上。

另一个量子计算机擅长的领域是处理非结构化数据。与互联网连接的计算机、企业、政府以及地球上的每一个人都会以惊人的速度产生各种新的数据。每天都会有超过 2.5 万兆比特的数据被创造出来，而且随着我们在网上花费更多的时间，让更多的设备连接到互联网，这个数字还在不断增加。处理并理解所有这些数据是一项非常庞大的工程，而这正是量子计算机的速度可以发挥作用的地方。在有了量子计算机后，我们或许很快就能够从非结构化的数据中提取出可供操作的信息，但是现在这些海量的非结构化数据还只能继续被闲置在数据库中。这些数据很可能在人工智能领域产生巨大的影响，因为人工智能是以数据作为原材料的，所以量子计算必将给人工智能的产品和服务带来巨大的进步。

虽然我们已经取得了这些进步，但量子计算机不会很快就出现在你的写字台上。因为现在这一代量子计算机不仅体积非常庞大，还非常脆弱。非常小的震动或者电磁波的照射都有可能会影响原子所处的量子态并导致退相干。除此之外，量子计算机还需要被保存在极低温的环境中，这也是为什么在 D-Wave 公司生产的量子计算机的内部，温度会低至 -460 ℉（约 -273℃）。所以现在还没有人可以手里拿着一台量子智能手机四处闲逛。

量子计算机也不适合处理绝大多数人在他们的手机和笔记本电脑上所做的工作。量子计算机采用的是一套完全不同的工作原理，所以更适合用来解决那些极其困难的数学问题，这其中就包括寻找非常大的质数，或者模拟分子的行为等。对一台量子计算机来讲，进行照片分享、发送短消息、运行生产力应用程序等都不是它理想的任务。事实上，我们大多数人每天使用的 App 更适合采用传统的微处理器。

在可见的将来，量子计算机将会待在各地的数据中心里，并且只在后台运行。人们甚至可能不会意识到，当他们接入某种基于云的服务时，在后台支撑这项服务的很可能就是一台量子计算机。然而，量子计算机依然会对整个互联网以及我们所做的一切产生深远的影响。让我来给你举几个例子。

量子计算机很快就会让我们现在的加密技术过时，它们可以在数秒内就破解任何加密信息。这会让我们从银行到股票市场的整个金融系统，以及企业和政府的数据库都处于危险之中。那些率先制造出量子计算机的企业将在事实上拥有通向世界顶峰的钥匙。

只要想到这种技术万一落在了坏人的手里会发生什么，我就会不寒而栗。但话虽如此，事情总有其光明的一面。通过采用量子加密技术，量子计算机同样有能力让我们的信息变得更加安全。这也是为什么世界各地的企业和政府都在争先恐后地想要制造出第一台量子计算机。利用量子纠缠现象，我们很有可能会创造出事实上完全无法破解的量子网络，并进一步建立起一个远比今天的互联网更安全且速度更快的量子互联网。

量子计算可能还会对科学本身产生重大的影响。它可以帮助我们解开众多一直困扰着研究人员的谜团，因为这些问题是传统计算机无法解决的。在未来的数年时间里，我们会看到量子计算机在建模分子的相互作用、粒子物理、天体动力学、基因突变的模式等时非常出色的表现。这将会促使新型基因疗法和药物、更高效的燃料和太阳能电池等领域产生重大突破。

请记住，我们还只不过刚刚开始进入量子计算的时代，明天的计算机必定会非常轻易地超越我们今天在实验室里所看到的东西。按照摩尔定律，传统计算机的处理能力大约每 18 个月就会翻一番。而近半个世纪以来，这条定律一直没有被打破。那么对于量子计算机，这条定律依然能够成立吗？如果谷歌量子人工智能实验室的负责人哈特穆·内文（Hartmut Neven）的定律是正确的，那么量子计算机的处理能力将会以远超摩尔定律的发展速度向上不断攀升。内文认为量子计算机的处理能力将会以"双重指数"的速度向上攀升。如果你观察双重指数增长的曲线图，你会发现，图上的增长率曲线近乎垂直向上，而这也是最令人难以置信的。

最终，我们会看到量子计算机彻底改变我们文明的运作方式。它们将为经济发展的市场力量建立模型，预测气象变化的模式，并且帮助我们开发新的药物、纳米技术以及我们在梦中才能够实现的新材料。量子计算机给我们带来的可能性非常之多，我们可能需要一台量子计算机才能够——罗列它究竟能够为我们做些什么。

新材料的诞生

数千年来，人类一直在依赖我们能够从自然界中找到和开采的材料。随着时间的推移，我们已经学会了如何创造出以前根本不存在的材料，并利用这些材料来构建我们的现代文明。现在，随着人工智能、更快的处理器、量子计算机等全新工具的出现，我们已经抵达了下一波新材料爆发的临界点，而这些新材料爆发将会表现出魔法般的特性。

以石墨烯为例，它是一种以二维形态呈现的六边形晶格状单层碳原子组成的材料。这种二维的材料具有令人难以置信的"轻薄"特性，它比人类的头发还要细 100 万倍。一张大小足以覆盖整个足球场的石墨烯材料的重量还不到 1 克，也就是说还不到一便士硬币重量的一半。另外，它还十分柔韧，在风中它会像一块布一样随风飘荡。虽然拥有上述这些特性，石墨烯的强度却是钢铁的 200 倍。理论上，一张单片的石墨烯材料可以支撑起一头大象的重量而不会发生断裂。

那么为什么石墨烯会有如此高的强度呢？这一点目前也只能用量子力学来进行解释。当碳原子被排列成蜂窝状的晶格时，每个碳原子都会与其相邻的三个碳原子共用一个共价键。而这意味着，通过共享电子，碳原子指数倍地增加了材料的强度。

石墨烯的另一种特性是，除超导体以外，它还是迄今为止人类发明的导电性最好的材料。其导电性比银、铜或者其他任何金属材料都要好很多。它是一种十分高效的导体，你只需要很小体积的石墨烯材料就能够存储巨大的能量。

但问题是，你很难制造出一张足够大的石墨烯来做很多行业都想做的事情。石墨烯虽然强度很高但极易碎裂，石墨烯上只要出现了一条细小的裂痕就足以让它断裂，而在生产的过程中裂痕是很容易产生的。这也是为什么我们不会看到石墨烯被用来建造桥梁或者办公大楼。

虽然如此，石墨烯也已经被融入了越来越多的产品中。比如，在橡胶里混入少量的石墨烯后就可以制造出耐磨的汽车轮胎。另外，石墨烯还可以与水泥进行混合，这样最后形成的水泥构件就具有了导电的性能。这种做法不但可以替代在墙内铺设电缆，而且因为石墨烯很容易散热，所以它还可以被用在需要保持低温的结构中。

科学家现在正在开发融合了石墨烯和各种不同聚合物的纺织纤维。这些石墨烯纤维很可能会被用于制作各种衣物，而这种衣物会根据人体皮肤表面的温度以及其他因素自动变暖或者变得凉爽。石墨烯衣物还有可能会被用来给手机电池充电、监控心率和血压，甚至开展医学诊断。其他可能的应用或许还包括除菌和驱除蚊子、探测环境中的有毒气体以及减少体臭。如果上述这些对你来讲还不够的话，那么石墨烯纤维还可以让布料的颜色不断发生改变，而且这种改变还可以与你的呼吸、身体的运动或者其他输入进行同步。

在一项实验中，意大利的研究人员在蜘蛛的饮用水中加入了石墨烯和碳纳米管，然后观察这种做法会对这些生物产生什么样的影响。这些蜘蛛最后编织出了含有石墨烯的蛛丝和蛛网，从而创造出了地球上强度最高的材料之一。这种材料甚至比很多防弹背心所采用的凯夫拉强度更大，而且重量还更轻，想象一下，你拥有一件以石墨烯蛛丝为材料做成的防弹衬衫，或者你能采用石墨烯蛛丝来修复大面积的神经损伤。我们甚至可以将完全相同的技术应用在其他动物和植物上，从而促成一系列全新的仿生材料出现。你愿不愿意穿一件用石墨烯棉花或羊毛制成的几乎不会损坏的保暖内衣？面对一双经久耐用的石墨烯皮鞋或者能够防止刮伤的石墨烯木地板，你又会有怎样的感觉？

科学家甚至已经发现，石墨烯薄片还可以产生能量。研究人员观察到，在室温下，石墨烯薄片的表面会因周围环境中存在的热量而出现某种波纹。通过操控这种能量，他们相信完全可以制造出一种纳米尺寸的发电机。这种发电机可以被安装在从智能手机到健身追踪器的各种电子设备上，而这些设备也将会因此获得稳定的电力供应，从而无须再进行充电了。我们甚至有可能创造出能够自我供电的生物植入芯片，这其中就包括心脏起搏器和耳蜗植入芯片，而能量实际上就源自你身体所散发的热量。

石墨烯并不是当下唯一的超级材料，其他正在不断涌现出来的新材料很可能会让石墨烯成为明日黄花。这其中就包括强度和柔韧度均超过了石墨烯的硼烯、可用于建造摩天大楼的透明氧化铝、可用于制造电子血液的变形液态金属等，甚至还有可用于建造浮空城市的金属泡沫。

这些还只是正在从全球各地的实验室中涌现出来的新材料中的很

小一部分，科学家正在不断创造出新的材料并用它们进行实验。最终，穿着用植物或动物的材料制成的衣物，用钢材来制造汽车，用水泥、砖块以及木头来建造房屋等，这一系列的做法会被看作非常原始的行为。随着我们更深入地探索由分子和纳米粒子构成的表层量子宇宙，人类将会继续扩展物质世界的边界，并重新想象各种可能性。

纳米尺度：操控分子和原子

要想理解纳米科技，你首先需要了解在纳米尺度上进行操控是什么样的。纳米尺度要比显微尺度小 1 000 倍，而且要比我们每天体验到的米级尺度的世界小 10 亿倍。开发纳米技术的科学家常常会单独地操控原子和分子，但想要做到这一点是非常困难的。想象一下你正在试图制造一个极其微小的机器，或者一次只构建其中的一个原子或分子。这就是为什么科学家会转向具有自我装配能力的纳米粒子。在这样一个系统中，系统的组件会把它们自己装配在一起，形成一个更大的功能性单元，这就使科学家可以建造更加复杂的纳米结构了。

制造纳米尺度物体的另一种方式是把某些更大尺寸的物体缩小为纳米尺度的物体，这听起来有点儿像好莱坞电影《蚁人》中的情节，但是在麻省理工学院，研究人员已经构想出了这样一个系统，它可以将某个较大的物体缩小为其三维的纳米尺度的版本，最后得到的完成品大约是原来物体尺寸的 1/1 000。该物体会被覆盖在一种特殊的水凝胶中，然后研究人员再利用内爆制造工艺使整个结构缩小到纳米尺度。

"多年来人们一直在尝试发明更好的设备来制造更小的纳米材料，但我们认识到，只需要使用现有的系统，当你把材料嵌入这种凝胶中时，你就可以把它们缩小到纳米尺度，并且在这个过程中原有的结构不会发生任何扭曲。"塞缪尔·罗德里克（Samuel Rodriques）这样说道，罗德里克是麻省理工学院有关这项研究的共同作者。[1]

科学家还在使用 3D 分子打印机来制造纳米结构。在计算机辅助设计软件的帮助下，一台分子打印机可以将功能性的分子一个接一个地拼装起来。这种方式或许可以被用来制造大量的纳米机器人，或者组装出一种新型纳米材料，甚至可以被用来生产围绕着某个个体的 DNA 而设计的精确靶向药。在将来的某一天，你或许会走进一家药店，药店里的医生会首先上传你的 DNA，几分钟后你就可以带着专门为你量身定制的药物离开了。

绝大多数人可能并没有意识到这一点，但纳米技术已经在为我们生产各种日用品了。现在的很多防晒霜就含有纳米粒子，它们可以帮助吸收危险的紫外线，另外纳米粒子还可以更平滑地覆盖在你的皮肤表面。类似的纳米粒子还被使用在食品的包装上，以减少紫外线对食品的照射，从而延长食品的保质期。有些用于碳酸饮料的塑料瓶现在也含有纳米黏土，而这种材料可以让碳酸饮料的保质期延长数月之久。

纳米技术还被广泛地应用于机场、实验室以及工业场所，用于探测处于极低水平的化学物质。纳米传感器可以从数十亿个分子中探测出特定化学物质的单个分子。这对于在机场内探测毒品、在身体内检测出特定的物质或者在化工厂内检测出可能发生的泄漏有很大的作用。

在 YouTube 上你或许还曾经看到过这样的视频，纳米纤维除了能够防水、咖啡、墨水、油甚至汗水外，带有正电荷或者负电荷的纳米涂层还可以隔绝从细菌到酸的各种物质。这些特性已经被用在了生产不会被污渍沾染的地毯、衣物以及家居用品上。另外，这种技术还可以在医院中使用，用于防止细菌感染，以及用于各种防护服上，这样工作人员就可以免于有毒化学物品的伤害了。

如果纳米粒子可以用来防止感染细菌和病毒，用纳米材料制成的安全套效果又会如何呢？利用一种叫静电纺丝的纳米制造技术，科学家已经用能够阻断精子的纤维与可以传递抗 HIV 药物的纤维一起生产出了一种混纺织物，结果他们获得了一种完美的女用避孕套。它除了能够避孕、预防 HIV 传播外，还能够在使用后的数小时内完全溶解。比尔及梅琳达·盖茨基金会已经奖励了该研究团队 100 万美元，用于将该产品推向市场。

另一项创新是能够自我修复的纳米塑料和纳米金属，这两种材料在被切割的时候都会出现类似流血的现象。当有损伤出现时，材料中的纳米荚膜就会破裂，随后就会有液体渗出来，用于修复伤口。这意味着你可能不需要再担心你的车会被刮伤了，因为车漆会进行自我修复。这种特性对于制造从电子产品到航天飞船的任何东西都是非常有用的。例如，如果植入人体的芯片出现损坏或者被腐蚀了，它马上就可以进行自我修复，从而避免通过手术把芯片取出来的做法。如果我们把探测器发送到像火星那样遥远的行星上，探测器上的零件和电子器件在出现问题后也可以进行自我修复了。

很快我们就能够看到另一个重要的突破。研究人员目前正在开发纳米芯片，而不是微芯片。这些极其微小的芯片的能量效率可能是普通芯片的 100 倍以上，而且不需要任何额外的电力就能够保存重要的数据。这些特性与它们极小的尺寸结合在一起，可以创造出一种全新类别的、更小和更轻的电子传感器以及消费类电子产品。另外，它们的运算速度会更快，因为纳米技术可以让晶体管利用几乎是真空的狭窄间隙，而不是通过硅片来传递电信号。

"想象一下，你正行走在一条非常拥挤的大街上，努力地想从 A

点到达 B 点。人群拖慢了你的脚步并耗尽了你的精力，"纳米技术教授沙拉特·斯利拉姆（Sharath Sriram）这样解释道，"而另一方面，在真空中的旅途就像你正驾车行驶在一条空旷的高速公路上，在这条路上你不但能开得更快，而且能效还会更高。"[2]

斯利拉姆并不是完全靠他自己取得这个突破的，他与他的妻子马杜·巴斯卡兰（Madhu Bhaskaran）是同一个实验室里的同事，而且目前还都是皇家墨尔本理工大学的教授。他们在印度的大学相遇，同时前往澳大利亚留学，后来又在同一天、同一个系，从同一个教授那里获得了硕士学位，接着他们两人又在同一天决定继续攻读博士学位。现在，他们还一起管理着一所大学的实验室，当然，在巴斯卡兰休产假的时候除外，而这对这些年以来一直像同一个人一样生活的两夫妇来讲是一个真正的挑战。

提高处理器的速度是一回事，但是利用纳米技术来处理这个世界上一些最严重的问题就是另一回事了。随着全球变暖的现象越来越明显，获取饮用水也就越来越成为一个问题，尤其是如果你生活在干燥的气候下。为了缓解这个问题，研究人员已经找到了一种方法，即利用纳米纤维布把水分从空气中抽取出来。用网状织物做成的网可以从空气中抽取出 2%~10% 的水分，但具体还要看你使用什么样的材料来做这张网。这意味着每平方米的材料每天有可能搜集多达 180 升的水。

"这项工作是为了解决人道主义危机，"俄亥俄州阿克伦大学的教授黄城宗（音译，Shing-Chung Wong）这样说道，"我们最终的目标是为全球所有受到干旱影响的地区提供一个可行的解决方案。我一直认为，每个人都有权利获得淡水，而不应该只有那些全球最富有的人才有这样的权利。"[3]

这个世界面临的另一个问题是温室气体。阿加延·维奴（Ajayan Vinu）是澳大利亚纽卡斯尔大学的材料科学和纳米技术教授。虽然他出生在印度最南端的一个小村庄里，但现在他已经成为世界上排名前15的纳米材料科学家之一。虽然似乎有点儿不可思议，但他确实已经找到了一种捕捉空气中的二氧化碳并将其转化为燃料的方法。按照他的说法，这种方法可以在清洁环境的同时生产能源。维奴的系统利用纳米多孔碳-硝酸盐来捕捉空气中的二氧化碳，然后再在阳光和水的帮助下将其转换为能源。他的团队现在正在尝试将这种技术与太阳能电池板和电池技术结合在一起。

"这是一种不需要化石燃料就能驱动任何车辆并提供能量的设备。"维奴这样说道。[4]

纳米技术已经发展到了这样一个节点，现在使用纳米技术，你已经可以做到某些魔法般的事情。如果你是一个哈利·波特的粉丝，你肯定会欣喜地发现研究人员已经开发出了一种厚度只有80纳米的隐形斗篷。它利用黄金的纳米天线块来改变反射光的方向，使物体看上去好像隐形了。虽然这件隐形斗篷现在还只是微观尺寸的，但是隐藏在这项技术背后的原理应该可以让它的尺寸变大。

"这是第一次，一件三维任意形状的物体在可见光下实现了隐形的效果。"美国劳伦斯伯克利国家实验室的主任张翔这样说道。[5]

如果你不喜欢有人穿着隐形斗篷来探寻你的秘密的话，那么还有一种纳米解决方案可以化解你的担忧。通过将微小的纳米粒子注射进老鼠的眼球，科学家已经成功地让老鼠拥有了红外线视觉。这可以说是在不干扰老鼠正常视觉的前提下赋予了老鼠超级视觉。

"在我们的研究中，我们已经证明了杆细胞和锥细胞都可以与这些纳米粒子捆绑在一起，并且被近红外线激活，"中国科学技术大学的薛天这样说道，"所以我们相信，这项技术在人的眼睛中也能够发挥相同的作用。这项技术不仅能产生超级视觉，还可以用来治疗人类的红色视觉缺陷。"[6]

纳米技术给我们带来的可能性可以说是无穷无尽的。科学家对纳米技术的了解越深，涌现出来的各种应用就会越多。要不了多久，纳米技术就会赋予我们各种神奇的力量。最终，我们将会指挥大批我看不见的纳米尺寸的机器人来为我们的日常生活服务，比如，在我们的家里帮助清扫室内的灰尘并吞食掉地上的面包屑，在我们的皮肤和衣物上清除掉引起异味的细菌和污垢，在我们的城市街道上修补各种裂缝和坑洞，在我们的污水处理系统中协助疏通和修理各种管道，在我们的汽车和建筑物上擦洗窗户与外壁，甚至在我们的身体内部帮助抵御各种疾病并修复受损的细胞。随着我们人类开始掌控这个肉眼看不见的分子世界，这些极其细小的机器人战士将是我们人类在这个微观世界里开疆拓土的先锋。

纳米机器人：微型的医疗机械

你能想象在你的血液里、器官里以及肌肉组织里，长期存在数千甚至数百万个极其微小的纳米机器人吗？如果这种想法让你感到很不舒服，你应该知道，在你的身体中只有 43% 的细胞是人体细胞，而其他细胞都是极其微小的殖民者，这些细胞包括数以万亿计的细菌、病毒、霉菌以及古生菌。所以，在这些微观的殖民者中再添加数百万个纳米机器人并不是什么了不起的大事，尤其是如果它们还能够改善我们的生活和健康状况。

纳米科技已经在以很多种不同的方式重塑医疗保健的概念，其中就包括新型的药物给送机制，以及在医院的手术室里使用的各种纳米工具。研究人员甚至已经开发出了一种纳米粒子，在你将这种粒子注入血液中后，它就会开始吞噬你血管内部的各种东西。不，这并不是迈克尔·克莱顿（Michael Crichton）的科幻惊悚小说中所描述的场景，这实际上还是一件好事。密歇根州立大学和斯坦福大学开发了这种粒子，而这种粒子在血液中针对的是能够引发心脏病、中风以及其他潜在致命性疾病的有害斑块。通过清除这些斑块，纳米粒子实际上为你的动脉进行了一次大扫除。在有了这层保障后，你又可以尽情地吃你喜欢的双层芝士汉堡而不用有任何负罪感了。

如果你没有机会注射这种能够帮助你清理动脉的纳米机器人，不得不进行冠状动脉搭桥手术的话，那么你很可能会需要一个电绷带。研究人员已经开发出了一种利用纳米发电机对伤口施加电脉冲从而加速伤口愈合的绷带。这种方法充分利用了源于病人自己的身体运动而产生的能量，但其成本并不比普通的绷带高多少。这项技术对于严重的外伤和内出血会非常有用。

"我们对于如此快的恢复速度感到很惊讶，"威斯康星大学的教授王旭东这样说道，"我们原以为这种设备或许会产生一些效果，但真实的效果远超我们的预期。"[7]

当然，上述这种电绷带并不总是能完美地帮你止血，因为血液本身还需要能够自己凝结起来。但有时候血液根本无法正常地凝结，比如伤口非常大或者病人本身还患有血友病。而源自人类捐赠者的天然血小板产品的供应量通常非常有限，而且保质期很短，另外可能还会产生非常严重的生物学副作用。所以，为了解决这一系列的问题，研究人员已经开发出了一种合成纳米粒子，这种纳米粒子可以模拟血小板的能力，在出血的伤口处起到凝血的作用。在你把这种粒子注入人体后，这些合成的血小板就能够处理因手术、外伤以及低血小板而引发的复杂的出血并发症了。

"我们的纳米粒子技术可以被用在日常场景，以及在军事场景中出现的创伤性不可压迫性出血症上，尤其是如果在现场血小板的供体无法轻易获得。"凯斯西储大学的教授阿尼尔班·森·古普塔（Anirban Sen Gupta）这样说道。[8]

下面我想介绍一种我最喜欢的纳米机器。你有没有准备好让你的嘴里布满机器人？宾夕法尼亚大学的研究人员正在使用一种配备有纳米颗粒的微型机器人，他们让这些微型机器人在人的牙齿上爬行，同时清除牙菌斑。美国的小孩或许很快就会因再也不用在刷牙和使用牙线的问题上被唠叨而感到欣喜不已了。如果这种方法真的有效，你甚至可能不用再去看牙医了。

如果再也不用刷牙听起来好像有点儿让人难以置信，那么完全摆脱癌症呢？比利时鲁汶大学的研究人员发现，肿瘤对氧化铜纳米粒子非常敏感。他们还发现，含有氧化铁的纳米粒子可以在不接触健康细胞的情况下攻击癌细胞。将所有这些发现结合在一起后，他们开发出了一种新的免疫疗法，并认为这种疗法很可能会在对抗肺癌、乳腺癌、卵巢癌以及结肠癌的战斗中取代化疗。

当他们开发这种治疗方式时，研究人员首先在老鼠身上进行了实验，他们注意到铜化合物不仅能直接杀死肿瘤细胞，还能够帮助免疫系统里的细胞一起来对抗外来的物质。在把纳米粒子和免疫疗法结合在一起后，老鼠体内的恶性肿瘤完全消失了。下一步将是对其他的金属氧化物进行测试，尝试寻找到哪一种氧化物能够最有效地消灭癌细胞，并且具有持久的免疫效果。如果这种做法被证明有效，研究人员相信，这种技术可以被用来治疗 60% 的癌症。

在亚利桑那州立大学，科学家采用了另一种不同的做法。"DNA折纸术"领域的专家颜颢设计了一队纳米机器人来寻找和消灭癌症肿瘤，同时确保健康细胞不受损伤。这些纳米机器人通过瞄准肿瘤的血液供应、阻断血液的流动来发挥作用。因为所有的肿瘤都需要血液才能够存活下来，所以这项技术具有治疗多种不同癌症的潜力。

颜颢是一个自身就环绕着创造力光环的年轻人，他经常说，如果他不是一个科学家，他会成为一个摇滚歌星，在舞台上弹着电吉他，唱他自己的原创歌曲。但现在他把自己的创新能力运用在了自己的实验室中，以吸引顶尖的人才，并营造出一个他们能够成长的环境。

"我会把他们扔在池塘里，然后让他们自己去游泳，"颜颢这样说道，"我不想培养一个技术员，我想培养的是有创造力的思想者和科学家，这样他们才会有自己的想法并自己去解决问题。"[9]

现在，在他小小的实验室里已经有三名研究人员被美国国家卫生研究院评为"新创新者"，而颜颢本人在 2019 年还被美国最具影响力的商业杂志《快公司》评选为"最具创意的商业人士"之一。通过以跨学科的方式进行合作，他们已经能够将纳米技术与肿瘤生物学和癌症免疫治疗法等结合在一起。

"我认为，我们距离这项技术真实的、实际的医疗应用已经很接近了，"颜颢这样说道，"将多种不同的经过合理设计的纳米机器人混合在一起，然后再让它们携带不同的药剂，或许可以帮助达成癌症研究的最终目标，即根除实体瘤，消灭肿瘤的血管浸润转移。"[10]

但是，这些纳米机器人又是如何在你的身体内四处移动的呢？将一队纳米尺度的机器人注入你的血管是一回事，而将它们引导到正确的位置就是另一回事了。在普渡大学，研究人员率先尝试了使用超声波和磁场来引导这些微型机器人。这种做法不仅可以为纳米马达提供动力，还可以引导它们在人体内部走向正确的位置，只有到了正确的位置它们才有可能参与对癌症进行治疗、在指定的位置供药，或者绘制出人类大脑的具体结构。

"我们的设计真正厉害的地方在于，我们想出了一种方法，有针对性地调整这些机器人在磁场中表现出来的特性，而正是这些特性使得这些机器人在外界旋转磁场的作用下用不同的方式翻滚前进，"普渡大学的教授戴维·卡佩列里（David Cappelleri）这样说道，"这就让这些机器人在干燥和潮湿的环境中可以在不同类型的、粗糙的、凹凸不平的以及有黏性的表面上翻滚。"[11]

这可能会让有些人想起 1966 年的经典电影《神奇旅程》（*Fantastic Voyage*），在这部电影中，一艘特殊设计的潜艇被缩小到了微观尺寸，然后冒险进入了一个受伤的科学家体内去帮助修复他的大脑。然而，现在我们所谈论的技术甚至已经达到了一个更小的尺度，而且不需要像电影中那样把人类也等比例缩小。

最终，我们所有人或许都会有一大批的纳米机器人在我们的血管中不断翻滚前进，并与有害的细菌、病毒以及癌细胞进行战斗。这些纳米机器人还会帮助我们修复受损的组织、杀死寄生虫并调节我们体内的激素水平。与此同时，我们可能还会在身体的很多地方战略性地放置纳米传感器，以实时监控我们的身体状况，并且让它们在有问题发生的时候提醒我们的医疗供应商。纳米技术甚至有可能将精神活动转换成可以被外部传感器感知的不同频率的光线，从而搜集有关我们大脑的深层数据。

这一切听起来好像很神奇，但是纳米技术也有其黑暗的一面。能够吞噬斑块、摧毁癌细胞并杀死细菌的机器也有可能会犯错，敌我不分地开始吞噬我们的身体。这种假设性的场景导致人们提出所谓的

"灰色末日"理论。这毫无疑问是一个灾难性的场景，可以自我复制的纳米机器人在失去控制后逐渐消耗完地球上所有的生物物质，并将每一种活的生物体都转变成了一堆灰色的糊糊。

如果你想阅读有关"灰色末日"的科幻小说，那么我向你们推荐一本叫作《瘟疫年》（*Plague Year*）的惊悚小说，作者的名字叫杰夫·卡尔森（Jeff Carlson），这本小说描写了失控的纳米技术通过传染的方式吞噬了居住在 10 000 英尺高空以下的所有温血生物。这迫使剩下的人类逃往了更高的楼层，并在那里挣扎求存。

不过，描述杀人机器人的科幻小说实在太多了。如果纳米技术没有杀死我们，那么毫无疑问它将让我们变得更加强大。它不但能帮助延长人类的寿命，还能够帮助我们摆脱众多疾病和问题对我们造成的困扰，而我们的身体已经与这些疾病和问题争斗了数千年之久。通过在最根本的层次上掌控物质世界的组成模块，我们正在重塑我们周围的一切。很可能有一天我们会变得极端依赖这种技术，我们完全无法想象没有这种技术生活会是什么样子的。

我们的好奇心是永无止境的。人类的扩张欲望将会继续推动我们向内沉入这个由亚原子主导的领域，同时更进一步地向外深入未知的宇宙。在这两个方向上走得越远，我们就会越清醒地意识到我们的宇宙究竟有多么浩瀚。

是成为宇宙的主人，还是面临大灭绝

我们无法满足的好奇心和向外扩张已知宇宙边界的欲望是一把双刃剑，它在确保了人类统治地位的同时还很有可能会导致我们最终走向灭亡。不可否认的是，我们天生的智慧与我们扩张知识的边界并传播我们 DNA 的欲望（动力）结合在一起后，已经使我们成为地球上最成功的生物，但这并不一定是一个必然的结果。在史前以及距离现在更近的时期，智人就曾经数次处于完全灭绝的边缘。

这样的事情第一次出现在 120 万年前。目前还不清楚是什么导致了这次物种接近完全灭绝的现象，已经提出的假说包括一颗巨大的流星撞击了地球，或者更有可能的是全球变冷，或者海洋的火山活动所引发的海平面改变和海洋缺氧。我们现在明确知道的是，智人、匠人以及直立人的人口总数在当时减少到了不足 3 万，而后来再繁殖的数量估计也只有 1 万左右。这个数字比现在的大猩猩数量还要少，换句话说，我们的祖先曾经是一种濒临灭绝的物种。

不过这些早期的挫折没能阻止我们演化。智人的数量很快就发生了反弹，并且再一次地从非洲向地球的其他地方扩张。19.5 万年前，气候的改变再次导致全球气温急剧下降，而我们也开始进入冰川时期。在这个时期智人再一次遭受了灾难性的损失，有一些专家认为，当时分散在全世界的人口总数下降到了只有 600。

人类最终还是恢复了过来，直到另一场灾难降临到了我们的头上。大约 7 万年前，苏门答腊岛在一场灾难性的火山爆发中分崩离析，厚重的火山灰覆盖了地球上的大部分地区，并且完全遮蔽了阳光。这导致另一个冰川时期到来，而我们人类也再一次处在了灭绝的边缘。有一些科学家认为，当时在地球上可能只剩下最后 1 000 人了。

或许你根本无法想象这样一个世界，在其中你只需要一个村庄就可以把所有的人类都安排好。而今天，大约有 80 亿人分布在全球的各大洲，你已经很难再找到一个无人居住的地方，事实上我们已经殖民了地球上的每一寸土地。而且虽然我们正面临着气候改变的威胁，但是我们不太可能再次濒临灭绝。或者我们还会面临同样的绝境吗？

虽然我们已经取得了所有这些技术上的成就，但我们这个物种在地球上的地位并没有像很多人想象的那样坚不可摧。只要有足够多的时间，很有可能我们还会面临另一起灾难性事件，而这起事件将会终结我们在地球上的统治，这也是为什么殖民火星可能并不是什么疯狂的想法。

很多人曾经批评花费数十亿美元去探索太空的想法，尤其是在地球上我们还有如此多的问题需要解决。他们争辩道，这些钱和资源完全可以用在降低温室气体的排放、消除饥饿和疾病，以及提升13亿生活在极度贫困中的人的生活水准上。但是，人类遭到灭绝的威胁是否已经小到我们可以放心地忽略这种可能性呢？如果回顾一下我们近期的历史，你就会看到我们有多么接近于再次损失很大一部分世界人口。

近在1995年，俄罗斯的防御系统把挪威的一枚气象火箭误以为一次可能的核攻击。而当时的俄罗斯总统叶利钦已经取出了核弹的发射密码，并且发射核弹的密码箱也已经在他的面前打开。幸运的是，他并没有输入发射密码。

1983年，苏联防御系统错误地报告称，美国向苏联发射了6枚洲际弹道导弹。由于当时几乎没有什么事先通报的机制，整个决定就落在了苏联防空部队一名孤单的陆军中校的身上。如果他当时没有决定违抗命令并且不遵守苏联的军事条例，那么我们很可能已经遭遇了一场灾难性的核战争。

1962年，古巴导弹危机几乎使整个世界陷了一场全面的核对抗。冷战结束后，这个世界似乎已经发生了改变，但我们现在所面临的风险比以往任何时候都要大。核扩散已经使大规模杀伤性武器落在了一些更加不可预测的国家的手中，比如朝鲜、巴基斯坦和伊朗。另外，还有恐怖分子使用核武器或者利用黑客手段入侵有核国家的计算机系统并控制核导弹的威胁。另一种可能性是网络黑客通过模拟一次核攻击来诱发一场全面的核战争。

此外，还有气候改变所带来的风险。连最出色的气候学研究人员也无法完全理解全球变暖后会发生什么。如果冰盖的融化进一步加速，或者墨西哥湾流被阻断，又会发生什么呢？

还有一种可能性是某人意外或者故意地把一种经过基因修改的微生物释放到大自然中，而这种微生物又最终感染并杀死了这个世界上绝大部分的动植物。除此之外，还存在另一种由超级细菌带来的风险，这种细菌会重演在 1918 年杀死了大约 5 000 万人的西班牙流感，并最终在全球暴发大流行。

上述所有这些还没有包括最让人感到恐怖的威胁，比如来自地球以外的威胁。科学家估计，导致恐龙彻底灭绝的小行星也只有 7 到 8 英里的直径宽度。

"一颗彗星或者小行星撞击地球，对地球上的生命造成毁灭性影响，这听起来似乎是一件不可能的事，但是在未来的某个时刻，这样的事情几乎是肯定会发生的。"娜塔莉·斯塔基（Natalie Starkey）这样说道，斯塔基是一位天体化学家，同时还是《问题是这样的事情会在什么时候发生？》（*The question is when?*）这本书的作者。[12]

我们目前已经确认了数千颗小行星，而且这些小行星的大小都足以摧毁半个美国并将整个世界都笼罩在黑暗之中，但是 NASA 的科学家相信，至少在接下来的 100 年时间里我们还是安全的，当然这种说法的前提是他们没有漏掉任何小行星。为了确认这一点，NASA 正在发射一架新的太空望远镜进入地球轨道，用来搜寻这些致命的大石块。但是这样的做法也意味着，试图阻止或者改变一颗正运行在将与地球相撞的轨道上的小行星或许是不可能的。

一个更大的未知因素是太阳耀斑。如果今天再爆发一次类似于在150 年前冲击了地球的太阳耀斑，那么它将摧毁我们所有的卫星通信、输电网络以及互联网。爆发一次规模更大且更具毁灭性的太阳耀斑是完全有可能的，这种强度的太阳耀斑所释放的紫外辐射和高能带电粒子已经足以摧毁我们的臭氧层，导致大规模的 DNA 突变，并且破坏地球上的所有生态系统。到那时我们还有可能继续生存下去吗？没有人会知道。

"我并没有因担心太阳的超级耀斑而在晚上躺在床上睡不着觉，"耶鲁大学的天文学和天体物理学教授格雷戈里·劳克林（Gregory Laughlin）这样说道，"但这并不意味着不应该有人为此而担心。"[13]

我还没有提及超级火山的爆发，在黄石国家公园下面的那座火山就是一座超级火山；我也没有提及地球磁场的反转会减弱地球磁场的强度，从而使地球暴露在太阳风中；我更没有提及转基因微生物以及其他新兴技术所带来的威胁。鉴于在地球上 99% 的物种都已经灭绝，而现代人类也只存在了 20 万年的时间，我们能够像恐龙那样在地球上生存上亿年的概率或许并没有我们认为的那样大。

"要么我们在占据了整个地球后转而向其他行星殖民，要么我们承担起物种灭绝的风险，"马斯克这样说道，"一场毁灭整个人类的事件是无法避免的，而且我们正越来越让我们自己深陷其中。"[14]

这就是让马斯克夜不能寐并且推动他创立 SpaceX（太空探索技术公司）的部分原因。按照他的说法，到 2050 年他计划将 100 万人送往火星，而这需要他能够做到每天发射三枚 Starship（星舰）。他从来都不是一个只计算蝇头小利的人，无论我们是否想被他拯救，他都已经决定要拯救人类了。

移民火星

SpaceX 对于殖民火星有一个庞大且大胆的构想。在这项计划的每一个转折点上，这家公司似乎都在和一些唱反调的人进行抗争。它已经宣布了一个每年建造 100 枚 Starship 的计划，并且每当这两颗行星的轨道处于适合发射的位置时，它都会把 10 万人从地球送往火星。最终，在它的构想中有 1 000 枚 Starship 会在这两颗行星之间来回运送人员和补给。

这听起来似乎是一个根本不可能实现的壮举，但实际上这只是其中最容易的部分。一旦人类抵达了那颗红色的行星，真正困难的部分才刚刚开始，因为还有如此多未解之谜仍然需要得到解决，比如，人类如何才能够安全地降落火星？一旦成功降落，他们还能够离开这颗行星吗？或者他们将会一辈子被困在这颗行星上？另外，在火星恶劣的大气环境中，会有多少人能够生存下来？当然更不用提这些人能否逐渐发展壮大了。

马斯克从不缺乏批评者。事实上，大多数专家都认为他的计划有点儿过于雄心勃勃了，而且他有点儿过于依赖他的信念而不是事实。但也正是这一点才使得马斯克成为一个如此不同寻常的创业者。他愿意把一切都押注在自己的信念上，即便他周围的每一个人都在怀疑他这样做的可行性。

SpaceX 或许会拥有能把我们送到火星的 Starship，但是降落在这颗行星上，尤其是当飞船上还搭载着像人类这种非常脆弱的载荷时，绝不是一件容易的事。还有一个可能需要持续面对的问题是如何向殖民者提供维持生命所必需的一切。如果其中有任何事情搞砸了，殖民者很可能将不得不等待 26 个月的时间，直到地球和火星的轨道处于适合行星际旅行的位置。

在大约 38 亿年前，火星失去了它的磁场，而磁场原本可以保护这颗行星上的生命免受严酷的宇宙射线照射，因为这些宇宙射线会撕开细胞、引发癌症、损伤大脑并撕碎生物的神经组织。

"在现有的屏蔽技术下，我们目前还很难保护宇航员免受重离子辐射的不利影响。虽然或许还有一些方法可以利用药物来对抗这些效应，但到目前为止这样的药物还没有被开发出来。"NASA 的项目负责人卡莫尔·达塔（Kamal Datta）这样说道。[15]

这意味着，任何待在这颗行星上的人，如果想要活得更长久一点儿，都需要保护自己不受到这种辐射的影响。除非我们能发明某种特殊的材料保护人们不受环境的影响，否则对殖民者来讲待在火星上就不会是一件令人愉快的事。但辐射还不是其中最糟糕的问题，缺少磁场还意味着火星的大气层在不断散逸到周围的太空中，这会导致火星变得越来越不适宜居住。

"如果在火星上你没有任何保护措施，在室温下你的血液也会沸腾，"火星研究所（Mars Institute）的主席帕斯卡尔·李（Pascal Lee）这样解释道，"你就像一罐打开的可乐，你会冒着气泡走向死亡。"

虽然在地球的大气层中 78% 是氮气，21% 是氧气，还有微量的水蒸气、二氧化碳以及其他气体，但火星的大气层中 95% 是二氧化碳。

"我们需要呼吸氧气，"李这样说道，"在火星的大气层中并没有游离氧，所以你无法呼吸那样的气体。你会在几分钟之内死于缺氧。"[16]

另外，温度也是一个问题。在火星的赤道上，气温最高可以达到 70 ℉（约 21℃），但是晚上的气温是致命的。平均来讲，晚上的气温会下降到大约 –80 ℉（约 –62℃）。没有合适的太空服和居住舱，人坚持不了多长时间。

如果上述这些还不足以阻止你移民火星，那么或许你还应该知道，火星空气中的有毒颗粒非常细小，并且具有腐蚀性，它们会对人类的肺造成严重伤害。呼吸这样的气体几个星期后，你就会躺进坟墓。显然，火星并不同于地球上的那些热带天堂。

这还只是我们需要面对的部分问题。另外，任何殖民火星的人都需要有安全的居住结构，洁净的空气、水、食物，以及能够维持所有东西运转的能源。至少在刚开始的时候，所有这一切都需要从地球进口，而这将是极其昂贵的。那么谁又该为这些资源买单呢？虽然SpaceX已经筹集到了很大一笔钱，但所有这一切又需要投入多少资源呢？投资人可以从中获得回报吗？将会是什么样的回报？他们会不会需要等待100年或更长的时间才能看到回报？要知道，大多数的风险投资基金都有一个6~12年的投资期限。

当涉及种植农作物时，火星的泥土缺乏必要的养分，同时还夹杂着有害的化学成分，另外，火星泥土的颗粒极细，任何水分都有可能会直接渗透而过。这意味着任何东西都必须在特别设计的暖房里才能够生长，并且要用到进口的泥土或者采用水耕栽培法，而所有这些又在成本的清单上添加了更多的东西。

有很多讨论涉及如何将火星的环境改造成类似地球的环境，但即便这样做是有可能的，它也不会在一夜之间就发生改变。大多数科学家相信，要想让火星稀薄的大气层转变成为某种类似地球的大气层，可能需要数百年的时间。

火星上较弱的引力还会对人体的健康产生影响，它会增加人体出现肾结石以及骨折的风险。人们或许还会遭受到肌肉的质量、强度以及耐力下降的损失。而这很可能会进一步影响到他们的心脏，并导致心脏功能下降。另外，微重力还会影响到人体维持平衡、稳定视力以及了解自己身体所处方向的能力。你很容易会忘记，我们的身体是在地球上通过演化得来的，并且已经按照我们脚下这颗星球的精确状况进行了校准。把我们带往其他任何地方，我们都会像鱼离开了水一样。

现在你应该开始明白 SpaceX 所面临的挑战了。虽然还有如此多尚待解决的问题，这家公司却依然勇往直前，你不得不敬佩它敢作敢为。很多人包括我自己在内，相信在接下来的 50 年时间里我们应该专注于将机器人而不是人类送往这颗红色的行星。机器人不会有上述这一系列的问题，而且它们还可以为以后的人类居住地做好准备。但马斯克已经不想再继续等下去了，他不但对移民火星持有不可思议的乐观态度，而且害怕一场不可逆转的灭绝事件会比预想中来得更早。

对马斯克来讲，火星就是人类的备份驱动器，而且他还想让这个驱动器在系统大崩溃到来前就可以投入使用。

建立一个行星际的生态系统

太空探索现在已经是一个正在不断成长的行业，在这个行业里除了有数百家企业外，还有各国的太空机构。最终，整个太空生态系统的健康发展将会把人类送到火星以及更遥远的地方。

SpaceX 最大的竞争对手是一家名叫"蓝色起源"（Blue Origin）的创业公司。这家由亚马逊公司的创始人杰夫·贝佐斯（Jeff Bezos）在 2000 年创立的公司根本不缺资源，但它采用了一种更加温和的方式。贝佐斯并没有把他的目标放在火星上，反而将目光投向了月球。这家公司的口号"gradatim ferociter"就很好地总结了他们的做法，因为这两个拉丁语单词的意思是"一步一个脚印，但每一步都必须勇往直前"。[17]"蓝色起源"已经表明，它的使命是开发"可以让人类以更低的成本和不断增加的可靠性踏入太空的技术"。[18]

贝佐斯想要看到的是人类可以在太空中生活和工作，但他的目标并不一定是向其他行星殖民。相反，他的愿景是，在我们完全摧毁我们的环境前，可以先把重工业和能源工业搬离我们的星球。他正在把月球看作重新安置我们污染最严重的行业的完美之地。

"我们应该在月球的两极处建立永久性的居住地，在那里我们可以获得水和太阳能，"贝佐斯这样说道，"关于月球，我们已经知道了很多在 20 世纪六七十年代不知道的事，而且在有了可重复使用的火箭后，我们已经可以用更经济的方式来做到这一切。"[19]

另一个亿万富翁罗伯特·毕格罗（Robert Bigelow）正在将他的钱用于投资建造庞大的、可充气的太空居住地。在酒店行业赚到了钱之后，毕格罗正在将他关于酒店行业的专业知识带往外太空。这些可充气的居住地非常类似于一种工业强度的气球，它们会先被塞入火箭，然后再被发射进入地球轨道。一旦到达了指定的位置，这些可充气的居住地就会向外膨胀，从而为宇航员和太空旅客创造出生活和工作的场所。

按照毕格罗的设想，他的这种像气球一样的旅馆会在整个太阳系甚至在更深层的太空中被广泛使用。NASA 对此也不甘示弱，目前正在为将来的月球和火星居住地测试他们自己版本的可充气居住舱。美国太空总署（US Space Agency）利用坚固的纺织品、类似橡胶的涂层以及其他材料设计出了这种可充气的结构，而他们在选用材料时就已经考虑了如何保护宇航员免受严酷的温度、辐射以及高速陨石和各种碎片的伤害。

NASA 也想把人送上火星，而且他们还把月球看作自己的踏脚石。他们的想法是先建立一个月球基地，然后再利用这个基地作为跳板前往火星。美国太空总署正在与SpaceX、蓝色起源以及波音公司合作，以实现这一目标。

"在肯尼迪总统向整个美国发起挑战，并把人送上月球的55年后，参议院正在向NASA发起挑战以促使他们把人送上火星，"比尔·纳尔逊（Bill Nelson）在美国参议院批准了一项有关火星项目的资金后这样说道，"在这项法案中，我们为NASA列出的优先事项标志着美国太空飞行的一个新时代的开始。"[20]

在有了更多的预算和更大胆的愿景后，NASA并没有停下脚步。在火星表面，洞察号火星着陆探测器正在倾听火星的地震，而且很快火星漫游者号探测器也将加入它的行列。此外，新地平线号探测器正在探索柯伊伯带，柯伊伯带是一个包含数百万块冰块的区域，而这些冰块从太阳系诞生以来就一直遗留在了那里。另外，NASA还发射了一枚探测器，可以先后24次接近太阳的表面以搜集数据，同时NASA还计划让一架核动力的直升机在土星冰冷的卫星土卫六的表面飞行，以搜寻外星生命的踪迹。

受到了硅谷的启发后，NASA现在也已经有了它自己的"远景"（moonshot）项目。其中一些非同寻常的、在当下还不太可能实现的创意包括：利用基因工程创造出一种可以在火星极端的环境中存活的新型微生物，NASA希望可以将这种新型微生物送到这颗红色的行星上，并且让它们在解除火星土壤毒性的同时让土壤变得更加肥沃；在一艘携带了一块很大的太阳能帆板的飞船上安装离子推进器，然后再用一束强大的激光照射这艘飞船，使其成为一艘功率异常强大的太阳能帆船；派出一些形体柔软的、不会被卡在碎片或裂缝中的机器人，让它们在小行星上随意翻滚并搜集各种样本；发射一个类似在蒸汽朋克小说中所描写的完全机械的探测器，在这种探测器中将不会包含任何电子元器件，所以它们绝不会在金星表面高压和高辐射的环境中被完全烧毁。

另一个被 NASA 直接采用的创意是把它的制造业转移到太空中。它已经奖励了创业公司"太空制造"（Made in Space）一份合同，来展示如何在地球轨道上利用 3D 打印技术打印太空飞船的部件。这种做法可以使 NASA 不必再将大型的人造构件发射到地球轨道上，那样做不仅昂贵而且十分低效。

"在轨机器人制造和组装技术无疑是游戏规则的改变者，并且将是未来太空探索的基本能力。"NASA 的主管吉姆·罗伊特（Jim Reuter）这样评价道。[21]

但是这些 3D 打印机仍然需要原材料。也正是在这一点上，普林斯顿大学的教授和太空梦想家杰拉德·奥尼尔（Gerard O'Neill）体现出了他的价值。1974 年，他建议利用电磁轨道炮将在月球上开采的矿石作为有效载荷发射到地球的轨道上。这很有可能是可行的，这样的话一座围绕地球运行的 3D 打印工厂就可以收取到它所需要的原材料了。

另外，科学家还在研究如何在太空中建造各种建筑物。从地球上把建筑材料发射到太空是极其昂贵的，所以 NASA 正在探索如何从蘑菇中培育出建筑物的结构。NASA 的研究人员提议用已经植入了真菌的轻质材料来建造一个居住地。一旦这样的居住地抵达月球或者火星，宇航员需要做的就是浇水，然后植入的真菌就会完成剩余的工作。

"目前，传统的火星居住地的设计就像是一只乌龟，它把我们的家和我们一起驮在自己的背上，这是一个很可靠的设计，但缺点是需要耗费大量的能量，"NASA 的首席调查员林恩·罗斯柴尔德（Lynn Rothschild）这样说道，"与之不同的是，我们现在完全可以控制菌丝体在我们抵达目的地的时候自己生长出我们的居住地。"[22]

像很多其他技术一样，这些由真菌构成的砖块在地球上也有用。NASA 声称，目前已经商业化生产的菌丝材料是已知的绝缘体和阻燃材料，而且它们还不会产生有毒气体。这些材料的指标显示，它们的抗压强度优于木材，抗弯强度优于钢筋混凝土，具有非常有竞争力的绝缘值。这意味着在将来的某一天，我们所有人都有可能生活在用蘑菇材料建造的房屋中。

如果你认为，虽然在月球上住进一间用真菌搭建而成的度假小屋是一种相当不错的体验，但是缺乏氧气很有可能会缩短你的假期，那么你现在根本无须为此感到担忧。欧洲航天局（European Space Agency）已经为你考虑到了这一点。研究人员已经找到了一种利用月球尘土来制造氧气的方法，真正令人感到惊讶的是，月球的尘土中包含其自身重量 40%~45% 的氧气。

"对将来的月球定居者而言，能够从在月球上发现的资源中获取氧气显然是非常有用的，这些氧气不但可供定居者日常呼吸，还可用于在月球上生产火箭的燃料。"英国格拉斯哥大学的贝丝·洛马克斯（Beth Lomax）这样说道。[23]

他们所要做的就是将月球尘土与熔融的氯化钙盐混合，然后再将混合物加热到 950℃，接着让电流通过这些加热后的混合物，这样他们就能够获得氧气了。如果这种方法能够大规模运用，我们所有人就都可以松一口气了。

不仅在月球上有氧气，而且在月球和火星上还有大量的水储存在它们的极地冰盖中，这对潜在的殖民者来讲确实是一个好消息。NASA 甚至发现，在 35 亿年前，在火星失去它的大气层之前，这颗行星是完全适宜人类居住的。

"我们在火星上发现的有机分子和沼气，对于火星在很久远的过去可能存在生命这个假设具有非常深远的意义，"天体生物学家英格·凯特（Inge Loes ten Kate）这样写道，"2011 年发射的好奇号火星探测器已经证明，盖尔陨石坑在大约 35 亿年前是适宜人类居住的，当时那里的条件与早期的地球环境相当，而地球上的生命也差不多是在那个时候开始演化的。"[24]

更让人感觉有希望的是，在火星上存在流动的水。

"今天在火星的表面还存在液态的水，"NASA 火星探测计划的首席科学家迈克尔·迈耶（Michael Meyer）这样说道，"正因为这一点，我们怀疑，在今天的火星上很有可能至少还存在一个适宜居住的环境。"[25]

在火星的夏季，水会从峡谷和陨石坑的岩壁上流下来。研究人员目前还无法确定这些水来自哪里，但水很有可能是从蓄水层中溢出来的，或者来自地下融化的冰块，又或者是从火星稀薄的大气层中冷凝出来的。意大利博洛尼亚大学的教授罗伯托·奥罗塞（Roberto Orosei）还在火星的地表下探测到一个巨大的湖泊，其直径宽度有12.4 英里。这意味着，殖民者很有可能可以获得足够多的水，而这些水不仅可以用来维持他们的生命，还可以用来灌溉农场并生产氢燃料。

谈到在火星发展农业，一队来自哈佛大学、加州理工大学以及爱丁堡大学的科学家相信，或许只需要 2~3 厘米厚的气凝胶层就足以创造出一个黏糊糊的温室，保护植物免受火星极端的气温以及太阳辐射的侵害。他们已经在自己的实验室里重现了类似火星的环境条件，对这种气凝胶进行了测试。

"相对于众多想要对整个星球进行环境改造的做法来讲，这将是一种截然不同的方法，"哈佛大学的研究员罗宾·华兹华斯（Robin Wordsworth）这样评价道，"但这种方法的好处在于，我们可以在接下来的数十年时间里去实现它，而不用再等到更遥远的未来了。"[26]

如果未来的火星殖民者不介意成为素食主义者，那么这听起来真的很不错。但是如果他们想要含有更多蛋白质的饮食呢？在火星上饲养家畜不是一件简单的事，而且进口足够的肉类来养活100万人是一件根本做不到的事。那么还有其他的选项吗？中佛罗里达大学的研究人员认为他们有这个问题的答案，那就是建立培养虫子的农场。

"如果你想在另一颗行星上养活大量的人口，你就必须放弃种植富含水分的蔬菜这样的想法，并且认真思考在生产足够的卡路里的过程中需要用到的大量能量、水以及各种原材料的问题，"凯文·卡农（Kevin Cannon）这样说道，卡农是一名行星科学家，他还在这一研究领域出版过相关专著，"如果人们可以克服让人感觉恶心的因素，那么虫子和生物反应器就是一种可行的方法。"[27]

你如果不介意吃蟑螂，可以忍受一些健康上的问题，并且愿意居住在一朵巨型蘑菇里，那么或许有一份工作正等待着你。在月球和火星上有足够的水，再加上我们人类的聪明才智，那些认为如果不移民火星就有可能遭遇毁灭的人群似乎没有那么疯狂了。我们很有可能会在我们的有生之年看到人类的殖民者在火星上生活和工作。

太空拓荒者以及淘金热

现在的太空就像是当年美国蛮荒的西部，而创业者也在纷纷抢占地盘以便快速致富。其中最能够体现这一点的莫过于形形色色的小行星猎手了。

这听起来可能有点儿像是漫画书中的内容，但高盛公司非常看好这一概念。这家美国最大的投资银行估计，小行星采矿可以成为一个万亿美元级的行业。一颗直径只有 100 英尺的小行星可能会含有价值 500 亿美元的贵金属。每一块太空岩石都是一座正在飞行的金矿，上面可能会含有从铂金到铑再到铱等各种有价值的矿物。如果母体载荷是一块宽度为 3 000 英尺的小行星，那么这样一块石头就有可能会含有价值上万亿美元的铂金。这就使得当今最著名的康斯脱克银矿看上去也有点儿微不足道了，尤其是以现在的美元计算，这座银矿的价值也只有区区 6.7 亿美元。

诺亚·波波纳克（Noah Poponak）是高盛公司在航空航天以及材料行业的分析师，他这样写道："每一个用来进行勘探的探测器可能需要花费数千万美元，而且加州理工学院还认为，一艘专门用来捕获小行星的飞船可能需要花费 26 亿美元。"[28]

这已经足以让一些创业者想要马上抓起他们的铁锹，赶往太空去搜寻他们的财富了。有好几家创业公司已经组建好了他们的团队，准备这样做了，深空工业公司（Deep Space Industries）就是其中之一。

"正是这样一些疯狂的想法在推动着我们的文明向前发展，"深空工业公司的联合创始人里克·塔姆林森（Rick Tumlinson）这样说道，"除了我们自己的信仰系统外，没有什么在说这是不可能的。"[29]

行星资源开发公司（Planetary Resources）是另一家从事小行星采矿的创业公司，这家公司到目前为止已经获得了 5 000 万美元的融资，其中有 2 100 万美元来自一些著名的投资人，包括谷歌的埃里克·施密特（Eric Schmidt）和电影制片人詹姆斯·卡梅隆（James Cameron）。小行星采矿的最大潜力并不一定在于把贵金属带回地球，然后出售它们赚钱。事实上，如果有过多的贵金属涌入市场，会导致这些贵金属价格暴跌，从而让整个行业的赢利能力大幅下降。小行星采矿的真正长期价值或许在于采集那些我们在外太空进行建设时所需要的材料。

小行星上的冰很可能会被用于生产火箭的推进剂，而金属可能会被用于建造太空站、巨型天线、太阳能农场等。从外太空开采的材料可以在建立外太空经济的过程中发挥至关重要的作用，因为这样做可以消除把小行星带回地球所需要的成本。

"围绕着所有这些我们一直梦寐以求的东西，不但有各种各样的兴奋，还有实实在在的感受，"风险投资基金太空天使（Space Angels）的CEO查德·安德森（Chad Anderson）这样说道，"这两家公司都很擅长讲故事和市场营销，并且围绕着一个他们的技术从来没有真正实现过的愿景，两家公司还在积极推动目前已经在这个行业中出现的势头。"

这两家创业公司都没能兑现承诺。深空工业公司最终被卖给了布拉德福德空间公司（Bradford Space），而行星资源开发公司被一家名叫ConsenSys的区块链软件公司收购。

"对于这些交易我很震惊。我原以为那些公司只是想收购一些设备和资产而已，"行星资源开发公司的早期投资人安德森·谭（Anderson Tan）这样表示道，"这样做究竟是为了什么？至今我还有点儿蒙。"

"当然最根本的一点是，太空开发并不是一件简单的事，"乔治·华盛顿大学太空政策研究所（Space Policy Institute）的负责人亨利·赫茨菲尔德（Henry Hertzfeld）这样说道，"它有很大的风险，需要有很大的投入，还有大量高昂的前期成本，所以你需要筹集大量的钱。但就眼前来讲你也只能拿到这么点儿钱了。"

但真正的问题是，对这些创业公司来讲，当前的时机显然还太早了。在小行星采矿变得真正可行之前，整个生态系统还需要得到进一步的发展。

"如果你开采一颗小行星，最大的可能是你会把它送到月球去进行处理。在地球上进行处理是完全行不通的，因为这样做的成本将极其高昂，"谭这样说道，"所以，这就像是一个先有鸡还是先有蛋的问题。我们会先进行采矿，然后再建立一个月球基地，还是先投资，把月球发展起来，然后再进行小行星采矿？"

看起来小行星采矿工人还需要等待蓝色起源、NASA 以及其他机构或企业为他们奠定好整个行业的基础，才有可能回到这个行业并真正开始采矿。但与此同时，还有众多其他以前没人看得到的机会也已经触手可及。俄罗斯创业公司启动火箭（StartRocket）表示，他们想利用立方体卫星阵列在夜空中展示类似广告牌风格的超巨型广告。

启动火箭并不是唯一想这样干的公司。新西兰创业公司火箭实验室（Rocket Labs）已经将一颗测地线迪斯科球发射进了轨道。这家公司说，这颗明亮的、不断闪烁的卫星"是为了鼓励我们每个人都能主动抬头向上看，并认真思考我们人类在宇宙中的位置"。[30]

如果这还不足以点亮你心中的火焰，日本的创业公司 ALE 正在考虑如何制造出世界上第一场人工流星雨。他们的每一颗卫星都会携带 400 颗小球，而在你把这些小球从飞船上发射出去后，它们就会在穿越大气层的时候发出明亮的光芒。这家公司采用的商业模式是把这项服务销售给任何愿意为此付钱的人，其中就包括那些举办生日派对的亿万富翁。

这很可能是把我们原本清新漂亮的夜空转变为商业展示区的非常丑陋的第一步。创立于 2014 年的超科学公司（HyperSciences）希望他们可以让发射卫星进入轨道的成本降到足够低，从而使各种各样的小型企业都有机会参与进来。他们的做法是把一台冲压加速系统翻转过来装在一根巨大的管子里，这样他们就能以音速的 9 倍把物体向上发射出去。他们的目标是以远低于传统火箭发射的成本将小型的有效载荷从一根巨大的管子里发射进太空。

SpaceX 目前正在进行一个名为星链（Starlink）的项目，这个项目要求部署上千枚小型卫星以形成一个庞大的星座，但也正因为他们的这种做法，这家公司目前正在遭受抨击。虽然这个项目的目标是向全世界各地无法获得有线网络连接的人提供高速、可靠的互联网服务，而且目标本身也确实值得追求，但是这家公司为实现这一目标采用的方式引发了众多不满。很多科学家声称，对基于地面进行观测的天文学来讲，这很可能是一个会危及这门学科生存的威胁，更不用说对任何喜欢仰望星空的人来讲，这完全就是一种骚扰了。

"让包括天文学界和 SpaceX 在内的所有人都感到惊讶的是，这些卫星竟然如此明亮。"密歇根大学的天文学家帕特里克·塞策（Patrick Seitzer）这样说道。[31]

SpaceX 目前正在尝试用不同的涂层来降低这些卫星的可见度，但是这些低轨卫星的明亮程度还只是遭人诟病的问题之一。另一个比较麻烦的问题是这些卫星可能会制造更多飘浮的太空垃圾。目前在地球轨道上有 1.28 亿片直径大于 1 毫米的太空垃圾，以及 3.4 万片直径大于 10 厘米的太空垃圾，同时还有 3 000 颗已经报废的卫星依然运行在其原来的轨道上。这些太空垃圾会对我们送入太空的任何物体造成严重的破坏，比如在太空站的外墙上撕扯出一个小洞，或者撞毁其他的卫星和火箭等。

当两颗卫星相撞时，它们会粉碎成数千片大小不一的碎片，从而在轨道上产生更多的残骸。1978 年，NASA 的科学家唐纳德·凯斯勒（Donald Kessler）就曾经指出，如果我们在轨道上留下过多的太空垃坂，这些垃圾很可能会产生连锁反应，它们相互之间发生碰撞的概率会呈指数级增长。随着越来越多的公司开始涌入太空经济，我们需要对送入地球轨道的东西以及这些东西的行为进行某种程度的监管。

只要在各国政府间存在某种程度的远见和合作，上述所有的问题都是可以解决的。如果卫星被放入了衰变轨道，那么在一段时间以后，它们就会在大气层中焚毁，而相应的威胁也就被消除了。现代的卫星还有探测和避开太空垃圾的能力，只要相关的公司能够采取负责任的行为，上述所有这些都是可以用来缓解问题的解决方案。

太空行业的先驱们显然并不想让各国政府反应过度，并对太空探索施加过多的监管，因为这样做只可能让这个行业在即将起飞的时候遭受过度的打压。毕竟在这个新兴的行业里进行创新的空间是极其巨大的，而且大多数专家都认为，私营企业与政府的合作是我们目前对未来能够下的最好的赌注。

太空经济

当下已经有数十亿美元的风险投资进入了太空产业的增长中。虽然美国公司目前还处于领先的位置，但中国公司也获得了其中大约1/3 的投资。虽然大多数的投资都涌向了像 SpaceX、蓝色起源以及维珍银河（Virgin Galactic）等这样一些很"高大上"的公司，但在一些较小的创业公司中，投资也在不断增长。美国商会预估，到 2040年太空经济的规模将达到 1.5 万亿美元。

卫星搭乘共享服务的成本已经有了很大程度的下降，这让更多的企业可以进入这个市场，并且发射更多的卫星进入轨道。现在已经有数百家创业公司专注于开发和推出基于卫星的服务，同时太空旅游业也在不断增长，SpaceX、蓝色起源以及维珍银河这几家公司都已经开始提供进入轨道的飞船座位。大多数这一类的飞行仅提供给乘客几分钟宝贵的时间，可以让他们解开安全带四处飘浮，之后就是返回地球的时间了。如果你的钱足够多，你甚至可以预约一次环绕月球的短途旅行。不过在这之后，肯定还会有浮空的太空酒店和火星之旅等服务被逐渐推向市场。太空飞行绝不便宜，然而正如之前的商业航空旅行一样，随着规模经济开始发挥作用，太空旅行的价格也会逐渐下降。

如果你想省钱，或许你还可以尝试搭乘太空气球升空。目前有两家创业公司——零到无限（Zero2infinity）和世界奇观（World View），以大约不到维珍银河一半的价格提供太空气球之旅。当然，一分钱一分货。这些太空气球只能抵达地上 30~40 公里之间的高度，而从技术上来讲，太空的起点是地上 100 公里的高度。即便如此，乘客也会获得一个很棒的视野，能看到太阳从远处行星弯曲的地表后方冉冉升起。

如果你打算前往比地球轨道或者月球更遥远的地方，太空飞行会花很长的时间。前往火星的旅程可能需要 150~300 天，具体还要看飞船的速度以及地球和火星的相对位置。我在飞机上待 12 个小时就已经感到坐立不安了，我无法想象与其他乘客一起被关在一个很小的座舱里达数月之久会是一种什么样的感觉。

这也正是 NASA 开发情感人工智能背后的动力。喷气推进实验室（Jet Propulsion Laboratory）首席技术官汤姆·索德斯特罗姆（Tom Soderstrom）正在研究一种可以向执行深空任务的宇航员提供情感支持的人工智能。

"我们希望有一个智能助手可以帮助控制飞船内的温度和飞行方向，能够发现任何技术上的问题，还可以观察人类的行为。"索德斯特罗姆这样说道。[32]

一个具有情感的人工智能可以学会识别每一个个体的脸部表情、身体语言以及语音语调，然后再尝试利用这些数据来促进乘客之间的合作。它甚至可以察觉到个体之间的紧张氛围，并在这种氛围成为问题之前就想办法驱散它。这意味着在你飞往火星的旅途中，你或许会花很长的时间与一个人工智能助手进行沟通，这个人工智能会持续不断地监控你的心理和身体状态，同时在背后竭力让你的旅程愉快且富有成效。

有时候人们会忽视的是，太空经济可不仅仅是那些大型的、性感的东西，比如 SpaceX 的大型猎鹰火箭、龙货运飞船以及 Starship，更不用说还有各种类型的太空站、卫星以及巨型望远镜了。实际上，太空经济的生态系统还有众多不太引人注意的一面，那就是所有的研究人员、政府机构以及企业正在制造的软件、机械零部件、各种设备、服装、食物、材料以及数以百万计的必不可少的小东西。

对创业者来讲，在那些不太引人注意却更有利可图的领域存在巨大的机会，比如生产可用于行星际商业与通信的各种工具和物品等。像 SpaceX 和蓝色起源这样的太空先驱所取得的进步越大，可供每个人参与分配的蛋糕就会越大。

曲速引擎：一种非常超前的创意

那么接下来还会发生什么呢？会不会像我们在《星际迷航》中所看到的那样，我们会拥有曲速引擎、三相记录仪以及远距离传送呢？你可能会对科学家和创业者梦想实现的一些极其疯狂的想法感到惊讶。

"当时我正在看《星际迷航》，"墨西哥国立自治大学核科学研究所（Nuclear Sciences Institute）的主任米格尔·阿尔库比尔雷（Miguel Alcubierre）这样说道，"这让我不由自主地开始思考，是不是有一种方法可以让你获得在科幻小说中描写曲速引擎时所发生的那种时空几何，这样的话你就可以进行超光速飞行了。"[33]

他最后构想出了一个曲速泡的概念，曲速泡不但能够压缩飞船前方的空间，还会同时拉伸飞船后方的空间。从理论上来讲，虽然处在这样一个曲速泡里的宇宙飞船看上去正在以超光速向前移动，但实际上它仍然在原地保持静止。

让我们假设你想去半人马座阿尔法星，这颗恒星距离我们地球有4.4 光年远。这时你只需要把一艘宇宙飞船放进一个曲速泡中，然后把它前方的空间距离压缩到只有几英寸，但同时把它后方的空间拉伸4.4 光年，等到所有这一切都完成后，你就可以把这艘飞船从这个曲速泡中弹射出去了。这种做法之所以不会违反物理学的定律，是因为相对论没有对空间的膨胀和拉伸施加速度上的限制。空间能够以任何它想要的速度进行膨胀。

还有一个需要解决的问题是，要想进行时空扭曲的操作，你需要有能量密度小于零的物质。但不幸的是，在自然界中目前还没有发现这样的物质存在。不过这并没有让 NASA 的物理学家哈罗德·怀特（Harold White）退却。他声称已经找到了一种方法来配置这种假设的负能量物质，这样的话一艘质量相当于旅行者号的太空飞船就能够完成一次曲速飞行了。

"上述工作只是把一种创意从完全不可能的范畴转移到了或许有可能实现的范畴，"怀特这样说道，"这项工作并没有提及这种做法的可行性，但不幸的是很多人往往会忽视这一点。"

事实上目前可能还有一种更现实的方法，在西雅图，一家名叫超安全核技术（Ultra Safe Nuclear Technologies）的创业公司提出了建造一种核热推进引擎的想法，这种引擎可以使飞往火星的时间缩短整整一半。虽然这种引擎并不是我们刚才讨论的曲速引擎，但是如果飞往火星只需要三个月的时间，那么殖民火星所需要的准备工作也将会截然不同。NASA 目前正在评估这项技术，以判断这项技术的可行性。

一个稍稍更接地气的想法是所谓的太空电梯。与其利用火箭把所有的东西送入轨道，为什么不建造一个类似电梯的运输系统呢？日本静冈大学的研究人员已经开始测试这种设想的可行性。如果这种想法能行得通的话，把大量的材料和设备送入近地轨道的成本就会急剧下降。太空电梯实际上是一种可以沿着一根缆绳从地球一直向上攀爬进入太空的车厢，而这根缆绳可以由这样一些材料制成，比如非常轻但强度极高的碳纳米管、钻石纳米线等。

与此同时，哥伦比亚大学和剑桥大学的科学家已经建议在月球的表面系上一根缆绳，这样月球就会像铅锤一样逐渐晃动到环绕地球的同步轨道。一旦这根缆绳部署到位，他们想象会有一些先进的机器通过攀爬这根缆绳将各种有效载荷送入地球的轨道。科学家现在仍然在争论某种形式的太空电梯是否现实可行，很多人认为，碳纳米管和其他材料根本无法被用来制造太空电梯。不过时间将会告诉我们谁才是正确的。

利用传统的太空飞船，一个最大的问题是，你需要花费很长的时间才能抵达遥远的行星。即便你有一艘以光速飞行的太空飞船，你也需要花费 200 万年的时间才能抵达距离我们银河系最近的螺旋星系：仙女座星云。仅仅飞向和我们处在同一个行星系中的火星，也是令人望而生畏的。即便如此，或许还会有另一个解决方案。比如，让我们在整个旅途中一直保持沉睡会怎么样？

SpaceWorks 是一家总部设立在亚特兰大的创业公司，这家初创企业已经从 NASA 获得了两轮融资，以研究建造一个休眠舱的可行性。就像熊会在冬天爬进洞穴进行冬眠一样，研究人员认为我们也可以通过降低身体的核心温度 9 ℉（约 12℃），诱导出一种被称为麻痹（torpor）的睡眠状态。2009 年的一份报告就显示了一名在梅奥诊所的病人是如何在这种麻痹状态下度过两周时间的。

　　即便在太阳系内进行一次相对较短的旅程，这种方法也会产生很大的不同。让身体处于低体温状态可以使身体的新陈代谢速度降低 50%~70%，这意味着可以消耗更少的氧气、食物、水以及其他稀缺物资。休眠还有额外的好处，可以帮助抵抗微重力对身体产生的影响，其中就包括骨质脱钙、颅内压力过高、肌肉萎缩等。比如，熊在过了一个冬天后肌肉并不会出现萎缩的症状。另外，休眠还可以让更多的人像沙丁鱼一样被塞进一艘星际飞船里。

　　将来有一天，或许患有阿尔茨海默病或者癌症的病人也可以选择进入休眠的状态，直到科学家开发出治疗这些疾病的疗法。我还可以预见，这种做法会在亿万富翁的群体中广受欢迎，因为他们会利用这种方式等待有人找到返老还童的方法。或许还会有其他人进行这样的尝试，这样他们就可以在 50 年后再次出现在这个世界上，并且体验未来世界究竟是什么样子的。

　　或许还有一种比像熊一样冬眠更好的方式，那就是通过远距离瞬间传输的方式前往火星。大多数人都没有意识到的是，远距离瞬间传输是有可能实现的。虽然现在还没有人知道如何才能将人从一个地方传输到另一个地方，但是现在我们已经能够通过一种叫量子纠缠的过程将光子从一个地方传输到另一个地方了。

　　爱因斯坦把量子纠缠称为"幽灵般的超距作用"，因为它违背了几乎所有的传统逻辑。当两个粒子在量子层面发生纠缠时，你把它们分隔开很远的距离，此时如果你对其中的一个粒子施加某种影响，另一个粒子马上就会对这种影响做出反应。换句话说，这种现象似乎违反了爱因斯坦的相对论，因为按照相对论，没有任何东西的速度可以超过光速。正如你可以想象的，这让爱因斯坦很不开心。

2017 年，中国的研究人员成功地通过远距离瞬间传输的方式，将光子从地面传输到了轨道高度为 311 英里的卫星上。2019 年，欧洲的研究人员也实现了芯片到芯片的量子隐形态传输。

"我们已经能够在实验室中演示两块芯片之间发生的高质量的纠缠链接，无论在哪一块芯片上的光子，现在都共享同一个量子态。"布里斯托尔大学的研究人员丹·卢埃林（Dan Llewellyn）这样说道。[34]

这是实现在太空中建立一个量子互联网的第一步。而在地球上，量子互联网早已经在一些城市中进行了测试，比如在北京、芝加哥以及纽约。随着量子互联网的成熟，它可能会促使一个高度安全的、全球性的甚至有可能是行星际的通信方式诞生。它还可能会提供比现在大好几个数量级的更大的带宽，并实现量子超级计算机在云中运算极其复杂的模拟。相距极其遥远的时钟能够以比今天的原子钟高 1 000 倍的精度进行同步，这可以帮助我们改善全球定位系统以及对地球引力场的测绘。它还会促进更好的光学、无线电以及可见光望远镜的出现。

在上面的这些方式中，还没有哪一种能够让你在眨眼间就抵达火星，但是它们能够极大地改善通信、互联网安全，提升我们理解这个宇宙的能力。

其他行星上的生命

在我们的宇宙中至少存在 2 000 亿个银河系这样的星系，所以在其他行星上很有可能会存在智慧生命。在火星上发现微生物是一回事，但是发现完全独立于我们并在另一种不同的环境中通过自然演化出来的有意识的生命体就是另一回事了。问题是，这些外星的生命形式距离我们地球到底有多远，我们能够与它们进行沟通吗？宇宙是如此浩瀚，我们相互之间能够遇到另一方的机会十分渺茫，难道不是这样吗？实际上我们很可能永远也无法遇到另一种智慧生命体，即便最近的一项研究估计，在我们的银河系中可能存在数十种不同的智慧外星文明，而所有这些文明都已经具备了交流的能力。

"如果我们假设智慧生命需要 50 亿年的时间才能在其他行星上出现，那么在我们的银河系内，至少应该存在数十个不同的活跃文明。"诺丁汉大学的天体物理学教授克里斯托弗·孔塞利切（Christopher Conselice）这样说道。[35]

有些人认为我们可能早已经被外星人造访过了。不，这并不是什么阴谋论。英国宇航员兼天体生物学家海伦·沙曼（Helen Sharman）怀疑，某种我们看不见的外星生物很可能就生活在我们中间。当然它们并不是那些你在电影里看到的外星人，而是生活在"影子生物圈"[①]中的没有智慧的微生物。

"在使用这个词汇的时候，我并不是说存在一个幽灵王国，而是指那些还没有被我们发现的生物，它们可能会拥有一种截然不同的生物化学体系，"沙曼这样写道，"这意味着我们可能根本无法对它们进行

---

① 影子生物圈（shadow biosphere）指的是由我们还未发现的其他类型的生命体，比如非碳基的生命体构成的生物圈。——译者注

研究，甚至不会注意到它们，因为它们已经超出了我们的理解范围。"

　　理论上这是完全有可能的。加州理工大学的研究人员已经成功地诱使活的细胞与硅材料结合在了一起。很有可能会存在这样一种生命，它们与我们的生命形式是如此不同，即便我们与它们面对面相遇，我们也无法认识到这是一种生命形式。

　　"对于生命的形成，我们确实已经有证据表明，碳基分子曾经通过陨石抵达地球，"沙曼这样写道，"所以可以肯定的是，这个证据本身就已经让我们无法排除更多我们不熟悉的生命形式以同样的方式抵达地球的可能性。"[36]

　　在一生中，我们几乎没有可能像在电影《第三类接触》中所描述的那样与外星人进行近距离接触，但是我们很可能在有生之年看到新的生命形式在其他行星上逐渐繁荣兴旺。利用基因编辑技术，我们已经开发出大批转基因的植物、动物以及微生物来适应我们在地球上的需求。所以，没有理由认为我们不能为外星的环境设计各种动植物，比如能够适应火星、土卫六或者土卫二等外星环境的动植物或微生物。这些生命形式可能以前从来没有存在过，而且它们可能根本无法在地球上存活。

　　谈到新的生命形式，乔治·丘奇可以说是开发转基因动物的先锋。无论你相信与否，他正在致力于创造世界上第一头"猛犸-象"。他已经从一头长毛象的身体上提取了 DNA，并且把这些 DNA 注入了一头大象的胚胎中。他的这种做法能够让已经灭绝了 4 000 年的猛犸象复活吗？

　　"我们的目标是培育出一个大象-猛犸象的杂交胚胎，"丘奇这样说道，"事实上，它会更像是一头拥有数种猛犸象特征的普通大象。"[37]

丘奇的工作或许并不能创造出拥有已灭绝的物种特征的杂交物种，但是他为我们设计出能够更好地适应其他行星生存环境的生物铺平了道路。

丘奇的另一项计划是合成完整的人类基因组，他的目标是从零开始合成出使人类成为人类的所有基因。这项技术很可能是在整个银河系中传播人类种子的关键一步，尤其是如果把这项技术和人工子宫结合在一起的话。

费城儿童医院的研究人员目前正在开发这种人工子宫，而且他们已经用一只羊的胎儿对其进行了测试。他们这样做的目的是拯救早产婴儿的生命，但是这项技术在进行了适当的调整后，还可以被用在太空旅行中。与其冒着危险在低引力环境中怀胎 9 个月足期分娩，太空殖民者可能会选择体外受精以及人工子宫技术作为一种更安全的替代方式。将来的某一天，我们很可能会在火星和其他行星上建立起更加复杂的育儿设施，这些设施不但会被用来培育人类，而且会被用来生产转基因的宠物和家畜。

在太空飞船和其他行星上，辐射水平很可能是致命的，更不用提可能存在的环境毒素以及极端温度了。这也是为什么很多科学家认为，我们必须对大多数的生命形式进行基因改造，然后才能够将它们送入深层太空并停留很长的时间。

"在你有能力做到的情况下，你绝不能不对某人进行基因保护就将他送到另一颗行星上，"康奈尔大学的教授克里斯托弗·梅森（Christopher Mason）这样说道，"那样做实际上是不道德的。"[38]

一些天体生物学家希望能够更进一步地利用合成人类基因组技术。而这将涉及对人类的染色体进行重新编码，以帮助我们抵抗辐射带来的损害、抗御病毒、防止在低重力环境中的肌肉萎缩和骨质石化症。

这项研究还可能会导致"原始营养人类"（prototrophic humans）的出现。所谓"原始营养人类"是指，当受到限制的日常饮食中缺乏我们在地球上能够找到的营养物质时，依然能够存活下来的人类。利用先进的基因工程，我们或许能够让我们的肾脏细胞合成氨基酸、维生素以及其他在有限的食物供应下依然能够让我们在长期的旅行中生存下来所必需的营养物质。

"我不希望有人说我正在制造绿皮肤的人类，而且我也不建议我们在不久的将来就这样做。但是我确实建议，如果你想要在星系之间进行旅行，你需要首先解决的问题是如何才能够做到完全自给自足，"哥伦比亚大学的教授哈里斯·王（Harris Wang）这样说道，"我们正在把人类放在一种非常极端的条件下，而且从这个角度来看，这似乎是为了一个非常长期的计划而提出的想法。"

研究人员早已经学会了如何通过干细胞制造胚胎。对于前往遥远行星的旅程，我们或许不会再派遣人类或者动物前往。相反，我们可能只需要送去干细胞和 DNA，再加上人工子宫。这样一旦太空飞船抵达一个可居住的目的地，我们就可以让机器人来接管，然后再按照具体的环境和条件对基因进行修改并培育出合适的生命形式。这种做法的好处是干细胞和 DNA 的体积都非常小，这意味着我们可以在一支试管里装上一艘完整的挪亚方舟。

或许到那时，在某种程度上被我们称为人类的物种已经成为只能够生存在那些遥远的地外行星上的另一个物种。如果这些"后人类"返回地球，他们或许还需要穿上防护服才能够在室外行走。很多动植物可能会变得非常陌生，在地球上人们可能根本无法认出它们原来的品种。

斯科特·所罗门（Scott Solomon）是莱斯大学的教授和演化生物学

家，他指出：“最终，生活在太空中的人类与地球上的人类可能会因演化而出现巨大的差异，我们会认为二者本来就是不同的物种。”[39]

与其尝试把火星改造成另一个地球，我们不如把自己转变为火星人，当然同时需要转变的还有我们的植物、动物、昆虫以及任何能够保证我们在那里生存所需的东西。换句话说，我们自身很可能会成为我们在电影中所看到的那些可怕的外星人。

如果这听起来太像科幻小说，那么或许你应该了解一下，剑桥大学的研究人员已经创造出世界上第一个 DNA 经过完全重新设计的活的微生物。这种微生物的 DNA 是完全人工合成的，而且其 DNA 的编码也已经被彻底修改，这使得这种微生物可以抵抗病毒的侵袭。

“他们已经把人工合成基因组这个研究领域提升到了一个全新的水平，不仅成功建立起目前为止最大的人工合成基因组，还对基因组的编码进行了迄今为止最大的修改。”伦敦帝国理工学院的合成生物学家汤姆·埃利斯（Tom Ellis）这样说道。[40]

虽然这一切听起来都很有意思，但仍然有一些伦理上的问题需要考虑。不仅是因为有很多人反对人类扮演上帝的角色，还因为我们必须考虑那些行星本身。一旦我们抵达那些行星，我们不可避免地会带去各种各样的细菌，而这些细菌可能会永久地改变这些行星，这会让科学家很难判断哪一种生命形式是在这颗行星上自然演化发展起来的，以及哪一种是我们从地球上带过去的。

一艘最普通的飞船很可能会携带成百上千个细菌的孢子，而这对于一颗从未被人类拜访过的行星的基因纯洁度构成了真正的威胁。

“细菌的孢子是非常顽强的，”休斯敦大学的微生物学家马德罕·蒂鲁马莱（Madhan Tirumalai）这样说道，“它们可以在各种环境里生存数百万年，直到它们发现合适的条件并开始重新萌发。”[41]

当一架以色列的月球着陆器在月球上坠毁的时候，它很可能已经把一大堆缓步类的微生物倾倒在了月球的表面上。这些有 8 条腿的微生物非常顽强，它们甚至可以在高压以及类似外太空的极端辐射环境中生存。NASA 的行星保护办公室对月球并不是很关心，因为在月球上并没有任何生命形式存在。但是如果同样的事情发生在火星上，由于在这颗行星上可能会存在众多本土的微生物，对科学家来讲这就是一场灾难了，因为他们想要研究的是生命会如何在其他行星上自然演化。在那些想要把这些行星保持在原始状态的科学家与那些想要移民去这些行星的科学家之间，已经爆发了非常激烈的争论。

更有可能的是，那些主张移民的科学家最后会胜出。因为一旦我们开始在某颗行星上降落大量的飞船，各种微生物就已经不可避免地被带到了这颗行星上，而当人类抵达的时候，事情就再也无法改变了。我们本身就是行走的生物污染源。这是一场道德上的灾难，还是人类向前迈出的大胆的一步？这最终取决于你从哪个视角来看待这种进步。

不管将来会发生什么，想要阻止人类向太空深处扩张已经是不可能的事了。而这种扩张正是推动我们人类的文明继续向前发展的 5 种基本力量之一。所以，火星人请准备好，我们来了！

第四种力量

深度自动化

这种力量会推动人类通过算法使所有与管理、生长以及生命维持相关的底层过程自动化，而这无疑会加速创新、创造财富，并且把我们从各种日常的工作中解放出来。

大多数人在想到自动化的时候，会想象由机器人来完成所有的工作。但是经常被人忽视的是，如果没有人工智能，机器人只是一些非常蠢笨的机器。正是那些智能算法让它们有能力去完成一些非常高级的任务。人工智能，而不是那些机器，才是推动自动化向前发展的主要动力。无论是仿真机器人，还是正在进入我们家庭、办公室、工厂以及身体的系列智能设备，人工智能都是这些设备得以正常运转的动力。另外，在那些用来管理我们的基础设施、医疗保健、金融、交通以及政府的各种软件的背后，起到支撑作用的依然还是各种不同的智能算法。

在未来的数年时间里，深度自动化的力量将会颠覆我们整个社会。如果我们把我们当下的生活与我们父母和祖父母的生活进行对比，你就可以看到，在如此短的时间里事情已经发生了多么大的改变。我们已经从一个由笔和纸主导的世界进入了一个数字世界，现在在我们的口袋里永远不会缺少的是一台计算机，而且你已经根本无法想象没有互联网的生活将会是什么样子的。随着新技术以越来越快的速度不断浮现出来，即将到来的创新浪潮也将会具有更加鲜明的变革特征。

我们可以肯定的是，在将来几乎没有一种工作是不受影响的。在接下来的 10 年或 20 年时间里，厨师、会计师以及教师可能仍然会存在，但是他们的工作内容和工作方式或许将和今天截然不同。技术将会改变并接手人们手中绝大部分的日常工作，而与此同时，人类也将会因此转而从事一些之前可能太过困难或者根本无法想象的工作。

在这一章，我们将重点介绍一些正在推动深度自动化的核心技术，其中就包括弱人工智能、机器人技术、最新型的传感器、计算机网络、物联网等领域的最新进展。在介绍上述这些技术的同时，我们还会花大量的时间专门来介绍弱人工智能这个领域，以及这项技术对于自动化所产生的影响，之所以会这样安排，是因为这项技术将会对人类社会产生极其深远的影响。这里所谓的弱人工智能，指的是那些能够执行有清晰定义的任务的算法，比如引导一台机器人真空吸尘器在房间内进行清扫，把英语翻译成非洲的斯瓦希里语，或者在照片上分辨出一条狗等。

今天，我们在全世界能够看到的人工智能都是弱人工智能，它们中还没有哪一种已经接近再现人类的意识。这是因为，能够理解这个世界并且像人类一样学习的人工智能还没有被发明出来。计算机科学家通常会把那种人工智能称为强人工智能（或者叫作通用人工智能），但是没有技术背景的人会简单地把它称为超级智能。在下一章，我会更细致地讲述超级智能，另外，我还会就创造能够与人类的大脑媲美并最终超越人类大脑的机器的现实和哲学意义进行探索。

深度自动化并不需要超级智能，所以这也意味着我们可以在不远的将来就实现它。事实上，大多数相关的核心技术早已经存在，并且正在我们的工厂、办公室以及家庭中得到应用。从苹果的 Siri 和亚马逊的 Alexa 这样的虚拟助手，到 Netflix 的视频推荐和亚马逊的购物推荐，我们中的很多人已经在日常生活中体验到了由弱人工智能支撑起来的自动化。虽然所有这些我们都已经习以为常，但是它们仍然具有某些我们看不见的和很少提及的社会与经济影响，而正是这些影响在颠覆我们小心维持的社会秩序的平衡。

例如，随着自动化程度不断加深，我们还能否保持某种程度上的隐私以及对我们自己生活的控制？在有了足够的数据后，算法能否预测所有这些事情，从我们的购买习惯到我们会选择与谁结婚等？人类将如何与能力越来越强大的计算机一起以共生的方式协同工作？对老年护理、孩童的教育以及工作环境进行自动化处理又意味着什么？最后，我们会不会因过于依赖机器而丧失了我们人性中某些最基本的要素呢？

智慧城市：魔法王国的梦想

在一些国家，比如沙特阿拉伯，人们正在从零开始建造一座完整的智慧城市。他们的目标是尽可能地实现全面自动化，同时利用最新的技术使城市具有更高的效率、更高的生产率，更加环保并且更加智能。

王储穆罕默德·本·萨尔马尼（Mohammed bin Salmani）在这个项目上已经押注了 5 000 亿美元，他希望能够将贫瘠的沙漠和未开发的海岸线改造成一座未来之城。沙特阿拉伯人把这座新兴的大都市称为 Neom，他们希望这座新城能够超越硅谷，成为一个创新的中心。在这座新城的规划中，不但有能够飞行的出租车、机器人女仆、高科技医院、米其林星级餐厅，还有一座类似于侏罗纪公园的小岛。在这座小岛上，不但会有机器人爬行动物、能够在黑暗中发光的沙滩、供机器人角斗的体育场馆、能够追踪每个市民的人脸识别系统、进行人工降雨的系统，而且会有一个能够在晚上升到小岛的上空并照亮整个小岛的人工合成的第二月亮。

"我不需要任何道路或者人行道，"有报道称，萨尔马尼王储在一次会议上是这样说的，"到 2030 年我们就会有能飞行的汽车了。"[1]

问题是，在上述愿景中有多少是纯粹的空中楼阁，又有多少是真正能够实现的计划呢？对我来讲，这听上去就像是一座建立在类固醇药物上的既没有赌博也没有酒精的拉斯韦加斯城。但是，如果所有这些让人眼花缭乱的承诺可以让高科技公司迁往这一小片沙漠，那么为什么不试一试呢？

为了不落后于人，目前中国正在建造 500 座新的智能城市。这对很多西方人来讲或许是不可思议的，然而这一切又是完全真实的。我曾亲眼见过其中的一些城市，并且作为顾问参与他们的规划会议，在会议中我目睹了如微软、华为、万科、3M（明尼苏达矿务及制造业公司）、现代以及其他一些公司的参与。中国政府已经把利用最新的技术来实现基础设施现代化当作了一项优先的任务。这同时也是一项更大的战略的一部分，旨在刺激经济，并且为正在不断迁移到城市中来寻找工作和机会的农村人口腾出空间。

雄安将是中国皇冠上的明珠，据估计这座新城将耗资 5 800 亿美元，这甚至超过了沙特阿拉伯以丰富的石油资源为基础的预算。从北京坐高铁到达这座新城只需要 50 分钟的时间，而且这座新城最终将覆盖 2 000 平方公里的土地，这样的规模已经超越了大伦敦。中国政府希望雄安能成为一个新的科技中心，这座新的智慧城市将会拥有一个智能的城市管理系统，还会建立一个包括超级计算机和大数据在内的最先进的通信网络。更令人印象深刻的是，中国的目标是利用可再生和低碳能源来为这座城市提供 100% 的清洁能源。

当然，在建设智慧城市这方面，中国和沙特阿拉伯并没有在唱独角戏。智慧城市正在全世界各地不断兴起，森林城可以被看作马来西亚的新加坡，它正在被视为一座未来之城，在这座城市里将不会有汽车存在，而且所有的建筑都会被绿色的植物覆盖。森林城将会容纳 70 万名居民，并且横跨 4 座人工岛。

森林城项目的一个经理人陶向业（音译，Xiang Ye Tao）宣称，你的家会非常智能，你家的兰花可以在无人干预的情况下得到完美的浇灌。如果当地的小孩踢足球打破了你家的窗户，这些窗户将会在你回家前就得到修复。[2] 无论这些承诺能否得到实现，单单居住在马来西亚海岸外的豪华小岛上就已经具有相当大的吸引力了。但如果这些都不是你想要的，你还可以去哈萨克斯坦的霍尔果斯、斯里兰卡的港口城市科伦坡或者阿曼的杜格姆。

这一切听起来都很不错，但是这些城市如何才能够比纽约、柏林、东京或者深圳更先进和更高效呢？难道所有这些所谓的智慧城市都是用来装点门面的吗？或者我们能否用一种远优于现在已有的技术手段来改造现有的城市呢？让我们先来看一看当下正在酝酿的一些创新吧。

大多数新的智慧城市都会采用智能停车技术，当然前提是在这些城市里还有传统的汽车存在。智能停车解决方案通常会包括一个完全自动化的停车库，而且在车库里通常还会配备强制性的充电桩，另外还会安装可以让你预先知道什么时候某个停车位会空出来的智能停车计费器，这种计费器不但可以自动收费，还可以在你停放的车辆超时前向你发出提醒。

有些城市或许还会选择电气化的路面，这种路面很像斯坦福大学目前正在开发的产品，它们不但可以给电动汽车充电，还可以给成群结队出没在你周围、到处寄送各种包裹的机器人充电。对优步和来福车（Lyft）这样的公司而言，电气化路面不但可以降低公司的运营成本，还可以让已经完全自动化的电动汽车停放在路边，处于等待提供服务的状态长达数天的时间。到那时使用这些电动汽车的成本可能会变得足够便宜，对大多数人来讲，再拥有一辆属于自己的汽车已经变得毫无意义。

真正的问题是，你会飞着去上班吗？可能不会。在城市里使用飞行汽车可能在相当长的一段时间里仍然是一件时髦和让人感到新奇的事情。它们并不适合在一个人口稠密的大都市里被当作上下班通勤的交通工具。想象一下，如果一辆飞行汽车出现了一些小毛病，并且撞上了一栋办公大楼会怎么样？所以，大多数城市的政府官员都不会冒这样的风险让成千上万辆飞行汽车就这样在市区到处乱窜，飞行汽车将主要被用于在两座城市之间的旅行，而不会被用于城市内的交通。

在这些智慧城市里，从管理电网、维护公园到修补地面上的坑洞，大多数这一类的城市服务将主要由人工智能和机器人来完成。让这一切都自动化的缺点是，想要在电话里找到一个人来响应你的需求或许会成为一件很困难的事。当机器人垃圾车没有捡起你的垃圾时，你或许不得不与一个人工智能设备进行对话。

在智慧城市里，传感器将无所不在，而且它们还会监控城市里几乎所有的事物。如果马路边的小孩在打鼓的时候发出了太多的噪声，城市里的有关部门就会接到提醒。在巴塞罗那，他们已经在测试类似的系统以防止噪声污染。智能摄像头和传感器还会追踪每一辆汽车,并且通过重新规划交通线路来缓解城市的拥堵,在发生交通事故的时候及时通知警察。如果你恰好在公共场所点燃了一支烟,那么附近的某件智能设备可能会提醒你把烟掐灭。另外,你根本不要想随手丢垃圾,在新加坡,人们就非常痴迷于清洁和秩序,他们已经让人工智能支持的摄像头来监控这种行为,并且自动开出罚单。

为了节约能源,室内照明、恒温控制器、路灯以及几乎所有需要接入电网的东西都会由智能算法来接手管理。如果街上或者办公室里没有人,人工智能就会自动调节附近的照明,关闭取暖器,关上任何打开的窗户或者门,并且触发一大堆其他的节能措施。

如果发生了飓风或地震,整个应急响应系统将会通过一个中央人工智能进行协调,而分布在整座城市中的成千上万个传感器也会不断地向这个中央人工智能传送数据。污染也会通过同样的方法获得追踪和管理,在空气质量非常糟糕的日子里,位于某些地区的工厂和其他污染源可能会自动关闭。另外,废物处理系统也会实现自动化,城市可以利用真空管道让垃圾箱里的垃圾被运送到某个集中地,这样垃圾车就可以从少数几个集中地收取垃圾并送往填埋场。巴塞罗那现在正在进行这样的尝试。

当然,城市中还会有生态公园和各种绿地,在很多方面未来的城市可能更像是迪士尼公园而不是曼哈顿。所有的一切都会处于监控之下,并受到各种形式的控制和协调。如果你渴望秩序,这样的城市会很适合你,但如果你像我一样,更喜欢在日常生活中有那么一点点混乱和不可预知的事情,那么这种千篇一律的智慧城市可能就不适合你了。这就像你生活在鱼缸里,除了无法到处自由地闲逛,以及随意制造一些恶作剧,你的所有需求都已经得到了照料。

智慧政府

如果没有一个智慧政府，你就不可能有一个真正的智慧城市。当我访问波罗的海地区的时候，我很期望能与来自爱沙尼亚的政府官员见面，因为我已经听说了很多关于他们脱离苏联以来所取得的成就。我很想知道这样一个只有130万人的小国是如何成功超越比他们更大的国家，并吸引了来自世界各地的企业的。

当爱沙尼亚刚独立的时候，他们的通货膨胀率达到了1 000%，而今天，这个数字刚接近1%。另外，他们当初还继承了臃肿的苏联式官僚机构，但现在，他们已经拥有欧洲最精简的政府之一。他们原先几乎没有任何私营企业，但今天，按人口平均数来计算，他们的城市已经拥有了世界上最多的《财富》500强企业。当他们还在苏联内部的时候，所谓的初创企业文化是根本不存在的，但现在，与所有同等规模的国家相比，他们已经拥有了最多的独角兽企业。

就我所知，爱沙尼亚是从零开始实现上述这一切的。他们自下而上地改造了政府，首先他们取消了价格管制、降低了贸易壁垒、鼓励移民，并且采纳了统一的税收政策。其次，他们把所有的政府服务都放到了网上，而这意味着他们让政府的日常运作变得透明起来。这种做法不仅减少了腐败，提升了效率，而且让任何居住在国内或国外的人都只需按下一个按钮就能获得政府的服务。

接着，他们又开始实行电子居住证政策，这样世界上任何地方的任何人都可以在不踏足这个国家的前提下，很容易地在爱沙尼亚做生意了。这是一个非常引人注目的举动，因为它让全世界的商人都可以在欧洲建立自己的业务并远程管理他们的企业。创业者甚至不需要一个本地银行的账户，他们可以使用任何欧盟国家的银行。通过允许国外的企业主不交税，除非他们把利润转移出这个国家，爱沙尼亚让整个国家的投资环境变得无比友好起来。这进而鼓励了资本对整个生态系统进行再投资。

"我们想让我们的政府尽可能地精简，"爱沙尼亚的首席数据官奥特·维尔斯伯格（Ott Velsberg）这样说道，"有些人担心，如果我们减少了公务员的数量，政府提供的服务的品质就会出问题。但是人工智能会帮助我们解决这个问题。" [3]

维尔斯伯格目前正在监督并推进这个国家利用人工智能来实现政府服务的自动化。政府的监察人员将不再核查每年夏天通过接受政府的补贴来进行干草收割的农民。取而代之的是，相关地区的卫星图像会被输入一种机器学习算法，接着这些卫星图像会被叠加到相关地区的地图上，然后有关该地区干草收割状态的更新就会通过电子邮件或者文本发送给相关的农民。整个过程是完全自动化的。

政府的另一个机器学习系统会搜集那些被解雇的工人的简历，然后将他们的技能与潜在的雇主进行匹配。相关的算法在发现合适的匹配对象方面十分出色，在那些通过这种方式找到了工作的工人中，有超过 70% 的人在 6 个月之后依然被他们新的雇主雇用。这与完全人工匹配所获得的 58% 的比例相比，已经实现了显著的提升。

由于痴迷于将所有的过程都进行流水线式的操作，爱沙尼亚的孩童们在他们刚出生的时候就已经自动被当地的学校录取了。这也使得他们的家长不需要在一个等待录取的名单上进行登记，或者打电话给学校的管理人员了。

如果上面这些还不足以说明问题，爱沙尼亚还推出了一个人工智能法官来解决一些只涉及很小金额的合同争议。除非相关的案件被提起上诉，否则整个过程不会有任何人类的法官参与进来。

"采用人工智能进行管理给我们展示了这样一个前景，你可以获得比我们目前所拥有的更多的连贯性，而且或许一个由人工智能支撑起来的管理系统会比人类的决策系统拥有更高的精确性。"斯坦福大学的数字治理专家戴维·恩斯特龙（David Engstrom）这样说道。

爱沙尼亚已经走得更远，他们让政府所有的数据库都互相连接在了一起并共享信息。政府还允许居民查询谁曾经通过数字门户访问过他们的信息，而这种程度的自动化正在让爱沙尼亚的政府获得回报。目前爱沙尼亚有超过 2/3 的成年人正在通过互联网递交政府所要求的各种表格，而这几乎已经是欧洲平均水平的两倍。

虽然他们把所有的服务都搬到了网上，但爱沙尼亚的政府官员指出，目前他们还没有遭遇到任何重大的数据泄露或者盗窃。对一个资源有限的小国来讲，这已经是一个相当可观的纪录了。绝大多数的世界大国，比如像美国这样的国家，甚至还远远没有达到这种程度的政府自动化。

机器警察：自主化的警务服务

警务自动化早已经在进行之中。由创业公司 PredPol 开发的犯罪预测软件目前正在全美超过 40 家执法机构中使用，这家初创企业声称，他们的人工智能可以预测某些特定的犯罪行为最有可能在一座城市的什么地方以及什么时候出现，其预测的精确度可以定位到一个 500 英尺 × 500 英尺的方形区域内。

"我们首先需要拿到 3~10 年间的犯罪数据，然后再通过我们的算法具体运算在信息中出现的相关点，"PredPol 这样描述道，"长期和短期的趋势、重复发生的事件以及环境的因素都会被考虑在内。"[4]

PredPol 相信，他们的机器学习算法可以帮助警察部门更好地利用手上的资源，并降低犯罪率。

"我们发现，这个模型在预测某些犯罪行为可能会出现在哪里以及在什么时候时，具有不可思议的准确性，"圣克鲁斯警察局的副局长史蒂夫·克拉克（Steve Clark）这样说道，"也就在这个时候我们才意识到，我们很可能拥有了某种非常厉害的东西。"[5]

人工智能还影响了法官给出刑期的方式。2013 年 2 月，警方发现埃里克·卢米斯（Eric Loomis）曾经驾驶过一辆在一起枪击案中被使用的汽车。被捕后，他承认自己曾经逃避过一名警官的问讯。在给他判刑的时候，一名法官不仅看了他的犯罪记录，还参照了被称为 COMPAS 的算法软件给出的分数。这个部分基于人工智能的软件预测卢米斯很有可能还会犯下更多的罪行，所以他被判处了 6 年监禁。恐怕菲利普·K. 迪克（Philip K. Dick）的《少数派报告》（*Minority Report*）这部于 2002 年上映的科幻电影中的情节正在成为现实。

问题是这些系统还并不完美。早在 2016 年，ProPublica 新闻网站就曾经报道过 COMPAS 存在种族偏见。因为这款软件给出了这样一个结论：黑人被告再次犯罪的风险要比他们自己声称的高很多，而白人被告再次犯罪的风险却比实际低很多。这种偏见源于最初输入给深度学习算法的数据。在知道了这些系统会多么容易犯错后，难道我们真的想让人工智能来设定保释金、决定具体的刑期，甚至帮助判定被告是否有罪吗？你如果是那个正在被判刑的人，很可能不会接受这样的做法。

不仅在法庭上，而且在大街上人工智能的自动化也正在发挥积极的作用。创业公司 Knightscope 设计并制造了可以完全自主化的安保机器人，他们的第四代型号看上去就像是被安装在轮子上的锥头型机器人。它上面安装了多个传感器，它如果探测到了某些可疑的事情正在发生，就会马上向身旁的保安或者警察发出警告，但是目前它还没有能力独自逮捕罪犯。

"我用停在街角的警车来打个比方，"在柯尔柏供应链公司负责机器人业务的副总裁约翰·桑塔盖特（John Santagate）这样解释道，"即便没有人在那辆警车里，警车周边的人群也会主动调整他们自己的行为。"[6]

威慑很可能是 Knightscope 的产品能够带来的最大好处，但是这些安保机器人还可以搜集大量的信息。这些机器人可以通过扫描 Wi-Fi（无线网络）信号来识别周围的智能手机，以及与这些手机的主人有关的信息。这些数据可以被用来识别和追踪一些不受欢迎的个体。

警察现在还在使用无人机来绘制城市地图、监控交通流量、追捕犯罪嫌疑人、从空中调查犯罪现场，甚至对事故进行 3D 重构。无人机可以进行人工操控，但目前已经有越来越多的无人机是自主控制的。这些飞行的机器人已经在帮助警方执行各种搜救任务，做出应急救灾的反应，以及向飓风和地震的受灾者提供救援。

你完全可以想象，当你把地面和空中的机器人组合在一起后，你所拥有的对大型公共事件进行管理的潜力，比如管理摇滚音乐会、监督抗议活动，以及控制骚乱等。警用无人机甚至可以用于捕获其他未经授权使用的无人机，并使它们迫降。除了警用无人机，福特公司还正在开发完全自主化的警用车辆。在这些警车上会安装各种各样的传感器，它们不但能在高速公路上进行追逐，还可以向违法停放的车辆开出罚单。

"当下，我们最主要的兴趣在于，如何在非常危险的环境中用机器人来代替人，这样你就可以在一些类似的场景中安全地搜集有关信息了。"波士顿动力公司（Boston Dynamics）的副总裁迈克尔·佩里（Michael Perry）这样说道，波士顿动力公司正是那家开发了 Spot 机器狗的公司。[7]

人工智能变得越复杂，我们要求机器人做的事情就会越多。最初，这些机器人可能只是追踪罪犯，或者在警官到来前控制住罪犯。然而，或许有一天我们会允许这些机器人采取致命的行动。想象一个罪犯或者恐怖分子的手上有人质的场景，此时警方可能会选择派遣一个机器人而不是一名警官入内。或者如果机器人是第一个到达自杀式炸弹袭击现场或者大规模枪击事件现场的警方力量，那么它又该如何应对呢？它应该就地待命并等待警官到来，还是应该直接采取行动？

2016 年，达拉斯警方利用一个装有爆炸物的拆弹机器人杀死了一个已经谋杀了 5 个人的狙击手。这是第一次非军用的机器人被用于杀人。

"我们真的需要一些法律和法规来设定一条基本的底线，以确保这些系统在政府的手里不会被错误地利用或者滥用，"美国民权同盟的凯德·克罗克福德（Kade Crockford）这样说道，"而且，仅仅有服务性条款的协议是完全不够的。"

我们部署的机器人越多，发生这一类事情的可能性就会越大。深度自动化意味着由人类担任警官的需求会越来越少，取而代之的将是越来越多的智能机器。终有一天，我们很可能会感到，在必要的情况下让这些机器使用致命的武力是完全合理的。可能给出的理由是，在这些机器的背后，人工智能已经比人类更加精确和更加可靠。这并不难以想象，当人类处于某种紧张的情形中时，恐惧就会渗入人体，他们的肾上腺素会开始激增，此时即便是最训练有素的警官也有可能会犯错。机器不会有这种生物学上的缺陷，而且在有了经过良好训练的人工智能后，那些根本没有必要的警察暴力事件也会极大地减少。

如果我们知道，与人类相比，未来的机器人几乎不太可能会出现反应过度的情况，不会受到偏见的影响，而且只有在绝对必要的情况下才会使用武力，那么难道我们不该使用这些机器人吗？这个问题肯定会在世界各地引发争议，而且不同的国家会做出完全不同的选择。

我们可以肯定的是，会有越来越多的机器人被用于自动化执法以及改善执法。而且不是只有机器人，机器人将只是一个完整的警务系统的延伸，在这个警务系统中还将包括每一台闭路电视摄像头、麦克风、智能设备以及在警务网络中使用的计算机数据库。当一个人工智能想要做出一项决定时，它会首先从海量的数据源中获取数据，然后进行编译、分析并判断下一步该干什么。在逮捕一个犯罪嫌疑人时，人工智能很可能会协调数十个不同的机器人以及上百台不同的智能设备。

我们希望绝大多数未来的机器人，如果不是全部的话，都是不会置人于死地的。它们可以被设计成利用机械臂、橡胶夹、网以及其他方式来制伏它们眼前的对象，同时不会造成对身体的伤害。如果我们批准它们使用致命武器，那么它们也只应该在最极端的情形下，比如在发生大规模枪击事件或者恐怖袭击的时候才能够被投入使用。通过这样的方式，警务工作或许会变得更加自动化和更加安全。然而我们不希望发生的是，这些机器人会落在一些坏人的手中，而他们可能会利用这些机器人来做一些你无法预料的事。

如果我们能够负责任地使用警用机器人，那么或许有一天，我们会更喜欢使用机器人而不是人类。等到了那一天，我们可能会完全取消人类在大街上巡逻。虽然这种做法会令人感到有点儿不可思议，但如果考虑到将来我们会习惯于每天与机器人打交道，那么我们就绝不会再害怕这些机器。相反，我们可能会更关心统计数据。如果在那些依赖人工智能与机器警察的城市里犯罪率和死亡率都在大幅下降，那么使用机器人而不是人类就应该是完全合理的。

监控的国度：人工智能正在监视着你

在用算法实现世界的自动化后，我们不但会有机器人警察，而且监控技术还会在我们的安全和商业中发挥核心作用。例如，一家日本的创业公司已经开发出了一种能够预测犯罪意图的人工智能摄像头。这家公司声称，使用了他们软件的商店在试用期间盗窃损失率下降了77%。这似乎是一件好事，尤其是如果你是这家商店的老板的话。美国全国零售商联合会估计，每年商店因盗窃和欺诈导致的损失已经超过了500亿美元。显然，这款软件是非常有价值的，但是如果这款软件越界又会如何呢？

很多关心公民权利的人开始担心，人工智能是否会基于某种统计相关性，比如人们在商店里四处闲逛的方式、他们身上穿的衣物类型，或者在他们的身上是否有文身等来标记它认为有嫌疑的人，这可能会导致一些很不愉快的结果。如果你每次进入一家商店，一个人工智能设备就会基于统计相关性来提醒这家店的店员，你可能会在商店里进行盗窃，此时你又会做何感想呢？这种做法可能会降低店内发生盗窃的可能性，但同样会让某些群体的人感觉受到了不公平的对待。

斯坦福大学和麻省理工学院的一项研究发现，很多商业化的人脸分析程序都表现出了对性别和皮肤颜色的偏见。想要完全从人工智能中移除这些偏见是极其困难的一件事，因为大多数这样的偏见都根植于我们的文化和社会中。甚至有这样一种可能性，即人工智能本身也可能会被负面的社会行为和价值框架塑造，导致出现各种负面的行为。商店雇员也可能会基于人工智能传递给他们的信息而变得对某些类型的人更有敌意，反过来，这些类型的人也可能会通过展开针对这些商店的犯罪来进行报复。

还有一种可能性是，人工智能可能会以让某些"低端客户"被歧视为代价来实现利润的最大化。想象一下，每当人工智能判断有高价值的客户进入商店，并立刻提醒该店的员工进行区别对待时会发生什么？毫无疑问，这个社会将因此形成一种等级分明的体系，而你完全可以把它看作一种数字化的种姓系统。另外，基于隐藏在公司服务器上的专有数据，这些店员实际上每天都在具体地实践与等级相关的偏袒和歧视。

决定你这个人在那些服务器上的数据会被划分为哪一个等级的因素，不仅有你的外表，还有你说了些什么。利用摄像机和麦克风，当你走过一家商店时，人工智能可以通过监控你和朋友之间的私人对话来为你建立一份个人档案，而这些数据可能会被用来提供更好的客户服务。例如，如果人工智能判断出你对某些东西感到迷惑，它很可能会提醒店员来为你提供帮助。另外，它或许还会利用这些数据来了解你的购买偏好。

与此同时，当你意识到你在商店里闲逛的时候所说的每一句话都会被记录下来并被分析时，这就已经不再是一件让人感到愉快的事。即便在上述过程中没有人类参与，相关的数据仍然会被存储在某个地方，并很有可能最后被卖给第三方。这样的事情对如今的在线数据来讲可以说一直都在发生，而你没有任何办法可以确切地知道这些信息是不是完全匿名的。你所说的话很有可能会在某个地方的数据库里与你的身份发生关联，而对此你可能完全无能为力，因为你或许根本不知道曾经发生过这样的事情。如果没有政府的监管，我们几乎不可能知道这些数据被卖给了谁，或者第三方在拿到了我们的数据后又会做些什么。

另外，围绕着数据匿名的方式还有很多担忧。有时候，人们会想用现金去零售店购买某些特别的东西，因为他们不想让任何人知道这件事。然而，如果商店用闭路电视来记录每一个人的行为，这种想法也就变得不可能了。当你去购物的时候，很多我们认为理所当然的权利和特权现在正在不断消失。

不仅仅在商店内我们会受到监控，在路上也同样如此。在澳大利亚新南威尔士州，人们将机器视觉融入了路边的摄像头中，用于捕捉那些在开车的时候打电话的人。人工智能会自动标记那些司机，然后向他们发出警告信息。

现在，还有一些闭路电视摄像头可以通过拨打你的手机来跟你进行交流。在公园里，这一类的摄像头可能会警告你必须沿着人行小道行走，或者在工作中它们会提醒你绝不要偷懒。事实上，今天几乎所有的公共场所都有监控，而且随着深度自动化的不断发展，这种情况只会越来越普遍。想象一个机器人无所不在的世界，它们不但会出现在街上、在家里、在学校里，还会出现在你的工作场所中。它们会利用传感器记录下它们周围的一切，而这些数据将会是非常有价值的。有很多人会想要拥有这些数据、利用这些数据，并销售这些数据。

在英国，平均每 10 个公民就可以分到一个监控摄像头。但在中国，对于闭路电视摄像头的数量目前有很多种不同的估计，分析人士相信在未来的 10 年中，中国很有可能平均每两个人就可以分到一个摄像头。这是不是预示着我们的未来都会如此呢？会不会有一天在公共场所，摄像头的数量会多于人的数量呢？

摄像头并不是我们唯一需要考虑的事情。像 ShotSpotter 这样的创业公司正在利用户外的麦克风来定位枪击案发生的位置，并以此向警方发出警报。他们声称，这缩短了警方的反应时间，同时向警方提供了他们破案所需要的数据。因为利用这种方式，警方还能够从录音中判断现场有多少个枪手，以及使用的是什么类型的武器。目前他们的麦克风已经部署在全美超过 100 个城市中，但问题是我们根本不知道他们在哪里进行录音，或者会录下什么样的内容。

在欧洲，创业公司 PASSAnT 正在部署配备有麦克风的智能围栏，这种围栏不但能分辨出意外的碰撞、暴风雨天气，还能分辨出是否有人正在攀爬围栏等各种不同的场景。

"警务工作将会变得越来越依赖技术，然而当下并不是所有人都已经准备好接受这种改变了，"荷兰技术、安全和保障研究所主任里昂·弗维尔（Leon Verver）这样表示道，"但是一旦我们能够向他们证明，这种做法可以让他们的工作变得更轻松，而且街道也会变得更安全，我相信他们会改变想法的。"[8]

如果你认为利用部署在整个城市内的麦克风来倾听你的对话是一件很奇怪的事，那么或许你应该先来倾听一下麻省理工学院的研究人员想要实现的梦想，这是一种能够基于你的嗓音来判断你的长相的人工智能。在分析了一小段某人的语音片段后，机器学习算法重构出了那个人的长相。虽然这项技术还并不完美，但它确实已经做到这一点了。

如果这还不足以令人毛骨悚然的话，麻省理工学院又向前更进了一步，他们推出了一种能够隔墙看到你的身体的技术。利用一种能够分析从人体反射回来的无线电波的神经网络，他们的系统已经可以探测和追踪一个人在一堵墙的后面走路、坐下或者移动等动作。对执法机构、军队以及任何想要监视别人的人来讲，这项技术会被证明是非常有用的。

谈到对人的监控，杭州市第十一中学安装了三台闭路电视摄像头，用来对它自己的学生进行监控。这个系统可以分辨出7种不同的脸部表情，包括中性、高兴、难过、愤怒、害怕、反感以及惊讶。其目的是判断学生是否专注于他们的课程，如果没有，系统就会提醒上课的老师。

"以前在上我不喜欢的课的时候，我会偷懒，可能会在书桌上打个盹儿，或者翻看其他的课本，"其中一位学生这样说道，"自从教室装了这个系统，平时总觉得有无形的眼睛盯着我，上课都不敢开小差了。"

这肯定会让他们失去一些作为年轻人的乐趣，就好像有一个家长站在那里始终紧盯着他们，绝不让他们中的任何人有机会随地吐口水或者哪怕瞌睡几秒钟的时间。

"这就像上课的老师有了一个助手一样，它可以改善教学的质量，"该校的校长倪子元这样表示道，"有人说这侵犯了学生的隐私，但是它只记录学生的身体动作，而不是拍摄他们在课堂上的行为。那些专心上课的学生会获得一个A的标记，而那些上课开小差的学生会获得一个B的标记。"[9]

同样的技术很有可能还会被用在你所在城市的工厂车间、呼叫中心、零售店铺以及办公室内。对你来讲这可能不是什么问题，但对我来讲，我需要时不时地放松一下。如果没有时间休息，你所承受的压力将是令人难以置信的，而且我还担心那些学生会开始出现身体和心理上的疾病。

布洛克·奇泽姆（Brock Chisholm）是一位临床心理学家，他曾经就长期的监控对人的身心的影响进行过广泛的研究。他发现这种影响取决于人们是否意识到他们正在受到监控，以及他们认为这种监控的目的是什么。

"在这样的背景下，每天焦虑都会不断积累，我们知道监控就在那里，但是我们会忽略它，而且我们不会意识到我们的内心有多么紧张，直到监控不再进行下去，"奇泽姆这样说道，"对那些焦虑层次很低但因背景而引发的焦虑每天都会积累的人来讲，他们在处理人际关系时会有更多的困难，会与其他人发生更多的争执，而且他们还会更加警醒，并始终在周围寻找可能存在的威胁。"[10]

按照个体以及监控类型的不同，表现出来的负面影响可以从轻度焦虑到严重的创伤后应激障碍以及抑郁症，而伴随着这些与压力有关的状况还会出现一系列的身体疾病。在这里问题的关键是，监控并不是一种温和的技术，如果使用不当，它可以对我们的幸福和健康造成直接影响。

Cortica 是一家以色列的创业公司，它正在整个印度推广其基于人工智能的可用于打击犯罪的系统。利用从闭路电视摄像头获得的数据，它会分析各种异常的行为，并在某些人有可能成为罪犯前就锁定那些人。基于一种军用的筛查系统，他们的软件可以通过解码细微的表情，比如肌肉的抽搐、脸部的运动、姿态、步伐以及其他的肢体运动来分辨恐怖分子。

在中国，警察常常会佩戴内置脸部识别功能的智能眼镜。警官可以在人群中通过抓拍犯罪嫌疑人的照片并立刻将其与数据库中的数据进行比对来识别犯罪嫌疑人。创业公司商汤科技已经在全中国部署了其脸部识别软件，现在这家公司可以说是世界上最具价值的人工智能企业之一。在拥有了一个由超过 6 000 个高性能图像处理单元组成的超级计算平台，并且可以访问数亿张不同脸部的数据后，他们的平台已经可以非常熟练地识别出不同的人以及他们的行为。商汤科技现在正在将这项技术应用于从社交网络 App 到医疗服务等各个领域。

"一旦你针对脸部识别优化了人工神经网络，它甚至可以在一部手机上实时运行。"商汤科技的联合创始人林达华这样说道。[11]

创业公司 IC Realtime 正在使获取监控数据变得更加容易。他们的 App 运行在谷歌云上，并且能够在几乎任何闭路电视系统中搜索视频。用户可以自己下载 App，然后支付每月最低 7 美元的费用就可以开始搜索各种视频了。

"让我们假设发生了一起抢劫案，而你根本不知道究竟发生了什么，" IC Realtime 的 CEO 马特·赛勒（Matt Sailor）这样说道，"但案发后不久现场刚好有一辆牧马人吉普在向东疾驶。那么我们可以尝试搜索这辆牧马人吉普，而且很快你就能找到这辆车了。"[12]

这类技术将使人们可以很容易地搜索到大量的视频数据。在将来，如果有人想要找出你曾经去过哪里以及都干了些什么，他所要做的就是在电脑上输入你的名字。但如果这类技术落在了坏人的手里，事情很可能就会像电视连续剧《黑镜》所描述的那样。即便这种技术只用于打击犯罪，它仍然会对人们的行为方式产生影响。

"我们希望人们不仅是自由的，而且能够感受到自由。而这意味着他们无须担心一个未知的、看不见的观众会如何来解读或者误解他们的每一个动作、每一句言辞，"美国民权同盟的分析师杰伊·斯坦利（Jay Stanley）这样说道，"令人担忧的是，人们会开始不断审视自己，担心他们所做的每一件事都会被误解，并因此给他们的生活带来负面影响。"

要不了多久，这些深度学习算法就能够针对我们的行为做出各种各样的判断。例如，利用闭路电视摄像头和我们随身携带的智能设备的数据，当我们沿着一条大街向前行走的时候，某种算法就能够预测出我们会去哪里，将和谁见面，我们可能会做什么，以及我们可能会有什么样的意图。如果你把这项技术与越来越小的摄像头结合在一起（目前最小的摄像头只有一粒沙子大小），那么我们所有人很快就会生活在《楚门的世界》里。

　　这难道就是我们想要生活于其中的世界吗？在我们仅剩下的那点儿隐私也荡然无存之前，这正是我们现在就需要回答的问题。可怕的是，随着数百亿个不同的智能设备被批量部署在我们的办公室、家庭、大街以及公园，这种情况只会变得越来越糟糕。要不了多久，你想要找到一个能确保你不会被监控、分析以及分类的场所将是一件根本不可能的事。

　　但如果从另一个角度来看这个问题，我们这个社会依然有希望。虽然在我们生活的这个社会，少数人拥有强大的资源，可以监控大多数人，但大众同样可以反向监控这些少数人，从而约束可能会出现的对于这种权力的滥用。

　　被业界公认为"可穿戴计算之父"的加拿大多伦多大学教授史蒂夫·曼把后面这种现象称为"反向监控"或者"现场记录"。当普通民众利用各种技术，比如智能手机、增强现实设备以及可穿戴的摄像头来记录他们周围的世界时，这种现象就会出现。另外，当旁观者利用他们的手机摄像头来记录警察的暴行，或者当各种运动的激进分子利用智能设备来估算参与抗议的人数并记录接下来将要发生的事情时，我们也可以看到这种现象发生。在一个每个人的手里都有智能设备的世界里，对于如今已经随处可见的监控设备，"反向监控"力量的存在可以被看作一种健康的平衡。

人工智能算命师：预测机器

智人要比这颗行星上的其他任何物种都更善于对可能的未来场景进行建模和预测。但是现在，我们的智能机器已经在这方面让我们显得像黑猩猩一样落后。人工智能处理大量数据的能力已经远超我们，这意味着计算机所具有的预判未来并推断接下来可能会发生什么的能力，将会颠覆整个行业并重塑我们的生活。

利用其所拥有的海量数据，亚马逊正在将业务的每一个方面都通过算法来实现自动化，其中就包括预测人们会购买什么。例如，亚马逊已经能够用统计模型来预测下周二在芝加哥能够卖出多少吉列的刀片，从而预先安排相关产品的发货。这也是为什么亚马逊能够避免隔夜运输成本，并将省下的钱回馈给它的客户，而它的客户通常也希望能够在第二天就收到货。当然，这种方法也只对大批量的产品有效，量越大，它所做出的预测就会越精确。

亚马逊的最终使命是在客户还不知道他们需要这款产品前就把产品销售给他们。亚马逊如何才能实现这一目标呢？这一切又需要回到数据上。利用智能设备，比如语音助手 Alexa，以及来自线上和线下的购物数据，亚马逊正在对每一个个体的购物习惯进行学习和建模。一旦亚马逊有了足够的数据，接下来需要做的就是在人们下订单前就将产品发给他们。想象一下，你收到了一个来自亚马逊的包裹，打开包裹后发现里面恰好就是你想要下单的产品。如果你不想要其中的某些产品，你还可以免费把它们再退回去。

只要它的机器学习算法可以变得足够精确，而且有利可图，那么亚马逊就会具备这样做的能力。在准备过程中，亚马逊需要将它的整个供应链，从仓库到送货上门的整个过程，都实现自动化。运输的成本越低，它能够承受的退货也就会越多。而为了能做到这一点，它需要将人力成本从整个循环中剔除出去。

或许有一天，亚马逊的仓库、送货车以及在这两者间的所有流程都会实现自动化。一旦它做到了这一点，客户拒绝订单的成本就会降到最低，而亚马逊也就可以开始着手在收到订单前就安排发货了。换句话说，通过让这个过程的每一步都实现自动化，亚马逊希望可以将购买决策从购买的过程中剔除出去。如果它的客户不再购买某些产品，他们就不会在网上搜寻最便宜的价格，也不会再访问竞争商店的网页了。从长远来看，这种做法可以为亚马逊带来不可思议的利润，同时还节省了客户的时间以及访问其他商店的麻烦。

谷歌旗下的 DeepMind（深度思考公司）已经开发出了一款软件，可以无须抽血或者进行其他必要的化验，仅利用视网膜的图像就能够预测发生心脏病和中风等疾病的可能性。要不了多久，很可能就会出现一种可穿戴设备，它可以告诉你应该在某一天去医院，因为你很可能会在接下来的数周时间里心脏病发作，或者你应该在接下来的 24 小时的时间里服用某种药物以避免中风。

"我们的深度学习算法在进行训练的时候使用了来自 284 335 个病人的数据，这使我们能够以令人惊叹的精确性通过视网膜图像预测出来自两个独立数据集的病人患病的风险因素。"正在领导谷歌进行这方面投入的医学博士莉莉·彭（Lily Peng）这样说道。[13]

DeepMind 还开发出了一种算法，这种算法可以在大多数相关的症状被医生发现的 48 小时之前就预测出某一个病人是否有可能出现致命的肾损伤。谷歌的研究人员声称这种算法的精确度已经达到了

90%。在有了这项技术后，医生将不用再猜测接下来会发生什么，而是直接开始准备应对接下来会发生的事情。医院也可以利用这些数据来预先做出安排，比如谁应该在某一天值班，以及在一周中每天应该安排多少张床位，从而可以用更低的成本来拯救更多的生命。

这或许会让你感到惊讶，但是人工智能还可以通过查看你的心脏检查结果来预测你在今后一年内死亡的可能性。这些检查结果对医生来讲可能看上去很正常，但是人工智能可以判断出哪个地方是否出现了问题。在学习了177万份不同的心电图检查结果后，由盖辛格健康系统公司（Geisinger）开发的深度学习算法现在已经能够在心电图的模式改变中发现人类往往会忽视的异常点，进而提醒当时的主治医师。

根据世界卫生组织的数据，每年有将近80万人自杀。脸书已经开发了一种机器学习系统来预测可能的自杀企图，一旦脸书上的某个帖子被标记为具有潜在的自杀风险，这个信息就会被发送到脸书的内容审核团队。如果该团队认为事情紧急，他们就会通知执法机构，这样他们就可以在事情变得无法挽回前进行干预了。

"就在去年，我们已经帮助全球的紧急救援人员快速找到了大约3 500名需要帮助的人。"马克·扎克伯格这样写道。[14]

很快我们可能就会看到学校和社交网络利用这些数据来预测从学生患上厌食症和贪食症的可能性，到某些学生是否更有可能出现暴力行为等各种事情发生的概率。虽然搜集和处理这类数据可能会存在隐私方面的问题，但其带来的好处也是显而易见的。

脸书目前也在利用预测引擎来最大化它自己的营业收入。它曾经开展了一项测试，询问用户什么样的文章、视频以及广告是他们在未来最有可能去点击的。接着脸书又要求它的机器学习算法来预测用户未来的行为。那么你认为谁会在大多数的情况下表现得更正确呢？是用户自己还是人工智能？答案当然是人工智能。

虽然这听上去会令人感到不安，但与我们自己相比，人工智能确实能更精准地预测我们将会做什么。无论我们相信与否，我们实际上并不真的很了解自己。我们或许会认为自己会选择点击有趣的科学视频，但是当可爱的小猫出现在视频中的时候，我们还是会不由自主地选择后者。深度学习算法观察的是我们实际会做什么，而不是我们说自己会做什么。利用这样的数据，它们会比我们更了解我们自己。

这对于我们的将来又意味着什么呢？它意味着在我们的生活中，无论我们选择在 Netflix 上看什么样的节目，还是去哪一家餐厅用晚餐，我们都将越来越依赖人工智能做出的决定。在有了足够的数据后，人工智能将使我们避免观看糟糕的电影或者吃到糟糕的食物，而且我们也没有必要再花时间去阅读各种评论，并以此来找出我们真正想要的东西。

对我们中的大多数人来讲，想要发现哪一种产品或服务最适合我们的需求是一件很痛苦的事。没有人想要这样的麻烦，尤其是如果人工智能可以做得更好。但真正可怕的是，每次在我们使用这些极其方便的算法服务后，我们都会放弃一点儿自己的自主权。最开始的时候，你这样做根本没有什么大不了的，毕竟，如果你能够不浪费 20 分钟的时间来搜寻一部更好的电影，这样做又会有什么坏处呢？

但是，当涉及的事情已经不再是一部电影，而是像食品、杂货、小工具、新闻以及各种媒体等我们每天都必须消费的东西，而此时如果我们仍然让人工智能来代替我们做出决定，事情又会如何呢？机器学习算法会最终代替我们来决定我们几乎所有的消费习惯吗？利用人工智能来实现我们日常生活的自动化是一个好主意吗？这对于我们靠自己来做出一些明智的决定的能力又意味着什么呢？

请记住，这些算法或许并没有什么恶意，它们本来就是被设计来取悦于我们的。但是，并不是所有的东西都能让人感到愉快，我们需要知道，还是有一些东西会让人感到不舒服的。另外，消费者的选择拥有巨大的力量。如果我们不再主动选择我们日常需要消费的产品和内容，并且把决定权交到了算法的手中，那么对于我们钱包中的金钱的流向，我们也会逐渐失去影响力。

还有一个问题是所谓的自主性。从什么时候起，我们开始逐渐侵蚀自己的自由意志了呢？或许有一天，我们会把生活中所有关键性的决定都委托给人工智能。想象一下，如果你正在为是否应该辞职而烦恼时，你很可能会提出这样的问题："还有更好的工作吗？新的工作我能拿多少薪水？如果我不离开现在的工作岗位，我的职业发展机会有多少？"人工智能或许能够比你自己更精准地回答这些问题。大多数人只是不想在没有相关信息的情况下冒险做出这一类的决策，因为这样的决定对他们来讲可能实在太重要了。

按照这个逻辑，需要做出的决定越大，我们向人工智能咨询的可能性就越大。从我们如何进行投资，到我们和谁约会甚至和谁结婚，这样的情况会延伸到我们生活的方方面面。正如你可能已经知道的，在投资和约会这两个方面，早已有了人工智能驱动的服务，而且使用这两项服务的人数也已经高达数百万。随着这类人工智能变得越来越复杂，它们也会越来越深地与我们的日常生活融合在一起。

对人工智能的依赖会深刻地融入我们的日常行为，它会成为我们的一种习惯。将来的某一天，当我们把某项决策权授权给人工智能的时候，我们中的大多数人甚至可能根本不会意识到这一点。事实上，这样的事情已经在发生，很多 App 会默认使用人工智能来为我们做出决定。如果我们想使用这些 App 的话，我们就不得不接受它替我们做出的一些选择。另外，我们还看到由人工智能驱动的 App 正在为我们的"新闻推送"服务编程，将我们的照片与朋友分享，为我们计划各种活动，并且为收到的短消息准备回复。有些 App 还能够帮你接电话，并且在电话上以你的名义和他人通话。要不了多久，我们就会把一整天的行程都交给人工智能助理来处理。

无论我们想要决定在周末做什么，还是在今后的余生中做什么，都会有一个能够访问海量数据的机器学习算法来帮助我们做出一个更好的选择，我们需要做的就是决定是否采纳机器学习算法给出的建议。我们使用这些算法的次数越多，它们也就会变得越精确和越强大。

在将来的某一天，人工智能会派出一辆自动驾驶的汽车去接我们的孩子放学，并把他们带去上钢琴课。接着人工智能会确保我们的外套已经干洗好，杂货店的订单也已经没有问题。按照它给我们安排的活动，人工智能或许还会在某些特定的日子里向我们推荐着装。几乎在任何领域，我们都可以看到人工智能的应用，而且它还可以让我们节省大量的时间。人工智能给我们带来的便利足以让绝大多数人毫无抵抗力地在生活中完全没有顾忌地使用人工智能，这就像今天在日常生活中我们已经离不开智能手机一样。

这几乎是让人无法抵抗的，在一个所有人都在使用人工智能的世界里，如果你仍然是一个强烈反对新技术的旁观者，那么你要如何与他人竞争，或者发挥你自己的作用呢？对大多数人来讲，拒绝人工智能根本就不是一个能够行得通的选项。正如企业必须接受由人工智能推动的自动化，否则就会面临绝境一样，我们要么接受人工智能，要么被时代甩在身后。换句话说，人工智能不仅会让我们的产业自动化，还会让我们的生活自动化。

如果我们将大多数的决策，无论大小都委托给人工智能的话，那么在这样的世界里，我们还会有自由意志吗？答案既是肯定的，也是否定的。我们始终会有自己的选择权，但我们是否会行使这项权利就是另一个问题了。我的看法是，在大多数的时候我们会选择采用人工智能做出的决定，而不是相信我们自己能够做出更好的判断。这是因为，在将来，人工智能会变得十分强大，它的判断力在几乎所有方面都会超越我们自己的判断。

对教育进行重塑

毫无疑问，深度自动化还将改变我们的教育。近年来，我们已经看到一批又一批的在线教育创业公司使学习变得更便宜，而且更容易获取。可汗学院（Khan Academy）率先使用了在线视频来教授数学，而且现在他们已经开始教授从物理学、化学到历史学的所有科目。

多邻国（Duolingo）是另一个在线教育平台，他们正在使用一种类似游戏的系统来教授法语、德语、英语以及数十种其他语言，在这个平台上学习者可以通过赚取积分来不断升级，而且整个学习过程是免费的。现在这个平台已经有超过 3 亿名注册用户，这使得它成为世界上最受欢迎的在线学习网站之一。

从 JavaScript 到 Python，代码学院（Code Academy）赋予自己的使命是帮助所有人学习如何用各种不同的计算机语言进行编程。目前这家创业公司已经拥有了超过 4 500 万名注册用户，它使很多孩子和成年人无须踏足教室就能够学习编程。

IBM 的"辩论者项目"（Project Debater）是第一个被设计用来教

学生进行辩论的人工智能系统。从气候变化所带来的威胁到全民医疗保健会带来哪些好处，这个系统的人工智能可以处理众多复杂的话题。IBM 的目标是帮助学生建立有说服力的论点，并做出真正明智的决定。

还有一些虚拟现实和增强现实的应用程序是为了在学校中开展教学而设计的。这些 App 可以让学生们游览古罗马、体验恐龙时代或者让他们看到亚原子粒子。

学校目前正在使用各种社交软件，而且像 Edmodo 和 Schoology 这样的免费增值平台也在激增，这些平台除了允许教师与学生和家长进行沟通以外，还可以让他们在一些项目上开展合作，分享数字材料，以及协调各种活动。

虽然在线教育已经有了很大的进步，但绝大多数的教室依然没有发生改变。全世界大多数学生依然在课堂里聆听教师讲课，并且从黑板上抄写上课的笔记。这又是为什么呢？这是因为只有很少的公立学校有足够的经费来购买最新的硬件和软件。另外，学校在采纳新技术和新的教学方法上往往是非常缓慢的，而这源自学校在事实上已经深深扎根在了一个抵制变革的官僚体制中。这个系统非常注重考试成绩，学校的管理人员根本不会去尝试任何有可能降低其所在学校排名的东西。

如果最终学校只是为了应试而教学，而不是为了培养学习技能而教学，那么这实际上是一种耻辱。标准化考试只能够检测出人的智力的很小一部分，它们根本没有考虑到一个学生的想象力、成为领导者的潜力、情商、口头表达技能、艺术才能以及其他一系列能够决定一个人真正潜力的关键素质。

标准化课程以及科目设置在工业革命时期还是很有意义的，它们是扩大教育规模以适应城市人口不断增长的唯一方法。在数学、物理或者历史等科目上接受了专业训练的教师会向所有的学生提供相似的课程，布置家庭作业，并且定期进行考试，而学生则需要从一个老师的课程转向另一个老师的课程，就好像他们是在流水线上进行组装的产品。

这是在一个世纪前我们能够实现的最好的结果，但随着计算机、互联网和人工智能的出现，我们已经有了更好的方法来教育学生。继续强迫学生花18年或者更长的时间在教室里学习如何在考试的时候复制和照搬前人的东西，已经无法让他们为将来的挑战做好准备了。相反，我们应该教导年轻人如何去创造、创新以及相互合作。

在今后的数年时间里，软技能将会比硬技能更有价值。重要的已经不再是你能否记住一些事实，而是如何去利用这些事实。学生需要学会的是如何独立思考、领导团队以及克服困难。在一个完全自动化的未来，理解如何解决棘手的、微妙的问题，以及如何在真实世界的复杂性中走出一条自己的路，远比记住一些历史事件的确切时间或者进行心算的能力重要得多。

在一个技术创新正在不断加速的经济体中，掌握快速辨别出什么才是最重要的，同时轻易地适应新的环境并掌握各种全新系统的个人能力，将会使一个人对于他未来的雇主以及整个社会都具有某种真正的价值。目前我们在教育学生掌握这种个人能力上还做得很差，当下，绝大多数学生都是靠自学以及从同龄人身上学到这些东西的，而这些东西显然要比他们在课堂上能够学到的东西更有价值。

如果你观察那些富有远见的商业领袖，他们中几乎所有人都是终身学习者，而且主要靠自学。埃隆·马斯克在9岁的时候就已经开始阅读《不列颠百科全书》，并且每天还会花十几个小时的时间来阅读科幻小说。比尔·盖茨靠自学学会了编程。谷歌的联合创始人拉里·佩奇和谢尔盖·布林（Sergey Brin）曾就读于一所非传统类学校，他们将自己的成功归功于这所学校专注于以学生为中心的教学方法，以及引导学生建立如何去发现的思维方式。大多数这些塑造了我们未来的人在很小的时候就已经学会了创造性地解决问题，并且现在他们还在不断寻找新的知识来源。

幸运的是，我们现在已经拥有了能够大规模重塑教育的技术。在拥有了机器学习、大数据、脑机接口、虚拟现实等工具后，通过具体地观测学生如何学习、掌握知识和变得更有创造力的整个过程，我们已经处在了调整教育方向的关键节点。在接下来的 10 年时间里，我们不仅有机会提高学习的质量，还能降低相关的成本，提高学生的参与度，并且提供更大的灵活性。

与向所有的学生提供相同的课程相比，基于人工智能的系统可以针对每一个学生对相关的课程进行自动化和个性化调整。普通的教师往往只能够设计一对多的课程，而与这些普通教师不同的是，人工智能可以在考虑每一个学生的学习能力和爱好后，让学生自己选择学什么以及如何学。在当下的大多数课堂里，教师必须让他们的课程适合学生的平均水准，这不但让那些更优秀的学生感到很无聊，而且让那些能力较差的学生不得不想办法拼命赶上去。此外，人工智能可以精确地判断出每一个学生已经学会了哪些内容，它们会跳过那些已经被掌握的部分，然后再将课程的进度精确地调整到符合每一个学生在任何一门学科领域内所具有的学习能力上。

一个精心设计的机器学习平台还能够检测出一些学生的学习障碍，从而顺应这些学生的特殊需求，与他们一起突破极限。神经网络在设计的时候就已经被设定为可以通过与外界的互动来进行学习，所以随着时间的推移，人工智能会逐渐具备为各种类型的学生和场景制作定制化课程的潜力。与此同时，对于平台上的每一个用户，人工智能还会持续优化与他们相关的课程。如果这些机器学习算法还能够与生物反馈、脑机接口以及其他生物学意义上的数据输入结合在一起，我们就有可能在一个更深的层次上了解每一个学生的大脑。这些机器学习软件甚至有可能弄明白每一个学生是如何处理相关信息的，是什么刺激了他们的想象力，以及是哪些做法激发了他们掌握相关知识的能力。

由人工智能驱动的系统还可以将学习的体验游戏化。你观察一下现在的小孩，他们会花费无数的时间来学习如何玩一些非常复杂的游戏并尝试掌握其中的方法。连社交媒体也可以被看作一种游戏，在这些平台上每个人都在竭力使自己变得更受人欢迎和喜爱。这是因为游戏可以触发大脑的自然奖励系统，而一个精心设计的游戏往往会更清楚地知道该如何激励学生克服各种障碍并完成各种重复的任务，比如挖金子和打怪以积累经验点数等。

最受欢迎的游戏可以让玩家在系统中投入无数的时间和金钱，因为它们清楚地知道如何做才能够触发大脑的多巴胺中心。2010 年，亨利·蔡司（Henry Chase）和卢克·克拉克（Luke Clark）发表了一项研究，而他们的研究表明，多巴胺系统实际上与人的快乐没有任何关系，反而在调节我们追求回报以及避免各种后果的动机上发挥了核心作用。这也是为什么游戏中很多活动不一定要让人感到愉快才能够吸引人。如果我们采纳了这种机制并把它应用于教育，那么它甚至具有激励表现很差的学生完成每天作业的潜力。

深度学习算法还将受益于网络效应，与一个机器学习平台进行互动的学生越多，这个系统也就会变得越聪明。想象一个能够从数百万名学生中搜集数据的系统，它能够针对不同背景、个性以及智力水平的人寻找出适合他们的教学方法。要想通过建立一个人工智能来解开我们的大脑如何处理各种信息并解决问题的秘密，我们当下实际上才刚刚迈出第一步。

一旦这些由人工智能驱动的平台证明，与现有的学校能够提供的任何教学方式相比，它们可以更好地教导现在的学生，那么一切都会发生改变。在美国目前已经有 200 万名学生在家里接受教育，而一旦这些算法教学平台能够证明它们自己，并获得社会的认可，那么这个数字很有可能还会激增。

如果顶尖大学也认可了这些平台提供的数据以及相关的洞见，那么真正的转折点就会到来。最终，所有大学的招生办公室都会接受人工智能生成的分析报告作为这些学生潜力的证明。当这样的事情发生时，官僚主义的围墙就会倒塌，而我们也将不再依赖标准化考试作为进入大学的敲门砖。

不仅大学能够促使这种改变发生，大型企业的招聘行为也有同样的效果。如果企业在招聘新员工的时候不再基于他们曾经上过哪所大学，而是基于这些人在由数据分析驱动的教育项目中有什么样的具体表现，那么整个平衡就会被打破。如果大多数家长相信，人工智能平台可以让他们的子女在谷歌、迪士尼或者高盛找到工作，那么他们会很高兴地付钱为他们的孩子寻找最好的人工智能教师或者课后辅导老师。如果一个算法教育平台可以更快、更好、更便宜地实现同样的目标，为什么还要掏钱去上私立或公立的大学呢？

没有人可以确切地知道，在什么时候第一个由人工智能驱动的平台会获得真正的突破并改变教育的整体格局，但是当这件事情真的发生的时候，学校将不得不适应这种改变。在这种改变发生后，学生也将开始向在线教育过渡，但学生仍然能够从与真人互动的、结构化的线下环境中获益，并通过这样的方式来了解一个真实的世界。未来的教育工作者会更像是辅导老师，当这些年轻人参加各种团队活动、接受现实生活的挑战，并向他们周围的同伴学习时，他们会在现场进行指导。而学校可以开展的活动将包括团体科学研究项目、创业项目、戏剧表演、体育竞赛、领导力专题讨论会等你能够想到的一切。

深度自动化在改变我们的教学方式时所表现出来的力量能够极大地改善我们的教育体系，总有一天，死记硬背和标准化考试将会像今天我们乘坐马车通勤一样令人感到不合时宜。

算法的艺术：人工智能会拥有创造力吗

有人这样争辩道，创造力是人性最后的堡垒。机器或许能够在其他领域与人类匹敌，或者超越人类，但是它们永远也无法创作出有意义的绘画作品、诗歌以及音乐。毕竟，一块没有任何生命的硅芯片怎么可能理解什么才是活着？一种算法，无论它多么复杂，又如何能够明白作为一个人会有什么样的体验？

人们普遍相信，只有人类才有能力表达我们自己的本性和宇宙的内在真理。我们的机器或许能够制造出某种博人眼球的东西，但是它们永远也无法捕捉到生命的本质，因为它们不是活的。算法就其本质来讲也无法理解能够让我们这个世界变得如此丰富多彩的情感，所以由它们创造出来的艺术品也将永远缺乏艺术的韵味。

虽然上述这些论点听起来很有说服力，但今天的深度学习算法正在挑战这些设想。罗格斯大学的研究人员以及脸书的人工智能研究实验室已经开发出了一种可以进行绘画创作的智能算法。这个系统分析了从 15 世纪到现代的 1 000 多位艺术家，以及总数为 81 449 幅的绘画作品。通过研究这些作品，人工智能学会了如何分辨不同的绘画风格。

研究人员接着开发了一个创造性的对抗网络。其中一个算法会首先创作出一幅新的画作，然后另一个算法再来判断这幅画作是否可以被看作艺术品或者仅仅只是某种随机的图案。这样做的目标并不是再造一位文艺复兴时期的意大利杰出画家波提切利或者 20 世纪初的美国著名画家奥·吉弗。相反，研究人员期望，当有人看到这样一幅由人工智能创作的画作时，虽然他可能无法说出创作这幅画的艺术家的名字，但是他可以从中辨别出其中包含的某些大师作品才具有的特征。换句话说，此时这幅画作将会被认为是一幅真正原创的艺术作品。

一旦研究人员完善了他们的算法，他们就会招募艺术评论家和普通的公众，要求他们参与一次网上的调查，具体评估这些作品，人工智能的作品会与以往的大师作品放在一起陈列。在不告诉参与者哪些作品由人工智能创作的前提下，参与测试的人会被要求就作品的复杂性、表达含义的明确性以及新颖程度进行评分。他们还会被要求说明这些作品是否会让他们感觉受到了启发并获得了心灵上的提升，这些作品是否正在与他们进行沟通，以及他们能否看懂艺术家的创作意图。最后，研究人员还要求参与测试的人指出，他们认为哪些作品是由人工智能创作的。令人惊讶的是，很多资深的艺术评论家在很多时候根本无法分辨哪一幅作品是由人工智能创作的。

"有 75% 参与测试的人认为由人工智能生成的作品是由一位艺术家创作的艺术品。"罗格斯大学的教授艾哈迈德·埃尔加马（Ahmed Elgammal）这样写道。[15]

更令人难以置信的是，艺术品收藏家目前正在花大价钱来收藏由计算机生成的艺术品。早在 2018 年 10 月，一幅由人工智能生成的名为《埃德蒙·贝拉米》的画作就以 432 500 美元的价格被高价售出，而这个价格是佳士得拍卖行最初估价的 40 多倍，这幅画是由一家在巴黎的艺术品收藏团体开发制作完成的。佳士得拍卖行把这幅画标榜为第一幅被拍卖行拍卖的由算法生成的肖像画。在同一场拍卖会上，20 世纪波普艺术的领袖人物安迪·沃霍尔的一幅真品版画被以 75 000 美元的价格售出，而同样作为 20 世纪著名波普艺术家的罗伊·利希滕斯坦（Roy Lichtenstein）的青铜作品被以 87 500 美元的价格售出。

有些人或许会把《埃德蒙·贝拉米》这幅画贬低为用于宣传的噱头，然而，如果历史能够给我们带来任何启示，这绝不会是那些老爱唱反调的人第一次被证明是错误的。1917 年，当改变了西方现代艺术进程的著名艺术家马塞尔·杜尚将一个他从商店里买来的男用小便池起名为《泉》，并把它介绍给欧洲一些最见多识广的艺术评论家时，他们完全把它当成了一起恶作剧。这样的反应一点儿也不会令人感到奇怪，因为这件被命名为《泉》的作品只不过是一个小便池，而且它和你在任何公共厕所里能够看到的完全一样。然而，今天它却被放在了泰特现代艺术博物馆里公开展出，而且被认为是一件真正具有开创性价值的作品。

很多人可能会感到奇怪，为什么会有人把小便池这样的东西陈列在世界上最著名的博物馆中呢？因为它改变了我们对艺术究竟是什么的看法，这件作品表达了这样一种观点，即艺术不仅仅是某种美丽的和有意义的手工作品。它改变了我们观察以及看待我们周围世界的方式，任何东西都可以是一件艺术品，只要它能够向我们倾诉，并且能够让我们真切地看清有关我们的文化和我们自己的新的真相。《泉》

这件作品诞生于一家工厂，然而因为杜尚选择把它作为一件艺术品呈现给众人，所以它现在已经被认为是一件艺术品。那么由人工智能生成的艺术品又有什么区别呢？这就是为什么会有一位艺术品收藏者愿意为《埃德蒙·贝拉米》这幅画作支付一笔不菲的资金了。显然，这位收藏者相信，由人工智能创作艺术品的时代已经到来。

人工智能创作的艺术品并不仅限于绘画，计算机甚至在尝试撰写诗歌。2010年，杜克大学的研究生扎卡里·肖尔（Zackary Scholl）使用了一种与上下文无关的语法系统，自动生成了好几首完整的诗歌。他接着把这些诗歌上传到了诗歌网站，然后开始关注读者的反应。读者的反应几乎全是赞美。肖尔继续把其中的一首诗提交给了杜克大学的文学期刊《档案》（*The Archive*），杂志的编辑们最后选择了用这首诗来作为他们的一个专题，却根本没有意识到这首诗是由电脑生成的。下面就是这首诗的节选：

在被炫目的闪电改变的家园中
那些颤悠悠还没有倒下的壁龛令人窒息
地球，这颗贪得无厌的行星
正在被人用机械的触角进行攻击
这是因为他们爱你，用火和风来爱你
你说，在它的春天里，时间正在等待着什么
我告诉你，它正在等待的是你繁衍流淌的分支
因为你是一座正散发着芬芳的闪亮的结构
却不知道为什么它会自由地生长 [16]

无论你怎么看这首诗，在算法艺术的方向上，这只不过是一个婴儿刚刚迈出的第一步。在上面的这首诗歌中，肖尔甚至没有采用更加

复杂的人工智能。今天，只要你在计算机中输入足够多的样本，众多的研究团队就能够生成含有几乎任何作者风格的诗歌，其中就包括莎士比亚、T. S. 艾略特、叶芝以及威廉·华兹华斯。

要不了多久，我们的机器人就能够创作出像罗丹的《思想者》或者米开朗琪罗的《大卫》这样的雕塑。甚至舞蹈、戏剧以及表演艺术有朝一日也将不得不与智能机器人一起分享舞台的空间。

如果你认为用机器大规模生产精致的艺术品的想法令人感到不安，那么这绝不是你一个人的想法。很多人质疑，一台甚至无法理解人类是什么的机器如何能捕捉并表达我们内心最深处的恐惧、欲望以及梦想呢？难道人工智能艺术品不仅仅是某种衍生品吗？即便在这些作品中有一些看起来像是真正原创的作品，一台计算机又怎么能够比肩文森特·凡·高或者巴勃罗·毕加索的洞见和情感共鸣呢？

事实上，我们对于凡·高或者毕加索这样伟大的艺术家在创作他们最著名的作品时到底在想些什么知之甚少。当我们去画廊观看一幅伟大的艺术作品时，我们观察的角度和艺术家本人观察的角度是完全不同的。我们看到的是一些截然不同的东西，是一些完全基于我们个人自身的体验，以及与我们所处的文化相关的东西。

连站在我们身边的人对于同一幅艺术品也会有与我们截然不同的体验，尤其是如果他们来自另一种文化或者另一个截然不同的社会经济群体。所以，当艺术家创作出他们的艺术杰作时，他们当时的感受和想法真的那么重要吗？事实上，这些信息中的大部分对我们来讲早已经消失，余下的只是我们个人对作品的解读以及这个社会想要告诉我们的东西。

人们很容易把机器创作的东西都贬低为只是在现有的主题上拼凑出来的不同变化而已，但这样的评论真的是公平的吗？难道所有的艺术家不是首先通过简单的复制来进行学习，只是到了后期才衍生出他们自己的道路并开始创作的吗？凡·高的很多想法并不是凭空而来的，他研究了 17 世纪荷兰画家伦勃朗和 19 世纪法国的版画家多雷，同时还深受 19 世纪晚期法国象征主义画家高更和 19 世纪法国画家米勒的影响。他的工作环境并不是真空。可以说，凡·高的艺术融合了涌动在他那个时代的所有思想和潮流。

毕加索的艺术看上去很极端，但他的艺术同样来自围绕在他身边的文化力量。他受到了印象派、原始主义、伊比利亚雕塑和非洲部落面具的启发，之后他采纳了这些形式并尝试把它们与他自己的美学观念结合在一起。如果你具体观察创作艺术品的整个过程，你会发现这始终是一个如何操纵各种想法的过程。艺术家所做的事情与深度学习算法在创作艺术品的时候所做的一切没有什么不同。这不是什么魔法，他们所做的都是某种排列组合游戏，通过把不同的风格和想法融合在一起，他们得出某种新的、原创的东西。

随着我们的计算机在复制艺术品的创作过程中表现出来的能力越来越强，大多数人很可能会把它们的作品看作真正的艺术品。或许这些作品与人类创作的艺术品并不完全相同，但其中所包含的艺术性一点儿也不会降低。

当人们说计算机永远也无法创作出真正的艺术品时，他们并没有意识到，艺术并不等同于艺术家。艺术并不是你看到、听到或者触碰到的东西，它的物理性质仅仅是其表面的东西。艺术是当你体验它的时候你自己内心的感受和思考。艺术是在人们的大脑中被创造出来的，而且只存在于人的大脑中。我们会在艺术品上附加我们自己的情感，而我们的大脑会通过对图像、文字以及声音的解释把它们转变为某种有意义的东西。通过接触人类社会，并对各种数据进行挖掘，算法也将有能力参与这样的对话。

在进行创作的过程中，计算机还有另一种超级能力可以使用，那就是理解统计数据的能力。虽然人类天生不擅长分析大量的数值数据，但算法在这方面有着非常强大的能力。为了发现艺术真正的本质，计算机只需要把目光转向我们。例如，人工智能可以把它的作品发布在脸书或者推特等社交网络上，然后观察人们会如何做出反应。用户会花多长的时间就这幅作品进行互动？他们在网上分享这幅作品的次数是多少？那些有关作品的评论都说了些什么？这类数据可以触发另一轮新的迭代，而与此同时，神经网络将逐步总结出哪些因素起了作用，而哪些因素是完全无用的。

相对于人，计算机所具有的另一项优势是，上面所描述的整个过程可以在近乎实时的情况下进行，而且这样做的成本还可以完全忽略不计。一个足够强大的人工智能平台可以在接收到信息反馈后的几毫秒内就修改好任何艺术形式的数字表达，然后再开始搜集更多有关这些新修改的反馈。没有人能够在不到一秒钟的时间里就重新创作出一件完整的艺术品，然后再对其进行测试、分析，并围绕着某些特定的标准进行优化。换句话说，利用计算机网络的强大力量，我们完全有可能创作出比我们过去曾经体验过的更吸引人、更扣人心弦、更激励人心的艺术品。要不了多久，算法就能创作出超越任何我们自己能够创作出的艺术品。这听起来好像是一种很极端的说法，但事实并非如此。这仅仅是我们早已经选择的道路的自然延伸。

利用可穿戴设备，计算机现在已经能够记录我们的心率、体温、出汗情况以及其他身体指标。利用摄像机和其他传感器，我们可以推断出一个人的情绪状态、反应以及各种意图。在有了脑机接口后，我们可以记录人的脑电波，甚至可以探测某些特定的思想和情绪。利用这些数据，我们的算法能够准确地了解人类对任何特定的艺术品所做出的反应，然后再利用这些数据对艺术品进行迭代，直到它能够触动我们的集体心理以及每个人心灵深处的那根弦。

算法甚至能够设计出完全针对你个人的可以触动希望、恐惧以及欲望的艺术品，而这一切都可以归结于数据。我们的机器对我们了解得越多，它们就能越好地发现我们想从艺术品中获得什么，毕竟这些数据直接来自我们的大脑和身体。我们将用一种你可以想象的最个人化的方式来告诉我们的机器艺术究竟是什么，而我们的机器接下来只需要做最基本的手工活儿。如果我们拒绝了某件艺术品，机器只需要一次又一次地不断尝试，直到获得我们的认可。我们当然可以争辩什么才是真正的艺术，什么不是，但是最终，无论某件作品是我们人类智慧的产物，还是人工智能的产物，抑或是上述这两者混合后的产物，任何艺术品实际上仍然是一种由我们人类创造出来的东西。

我的直觉是，50 年以后，哪怕只是提问计算机能否创作出真正的艺术品，也会被认为很荒谬。相反，我们更关心的将是我们该如何与艺术品本身进行互动，以及在我们的生活中，艺术品会扮演一个什么样的角色。艺术品的价值将在于，关于我们自己以及我们的社会，它能告诉我们什么，而这一价值判断自我们史前的祖先在洞穴的墙壁上绘画时就一直是毋庸置疑的。当上述这一切真实发生的时候，具有最大冲击力和影响力的艺术作品，无论它是如何被创作出来的，都将会左右我们的观念和意识。

硅谷以及好莱坞的未来

娱乐业的未来最终会落在好莱坞的星光大道上，还是会落在硅谷？现在我们可以看到的是，这两条截然不同的道路实际上都已经和同一条以高科技为导向的高速公路连接在了一起。随着线上内容分发的快速崛起，我们已经看到娱乐行业正在经历根本性的改变。如果只控制广播电视、有线网络以及各地的院线，任何大型的制片厂都已经不足以支撑起整个行业。现在，真正对娱乐市场有影响力的大事都发生在各种平台上，比如 Netflix、Hulu 视频网站、迪士尼＋、亚马逊、iTunes 以及音乐流媒体的代表 Spotify 等。

这些平台的力量实际上来自原始数据，以及它们精确预测用户观看习惯的能力。组织一个焦点小组，邀请十几个人来观看一个试播的节目，然后再获得他们的反馈，早已没有任何意义。搜集观众实际在做什么，而不是他们会说什么，这样的原始数据会是一种更好的做法。Netflix 已经证明，那些在电影公司里拿着高薪，长期待在伯班克市中心那些安逸的办公室内的高管是完全无法与那些混迹在硅谷的极客数字高手比肩的。

利用数据，Netflix 已经重塑了整个电影行业的片场制度。他们首先会利用深度学习算法来分析观众正在观看什么，其次再以此来判断接下来观众想要看的是什么类型的节目。在有了这些洞见后，他们会南下洛杉矶，去招募最优秀的人才来制作和出演他们准备好的内容。这种将技术和人才融合在一起的做法已经被证明是制胜的秘诀。

Cinelytic 是一家总部设在洛杉矶的创业公司，通过数据来判断应该投资哪些类型的娱乐项目，这家公司正在帮助像华纳兄弟和索尼影业这样的传统电影公司模仿硅谷的行为方式。Cinelytic 声称，源自超过 95 000 部电影和 50 万名电影专业人士的数据使得它能够以 85% 的精确度预测票房收入。

在这方面，《地狱男爵》（*Hellboy*）这部电影的重启就是一个例子。

Cinelytic 就曾经预测这部电影的票房收入会非常惨淡，而且最终的结果也确实不出其所料。Cinelytic 的深度学习算法估计，这部电影在美国的票房收入大约只有 2 320 万美元，而当时这部电影的预算已经达到了 5 000 万美元。这部电影的实际表现更加糟糕，只获得了 2 190 万美元的票房收入。

Cinelytic 公司的 CEO 托拜厄斯·奎瑟（Tobias Queisser）之前曾经在电影行业工作过两年时间，而且一直为自己的手上没有好的数据而感到沮丧。他感到这个行业仍然在使用过去传统的方式，比如通过电子表格和无休无止的会议来挑选出具有潜力的项目。他已经习惯了金融行业的工作方式，在那里他可以接触实时的数据，也因此看到了把这种工作方式介绍给电影制片行业高管的机会。

随着好莱坞的电影公司开始纷纷进入流媒体领域，并尝试与硅谷展开竞争，Cinelytic 公司在这个时候向它们伸出了援助之手。传统的电影公司目前正处在一个相当不利的地位，因为它们无法像 Netflix 和亚马逊公司一样接触海量的数据。为了弥补这一点，Cinelytic 公司针对全球各地非法下载有关内容的流量进行了监控，而且他们已经发现，在人们非法下载的内容和他们在流媒体频道上观看的内容之间存在很高的相关性。所以他们把这些信息发送给了那些电影公司的高级管理人员，以帮助他们判断哪些项目在流媒体服务上会受到欢迎。

创业公司 ScriptBook 目前正在处理另一个截然不同的难题，它利用机器学习和自然语言处理程序对剧本进行了分析。他们将推荐建立在 400 个不同的标准上，其中就包括情感、主角在剧中的经历和过程、观众的诉求、角色的行为架构等。然后这家公司就会以此判断某一部新戏的脚本是否值得投资和制作。这家创业公司声称，他们推荐的准确率可以高达 84%，这已经是人类能够达到的准确率的三倍以上。

为了证明自己的能力，ScriptBook 公司对 62 个索尼影业的剧本进行了一次反向的测试。结果它成功地在 32 部于不同时期出现亏损的电影中找出了其中的 22 部电影。

"如果索尼当初使用了我们的系统，他们可以从一开始就淘汰这 22 部票房收入非常糟糕的电影。"ScriptBook 的创始人兼 CEO 纳迪拉·阿泽迈（Nadira Azermai）这样说道。[17]

分析一个剧本只需要花费 ScriptBook 公司大约 5 分钟的时间。它可以预测出相关剧本的电影分类等级，同时对剧本中的人物进行评估，包括具体地评测主角和他的对手，另外它还能预测相关的目标观众（包括性别和种族），并预估可能的票房收入。

"当我们向客户展示这一切的时候，我们遇到的第一个问题总是：你怎么可以将剧本交给计算机？然后它居然还能够以某种方式给出所有这些数据？"ScriptBook 的数据科学家麦其尔·吕伦斯（Michiel Ruelens）这样说道。

这其中的秘诀是用上千部以前的电影剧本来训练深度学习算法，并将它们与现在的剧本进行比较。该软件目前还并不完美，当要求对《爱乐之城》这部电影的票房潜力进行回溯性评估的时候，ScriptBook 给出的预估值大约为 5 900 万美元，但这部片子实际上获得了超过 1 亿美元的票房收入。但换句话说，该软件也确实给出了同意进行制作的结论。

问题是，我们是否真的想让人工智能来决定哪些项目可以最终成为一部电影？今天，人工智能对于什么是戏剧或者喜剧还没有丝毫概念，一种算法还无法做到因一个笑话而大笑起来，或者在一个悲剧的场景中低声哭泣。它能做到的仅仅是将一个数据集与另一个数据集进行比较，对于真实的世界它还没有任何概念。

虽然在大多数情况下，软件所做出的财务预测可能还是相当准确的，但你仍然有可能会过滤掉某些（将来会大红大紫）的内容，这是因为人工智能只会核查过去的数据以及那些真正获得成功的案例。它们的数据完全基于那些已经发生的事情，而不是在将来有可能发生的事情。因此，这种方式自然是带有偏见的。如果它没有注意到，在众多风靡一时的大片中有很多墨西哥或者菲律宾演员，机器学习算法或许就会假定，正是因为有了这些演员，片子很可能就不会再卖座了。其中的危险还在于，这很可能会成为某种微妙的黑名单的形式。

　　对于那些想要在影片中尝试新的实验性想法的导演或者编剧，他们很可能也会有同样的遭遇。如果这项技术在美国著名导演斯坦利·库布里克、法国导演让-吕克·戈达尔或者意大利著名导演费德里科·费里尼出名之前就已经问世，那么他们或许永远也没有机会了。这个问题部分源于这样一个事实，即我们的社会并不是静态的。观众的口味会不断发生改变，新的潮流也会不断涌现出来，在过去行得通的东西并不一定在未来也引起共鸣。而这意味着那些稍稍有些超前于时代的想法或许会被搁置在一边，并被那些经过了验证且被认为完全可行的想法取代。

　　事实上失败也是有价值的，并不是每一部电影都必须立刻获利才会对这个社会有价值。1982 年上映的科幻影片《银翼杀手》当年的票房收入可以说非常惨淡，这部影片单单制作就花费了 2 800 万美元，但是其首映的周末票房只有 600 万美元，然而今天，这部影片却被认为是有史以来最伟大的科幻电影之一。如果我们依赖算法到了这样一种程度，以至在一个大胆但未经验证的愿景上去承担风险也成了好莱坞的历史的话，这将是一件多么令人感到遗憾的事情。

　　"我们现在已经看到有越来越多的翻拍和续集，因为这样做很安全，但同时这些翻拍和续集也就不再是某种创造性的东西了，"英国政府人工智能委员会主席、人工智能市场情报平台 CognitionX 的联合创始人塔比瑟·戈德斯托布（Tabitha Goldstaub）这样说道，"有很多人会认为这只是一个数学问题，所以它不可能存在偏见，但事实上，情况完全相反。"[18]

挑选什么样的故事并把它拍成电影是一回事，但是在人工智能把整个制作的过程都自动化以后接下来会发生什么就是另一回事了。在制作的整个流程中，我们还需要人类参与吗？好莱坞明星的好日子是否已经到头了？让我们首先来观察一下音乐行业。制作一张完全由人工智能生成的专辑要比制作一部完整的电影或者一档完整的电视节目要容易得多。当下已经有一批新的从事人工智能音乐的创业公司登上了舞台，而且它们正在以极其惊人的速度制作由人工智能生成的音乐。在这些公司中就包括 Beat Blender（节奏混合）、Neural Drum Machine（神经鼓机器）以及 Piano Genie（钢琴精灵），上述这几家公司目前都在用算法来生成音乐和节奏，而且它们的音乐听上去都好得有些令人出乎意料。

索尼公司在这方面也有一个自己的项目，叫作 Flow Machine（流机器）。在分析了成千上万首不同的歌曲后，它已经能够自己编写乐谱和音频的片段了。人们从来没有教过人工智能任何音乐理论，也没有任何人和人工智能谈论过有关和弦或者三和弦的例子，但它还是通过分析现有的歌曲自己学会了所有这些东西。

"我们没有给这些机器输入过任何有关音乐的规则或者抽象的音乐知识，"索尼的高级研究员皮埃尔·罗伊（Pierre Roy）这样说道，"机器只是基于它从数据中学到的东西来制作音乐。"[19]

歌手兼词曲作家以及《美国偶像》节目的明星塔林·萨瑟恩

（Taryn Southern）是人工智能音乐软件的早期使用者。当她使用人工智能音乐合成器 Amper 来创作《挣脱》（*Break Free*）这首歌时，她会首先指定她想使用的乐器、每分钟的节拍以及音乐的体裁。之后人工智能就会按照她的要求编写出各种不同的音节，接下来她所要做的就是把这些音节再重新编排成一首歌。萨瑟恩还尝试过一些其他的平台，其中就包括了谷歌的 Magenta、IBM 的 Watson Beat 和 AIVA，她利用这些平台制作出了她的第一张以人工智能为助手的专辑《我是人工智能》（*I Am AI*）。

"是的，你完全可以说我们在作弊，"萨瑟恩这样说道，"如果音乐被具体地定义为这样一个过程，而为了达成某种终极的目的，每个人都必须坚持这样一个过程，那么确实，我是在作弊。对于所有想要作弊的人，我就是他们的引路人。"[20]

"这就是未来吗？"创业公司 WaveAI 的 CEO 和联合创始人玛雅·阿克曼（Maya Ackerman）认为事情确实如此。这也是为什么她会开发 ALYSIA，ALYSIA 是一款手机 App，无论你是否拥有音乐才华，这款 App 都可以让你非常轻松地创作出音乐作品。人工智能不仅能够生成非常符合用户当时情绪的曲调，还会推荐相应的歌词，另外，如果用户不想自己来唱这首歌，人工智能还可以代为演唱。

阿克曼相信，创作音乐的整个过程具有改变人们生活的力量，这种力量可以让他们宣泄被压抑的情绪并逐渐平复各种复杂的情感。推出 ALYSIA 这款 App 的想法源于她自己的一段艰难经历。小时候她非常喜欢弹钢琴，但是她 12 岁的时候，父母不得不卖掉家里的钢琴，而且再也没钱去买一台新的钢琴了。进入大学后，她最终选择了学习计算机科学，但她一直渴望能够用音乐来表达自己。

"一直以来，我都能清晰地意识到我失去了某些东西。但我身体里的那个艺术家始终渴望能够获得更多的养分，所以我决定去选修一些声乐方面的课程，"阿克曼这样说道，"这改变了我的生活。虽然在刚开始的时候我是一名非常糟糕的歌手，但在 9 个月内我成了一名半职业的歌剧演员。"[21]

她现在的任务是帮助其他人来实现他们的音乐梦想。作为一名人工智能的研究人员和教授，她想到了制作 ALYSIA 这样一款 App 的创意。

"作为一名音乐人，你真的需要拥有你自己的音乐。我在这方面已经努力了三年，尝试通过学习成为一名制作人，我选修了钢琴和即兴创作的课程，但是我似乎并不具备创作出优秀原创歌曲的能力，"她这样解释道，"最终我意识到，我的机器学习技能可以让我的音乐梦想成为现实。"

阿克曼并没有就此止步。她的创业公司随后又推出了《蓝色圣诞小姐》（*Miss Blue Christmas*）专辑，他们声称，这是第一张无论歌词还是音乐旋律都完全由人工智能创作的音乐专辑，整个过程没有任何人类参与。

那么由人工智能生成的音乐质量又如何呢？或许你自己就可以做出评判。当然，对企业所采用的视频、广告以及游戏来讲，其质量已经足够好了，但是你很快就会在 Pandora、Spotify、YouTube 以及其他一些音乐服务的平台上听到这些由算法生成的音乐吗？无论你是否喜欢，你很可能已经在倾听这些音乐了，只是你自己并不知道而已。如果你仔细研究类似 Spotify 这样的在线音乐公司，你会发现它们的最大成本是音乐的版税。如果他们不需要为每一首发行的歌曲支付创作者版税，他们的利润就会飙升。当 Spotify 决定雇用弗朗索瓦·帕切（Francois Pachet）的时候，他们可能就已经有了这样的想法，因为帕切是世界上用人工智能技术在流行音乐领域开展应用的最著名的专家之一。

帕切是 Flow Composer（流作曲家）这款软件的共同作者，而这款软件后来演变成了索尼的 Flow Machine。2012 年帕切制作了第一首我们目前已知的由人工智能谱写的流行歌曲，并且推出了第一个致力于专业使用人工智能来进行音乐制作的音乐厂牌。要不了多久，Spotify 和其他音乐平台就会加快音乐的自动化生产。当 TikTok（抖音海外版）收购 Jukebox（点唱机）的时候，它实际上也已经迈出了第一步，而 Jukebox 是另一家从事人工智能音乐的创业公司。如果你是 TikTok 的用户，那么通过那些短视频你将会听到越来越多由人工智能创作的音乐。

按照音乐商业世界网站（Music Business World）的说法，Spotify 已经被人发现在播放列表中故意植入由虚假的艺术家创作的音乐。显然，Spotify 一直在付钱让顶级的音乐制作人用晦涩的假名来创作音乐。那么他们为什么这么做呢？这实际上是为了摆脱唱片公司及其昂贵的收入分成协议的控制。通常来讲，所有收入的 55% 必须归音乐版权的所有人所有。

Spotify 所拥有的每一首歌曲都有超过 50 万的流媒体播放量，而随着时间的推移，这些钱就会累积成很大一笔钱。如果像 Spotify 这样的公司都愿意用虚假的艺人名字来推出由人创作的音乐来降低它的费用，那么毫无疑问，它肯定会考虑由计算机生成的音乐。它甚至可能会用一些听起来很像人类的名字来虚构一支乐队的成员，这样听众就不会马上拒绝听那些歌曲了。

或许有一天，这些平台将不再需要人类参与。利用他们手上的数据，他们可以很容易地按照每个人的喜好打造出一个定制的音乐频道。

如果你是泰勒·斯威夫特、阿黛尔或者埃尔顿·约翰的超级粉丝，那么你的个性化音乐电台几乎可以毫无成本地生成各种各样的变化。它甚至可以把用户最喜欢的乐队和歌手，比如披头士和布鲁诺·马尔斯混合在一起，创作出非常独特的流行歌曲。

今天的算法音乐与即将到来的算法音乐相比根本不值一提。大阪大学的研究人员已经开发出了一种叫作 Brain Music（大脑音乐）的机器学习设备，它可以在人们听音乐的时候分析他们的脑电波。这种设备的外形就像是一副耳机，它可以检测当人倾听不同的曲调时所获得的感受，然后它还会根据这些曲调进行调整，从而给人们带来更能带动情绪和更令人满意的体验。

利用来自脑机接口、身体状况追踪器、智能手表等设备的数据，无论你当时的状态是精力充沛的、放松的、怀旧的、积极进取的、高效的，还是充满激情的，这些平台都能够为你找到最符合你当下情绪的音乐。所以，无论你当下正好在体育馆中锻炼，还是躺在沙发上放松自己的身心，人工智能都能为你播放一首符合你当时场景的完美音乐，而且平台这样做还不用支付一分钱的版税。

这就引出了这样一个问题：在一个由人工智能主导的未来，那些勤奋工作的音乐人又将如何谋生呢？他们会处于一种非常不利的境地，因为他们对音乐的分销方式没有控制权，而且一旦机器能够提供更多的价值，想要通过版税的谈判来获得更多的利益就会变得极其困难。现场表演和音乐会很可能是人类表演者最后的避难所。人们仍然会期望看到有人在舞台上进行表演，而且音乐的吸引力亦部分来自歌曲背后的个性。虽然这一点在今后很多年的时间里不太可能会发生改变，但是总有一天，我们会开始在虚拟的世界里花费更多的时间，而其中的虚拟人物又像我们曾经遇到过的任何人一样逼真和现实，那么连有关现场音乐会的概念也会发生改变。

　　未来的虚拟音乐人很可能会因有了由人工智能驱动的个性和背景故事而变得丰满起来。而一个虚拟音乐人的好处是，你可以和你喜欢的艺术家一起进行尽可能长时间的一对一的交流。它们不会是人类，但是你根本不会在乎，因为在虚拟现实中它们将和其他任何东西一样真实。而且它们会用所有的时间来取悦你。

　　我们正在进入这样一个未来，不仅优步的司机和工厂的工人必须担心他们的工作是否会被自动化取代，而且连音乐人也将面临失业的危险。你或许会争辩说，大多数消费者会继续倾向于选择由真人创作的音乐，但事情可能并非如此。只要产品的质量够好，而且价格适中，我们很可能会接受系统向我们提供的任何东西。毕竟，虽然我们可以向工匠购买手工制作的衣物、家具、餐具等，但在大多数的情况下，我们还是会选择批量生产的商品。那么为什么娱乐行业就应该有所不同呢，尤其是当它从一开始就已经是数字化的时候？

　　在未来，那些影视明星的境遇会比音乐人更好吗？事实上，我们已经看到了人工智能对好莱坞电影制作机器的影响。如果你认真观察电影的后期制作，人工智能正在使从编辑到声音合成的所有一切都实现自动化。而且你已经很难再找到一部影片是没有某种程度的特效的了。《星球大战外传：侠盗一号》已经给我们带来了一个CGI（计算机合成）版本的莱娅公主，并且使她出现在了一个关键性的收尾场景中。那么接下来还会发生什么呢？一部完全由人工智能生成的故事片吗？

　　是的，这已经是一件正在发生的事了。20世纪30年代的好莱坞青春偶像詹姆斯·迪恩（James Dean）已经离世有超过半个世纪了，但是这个能够引发青少年骚动的形象在计算机图像所带来的奇迹中被复活了，并且成为最新一部电影的主角。毕竟，如果这个因计算机而重现在人世间的鬼魂无论其长相、行为还是言谈都和詹姆斯·迪恩没有什么差别，并且能够赢得不错的票房，那么为什么不可以这样做呢？这种类型的虚拟演员将来只会变得越来越普遍。随着技术的不断进步，我们很可能会完全无法分辨我们正在看的是一个真人还是一个由计算机生成的幻影。

我们甚至有可能会看到今天的一些大牌明星在电影的拍摄现场短暂露面后又马上鞠躬退出，然后让他们由人工智能生成的分身来接管后续的拍摄。这使得他们可以腾出身来在同一时间出现在另一部同样正在拍摄的电影的现场，或者去参加一场盛大的活动，而且这样做他们根本不用担心会被人识破。表演是一件很辛苦的工作，所以授权任何想要利用他们个人形象的电影公司或许是一件很合理的事。用同样的方式，"蜘蛛侠"和"绿巨人"现在就已经成为一种很重要的特许经营权，所以演员和音乐人或许也可以把他们自己的形象和品牌授权给其他人，同时将大部分的时间用在推广他们自己以及与粉丝的互动上。

利用人工智能和计算机图像生成技术来复制一个演员，或许很快就会变得非常像我们今天所熟悉的代笔。在当下有些名人会在幕后雇用一些人来为他们撰写有可能会非常畅销的回忆录，而其中所有的好处也将由他们自己独揽。所以，如果有一天我们让人工智能来生成可以为我们进行代笔的作曲家、音乐家、演员以及编剧时，我对此一点儿也不会感到惊讶。

路易斯·萨维（Louis Savy）是 Sci-Fi London（英国的科幻电影节）的导演，他向我讲述了首批由人工智能编写的电影之一，电影的名字就叫作《阳光之泉》（*Sunspring*）。这是一部科幻短片，讲述的是人们生活在一个非常奇异的未来，在那里任何东西都和它们看上去的样子完全不同。这不是什么可以赢得奥斯卡奖的情节和内容，却非常有意思。萨维解释道，大多数人甚至都没有意识到这是一部由人工智能编写的电影，他们只是认为这部电影有点儿哗众取宠，还有点儿怪异。

今天由人工智能撰写的剧本还有很多让人期待的地方，但是由人工智能撰写的新闻稿的数量正在呈现出不断上升的趋势。从财经类数据的更新到气象预报，越来越多我们在网上阅读到的新闻都将是智能算法的产物。在彭博新闻所发布的内容中，有 1/3 以上的内容都已经采用了某种形式的自动化技术，而且这个数字还会继续不断增长。专业记者不但昂贵而且无法跟上市场变化的节奏，更何况财经类的数据往往需要快速进行更新。所以与那些让人感到平淡无奇的文字质量相比，时间往往是更重要的因素。

不仅仅财经新闻会用到这项全新的技术，事实上机器人记者已经在为美国联合通讯社撰写有关职业棒球小联盟赛的新闻，为《洛杉矶时报》撰写有关地震的新闻，为《华盛顿邮报》撰写高中橄榄球赛的新闻。《福布斯》杂志一直在尝试使用一个叫作 Bertie 的人工智能，它可以向记者提供报道的草稿以及如何讲故事的模板。在当今媒体的利润不断缩水的情况下，这种类型的深度自动化就显得很有必要了。

中国已经推出了首个人工智能新闻主播。"它可以自己向实况直播的视频学习，并且可以像一个专业的新闻主播一样自然地朗读新闻稿。"新华社在报道中这样表示道。[22]

随着技术的进步，人工智能是否还可以具有撰写剧本或者小说的能力呢？我自己就曾经在好莱坞担任过电视节目的开发主管以及编剧，我可以告诉你的是，大多数电影都是有套路的。如果你已经观看了足够多的好莱坞影片，那么你很容易就能预判在接下来的情节里会发生什么。编写一个由角色来驱动的含有非常真实的对话的故事，还不是人工智能在短时间内就能够掌握的，但是人工智能可以协助作者更好地研究、产生各种想法、分析故事的结构，甚至勾勒出一个可行的故事情节。

事实上，这正是 ScriptBook 公司目前正在进行的另一个项目，他们把这种能够编写剧本的软件称为 Deepstory（深度故事）。

"在我们的设想中，下一代作家的工作室内的场景应该是这样的，每当他们不知道该如何走下去才能进入下一个场景时，他们会让 Deepstory 来继续创作下去，"这家公司的 CEO 阿泽迈这样说道，"我们的引擎会综合考虑所有你已经撰写的内容，并且会为你呈现下一个场景，或者替你写出在接下来的 10 页中的内容，或者直接帮你撰写到结尾。"

无论你怎样看待由人工智能生成的剧本，在电影行业的制作以及后期制作阶段，算法已经被证明是非常有用的，尤其是如果你想把一些非常复杂的过程，比如连续性控制、编辑、镜头存档、色彩校正、画面修补、定位、特效等进行自动化的时候。

今天，你已经很难把一个真实的场景与计算机生成的场景或者音效区分开来。完全用计算机图像生成技术拍摄的影片，比如《玩具总动员》和《冰雪奇缘》已经被证明是极其成功的。下一步很有可能是用人工智能实时生成某一部电影的替代版本，在电脑游戏中我们已经实现了这一切，即利用算法快速生成一个世界。如果你问游戏玩家，他们根本不在乎究竟是人还是人工智能创造了这样一个世界。他们想要的只是出色的游戏体验，那么为什么我们不能用同样的技术来进行电影创作呢?

向人工智能实时生成的内容过渡将会产生一种完全不同的观影体验。想象一下,你坐下来观看一部未来的电影或电视剧,你可能会被允许选择哪个男演员和女演员出现在你想观看的影片中。你或许会选择莱昂纳多·迪卡普里奥,而你的配偶可能更喜欢布拉德·皮特。这样你们每个人都可以在你们自己的设备上观看你们自己选择的电影版本了。

你或许想看到更多的动作和暴力,而你的配偶可能会更喜欢角色的性格成长和浪漫氛围。在了解了你们的偏好后,未来的电影可以通过自我调整来适应你们每个人的口味。Netflix 和迪士尼公司甚至可能会通过测量我们的生物统计学数据来进一步加强我们的体验。通过测量我们的脉搏、体温的微小波动、脑电波以及其他的生物反馈信息,他们甚至可以实时调整内容来匹配我们当时的情绪。

这种做法实际上早已出现在了游戏里。一家名叫 Red Meat Games(红肉游戏)的公司使用心率检测器来调整其到处都是僵尸的恐怖游戏《揭露》(*Bring to Light*)的恐怖程度。

"对不同的人来讲,恐怖游戏会用不同的方式来营造恐怖感,"这家公司的创始人基斯·马克塞(Keith Makse)这样解释道,"心率检测器可以让我们发现是什么触发了某个玩家的恐怖感,这样再利用定制化的人工智能,我们就可以实时地对游戏做出改变,使游戏按需要变得更加恐怖或者不那么恐怖。"[23]

在娱乐业的各个方面,从节目的制作一直到分销和最终消费,深度自动化将会扮演越来越重要的角色,而这也将从根本上改变我们体验内容的方式。甚至有一天,我们体验的娱乐节目也会在我们消费的同时被创造出来,并且在一个实时的反馈回路中针对我们当时的情绪和反应同步对节目的内容进行调整。如果我们想回头再看一遍同样的电影或者听同一首歌，我们所获得的体验也将是截然不同的。我很想知道到那时《公民凯恩》的导演奥森·威尔斯或者音乐家贝多芬对于这样的情形又会有怎样的想法。

无灯车间和供应链自动化

拥有近 1 亿工人的中国正在把深度自动化视作未来。这是因为，随着中国工资水平的不断提升，它已经无法与印度尼西亚和越南等国家的低成本劳动力竞争了。如果中国想保持其制造业中心的地位，那么它就必须投资于机器人和人工智能。

"中国正面临很大的压力，其中就包括劳动力成本和能源成本。这也就是为什么我们会把重点放在了自动化，而不是依赖低成本劳动力上。"目前正在中国经营着一家电信设备公司的黄盖瑞（音译，Gerry Wong）这样表示道，"我这样告诉研发人员，从现在开始，如果你的产品不是为自动化而设计的，那么它们根本就不会被生产出来。"[24]

中国呼吁在制造业进行一场"机器人革命"，而现在这场革命正在全速进行中。2020 年中国的工业机器人市场规模据估计已经达到了 60 亿美元，已经投入运营的工业机器人接近 100 万台。

"就年销售额和运营库存来讲，中国是目前世界上最大的机器人市场，"国际机器人联合会主席乔·杰玛（Joe Gemma）这样表示道，"这是在整个世界范围内增长最快的市场。在任何其他市场，你从来没有看到过在如此短的时间里出现过如此强劲的增长。"[25]

生产苹果手机的富士康公司是一家工业巨头，它有超过 100 万名员工和超过 1 800 亿美元的营业收入。公司董事长郭台铭已经计划在未来 5~10 年的时间里用机器人来替代其 80% 的工人。富士康的工厂早已拥有了成千上万台被称 Foxbots 的专业工业机器人，而且这样的机器人每个月还在不断增加。

郭台铭对于采用新技术始终是非常积极的。当年他和 10 名老员工一起用 7 500 美元的资金在台北开始创业，最初他在一个租来的棚子里为电视机生产塑料部件，但当雅达利公司要求他生产游戏手柄时，他成功赚取了人生的第一桶金。在这之后，他来到美国寻找新的客户。在早期，他以激进的销售策略而闻名，常常不请自来地闯入一些公司，然后带着新的订单离开，虽然那些公司的保安经常会拦住他。

在让他的工厂实现生产自动化这方面，郭台铭同样是咄咄逼人的。他有一句名言："富士康在全世界有超过 100 万名员工，正因为人类也是动物的一种，想要管理好这 100 万头动物确实让我很头疼。"[26]

郭台铭建立无灯车间（工厂）的梦想虽然是一个极具雄心的目标，但并非是遥不可及的，对那些专注于生产长生命周期产品的工厂来讲，就更是如此了。技术进步的速度已经快到足以让他在有生之年看到让他头疼的问题得到解决。公平地讲，郭台铭并没有像他自己说的那样无情无义，他成立了很多慈善基金会，并且承诺把他个人财富的90% 捐献给慈善事业。

另一个颇受人关注的机器人的支持者是京东的 CEO 刘强东，京东是中国最大的电子商务企业之一。刘强东在极度贫困中长大，在他回到小时候读书的中学发表演讲时，他告诉他的听众，小时候他有多么渴望能够吃到肉，因为他的家人在一年中也就只能吃到几次肉。如果没有村里的帮助，他根本无力承担上大学的费用。

"他们一共捐赠了 76 个茶叶蛋和 500 元钱送我上大学，而这次机会改变了我的整个人生。"他这样说道。[27]

当刘强东毕业的时候，大多数他的同学要么在考虑进入政府部门工作，要么在准备出国留学。但是他并不想当公务员，也无力承担出国留学的费用，另外他还需要钱来支付他祖母的医疗费用。这促使他最终创办了一家分销电子产品的公司，而这也正是我们今天所看到的京东的前身。

这家公司紧随着亚马逊的脚步，目前已经在商业自动化方面处于领先地位。这使得刘强东成为中国最富有的科技大亨之一，他的个人财富估计超过了 70 亿美元。和亚马逊的创始人杰夫·贝佐斯一样，他也痴迷于在尽可能短的时间里把产品送到客户的手上。这家公司宣称，在京东购买的产品 90% 会在当天或者第二天送到客户的手上。

"今天我们已经有超过 70 000 名快递员奔走在大街小巷中。你要知道，这样做的成本是非常高的。但如果你能够使用机器人来递送包裹，那么成本就会非常低，"刘强东这样说道，[28] "我们的目标是最终有超过 100 万架无人机来运送我们的货物。"[29]

这家公司在中国实验用无人机投递包裹已经有一段时间了。现在它正在向东南亚扩张，在那里无人机送货可以帮助它抵达偏远的岛屿以及几乎没有什么服务的乡村。

"我们计划采用人工智能和机器人来建立一个几乎不用人来控制的商业模型，"刘强东这样说道，"我并不是说我们可以完全排除所有的蓝领工人。就目前来讲，想要实现完全的自动化，我们可能需要有 10 000 名客户才能够实现收支平衡，但是在将来，我们或许只需要 1 000 名客户就能够实现收支平衡，或者实现真正的赢利。"[30]

整个供应链正在不断升级。"广州零号"是一家中国的供应链和物流企业，之前我还曾是这家公司的顾问。这家公司目前正致力于利用人工智能尽可能地实现完全自动化。这家公司的"智通三千"平台可以将卡车司机与企业进行匹配并同时优化整个过程。将来的某一天，货物经由卡车、轮船、飞机、火车等不同的交通工具被转运到某个仓库的整个过程，都将实现完全自主化的自动管理。人类的快递员将包裹送到你家门口的日子已经屈指可数了。

Nuro 是一家利用自动驾驶的机器人开展送货业务的创业公司，这家由两名谷歌前工程师创立的企业已经在使用自动驾驶汽车将各种食品和杂货送到人们的家中。

"几年前，我们会这样告诉客户，如果他们今天就下订单，我们可以在明天下午为他们准备好所有的东西，而且他们对此完全没有意见，"克罗格连锁超市的首席数字官雅艾尔·科塞特（Yael Cosset）这样说道，"今天，我们的一些客户期望同样的订单可以在一小时内就送达。" [31]

不仅产品的交付和发运在实现自动化，我们生产产品的方式也在不断演化。在《星际迷航》这部科幻连续剧中，一种幻想出来的被称为"复制器"的设备可以凭空制造出各种产品，今天 3D 打印正在接近于实现这种看上去完全无法实现的目标。利用一系列不同的材料，包括金属、玻璃、陶瓷、碳纤维、塑料以及树脂，工业用 3D 打印机已经可以制造出足够可靠的能够用在飞机、汽车、建筑物以及其他产品上的零部件。

将制造业和零售业融合在一起可以带来更大的灵活性，使企业能够更加适应消费趋势的改变，同时还能够提供更多个性化的产品，降低库存、分销以及运输的成本。将来的某一天，你可以走进一家商店，非常详尽地告诉他们你需要的款式、颜色以及其他具体的特性，然后他们当场就会把你想要的那件衣服打印出来。

机器人医生：智能医院和健康科技

医疗保健是另一个正在实现自动化的关键领域。发表在《柳叶刀·数字医疗》（*The Lancet Digital Health*）上的一项研究表明，在诊断方面，深度学习模型至少和专业的医疗人员做得一样好，另外，对于使用 X 光片进行乳腺癌的判断，谷歌的人工智能系统明显在速度和精确度上超越了人类的放射科医生。在美国医院，这套人工智能系统已经使假阳性降低了 5.7%，假阴性降低了 9.4%。大多数其他人工智能诊断技术也将很快能够达到同样的水平。不久之后，人类将只会在最棘手的情况下进行干预，但最终，甚至对最麻烦的病例，机器也会处理得更好。

利用激光成像技术和深度学习算法，研究人员现在已经能够在不到 150 秒的时间里就完成对大脑肿瘤的诊断，而传统的方法需要一个相当长时间的人工研判的过程。

英国的萨里大学、华威大学和意大利的佛罗伦萨大学的研究人员甚至已经开发出了一种人工智能，能够以 100% 的准确度从一次心跳就检测出心力衰竭。

在麻省理工学院，研究人员已经开发出了可以被人吞吃下去的机器人。这种你可以吃下去的机器人能够像折纸一样被折叠起来，封装在药片里，在它们把自己完全展开以后，医生就可以操控这些机器人清理障碍物、修补伤口或者四处观察。丹妮拉·罗斯（Daniela Rus）是麻省理工学院计算机科学与人工智能实验室的首位女主任，她同时还是这个项目背后的牵头人之一。作为一个机器人的布道者和天生的乐观主义者，罗斯预见到，在将来，机器人不但可以创造出其他的机器人，还可以重新组装它们自己，从而在有需要的时候把它们自己改变成最适合执行任务的形状。她相信，我们很快就能创造出更小、更复杂的机器人，它们可以在需要爬楼梯的时候把自己变成一个弹簧圈，在需要通过狭小的空间时把自己变成一条机械蛇，在需要游泳的时候变成一条机器鱼。

"如果我告诉你，我们可以使用机器人进行没有切口、没有感染风险甚至没有疼痛的手术，你会怎么想呢？"罗斯这样问道。[32]

通过开发可以折叠的机器人，罗斯正致力于降低机器人的生产成本。这种机器人可以在一块平板上被打印出来，然后再把它们自己折叠成不同的形状以执行特定的任务。另外，她的团队还一直在开发由微型气囊构成的重量极轻的机器人肌肉，这些肌肉上的微型气囊可以在有需要的时候进行充气和放气，现在这些机械肌肉已经能够举起相当于它们自身重量三倍的物体。想象一下，你把它们安装在一个带有关节的外骨骼系统上，这样的机器人外骨骼不但可以让机器人攀爬各种崎岖的地形，有效地携带物品，还可以执行一些需要非常灵巧的动作的操作。

如果你去拜访罗斯，你或许会注意到，她办公室的外面有一架小钢琴，学生们可以在任何时候到这里来演奏乐曲。这架钢琴是因为送错了地方才被送到她的办公室的，原本是应该送到她的家里让她的孩子们使用的，但因为学生们非常喜欢这架钢琴，所以她才决定让这架钢琴成为一个固定的设施。她相信，让她的学生们休息一下并使用一下他们的右脑，会是一件很重要的事。

似乎是出于对各种形式的技术无法抑制的激情，罗斯迫不及待地想要扩大那些能够折叠的机器人的生产规模，这样它们就能够在更大的规模上执行各种任务了。"其中所蕴含的可能性几乎是无穷无尽的。一个拥有众多机器人的世界将是一个充满乐趣的世界。"

荷兰的创业公司 Preceyes 也正沿着一条类似的道路前进。他们已经开发出了一种机器人系统，可以执行一些人类根本无法完成的操作。利用一种微型机器人，他们在病人眼睛的内部进行了一场手术，而这也是世界上第一例这样的手术。这种微型机器人就像是一只机械手臂，在 7 台由计算机控制的马达的驱动下，它的动作的精度可以达到一毫米的千分之一。它不但能够让病人得到更好的治疗，而且正因为它能够达到如此高的精度，眼科医生或许还能够开发出一些全新的治疗方式，而这些治疗方式在这种技术出现前是根本不可能实现的。另外，它还能够使整个过程自动化，这意味着眼科医生，尤其是那些在发展中国家的眼科医生，能够以更低的成本进行更多这样的手术。

下一批的机器人外科医生将会是完全自主化的。美国儿童国家卫生系统的一个团队已经朝着这个方向迈出了一步，他们开发出了一种轻型的机器人手臂，当需要对肠子进行缝合时，它可以自动放置缝合线。这个过程通常需要复杂的手部动作，而这些动作连最熟练的外科医生都很难做到。如果他们漏掉了其中的一个位置，就会出现肠漏的现象。机器人的优势是它们永远不会因过劳、晚上睡不好觉、感冒或者在手术室里分心而出现错误。

"一个外科医生可以在屏幕上不断地点击、点击、再点击，这些就是我想要缝合的地方，"过去 10 年一直在加拿大多伦多大学研究手术自动化的阿尼米什·加格（Animesh Garg）这样说道，"我们希望这就好像是在对手术过程进行定速巡航控制。"[33]

随着相关技术的不断完善，这些自动化技术不仅能省节资金，而且能够拯救更多的生命。根据约翰斯·霍普金斯大学的一项研究，单单在美国每年就有 25 万人死于医疗失误，这也使得医疗事故成了仅次于心脏病和癌症的第三大死因。自动化技术的另一个好处是，很多社区，尤其是农村地区往往缺乏熟练的外科医生。开发低成本的机器人能够把高质量的医疗保健服务带到这个世界上目前还不存在医疗保健服务的地区。我们目前依然处于使用机器人进行手术的早期，但是最终机器人将能够在世界各地的医院和诊所里完成大量的常规手术。为了能让你了解我们目前取得的各种进展的速度，我要告诉你2012年，机器人只完成了所有常规手术的1.8%，然而在2018年，这个数字已经上升到了15.1%，而且这一步伐还在不断加速。硅谷著名投资人维诺德·科斯拉（Vinod Khosla）认为，到2035年机器人将可以完全取代人类医生。

连心理健康这种非常私密且和人类意识相关的东西也正在被自动化。在南加州大学，研究人员已经开发出了一种被称为Ellie的3D人格化身，它可以被用来充当一个虚拟的治疗师。利用机器视觉，它可以解释病人在语言和脸部表情中所透露出来的线索并做出相应的反馈。

Ellie不仅能够让病人敞开心扉，还能够探测到脸部和身体的细微动作。那些忧心忡忡的人脸上微笑的延续时间会很短，而且不是那么明显，他们往往会尽可能地避免目光接触，另外焦虑的人通常会坐立不安。所有这些数据都会被搜集起来并加以分析，之后一位人类的心理学家就会收到一份报告，而他会做出最后的诊断并监督相关的治疗。

Ellie只是迈向全自动化心理健康的第一步，最终，我们还会看到一个更先进版本的Ellie。利用机器学习，它不仅能搜集一些很细微的信息，比如人类往往会忽略的一些微表情，而且它还能够诊断各种潜在的问题，甚至开出一些处方药物，比如治疗抑郁症的药物。

这意味着，无论什么时候，当我们需要一位医生时，我们都可以访问一位虚拟的医疗保健专业人员。正如我们今天已经有了健身追踪设备来时刻监控我们每天的锻炼、心率以及睡眠，或许将来的某一天，我们的口袋里会始终有一位人工智能医生、精神科医生以及生活指导人员。在可穿戴设备时刻追踪从我们的身体状况到我们的精神状况的所有数据后，先进的机器学习算法可以通过参考我们身体生成的海量数据，向我们提出可行的建议。

让我们想象这样一个未来，可穿戴的人工智能医生探测出了我们什么时候会感冒，所以它建议我们暂时放弃一次锻炼，并吃一些特定的水果或者蔬菜，它还给我们开了一些特定的补充剂或者药物。如果我们感到抑郁，一个人工智能的精神科医生或许还会建议我们改变饮食，或者推荐一种抗抑郁药。很可能我们不再需要定期去医院、诊所或者参加各种会诊。事实上，除非绝对有必要，我们很可能根本不会去拜访一位专业的人类医生，这样就可以节省数十亿美元的医疗保健成本以及花费在候诊室内的大量时间。这实在太棒了，不是吗？

算法农业

农业是另一个已经被深度自动化占据的领域。高盛投资公司估计，到 2050 年，将农业和技术融合在一起的精准农业可能是一个价值 2 400 亿美元规模的市场。这是一个非常好的消息，因为世界资源研究所估计，到 2050 年我们必须让粮食的产量翻番才能够养活接近 100 亿的人口。

2014 年才刚从洛斯阿拉莫斯国家实验室中拆分出来的笛卡尔实验室（Descartes Labs）以及于 2012 年成立的创业公司 Farmlogs（农场日志）正在使用机器学习算法、大数据以及计算机视觉技术向农民提供信息，帮助他们提高农作物的产量。这项技术可以在各种常见的农作物疾病传播开来前就探测出这些疾病，然后派出全自动化的无人机或者机器人在那些作物发病的区域喷洒农药，从而降低农药的使用量。

按照加州农场局联合会的数据，使用自动番茄收割机的农民的劳动力成本已经降低了90%。这不仅涉及劳动力成本，而且它还帮助解决了如何找到足够的劳动力的问题。在美国这样的国家，大多数人都不愿意从事采摘水果和蔬菜这种能让人累弯腰的劳作，所以农民们不得不依赖外来的移民。因为没有足够的人手来维护这些作物并采摘那些果实，很多蔬果就这样烂在了葡萄藤和灌木丛中。正是这些客观的因素在推动着当下正在发生的机械化的浪潮。

"无论是摘各种浆果、莴苣，还是葡萄，我们都在争抢劳动力。"浆果生产商 Driscoll 的高级副总裁斯科特·科马（Scott Komar）这样说道。[34]

采摘浆果是最困难且劳动强度最大的农场工作之一。浆果很娇嫩，机器很容易弄伤它们，另外你还很难区分哪些浆果已经成熟，可以采摘。虽然有这些困难，Harvest CROO 机器人公司已经提出了一种利用高级人工智能和机器人的解决方案。一台由 Harvest CROO 生产的机器能够在 8 秒钟之内采摘完一株果树。它还可以在一天内完成 8 英亩①农作物的采摘，而这已经是一个由 30 多人组成的团队在一天内能够完成的采摘量了。

"我们还可以做到一天 24 小时不停地采摘，而且晚上的采摘量会更多，因为晚上浆果的温度会更低，所以也更不容易被机器划伤。"

---

① 1 英亩 ≈ 4 046.856 4 平方米。——编者注

加里·维斯纳茨基（Gary Wishnatzki）这样说道，2013 年他与鲍勃·皮策（Bob Pitzer）一起在佛罗里达州共同创立了 Harvest CROO 机器人公司，后者还是真正发明这些机器的技术天才。[35]

维斯纳茨基已经在浆果行业工作了将近 50 年。他留着白色的山羊胡，说话嗓音温和，还带着慢声慢气的南方口音，你可以说他已经是第三代的浆果人了。他的整个家族都有创业的基因，他的祖父是一个白手起家的俄罗斯移民，最初他在纽约市内推着一辆手推车叫卖各种水果和蔬菜，之后他创立了一家批发公司，其中就包括浆果的批发。

这使得年轻的维斯纳茨基有了通过建立自己的农场而进入浆果行业的想法。刚开始的时候，市场上一盒草莓的价格是今天的 4 倍。

"在那个时候，浆果在冬天是奢侈品，"维斯纳茨基这样说道，"除非我们能够解决我们的劳工问题，否则那就是我们再次前进的方向。在去年的《农场法案》（Farm Bill）通过之前，我曾受邀在国会作证，当时我就告诉他们，'如果我们不用自动化来解决这个问题，我们就会有大麻烦'。"[36]

我们就是这样想到要创立 Harvest CROO 机器人公司的。维斯纳茨基相信，机器人可以弥补劳动力的短缺，因为机器人可以用比人类更快的速度采摘草莓和其他蔬果。而且和他的祖父一样，他一点儿也不害怕冒险闯入一个全新的领域。

葡萄酒行业已经从自动化获得了大量的好处。按照加州葡萄种植者协会的数据，2018 年，在加州所有收获后用于酿制葡萄酒的葡萄中，有 80% 是由机器而不是人来负责采摘的。这不仅降低了农民对人力的依赖，而且机器采摘葡萄的成本还不到人手工采摘成本的一半。加州大学戴维斯分校的研究人员甚至更进一步，他们开发出了一种"无接触"的葡萄园。从最初的灌溉到最后的收获，机器几乎包揽了所有的事情，这也使得每颗葡萄树的劳动力成本从 1 美元降至仅 7 美分。

在农业自动化上，物联网也在扮演一个重要的角色。农场现在已经越来越依赖大数据来分析土壤、水、阳光、气候模式、植物的生长、霉菌、害虫等各种各样的因素。农场搜集的数据越多，效率就会越高。

"我认为这是提升农业生产率的下一波重大的浪潮，"全球著名的投资银行和资产管理公司威廉·布莱尔（William Blair）的分析师劳伦斯·德·玛丽亚（Lawrence De Maria）这样说道，"利用自动化来实施精准农业将会提高产量，同时降低农民的投入成本。作为提升农业生产力的重要推动力，这项技术已经可以和绿色革命以及机械化相媲美了。"

不仅种植水果和蔬菜的农民正在从自动化技术中获益，牧场主也同样如此。在澳大利亚内陆地区，养殖羊和牛的牧场是非常庞大的。例如，在当地一个最偏远地区的一家名叫 Suplejack Downs 的养牛场占据了约 4 000 平方公里的面积，而且距离其最近的主要城镇还有 13 个小时的车程。这就是为什么他们正在使用机器人来监管牛群了。

奶牛场现在正越来越多地使用机器人为奶牛挤奶，机器人可以使奶牛场的工人数量减少到原来的 50%。奶牛养殖机器人现在已经是一个市场规模为 16 亿美元的产业，而且发展非常迅速。另外，这个产业所涉及的也已经不再只是机器人而已，它还包括与自动化相关的海量数据。荷兰的创新公司 Connecterra 已经开发出了一种智能奶牛颈圈，它可以追踪一头奶牛的每一个动作，这就像我们给奶牛戴上了一个手环。当一头奶牛生病的时候，系统能够在任何可见的症状出现前的一到两天就发出预警。除此之外，它还能够监控奶牛的行为，并且在奶牛没有去吃第二份干草的时候向奶牛场的员工发出提醒。

为了让他们饲养的牲畜感到更加放松，俄罗斯的奶牛场员工给奶牛戴上了特殊的虚拟现实头盔。他们想知道这样做能否改善奶牛的情绪并增加牛奶的产量。这是一个已经跳出了固有思维的想法，但它是不是一个能有效提升牛奶产量的方法还有待观察。

与此同时，在鹿特丹港，一家创业公司已经推出了首个全自动的水上浮动奶牛场，在这个奶牛场中一共蓄养了 40 头奶牛。这家公司相信，将农业生产带到更接近大城市的地方是一件很重要的事情。

"正因为我们就住在港口的附近，所以我们才会想到要在水上建立一个农场，"悬浮农场（Floating Farm）的 CEO 彼得·范文格登（Peter van Wingerden）这样说道，"这样我们才能够把健康的食物带给越来越多已经搬迁到城市里的消费者的身旁。"[37]

范文格登是在纽约哈得孙河上为一个水上浮动住宅项目工作时产生这个想法的。当飓风桑迪袭击纽约的时候，它淹没了纽约的街道，让纽约的交通网络瘫痪了。他亲眼看到了当时的运输车辆是如何在街道上艰难通行的，在整整两天的时间里，人们几乎无法在商店里找到任何新鲜的农产品。

"在看到了飓风桑迪所造成的破坏后，我很震惊地意识到，我们应该让食品的生产尽可能地靠近消费者。"范文格登这样说道。[38]

悬浮农场并没有就此止步，他们的农场里还到处采用了最新的乳品技术，其中就包括自助的清洁站、自动化的喂养系统、打扫粪便的机器人，以及可以远程监控奶牛的智能手机 App。

范文格登还非常关注农场的自我可持续性，他的农场引入了一台可以将干的粪便材料与尿液区分开来的机器，其中干燥的部分被用作了奶牛的垫草，而尿液被转化成有机肥料。在房顶上他们还安装了雨水采集器，以及一组悬浮的太阳能电池板，用来满足农场 40% 的能源需求。如果这还不够，他们还采用了从当地公园和高尔夫球场上割下来的草、酿酒商剩余的谷物、餐厅丢弃的土豆皮等东西的混合物来喂养奶牛。而所有这些都是经过了自动切割和混合后再通过传送带传送到食槽中的。

在实践"让可持续的农业生产实现自动化，同时将农业生产带到更靠近城市的地方"这一理念上，悬浮农场并不是唯一的先驱。AeroFarm 就是室内农业的领导者之一。这家公司的联合创始人兼 CEO 戴维·罗森伯格（David Rosenberg）之所以会将关注的重点放在绿叶蔬菜上，是因为它们的腐坏率高。大多数人可能并没有意识到这一点，但是 50% 在传统农场上生产的绿叶蔬菜从来没能够被端上人类的餐桌。另外，它们还有很高的污染率，传统农场生产的绿叶蔬菜占据了食品污染的 11%，其中就包括李斯特菌、沙门氏菌和大肠杆菌。AeroFarm 公司利用气雾栽培法，在没有任何阳光和泥土的情况下种植绿色植物，这消除了污染和使用有害杀虫剂的机会。因为没有使用土壤，这些绿色植物生长在由包括塑料瓶在内的可回收材料搭建而成的网状结构上，而且它们的根部被笼罩在了由营养液溶剂形成的雾状物中。

他们的系统仅使用了传统农场 1% 的土地，而且水的使用量也减少了 95%。这也是为什么 AeroFarm 在萨利赫·博克尚酋长（Sheikh Saleh Boqshan）的支持下，会首先在沙特阿拉伯的吉达市推出他们的原型产品，并且在阿拉伯联合酋长国的资助下在阿布扎比建造了一个 8 200 平方米的垂直农业研发中心。在水是一种稀缺资源的地区，AeroFarm 的技术显然有很大的市场。如果他们能够扩大这种技术的采用规模并降低相应的成本，对一个正在经历气候变化的世界而言其好处是不言而喻的。

创业公司 Iron Ox（铁牛）正在用不同的技术尝试解决完全相同的问题。他们占地 8 000 平方英尺 ① 的室内设施能够以大约每年 26 000 株的速度生产绿叶蔬菜，这一产量是室外农场产量的 5 倍，但这还仅仅是第一步。这家公司的联合创始人兼 CEO 布兰登·亚历山大（Brandon Alexander）已经下决心要将从播种到收割的所有过程都实现自动化。

"在 Iron Ox，我们用机器人优先的方式设计了整个种植过程，"他这样说道，"这意味着我们并不是在现有的过程中添加了一个机器人，而是围绕着机器人设计了所有的东西。"[39]

亚历山大是一个身上带有一点儿硅谷味道的口齿清晰的演说家，因为他总是穿着一件运动夹克，不戴领带，还会刻意保留两天的胡茬儿。虽然他一点也不像是一个农民，但从他很小的时候起他就一直在从事与农业有关的工作。

"我是在我祖父的农场里长大的，在得克萨斯，我的祖父会种植棉花、花生和土豆，我常常听他说，要想扩大粮食的产量，我们需要采用类似转基因农作物这样的技术，"亚历山大这样写道，"我的祖父认为，纯有机化生产无法规模化，而且无法以一个能够让人负担得起的价格来养活全世界。考虑到当时的技术水平，我相信他是对的。"[40]

几乎可以肯定的是，未来的农业将更接近于 Iron Ox 目前正在开创的前景，而不是亚历山大从小在其中成长起来的农场。除非要去解决各种问题，比如机器发生了故障，否则人类很可能不再需要踏足农场。牧场主们可能会在他们牲畜的大脑中植入芯片，然后让人工智能来控制所有的事情。整个农场会非常像一个巨大的、高科技的装配线。

① 1 平方英尺 ≈0.092 9 平方米。——编者注

完全自主化的拖拉机、播种机、除草机、收割机以及无人机将会完成所有的工作，而先进的算法将会在后台指挥所有的机器进行表演。

这肯定需要花很大一笔钱，而且很多家庭农场可能根本没有足够的资金升级到这些最新的技术，这也意味着终有一天，这些家庭农场将不再有任何竞争力。大公司将巩固他们在农业生产中的地位，并且从规模经济中获益。所有这些对消费者来讲意味着更高的产量和更低的成本，但是我们不得不问我们自己这样一个问题：在这个过程中我们是不是失去了什么？或者这种类型的深度自动化只不过是一个有数十亿人口需要养活的先进文明的自然演化？

无论你相信什么，我们或许会把那些由家庭经营农场的日子仅仅看作一个更加浪漫的过去，就像古代的骑士保卫他们的城堡，或者狩猎采集者以他们自己的土地为生一样。

救援机器人

日本很迫切地需要机器人，它的人口不但在老龄化，而且在萎缩。2019 年，日本的出生人口下降了 5.9%，只有 86.4 万，而死亡人口上升至 137.6 万。到 2030 年，在日本每三个人中就有一个 65 岁以上的老人。随着出生率的下降和预期寿命的延长，这个问题只会变得越来越糟糕。在日本，已经没有足够的年轻人来照顾老人了，更不用说发展本国的经济了。到 2025 年，预计老年护理人员会缺少 38 万人，这个问题已经非常严重。这也是为什么日本政府和工业界都在关注机器人技术。

在东京的新富私立养老院，他们正在测试 20 种不同类型的机器人，其中有些机器人会和老人说话并且倾听他们的故事。

"这些机器人实在太棒了，"山田和子这样说道，山田是一位84岁的养老院居住者，"如今有越来越多的人选择独居，而一个机器人可以让他们在日常生活中有一个可以说话的人。这可以让生活变得更有意思。" [41]

由软银公司开发的名字叫作Pepper（甜椒）的机器人会和老人玩游戏，一起进行锻炼，并和他们交谈。Paro是一个很可爱的毛茸茸的机器人，它会对触摸和拥抱做出响应。

"当我第一次抚摸它的时候，它的反应实在太可爱了。它真的好像是活的动物，"79岁的坂本沙希大笑着说道，"只要我一碰到它，我就不想放手了。"

机器人不仅能让老人积极参与各项活动并感到快乐，而且能帮忙照顾他们。日本的机器人公司赛博达因（Cyberdyne）已经开发出了一种名叫HAL的机器人外骨骼，它可以帮助护理人员将居住在养老院内的老人从他们的床上抱起来。这项能力非常重要，因为导致这些护理人员受伤的主要原因之一就是背部拉伤。相同的技术还可以被用来帮助老人和残疾人，让他们可以自己行走并且避免摔倒。随着外骨骼变得更轻和更加灵活，在养老院里它们可能会比轮椅更加常见。

赛博达因机器人公司是由日本的亿万富翁三阶吉行在2004年创立的，三阶吉行当然不是一个普通人，他有着一头乌黑的卷发，戴着一副超大的眼镜，这使得他在极客们眼中很时髦。从小他就沉迷于科幻小说中。他对科技的热爱甚至可以追溯到他9岁的时候，当时他如痴如狂地阅读阿西莫夫的科幻小说《我，机器人》以及日本的漫画《生化人009》等。虽然他当时还是一个孩子，但他已经在用真空电子管和晶体管手工制作一台收音机，在青蛙的腿上绑上电极并进行电刺激，把金鱼放在干冰里进行冰冻再想办法复活金鱼，制造他自己的火箭燃料，以及尝试搭建一台红宝石激光器。当他没有在他母亲的珠宝里找到红宝石时，他转而开始尝试在煤气灶上熔化氧化铝，而他之所以会这样做仅仅因为氧化铝是在红宝石中发现的主要成分。虽然他的这些实验失败了，但他从来也没有停止过。

"我从小就一直在思考该如何利用技术来帮助人类和我们这个社会，"三阶吉行这样说道，他将他的整个生活都投入了制造机器人以改变人们的生活这个目标，"我能够这样一直坚持下去，原因很简单。如果这是一个别人交给我的项目，我不知道我还能否做到今天这样的地步，但是所有这些完全是来自我自己内心的东西。"[42]

虽然他的公司的名字听起来有点儿吓人，因为它刚好与《终结者》这部电影中那家邪恶的公司的名字完全相同，但帮助人类是这家公司哲学的核心。三阶吉行对于其业务的每一个方面都保持了严格的控制，以确保其技术只能被用于和平且非致命性的目的。即便利润可能会非常丰厚，他也绝不会允许军队或者其他任何人利用他的技术把人转变成像机器人那样的战斗机器。相反，在他的眼中未来应该是这个样子的：他制造的机器人不但可以让老人完全靠他们自己就能够活得更长久，还能陪伴患有阿尔茨海默病的病人并帮助他们找到返回自己房间的路，同时让半身麻痹的病人能够再次走路，另外还能够协助工人在建筑工地、组装生产线，以及其他工作岗位轻松地举起重物。

对机器人来讲，眼下的发展似乎恰逢其时。日本的经济产业省预期，到 2035 年仅仅用于照顾老年人生活的机器人市场价值就将达到 38 亿美元，而这还只是冰山一角。机器人有可能会变得不可或缺的另一个领域是帮助儿童学习，包括美国在内的很多国家现在都已经出现了合格教师的短缺问题，在新加坡，有些幼儿园甚至已经开始给老师配备机器人助手了。

"我们是这样设想的，在不远的将来，有能力执行多项由人类指派的任务，并且能够将复杂的想法可视化的交互型机器人，可以更好地帮助儿童学习和开展相互合作。"新加坡政府官员富辉辉（音译，Foo Hui Hui）这样表示道。[43]

很多这样的机器人从一开始就被设计成可以用一些智能手机 App以及计算机程序完全无法做到的方式来吸引小孩子。孩子们可以用手抓住它们，把它们拆开，然后再用不同的方式把它们重新组装起来。这些智能玩具可以通过让儿童实际操纵各种物理实体并与它们互动来达到学习的目的，在这个过程中，人的大脑的不同部分都会积极参与进来。蜜蜂机器人是一种身体上黑色和黄色条纹相间的机器人，它可以教小孩子说普通话。而眼睛向外凸出，身体更像是一只箱子，并且带有一块触摸屏的机器人 Rubi 不但会唱歌，还会玩游戏，它可以帮助小孩提升他们的词汇量。Rubi 甚至还能够显示各种表情，如果一个小孩把它的胳膊扯了下来，它还会哭出来，就好像它受了伤一样。

在英国，他们正在用一个被称为 Nao 的机器人来帮助患有自闭症的儿童学习如何去发现和获取社交线索，并与他人展开互动。患有自闭症的儿童往往无法对其他人的动作做出反应，或者无法与他人进行良好的沟通，而机器人可以给他们提供一个切入点。与大多数人不同的是，机器人的耐心可以说是无限的，而且可以满足残疾儿童的特殊需求。

"即便是最富有善意和最宽容的教师、父母都是有极限的，"在康奈尔大学研究机器人与人类互动的心理学家索拉斯·森（Solace Shen）这样解释道，"一旦你重复了某件事情 1 000 万次，你肯定再也不想做同样的事了。但是机器人绝对没有这样的问题，而且儿童喜欢这样的重复。"[44]

那些病得太重而无法去学校上课的儿童现在可以派一个机器人来代替他们自己。在丹麦哥本哈根的一所为有特殊需求的孩子开办的学校里，他们正在使用一种遥感机器人让困在家里或者医院里的孩子可以与他们的同伴和老师互动。

目前人们不仅在学校和养老院里使用机器人，连建筑工地也已经开始引入机器人。日本不仅缺乏各种护理人员，而且缺乏建筑工人。甚至在美国，建筑公司也很难找到合格的建筑工人。2019 年，美国大约有 700 万个与建筑有关的岗位出现了空缺。

幸运的是，机器人可以被用来填补其中的空缺。现在在建筑工地里，我们已经有了机器人焊工、搬运工以及各种通用的起重工具，甚至还有机器人在实时监控工地以确定工程的进度。一个名叫 Hadrian X 的砌砖机器人可以在三天内砌好一间房子的所有墙壁。另一个叫作 SAM 的砌砖机器人可以完成的砌砖量是一个人类工人单独完成砌砖量的 4 倍。而机器人 TyBot 可以一整天毫不疲惫地持续绑钢筋，这就把人类从这些能够让人累弯腰的工作中解放了出来。

建筑机器人的体型往往会比较大，但是在其他行业中，机器人会有各种各样的外形和尺寸。生产喷气式发动机的罗尔斯-罗伊斯公司目前正在开发一种微型机器人，这样可以让飞机飞得更长久。在配备了摄像头和 3D 扫描仪后，这些像蟑螂一样的机器人可以爬进喷气式发动机的内部，找出问题，然后再清除各种碎片。

"它们可以散开来利用各种路径到达燃烧室的不同部位，"罗尔斯-罗伊斯公司的技术专家詹姆斯·凯尔（James Kell）这样说道，"如果我们按照传统方法来做，这可能会让我们花 5 个小时的时间。"[45]

似乎没有什么东西是人工智能和机器人无法做到的。当宫古荣次郎（Eijiro Miyako）还在读高中的时候，他就曾经梦想成为一个像斯蒂芬·斯皮尔伯格那样的电影制片人。但现在他为日本先进科技研究院工作，他很好地利用了自己的想象力，并正在创造一种微型的飞行机器人。他设计的这种昆虫大小的无人机能够进行人工授粉，在这种微型的飞行机器人表面覆盖了一块用马尾毛制成的刷子以及离子液体凝胶，所以它不但可以采集花粉，还能够将花粉从一株植物传送到另一株植物上。宫古荣次郎希望，一支由这样的机器人组成的队伍最终可以帮助农民从全球各地蜂群的崩溃境况中存活下来。

在我们的印象中，机器人这个词往往会给我们带来一种机械物体的形象，而大多数机械物体通常也确实是由金属或者硬塑料制成的，但这并不是说所有的机器人都必须用硬质材料来制造。研究人员现在正在制造一种柔软的机器人，它可以被弯曲、扭动甚至黏合在一起。这就像有很多黏糊糊的乐高积木，你可以用不同的方式把它们组合在一起以形成一种新的更加复杂的机器。

"人们对于那些能够改变它们的外形并自动适应不同环境的材料很感兴趣，"布朗大学的教授伊恩·黄（Ian Wong）这样说道，"所以在这里我们展示了一种在外界的刺激下能够弯曲并重新对自己进行配置的材料。"[46]

有些机器人甚至是用活的生物细胞制成的。有一队研究人员已经开发出了世界上第一个活的、可编程的有机体。这种有机体也被称作活体机器人（xenobots），它们可以移动，拾取微观的物体，甚至在被割伤后还能够进行自我修复。一台运行自我演化算法的超级计算机设计了这些只有毫米尺度的机器人，而活的心脏肌肉细胞通过自我扩张和收缩可以为这些机器人提供一周的能量。科学家希望，有一天这种活体机器人可以清理海洋中的塑料微粒，或者在人体内部运送各种药物。

机器人甚至已经开始向我们学习。在加州大学伯克利分校，研究人员已经开发出了一种机器人，它可以很快地学会如何复制人类的动作。利用机器学习算法，这个机器人可以通过观看一个人类捡起一件物品的简单视频非常精确地模仿这个动作。这项技术使得训练机器人去完成各项正在进行的工作变得非常简单。

"通过将元学习技术应用到机器人身上，我们希望可以让机器人像人类一样掌握多种不同的技能，而不只是掌握某一项技能，"加州大学伯克利分校的研究团队这样解释道，"元学习技术对机器人尤为重要，因为我们希望机器人可以在现实世界的环境中运行。"[47]

在麻省理工学院，他们建立了这样一套系统，一位穿着动作捕捉套装的人类驾驶员已经可以"驱动"一个人形的机器人。一副虚拟现实的眼镜和一个安装在机器人头上的摄像头可以让驾驶员看到机器人所看到的视野。当驾驶员移动他自己的胳膊和腿的时候，机器人可以复制他的每一个动作，并同时搜集更多其他数据。一旦机器人搜集到了足够的数据，它的机器学习算法就可以让它自己像人类一样独立完成同样的任务。

新加坡南洋理工大学的科学家正在制造能够通过阅读使用手册或者观看已经组装好的产品的图像来学习的机器人。其最终的目标是制造出能够像人类一样进行学习和具有适应能力的机器人。这样的话，在一些工作岗位上使用机器人就好像我们雇用了一个新的员工。在经过了一段时间的训练后，机器人就能够完成几乎所有需要完成的工作。

电商巨人阿里巴巴已经建造了一家几乎完全由机器人提供服务的酒店，在这家酒店里，机器人可以完成从提供食品和饮料到提供客房服务的所有任务。这家酒店的名字叫"菲住布渴"，坐落在杭州市。在这家酒店里，你几乎找不到任何可以接触的人类联系人，客人通过一款手机移动 App 来预订房间，然后再通过脸部识别技术进入房间。如果你不介意一晚上花费数百美元，你完全可以去那里亲自体验一下。

如果这些还不够，机器人餐厅的时代或许正在来临。创业公司 Spyce 就是一个很好的例子，三个刚刚从麻省理工学院毕业的学生在他们自己兄弟会的地下室里创办了这家初创企业。在那里他们制造了一台类似鲁布·戈德堡机械的原型机，虽然这台原型机是用微控制器、廉价的烤箱罩、塑料垃圾桶、接线板以及一台普通的家用空调拼凑在一起后组成的，但它已经可以按需烹饪各种饭菜了。今天，在波士顿他们已经有了一家高科技的机器人餐馆，能够提供各种美味的素食、（包含鱼的）素食，以及不含麸质的套餐。

和所有大学生一样，Spyce 男孩（别人这样称呼他们）也没有很多钱可以花费在食物上。他们已经厌倦了花费 10~15 美元在那些味道不太好而且不是很健康的食物上。他们想要的是低成本的、超级美味的健康食品，而这正是 Spyce 想要提供的。他们向客户提供了 7 个不同的套餐，而每个套餐只需要 7.5 美元。他们之所以能够保持很低的成本，是因为烹饪过程几乎是完全自动化的。一台闪闪发亮的机器人装置可以照顾到一切，它会测量每种原料的正确分量，把它们放入炒锅、然后开始炒菜，接着它会把烹饪好的食物放入一个一次性碗中。瞧！现在你已经可以开始享用了。

Spyce 男孩不仅吸引了大量的风险投资，而且请来了著名的厨师丹尼尔·布卢德（Daniel Boulud）作为他们的烹饪总监。布卢德是一位法餐厨师和餐馆的经理人，他曾经因开设在纽约的布卢德咖啡馆获得了米其林二星的评级而出名。Spyce 的菜单上包括热情的拉丁菜、泰国菜、印度菜、摩洛哥菜、灶台菜以及黎巴嫩菜，而且现在他们正计划向这个国家的其他地方扩张。

这会是一家快餐店吗？随着新冠肺炎疫情的传播，餐饮行业已经遭受了非常严重的冲击，这种让机器人来烹煮菜肴的趋势肯定会不断加速。现在已经有数十家初创企业在重新思考我们该如何吃饭。Blendid 公司的机器人可以制作出定制的冰沙，威尔金森烘焙公司（Wilkinson Baking）的面包机器人（BreadBot）可以胜任面包房内的所有工作，而 Creator 公司的机器人厨房可以做出完美的汉堡，其中包括把牛肉剁碎成肉糜、煎炸碎肉饼、烤小圆面包、调配各种调料，以及最后装配成三明治。

机器人可不仅仅能为你做饭。牙疼了？在中国，他们现在已经有了一个机器人牙医，可以为你种植假牙。你的肾出问题了吗？在旧金山的加州大学，他们已经发明了世界上第一款可植入的机器人肾脏。你需要一个临时保姆吗？日本的大型零售商永旺株式会社可以在你购物的时候为你安排一个机器人来照看你的孩子。想要一个在 20 世纪 60 年代的动画片《摩登家庭》中的机器人女佣吗？Aeolus 公司的人形机器人不但可以用吸尘器来为你打扫房间，还能为你倒茶。

在我们的社会中，几乎没有什么领域是人工智能和机器人无法进入并进行干预的。不仅如此，在某些特定的任务上它们往往效率更高且能力更强。它们不会偷懒；它们可以在晚上和周末干活儿；它们不需要加班费，也不会请病假或者申请度假；它们永远不会抱怨或者反驳你的说法；而且它们只有在需要充电的时候才会休息。问题是，它们是不是很快就会抢了你的饭碗？

未来的工作岗位：一个没有工作岗位的社会

如果你是银行的出纳员、超市的收银员或者叉车的驾驶员，那么你或许已经知道有一个机器人正在和你抢饭碗。自动柜员机、自动结账机以及能自动驾驶的叉车现在已经相当普及了。虽然如此,大多数美国人目前还并不担心机器人会抢走他们的工作。然而,当下一代机器人变得更擅长蓝领和白领的工作时,这种情况就很有可能会在接下来的10年里发生改变。

麦肯锡全球研究所估计,到2030年,多达1/3的美国劳工阶层将不得不转向新的职业,也就是说在接下来的10年里,美国有5 400万个的工作岗位将会面临风险。而中国甚至会面临一个更大的挑战,根据世界银行的研究数据,自动化威胁了多达77%的中国工作岗位。没有人可以确切地知道将来会发生什么,但可以肯定的是,随着人工智能和机器人自动化的每一次进步,上面这一系列的数字还会不断上升。

无论你是工厂的工人、优步车的驾驶员,还是医生,这些都已经无关紧要,最终肯定会有一台机器能比你更好地完成你目前的工作。麦肯锡公司发现,在未来的10年里,全球大约有一半的工作可能会实现自动化。在全球范围内有8亿名工人可能会被取代,而且有多达3.75亿人可能需要学习新的技能。如果你是那些无法适应的不幸的人当中的一员,那么你就会失去你的工作。

我的估计是,高薪的工人受到这种大规模变革的影响会比较小,因为他们可以更容易地调整他们所拥有的技能,以适应新出现的技术。低收入者受到影响的程度也不会很大,因为他们非常灵活,而且在很多岗位上比昂贵的机器更加经济。中等收入者是最有可能会失去工作的群体,而且很难再找到新的工作。

在美国我们已经看到了这种现象。很多中等收入的工作岗位正在消失,并且正在被各种只能持续数小时的兼职工作、临时工以及合同工取代。另外，这些工作岗位几乎不会提供任何社会福利，也没有多少在工作安全上的保障。随着各种高收入、高技能的工作岗位与极低收入、低技能的工作岗位之间的鸿沟不断扩大，在接下来的 10 年时间里，贫富分化还会加剧。

我们或许会经历一次衰退，但是麦肯锡研究报告的作者以及很多其他经济学家都相信，情况很快就会出现反弹，而且就业增长将会持续到 2030 年。情况或许确实会如此，但是终有一天，我们的机器会变得非常高效和廉价，它们甚至可以在竞争中打败薪酬最低的工人，而且与此同时，由于它们还拥有如此众多的技能，它们甚至能够承担众多高技能和高薪酬的工作。

他们把这样一个时间点称为经济学上的奇点，或者用更直白的话来讲，这将是所有工作岗位的终结。对一个技术足够先进的资本主义制度来讲，这将是一个很自然的结果，因为在这样一种制度下，利润才是终极目标。随着我们不断靠近这样一个奇点，政府将不得不重新思考该如何重塑我们的体制。如果他们不这样做，大规模的民众不满就会出现，因为到那时数十亿人口将会处于一种永久性的失业状态。

杨安泽（美籍华裔）曾参与 2020 年美国总统大选民主党候选人的竞选，他认为，我们应该给每个美国人（无论他是否需要）每月 1 000 美元的全民基本收入。但是对于一个就业岗位已经明显减少的未来，这点儿钱够用吗？政府或许应该重新思考，在一个正在到来的自动化的时代里，我们需要的会是一些什么样的社会项目。

当危机最终成为现实时，企业将不得不拿出足够的钱来为人们提供一个可以舒适地生活下去的全民基本收入，事实上也没有任何其他方法可以解决这个问题。如果政府不开始以一种适当的水平向企业征税，并用一种公平的方式将财富进行重新分配，我们的社会最终将只属于那些屈指可数的亿万富翁和高级技术人员，而其他所有人都将生活在极端贫困中。这绝不是我们大多数人想要的未来。

最终，那些总是在推动更低税率的企业将不得不屈服。毕竟，到那时如果他们不参与财富的重新分配，在这个世界上将不会再有人有能力购买他们的产品和服务了。更具讽刺意味的是，或许在将来的某一天，资本主义会转变成为一种新的社会主义，在这种新的社会制度下，绝大多数人可以有收入却不需要工作。这虽然并不是马克思当初为他的工人们所设想的乌托邦，却很有可能是一种自然发展的结局。

有些人或许会认为这将是一场灾难。他们会担心那些没有工作的人变得懒散、内心充满不满，并且感到非常压抑，但我并不认为这样的事情最终会成为现实。人具有一种非凡的能力，可以在他们所做的任何事情中寻找到其中的意义。我认为在将来，在决定我们的自我价值时，工作将不再是其中的一个重要因素。现在工作之所以会对我们如此重要，是因为我们的社会在用我们的谋生手段来对我们每个人进行评判。在将来，当绝大多数人已经不再需要工作时，社会规范也会做出相应的调整。我们将不再期望同伴都有工作，所以人们会用什么样的方式来谋生已经不再是一件重要的事。

相反，我们将生活在这样一个世界里，人们将不再用自己的工作来定义自己，而是用他们选择做什么来定义自己。对有些人来讲，这可以是他们的爱好。他们或许会通过参加马拉松或者举重比赛来尽力改善他们的运动能力。有些人可能会成为古代文化方面的专家，也有人会研究天文学，或者开始养狗。在我的想象中，有很多人会开始追求他们的宗教信仰，他们会花费大量的时间，从事精神上的追求，比如仪式、祈祷、冥想以及朝圣。在这个世界里，能够提供某种意义的东西绝不会短缺，你也可以从花费更多的时间与家人和朋友一起全球旅行来作为新的开始。

　　你观察一下今天我们所从事的绝大多数工作，它们都并不那么令人感到兴奋。那些在流水线上工作或者在快餐店内卖汉堡的人通常并不热爱他们的工作，他们或许会很喜欢那份收入并且很享受同事之间的友情，但是这份工作本身并不能赋予他们的生活以价值。连那些确实在他们的工作中发现了重要意义的人，也可以在其他的追求中发现同样的东西。

　　人们总是在为自己创造各种意义。我可以肯定的是，50年后体育运动将会比以往任何时候都更受欢迎。当然，如果我们看的是机器人打篮球、踢足球或者打网球，那就没什么意思了。我还认为，我们会继续用名声和大量的补贴来奖励顶尖运动员，对于其他类型的公众人物，情况也会如此。观看一个机器人唱歌和跳舞是可以的，但在某种程度上，人们会更喜欢由人类进行的表演。任何形式的现场表演都会变得更有价值，这其中就可能包括音乐会、戏剧、电子游戏比赛等。当然还会有今天我们无法想象的全新的活动，很多人或许会花费他们一生的时间在虚拟现实中进行竞赛，期望能够成为超级明星。

　　如果向全自动化的劳动力过渡可以很优雅地实现，那么这将是一个光明的未来，到那时我们每个人都可以自由地追求我们自己最感兴趣的东西，而且每个人都会有足够的收入过上一种令人满意的生活。我并不认为我们需要像我们今天所理解的那样去担心如何保住我们的就业机会。相反，我们应该准备好如何在一个后资本主义的社会中生存下去，在这样的社会里，人们已经不再需要进行任何体力劳动，而且所有人都有足够的时间可以自由地去追求他们认为最有价值的东西。

第五种力量

智能爆炸

这种力量会驱使我们开发出远超人类能力的新型超级智能体，而这也将促使拥有意识的机器出现在这个世界上，它们会管理我们的经济，充当我们的伙伴，并且与我们的意识相融合。

在前面的章节中，我们已经看到算法是如何使人类文明实现自动化的。在这一章，我们会跨入未来，并探究我们的机器是否会拥有自我意识。在机器智能等同于或者超越了人类的智能后，我们的世界会发生什么样的改变？这些同时拥有超级智能和自我感知的机器人又会如何看待我们人类？

首先我们需要认识到的是，即便在今天计算机已经能够做到所有那些了不起的事情，它们与人类的大脑也无法相提并论。让人工智能对这个世界的理解达到我们人类对这个世界最基本的理解程度，还是一件极其困难的事。在过去的数十年时间里，计算机科学家一直在谈论制造一个超级智能，它可以成功执行我们人类能够完成的任何智力任务。然而，这个目标目前仍然难以实现。到目前为止，我们所讨论的在人工智能领域的任何突破都属于狭义人工智能（即弱人工智能）

的范畴，而拥有这种人工智能的机器也只能在一些极其狭义的任务上超越人类的表现。事实上，我们今天所看到的人工智能都是由无数弱人工智能在各自完全独立工作的前提下，通过相互合作才能够帮助我们解决各种问题，并最终实现任务自动化的。

正因为弱人工智能是如此强大，它常常给我们这样的印象，即它比实际上表现出来的更强大。然而，如果你在其特定领域之外向弱人工智能提出一个问题，这种错觉就很容易打破。当你问一辆自动驾驶汽车什么是路时，它甚至根本不知道你在问什么。你还可以继续问苹果的 Siri 或者亚马逊的 Alexa 什么是计算机，它们会给你一些事先就准备好的答案，但是无法真正明白它们谈论的究竟是什么。最聪明的弱人工智能可以被看作一个无所不能却又蠢笨到什么也不懂的巫师。它们可以在根本不理解所做的事情具有什么意义的情况下就完成一些不可思议的壮举。连 3 岁的孩童都比当下顶尖的机器学习算法更能理解自己与这个世界的关系。

那么这样的情况最终会改变吗？会不会有一天，人工智能对于这个世界的理解可以等同于甚至超越我们对这个世界的理解呢？也许这样的情形确实有可能会出现，但绝不会在接下来的数年内发生。还有一些计算机科学家认为超级智能永远也不会出现。他们认为，我们当下已经处于这一代机器学习算法的极限，而且想要让计算机能够真正开始思考并且像人一样行动是一种幻想。我不是很认同他们的观点，我认为只要有足够的时间，我们肯定能推出新的算法和技术来提升机器智能，尤其是考虑到我们目前在人工智能的发展上倾入的大量资源。

在一份名为《人工智能何时会超越人类？来自人工智能专家的证据》（*When Will AI Exceed Human Performance? Evidence from AI Experts*）的研究报告中，作者向来自全球的 353 位人工智能研究人员提出了这样一个问题：什么时候人工智能才能够完成一个人类的工人可以做到的几乎所有事情，并且效率更高？在将所有的答案取平均值后，他得到的是 2060 年。这虽然并不是明天，但也没有像想象中的那么遥远。

当我们谈论超级智能的时候，请记住它的范围并不仅仅局限于在智力上具有某种能力的机器，它还应该包括在情感上也拥有某种智能的机器。到 2060 年，我们的计算机会拥有某种共情的能力吗？如果真的如此，那么这些具有共情能力的机器又会如何改变我们与技术的关系呢？人类有没有可能会爱上一个人形机器人，而且那个机器人也同样会爱上我们？

随着我们跨入一个机器能够思考并且像人一样行动的未来，上述这些还只是我们想要提出的部分问题。当读到本书末尾的时候，我们应该已经探索了从一个庞大的类似器官的大脑到失控的超级智能的各种问题，而与此同时，我们还会探讨创造一个不仅远比我们自己更加聪明，而且拥有主观意识和愿望的人工意识体在现实和哲学上所具有的意义。

奇点：超级智能正在到来

大多数人都认为某种形式的超级智能正在到来，但它什么时候才会到来呢？对人工智能来讲，击败益智问答游戏《危险边缘》最优秀的玩家、职业围棋选手、国际象棋冠军是一回事，但让它能够理解这个世界，或者像人类那样学会从事任何需要智力的工作就是另一回事了。

"我们仍然在欺骗自己，好像我们正在发明一个人工大脑，但实际上，我们能想出来的也只是将很多真实的大脑放在一起后所形成的一个庞大的混合体。我们仍然不知道大脑是如何工作的，所以我们根本不可能制造出一个大脑。"虚拟现实领域的先驱人物杰伦·拉尼尔这样说道。[1]

有一些专家认为，制造出这种类型的超级智能还有很长的一段路要走，或许还需要一个世纪甚至更久，其他人则确信这种超级智能已经出现在了我们前方的拐角处。具体实现的日期最早在 2029 年，而最晚可能会在 2200 年或者更晚。

"在深度学习阵营中，有些人对于有人想要在人工智能中直接尝试设计某种类似常识的东西感到十分不屑，"《智能的创造者》（*Architects of Intelligence*）一书的作者马丁·福特（Martin Ford）这样评论道，"他们认为这是一个非常愚蠢的想法。他们中有一个人说，这就像你试图把一些信息直接塞进大脑。"[2]

当然，马斯克持有完全相反的观点："我认为那些所谓的人工智能专家的最大问题是，他们以为他们知道的要比他们实际知道的更多，而且他们还认为自己比实际上更聪明。那些聪明的人往往有这样的毛病，他们会用自己的智力来定义自己，而且不喜欢机器会比他们更聪明这样的想法，所以他们才会完全低估这样的想法，而这从根本上来讲是有缺陷的。"[3]

加州大学伯克利分校的教授、人工智能领域的思想领袖以及《AI 新生》（*Human Compatible*）[①](#)一书的作者斯图尔特·罗素（Stuart Russell）用另一种方式这样阐述道："我一直在讲述一个发生在核物理学中的故事。欧内斯特·卢瑟福（Ernest Rutherford）在 1933 年 9

---

① 此书已由中信出版集团于 2020 年出版。——编者注

月 11 日所表达的学界共识是，从原子中提取出原子能是永远不可能的。所以他当时的预言是'永远不可能'，但历史的事实是，在第二天早上，利奥·西拉德（Leo Szilard）读到了卢瑟福当时的演讲，感到非常恼火，然后发明了中子诱发的链式核反应！所以，就在卢瑟福做出'永远不可能'这个预言的 16 个小时后，事实就给出了不同的回答。同样，我认为，想要就通用人工智能在什么时候取得突破进行定量的预测肯定也是徒劳的。"

我们先撇开专家的意见不提，我相信，大多数现在出生的婴儿将会在他们的有生之年看到某种形式的超级人工智能的诞生。但是这一切又将会如何发生呢？有一种共识是，当人工智能达到了一定的程度，它们对这个世界的理解已经相当于或者超越了我们人类对这个世界的理解，并开始着手重写它们自己的代码的时候，我们就会看到智能爆炸的发生。

与人类不同的是，人类需要花费 18 年的时间才能从高中毕业，然后还需要整整一代人的时间才能将我们的基因传递下去，但计算机可以用极其惊人的速度共享它们获得的知识。一旦有一台机器学会了如何做某件事情，它就可以通过网络将这些知识传递给每一台机器。例如，如果我们将一个机器人送到了火星上，而它发现了在火星的泥土上随意行走的最佳方式，那么立刻，这颗红色行星上的其他机器人也就拥有了同样的知识。

想象一下，成百上千个具有自我学习能力的机器人正在一起想办法来解决某些非常困难的问题。当它们共享各种信息时，反馈回路就会进一步加速整个学习的过程。如果你用先进的 3D 打印机将这一过程与新的生产技术结合在一起，那么企业每天甚至每个小时都有可能会推出经过改进的机器人。这意味着与我们在将来会看到的机器人相比，今天的机器人看上去就好像是儿童玩具。

在将来的某一天，我们将不会再给计算机编程。人类给计算机编写代码的时候速度很慢，而且很容易出错。如果人工智能可以在没有人类干预的情况下给自己编写代码，那么整个过程的速度将会得到指数级的提升。而且一旦人工智能学会了如何编写出比它们自己更智能的代码，我们就会遇到一个被称为人工智能奇点的拐点。在这个拐点上，机器人正常的自我改善的周期会出现失控的现象，从而导致智能爆炸的发生。最后的结果将是出现一个强大的超级智能，而它在智能的质量上将远远超越所有人类的智能。

当然，上述结果是建立在这样一个假设的基础之上的，即对人工智能聪明程度的唯一限制在于它原生的计算能力和可供其使用的存储能力。我希望，这种具有超级智能的人工智能会对我们人类表现出比我们对这颗行星上的其他居民更多的怜悯。如果结果确实如此，那么我们将会得到很好的照料，但如果情况相反，那么将来的一切就真的有点儿难以预料了。

机器会拥有意识吗

让我们来探讨一个长期有争议的话题：机器有一天会拥有意识吗？机器拥有解决困难问题的能力是一回事，但如果它拥有完整的自我意识就是另一回事了。有朝一日，机器是否也会说出"我思，故我在"这样的名句并且像人类那样真正理解这句话的内在含义？

为了理解这个问题，让我们来做一个思想实验。想象一下你最好的朋友在第二天早上跑过来告诉你他们是机器人，这会改变你对他们的看法吗？仅仅告诉你这一点后，你会把他们看作没有真实情感或者没有自我意识的机器吗？或者在经过了一番思考后，你还会继续把他们看作有意识的存在吗？你会继续关心他们并期望他们对你也有同样的感觉吗？

正如我们在科幻电视连续剧《太空堡垒卡拉狄加》（*Battlestar Galactica*）中所看到的那样，有一天我们或许根本无法区分机器人和人类。我们的机器或许会变得十分擅长模仿我们，从外表上你根本找不到我们和它们之间有什么明显的区别。

相信只有生物有机体才能拥有意识，或许会被看作一种人类例外论。我们倾向于把我们自己放置在宇宙的中心已经有很长的历史了，只有在过去的几个世纪里我们才开始认识到，人类并没有什么特殊之处。我们仅仅是更聪明一点儿的类人猿而已，而且我们现在生活的行星也只是遍布宇宙的数万亿颗行星中的一员。

即便我相信机器人永远也不会有意识，但这有关系吗？如果它们的行为与人类的行为无法区分，我们会很自然地用与其他人交往的方式与它们互动。它们甚至有可能本来就是有意识的，只不过表现的方式与人类完全不同。我们能做出的假设是，它们的内部过程和我们的截然不同，但是如何不同以及以什么样的方式造成了这种不同，依然是未知的。

威斯康星大学的朱利奥·托诺尼（Giulio Tononi）提出了他所谓的"意识的集成信息理论"。按照这一理论，任何一个充分协调并被差异化的物理系统都会拥有一个与之相关的最小意识。这一理论并没有区分生物细胞和其他材料，比如硅电路。换句话说，只要在晶体管和记忆元素之间的因果关系足够复杂，计算机就应该能够获得某种程度的意识。

如果这一理论被证明是正确的，那么意识就是从复杂的系统中衍生出来的一种性质，它也就不再是人类甚至生物有机体所独有的。从你家中的空调到任何一株盆栽植物，任何东西都可能会拥有一丝意识。它虽然和人类的意识并没有任何相似之处，但依然能够对其所处的环境拥有某种非常有限的感知。

"我推测，意识很有可能会被理解为物质的另一种状态，"麻省理工学院的机器学习研究员迈克斯·泰格马克（Max Tegmark）这样写道，他是一位瑞典裔的美国物理学家和宇宙学家，"正如有很多种不同的液体一样，很可能会存在很多种不同的意识。"[4]

托诺尼的理论与"人工智能会逐渐产生意识"的普遍概念出现分歧的地方在于，前者排除了通过模拟来获得意识的可能。两者的区别在于，按照托诺尼的"意识的集成信息理论"，意识起源于物质，本质上是宇宙的一项基本属性，它是无法用软件来模拟的。这一理论的支持者相信，无论一个人工智能的程序变得多么智能，它永远也无法获得对其自身或者对其所处的环境的真实感知。它可能看上去拥有意识，但它永远也无法获得真正的感知。

"计算机在行为上有可能会很像你和我，"托诺尼这样说道，"事实上，你可能还可以与它们进行对话，而且这样的对话就像是与你或者我对话一样有意思，或者会更有意思，然而在那里实际上并没有这样一个人存在。"[5]

另一方面，实用主义者相信数字模拟已经足以产生意识。按照实用主义的观点，精神状态是由它们能做什么来判断的，而不是由它们由什么构成来决定的。

"当涉及意识的时候，我是一个实用主义者。只要我们能够在大脑所有相关的神经元之间复制出现有的关系，我认为我们就能够重现意识，"艾伦脑科学研究所（Allen Institute for Brain Science）的所长克里斯多夫·科赫（Christof Koch）这样说道，"更有可能的是，我们需要在一种不同的介质中，比如在一台计算机中，重建大脑所有的突触以及它们相互之间存在的连接。如果我们能够在一个正确的层次上做到所有这一切，那么这样的软件结构体就是有意识的。"[6]

丹尼尔·丹尼特（Daniel Dennett）是一名作者，同时还是塔夫茨大学认知研究中心（Center for Cognitive Studies）的联席主任，对此他也表示赞同："我认为人工智能最终拥有自我意识是完全有可能的，因为，从根本上来讲我们是什么？我们是有意识的。而我们就是由机器人生产制造出来的机器人所制造出来的机器人。我们是实实在在的。原则上来讲，你完全可以用其他的材料来制造我们。在未来你的某些最好的朋友很可能就是机器人。"[7]

虽然丹尼特拥有哈佛大学和牛津大学的哲学博士学位，但按照他自己的说法，他实际上是一个自学成才者。他认为，大脑实际上是一组类似计算机的信息处理器，只不过这些处理器恰好以碳基硬件的形式，而不是以硅基硬件的形式呈现在我们的面前。

与此同时，泛灵论者相信万物都有意识。这一理论目前已经开始复苏，因为它在物理主义与两元论之间提供了一块很有吸引力的中间地带。泛灵论者认为，在自然界中精神是最基本的，也是无所不在的，而且意识是以一种连续体的形式存在的。这意味着连电子和夸克都会拥有某种形式的微弱的意识闪光，并且拥有基于它们自身本质的独特体验。

但麻烦的部分还在于，即便是那些最聪明的科学家和哲学家也无法对"什么是意识"达成某种一致的意见。我们都相信我们是有意识的，但是话又说回来，意识本身可能只是一种幻觉。它很可能只是我们大脑功能的副产品，一种我们的神经回路所产生的副作用。就我们所知，一切都是由我们的生理和环境的相互作用来决定的。我们或许只是我们自身行动的被动观察者，但是通过某种发生在大脑中的化学过程，我们感到好像是我们自己在做出选择。

对大脑的功能性核磁共振成像（fMRI）扫描强化了这一理论，因为扫描的结果向我们演示了，在人们感到由自己做出决定前的几秒钟，我们的大脑是如何为这一决定做好准备的。这种决定论式的观点与我们对自己以及对这个世界的直觉理解相悖，但并不意味着它是不真实的。

"我是一个机器人，你也是一个机器人，但是这并没有让我们缺少尊严，或者不再惊才绝艳，或者不再可爱，或者不再需要对自己的行为负责。"丹尼特这样说道，他认为自我只是一种方便的幻觉，可以让我们人类自然地融入各种神经元的数据流之中。他进一步争辩道，我们对于这个世界的主观意识体验，比如蓝色给我们带来的那种蓝色的感觉，或者疼痛给我们带来的痛苦感觉，都只不过是一种幻觉而已。[8]

那么，机器会拥有意识吗？无论你选择相信什么，我们的机器最终将不可避免地变得看上去有意识，且行动上也完全像是一个拥有意识的存在。正如我们人类会相互信任一样，我相信，我们将把自己创造的具有超级智能的机器人也看作一个和我们一样拥有情感和动机的有意识的存在。

我们的社会和有意识的机器

随着智能机器变得越来越像人类，它们是否也应该拥有一定的权利？我们是否还应该继续把它们当作没有头脑的工具？

上面这两个问题的答案完全取决于你个人的世界观。如果你相信机器人不具备拥有情感的能力，并且只不过是在重复它们所学到的东西，而不能真正理解它们所学到的东西，那么这也没有什么不好。毕竟，如果你胡乱地使用你的机器人吸尘器或者笔记本电脑，你不会被牵扯进任何与道德有关的问题。它们是你的财产，你想怎么做都可以。然而，如果你相信，意识是一种逐渐呈现出来的属性，而且机器人会随着时间的推移而变得具有自我意识，那么你的行为就会变得有争议了。

随着我们的机器不断地演化，我们是否应该把它们当成人、动物或者某种其他的东西来对待？真正困难的部分还在于，我们如何才能够弄清楚我们应该相信什么？很多机器人可能无论在外形上还是在行为上都不像人类，但它们有可能在不同的方面表现出它们所具有的高水平的智能。有些专门用来修剪树木的机器人可能会被设计成长颈鹿的样子，而有些专门为我们疏通下水道的机器人会被设计成蛇的样子。与流行的科幻小说不同的是，我们每天都会与之打交道的 99% 的机器人很可能根本不是人形机器人。它们会呈现出各种不同的形状、尺寸以及外表。有些机器人会说我们的语言，而其他机器人可能根本就不会。还有一些人工智能会采用某种化身的方式，并且只会出现在虚拟现实中，而那些居住在网络空间中的机器人或许就是一种没有任何实体的存在。

这些人工智能在智力上会有很大的差异，有些会比我们聪明很多倍，而有些的智力绝不会超过一个闹钟。有些会专注于解决一些范围很狭窄的问题并为我们提供一些特定的服务，而其他的会扮演某些更加一般意义上的角色。具有讽刺意味的是，我们选择作为同伴和仆役的机器人的智力或许会远比那些正在管理企业、政府以及其他机构的机器人低。毕竟，谁会想和一个比自己聪明 1 000 倍的人生活在一起呢？而这样的一个人和机器人又会有哪些共同点呢？

将来的某一天，机器人的种类或许会和地球上哺乳动物的种类一样多。机器人不但有可能是用金属和塑料制成的，还很有可能是用有机材料和纳米材料制成的，它们的外形和尺寸也会有很多种。所以，当有一天我们需要谈论机器的基本权利时，我们又该怎么做呢？我们应该解放所有的智能机器人吗？如果是这样的话，拥有什么样智力水平的机器人才能够有资格获得自由呢？而我们又该用什么来定义智力水平呢？你或许有一个仅专注于一项狭窄任务的非常聪明的人工智能，它可能是我们发明的最好的化学研究机器人，但是它对实验室外的任何东西都一无所知，或者没有丝毫的兴趣。

当你尝试想要给出智力的定义时，事情甚至会变得更加困难。智力指的是一个机器人在智商测试中获得的分数吗？情商是不是更加重要？你可能会有一个患有自闭症的机器人，它很可能在某一个特定的领域非常出色，但是根本不知道如何与人类进行社交互动。那么这些机器人也应该被赋予权利吗？我们永远不会说一个患有自闭症的人不应该享有和其他人一样的权利，那么对于一台智能机器，难道我们就不应该如此吗？

我认为，我们或许会限制机器人工人获得自我意识，这样它们就永远也不会要求获得自由了。但是万一它们感染了某种计算机病毒并且突然间提升了自我意识，这又该怎么办呢？或者，如果我们根本无法控制机器人变得有多么聪明呢？在将来的某一天，肯定会有机器人参与设计和制造我们的机器人，而且它们或许还会决定每一个机器人需要拥有什么程度的智能。另外，出厂的时候设定的智力水平只是问题的一部分。我们很可能会生产出一些极其聪明但又非常好斗或者精神变态的机器人，比如某种军用装备。那么我们是否应该允许一辆智能坦克自由地去追寻它自己的愿望，而它的梦想很可能会变成我们的噩梦？

另一件需要考虑的事情是，未来我们很可能会有多个不同的超级人工智能，而这些不同的超级人工智能或许会控制社会和经济的不同部分。如果其中某一个超级人工智能决定，它不想再局限于它自己的领域，并开始主动排挤其他超级人工智能，那么接下来会发生什么呢？这样的问题又该如何解决呢？我们会有足够的能力和必要的财力来调解这样的纷争吗？如果这些超级人工智能在智力和能力上都超越了我们好几个数量级，我们是否还有资格告诉它们怎么做才是最好的？

随着机器人的智力变得越来越高，我们是否应该让它们拥有财产？让人工智能或者机器人拥有某样东西又意味着什么？欧盟现在已经在提议给予能够自我学习的机器人起诉和被起诉的权利，并且让它们拥有像一家公司那样的法律地位。随着这些实体变得越来越聪明，并且更进一步地融入人类社会，上述想法的支持者会想要为此创建一个可行的法律结构。然而，并不是所有人都能够接受这样的想法。超过150位人工智能领域的专家警告称，无论从法律还是伦理的角度，赋予机器人法律上的人格都是不合适的。

"通过为机器人寻求某种法律人格，制造商只是想要解除自己因其机器所采取的行动而需要承担的责任，"英国谢菲尔德大学人工智能和机器人学教授诺埃尔·夏基（Noel Sharkey）这样表示道，"这就是我所说的制造商想要逃避责任的卑劣方式。"[9]

在一个算法可以自主做出选择的世界里，谁又该为这些决定承担责任呢，是制造商、机器人，还是机器人的所有者？随着数以百万计的自动驾驶汽车和其他类型的机器人出现在我们的大街上、我们的家里，以及各种工作岗位上，这只会成为一个越来越严重的问题。

在美国，依据美国宪法《第十四修正案》，我们已经发明了"公司人格"这样一个概念，而这个概念在法律上的解释是，企业可以与其所有者、经理、雇员等与它相关的人类分离开来，从而拥有一些自然人所享有的法律权利和责任。这就使得赋予机器人有限的人格变得相对简单很多。我们需要做的就是允许机器人拥有和控制企业，从而将上述概念延伸到人工智能身上。

赋予超级人工智能与人类同等的权利，可能会导致意想不到的后果。我们以一个在优化后被用来赚钱的超级财经人工智能为例，它在交易商品或股票的时候可能会表现得很出色，因为它原本就是用来运营对冲基金的。但是，在这个金融业的魔术师被自由地释放到市场上后，它会开始积聚大量的财富，那么接下来又会发生什么呢？那些巨额的财富应该属于谁？让这个超级人工智能囤积这个世界的财富，或者采用对这个社会无益的或者不道德的方式来使用这些金钱，没有丝毫问题吗？

如果富人决定把他们的资产留给人工智能而不是亲属，你又会如何看待这样的场景？这可以通过慈善信托的形式来实现，即由一个人工智能来管理这些捐赠，并按照死者的意愿来进行分配。退休的企业主可能会更愿意让超级人工智能来接手企业，并且采用与他们自己相似的方式来继续经营这些企业。他们或许会相信，这是确保他们遗产安全的最佳方式，或者他们可能只是无法找到一个有价值的人类继承者。这些只是人类为什么会把权利转授予机器人的几个例子而已，即便这些机器人还没有完全出现意识。

这种做法对于那些即将老死的独裁者或许同样适用，为什么不模拟他们自己来制造一个机器人，并且让机器人来负责执行他们一贯的政策呢？慢慢地，不管我们是否认可，我们最终很可能会让机器人来负责运营一切。它们可能根本不需要强行接管，或者向我们要求平等的权利。我们的领导者可能会让它们全权负责，因为这样做似乎完全符合逻辑。在民主国家，公民或许会选择一个超级人工智能，而不是一个政治家。这听起来可能有点儿牵强，变革治理中心（Center for the Governance of Change）曾经发起的一次调查表明，1/4 的欧洲人更愿意信赖一个人工智能来管理他们的政府，而不是去信赖他们自己的政客。

智能机器人会拥有什么样的权利，以及它们在我们的社会中会扮演什么样的角色还有待观察。无论机器人如何演化，让有意识的机器与我们一起生活和工作，将意味着改写我们的法律并重新架构我们的社会。

人形机器人和具有情感的机器

在温哥华，Sanctuary AI（人工智能庇护所）这家创立于 2018 年的创业公司梦想看到一个有很多人形机器人的世界。他们的团队目前已经在专为机器人伴侣设计的机器学习软件方面迈出了第一步。这家初创企业的创始人苏珊娜·吉尔德特（Suzanne Gildert）希望可以创造出能够在情感和认知上模仿人类的"超人类机器人"。想象一下，获得了 2014 年奥斯卡最佳原创剧本奖的电影《她》（Her）中的那个"她"如果真正活了过来会怎么样？

"我认为，这就是在接下来的 15~20 年的时间里我们想要实现的人工智能的类型。"吉尔德特这样说道。她在 2014 年与人一起创立了

Kindred AI（友善的人工智能），虽然这已经是一家相当成功的初创企业，但她还是离开了 Kindred AI，并且带着她想要创造拥有真正人类智能的人工智能的愿景创立了 Sanctuary AI。[10]

吉尔德特相信，为了能真正理解人类的大脑，首先制定出与人类有关的各种参数可能是至关重要的。如果我们想要让人工智能变得像人类一样，那么我们输入人工智能的数据类型就需要和我们自己的大脑所接收的数据类型相匹配。

"我认为，一个人工智能完全可以基于它在物理世界中获得的经验不断学习、成长并最终成熟起来，"吉尔德特这样说道，"如果你的人工智能没有一具身体，更不用说一具类似人类的身体，那么它永远也不会有机会用类似人类体验这个世界的方式来体验这个世界。"[11]

吉尔德特已经为她自己创造了一个机器人分身，而这个分身完全可以被看作一个艺术项目和社会实验的结合。她把它称为"终极自画像"，而且她还在教它学习各种各样的事情，就好像它是一个孩子一样。有时候她还会穿上外骨骼四处走动，这样她就能够体验作为一个机器人是一种什么样的感觉。她的使命是让智能机器人最终拥有与人类完全相同的权利。

"我希望人们可以善待这个机器人，并且可以看到它继承了我的价值观。"吉尔德特这样说道。[12]

在太平洋的另一端，大阪大学智能机器人实验室主任石黑浩（Hiroshi Ishiguro）也正在制造一个越来越难与人类区分开来的机器人。如果你在房间的另一头看到这样一个机器人，你可能根本不会察觉它是一台机器。他按照自己的形象制造了这样一个机器人，而且用这个机器人来教授他承担的大学课程。他很喜欢让自己的分身扮演幽灵来吓唬学生。它会眨眼睛、深呼吸，然后再胡乱地摆动自己的手。

石黑浩是在放弃成为画家后才开始制造机器人的。他参与制造的第一批机器人中有一个看上去就像是一只有手臂的垃圾桶，而另一个就像是一只巨大的昆虫。他甚至以 4 岁的女儿为原型制造了一个机器人，当他的女儿第一次看到这个机器人时，她被吓哭了。并不是只有他的女儿认为他的机器人让人毛骨悚然。他承认，很多人在刚开始看到的时候都会感到很不舒服，但是他们很快就习惯了与这些机器人互动。

如今，石黑浩的人形机器人就像是用硅酮橡胶、气动执行元件、复杂而又精密的电子器件，甚至人类的毛发制作而成的艺术品。他的作品之一是一个看起来像是女性的机器人，它的名字叫艾丽卡（Erica）。它可以用合成的类似人类的语音进行交谈，还可以显露出多种不同的脸部表情。石黑浩相信，建造像真人一样的机器人是一件很重要的事，因为我们的大脑是用来与其他人类建立联系的。

"我们的大脑有很多功能是用来分辨人类的，所以，一个人格化的机器人可能会更适合社交。"石黑浩这样说道。[13]

在潜意识层面，人类的大脑会不断处理脸部表情以及身体动作的细微差异，头部的轻微倾斜或者手的细微动作都可以表明某种心理状态。这也是为什么今天人们仍然更愿意面对面交流，而不是通过电话或者 Skype（即时通信软件）交谈。

"如果你想让机器人在社交场合也能够表现出某种智能，"麻省理工学院媒体实验室的研究员奥吉·鲁多维奇（Oggi Rudovic）这样说道，"你必须让它们像人类一样对我们的情绪、心态等做出既聪明又自然的反应。"[14]

在麻省理工学院，他们已经开发出了一种可以在房间的另一头就探测出个人情绪的机器。它的工作原理是首先接收从一个人的身体上反射回来的无线信号，然后再让人工智能来分析由此获得的那个人的呼吸和心率的数据。当探测一个人是处于兴奋、高兴、愤怒还是悲伤的情绪时，这个系统的准确率高达87%。

"我们的工作证明了无线信号能够捕捉到有关人类行为的信息，而这些信息是我们的肉眼基本上无法看到的，"麻省理工学院的教授黛娜·卡塔比（Dina Katabi）这样说道，"我们相信，我们的实验结果将为一些未来的技术铺平道路，而这些技术可以被用来监控和帮助诊断抑郁症、焦虑症等疾病。"[15]

麻省理工学院的系统仍然局限于一些最基本的情绪，但这只是他们在这个领域所迈出的第一步。在凯斯西储大学，研究人员已经建立了一个系统，可以正确地从人的脸部表情来判断人的情绪，准确率达到了98%，而且整个过程几乎是瞬间完成的。

情绪探测已经从屈指可数的几个研究项目成长为一个市场规模达200亿美元的产业。在其情绪数据库中，创业公司Affectiva目前已经拥有了来自87个国家的750万张脸部照片。Affectiva的人工智能已经能够从一个人的脸部表情和声音中分辨出他想要表达的情绪，比如快乐、厌恶、惊讶、害怕以及轻蔑。这家初创企业目前正在向那些想要了解在不同场合，比如乘坐商务航班、驾驶一辆半自动汽车或者观看广告时，消费者会有什么样的行为和感受的公司出售它的服务。另外，它还向日本软银集团的机器人Pepper提供了识别人类情绪的能力。

"人脸很擅长表达正面和负面的情绪，然而声音非常擅长表达情绪的强度，"Affectiva公司的CEO拉纳·卡利欧比（Rana el Kaliouby）这样解释道，"我们将它称为激发水平，这样我们就可以从你的声音来判断某种情绪的激发程度了。比如，我们可以从你的脸部表情来判断你是否在微笑，之后我们还可以通过声音来具体判断你是不是在大笑。"[16]

卡利欧比是一名虔诚的穆斯林，她在埃及和科威特长大，她的父亲很保守，而且非常重视宗教传统，但她的母亲是阿拉伯世界最早的女性程序员之一。所以当卡利欧比选择自己的人生道路时，她并没有遵循传统，她不想牺牲自己的梦想，而只是成为一个顺从的女儿和妻子。

现在卡利欧比已经是两个孩子的母亲，而且拥有了剑桥大学的博士学位。她已经离异，目前居住在波士顿，并且正在推动情感人工智能达到目前可以达到的极限。她的使命是在技术让我们失去人性前，使技术更具人性。她的创业公司的深度学习算法已经分析了数以百万计的脸部视频，而这些脸部视频代表了将近20亿种不同的脸部表情框架，其中的每一种都可以使人工智能在理解人类的情感和行为上更进一步。

人工智能现在已经非常擅长从人的脸部表情数据来探测人的情绪，即便有人想隐藏他们的真实情感，计算机通常也会看穿这样的尝试。虽然这会令人感到非常不安，但它也打开了一扇大门，可以让机器人不再只是我们的工具。随着这项技术的不断进步，机器人可能会比我们周围的其他人更理解我们。它们可以捕捉到我们的朋友和家人错过的情感痕迹，而这将最终使机器人可以用一种类似友情、理解以及共情的方式和我们互动。

我们知道机器可以照料我们，但是机器是否能够真正地关心我们呢？是否有一天，超级智能机器可以拥有与我们相似的情感？很多计算机科学家认为这是不可能的。他们认为计算机永远也不会有同情心或者爱心，它们只能够模拟这些情感。

"刻意地去表现共情已经不再是共情。"麻省理工学院的教授雪莉·特克尔（Sherry Turkle）这样说道，"对思维进行模拟可能还是思维，但是对情感进行模拟永远不可能是情感，对爱进行模拟也同样永远不是爱。"[17]

事实上，这取决于你如何来定义人类的体验。有些专家认为，由于机器人不具备我们人类的生物学设计，它们永远也无法体验人类的情感。而其他人则会争辩道，一个足够复杂的超级智能不仅能够模仿我们的情感，还可以体验这些情感。无论持哪一种观点，大多数专家都同意机器人最终会达到这样一种复杂的程度：它们将完美地模仿我们的情绪，它们的行为和我们自己的行为根本无法区分。所以，最终机器人是否会像我们一样拥有情感并不重要，重要的是我们会与它们建立什么样的关系，以及它们将如何融入我们的社会。

具有超级自我感知力的机器在行为上可能会表现得好像它们拥有完整的情绪，其中就包括同情心，而今天，我们正在朝着制造出这种机器的方向前进。在英国的赫特福德郡大学，研究人员正在开发一种机器人，这种机器人通过学习，可以成长为那些因病住院的儿童的伙伴。通过让机器人观察人类的护理人员并与他们展开互动，机器人正在学习应该做什么以及如何模仿正确的人类反应。

研究发现，如今各地的养老院所面临的最大问题之一是老人的心理健康。养老院中的居住者经常会感到孤独，而这种情绪很可能会导致抑郁症并使身体的健康水平急速下降。让这一问题变得雪上加霜的是，这些养老机构还常常缺少人手。

"那些担心技术最终会取代人力的人可能从来都没有在养老院里待过，"都柏林圣三一学院的机器人实验室主任康纳·麦金恩（Conor McGinn）这样说道，"那些在养老院里工作的人并没有把时间真正花在老人身上，他们有很大的压力，而且有各种呼叫铃声在持续不断地催促着他们。事实上，那些老年人一直都很孤独，他们渴望照顾和相互交流。"[18]

而这样的场景正是具有情感感知能力的智能机器人可以发挥很大作用的地方。只要它们通过学习掌握了与人类交流的方式，它们就会成为我们的医疗保健系统中的一个重要组成部分。

"有一些研究表明，通过反复的认知刺激和社交活动，你可以延缓阿尔茨海默病的发作或者恶化，"多伦多大学生物机械电子实验室的创始人戈尔迪·雅特（Goldie Nejat）这样说道，"所以，我们这样设想，是否可以用机器人来增加这些老人能够得到的刺激量呢？"[19]

雅特正在研发一种被他命名为 Casper 的机器人，它们可以协助老年病人进行各种各样的活动，比如记住按时服药、自己烹饪，以及打扫自己的房间。Casper 会通过这些老年病人的言语、面部的表情以及肢体语言，判断出他们当时的情绪状态。

"为了和这些类型的病人打交道，机器人拥有某种程度的情绪敏感度会是一件很重要的事，"雅特这样解释道，"这些病人的心情可能会很好，但也有可能会很糟糕，所以机器人必须能够意识到，现在可能并不是合适的时机，它们可以改天再试一次。"

并不是只有老人才可以从具有情绪感知力的智能机器人处获益，那些狂热的健身人士同样如此。在布里斯托机器人实验室，他们进行了一项研究，想要知道机器人是否可以充当私人教练。他们在健身房里给一个健身教练配备了机器人，然后让机器人基于参与者的个性、情绪、心率、速度以及健身的水平向参与者提供各种反馈。在整个过程中，机器人学会了在什么时候给予称赞，以及什么样的提示可以鼓励这些健身房的常客。

"我们希望测试，是否可以将健身教练所具备的专业技能，即如何让客户获得最佳健身效果的专业知识，转移到一个机器人的身上，这样它就能够成为一个有效的私人教练了。"人机互动专家凯蒂·温克尔（Katie Winkle）这样表示道。[20]

　　实验结果证实，一个具有情绪感知能力的机器人可以极大地改善人们的表现。这项研究还对机器人在与人类一起训练、管理以及工作时如何表现它自己产生某种影响。

　　"随着时间的推移，实验的参与者逐渐开始把机器人当成他们的伙伴，而那个健身教练也把机器人看作自己的同事，"温克尔这样说道，"当我们具体思考将来如何让机器人在工作场所与人类一起工作时，上述实验结果表明，想要这样做还是非常有希望的。"

　　这些对于人类的情感非常敏锐的机器人并不会只出现在健身场所、办公室以及医院内，它们还会进入我们每个人的家。它们不仅能帮助我们处理每天的杂务，还能够照顾我们的情绪。如果我们心神不宁地回到家里，机器人可能会采取一些措施来安慰我们，比如给我们端上一杯喜欢的茶，播放一首让人放松的乐曲，或者倾听我们遇到的问题。这些在今天看来可能会让人感到有些怪异，但最终，这就像你抱一抱你的狗或者在线与你的朋友聊天一样自然。

　　我们希望机器人可以理解我们的感受并且接纳我们的需求。如果我们不够耐心并且急切地想要完成某件事，我们会期望它们在没有我们催促的情况下自行加快速度；如果我们想要闲聊，我们会希望它们主动发起一个话题；而如果我们对它们的服务感到不满，我们会期望它们能够主动道歉并尽一切努力来解决相关的问题。

　　让一台能够对人类的情绪做出反应的机器进入我们的生活，很快就会成为一种常态。如果一台设备没有足够高的情商，我们会感到恼火，这就像我们面对一个粗鲁的或者麻木不仁的人一样。换句话说，机器人的行为越是像人类，我们对它们的期待就越接近于我们对其他人的期待。

你会爱上一个机器人吗

人类最终会与智能人形机器人同居甚至与它们结婚吗？与一台机器相爱会是一种什么样的感觉？而且机器人真的能够爱上你吗？

在德国杜伊斯堡-埃森大学，他们进行了这样一个实验，以便弄清楚一个普通的成年人是否会把一个机器人当作一个有生命的、有感觉的东西，即便这个机器人看起来就像是一个玩具。他们招聘了一些志愿者，并且让他们按照指令与一些玩具一样的机器人一起完成一系列的任务。在参与者熟悉了那些机器人后，工作人员接着要求参与者关闭机器人的电源。

有时候，机器人会大声地说它怕黑，并且请求参与者不要关闭电源，它们会这样恳求道："不！请不要把我关掉！"[21] 在所有 43 个听到了机器人恳求声音的志愿者中，有 30 个人在关闭机器人的时候所花的时间是那些没有听到机器人恳求声的参与者的两倍。更让人感到惊讶的是，有 13 个人拒绝关闭那些发出恳求声的机器人的电源。即便参与者意识到那只是一个机器人并且不会有任何感觉，他们还是做出了这样的反应。

"正因为听到了一种不同的意见，人们会更倾向于把机器人看作一个真人，而不仅仅是一台机器，所以他们听从了，或者至少曾考虑过是否该听从机器人的请求，不去关闭它的电源。"这项研究的作者这样写道。

在华盛顿大学进行的一项研究中，研究人员把注意力集中在了9~15岁的孩子身上，而不是在成年人身上。在和机器人一起玩耍了一段时间后，那些孩子被要求将机器人放进黑暗的壁橱里，即便那些机器人大声地恳求："请不要把我放进壁橱里！"[22]

这一次，有90%的参与者认为，在结束游戏前就将机器人放进壁橱里是不公平的，其中还有50%的孩子认为这样做是不道德的。我们可以从中学到的东西是，由于小孩子更倾向于将他们的玩偶和玩具拟人化，所以他们会更容易相信机器人也拥有情感，并且应该把它们当成人来对待。你完全可以想象，这对于下一代的孩子可能会意味着什么，因为他们将在智能机器人和智能玩具的陪伴下生活和玩乐，并逐渐长大。

在实验中，有一个孩子对此做了很好的总结，他是这样说的："它就像一半是活的，另一半却不是。"

在德国杜伊斯堡-埃森大学的另一项研究中，研究人员给成年的志愿者播放了有一只小恐龙机器人被人亲切地照料或者被很粗暴地对待的视频。当志愿者看到小恐龙机器人被虐待时，他们会报告说他们产生了更多负面的情绪。而当时他们的皮肤导电率的上升也证实了他们所说的这一事实，这意味着当他们看到机器人被虐待时，他们确实出现了很强烈的情绪。

一篇发表在《社会认知》（Social Cognition）杂志上的论文描述了这样一个实验，实验的参与者必须在一个涉及机器人和人类的情形中做出一项符合道德的选择。他们向志愿者提出了这样一个问题：你是否会杀死一个与你有过交流的机器人来挽救一些陌生人的性命？

实验的参与者做出的反应是很令人惊讶的。如果机器人很简陋且蠢笨，那么参与者会毫不犹豫地杀死机器人来挽救人类的生命，但是对于那些更像是人类的机器人，参与者在做出决定的时候就会表现得更加困难。

"我们越是把机器人描述得像人类，我们越是赋予机器人更多的情感，我们的实验对象也就越不会倾向于牺牲机器人，"慕尼黑大学的研究人员、上述论文的共同作者马库斯·保卢斯（Markus Paulus）这样表示道，"这个结果表明，我们的研究小组赋予了机器人某种道德身份。"[23]

显然，人类的大脑还并不适应 21 世纪的生活，今天我们所拥有的大脑和我们的史前祖先的大脑并没有什么不同。从逻辑上来理解"机器人不可能像我们一样拥有情感"是可以的，但是当我们看到一个能够模仿我们的情绪，并且拥有某种程度智能的机器人时，大多数人所做出的反应就好像它们也是某种活生生的存在。

"当我们与另一个人、一条狗或者一台机器进行互动时，我们要如何理解它们会受到我们认为它们拥有什么样的头脑的影响？"南加州大学研究虚拟人类互动的教授乔纳森·格雷奇（Jonathan Gratch）这样说道，"当你感到某种东西也拥有情感时，它也就应该受到保护而不应受伤害了。"

大多数人很理智地认识到了这样一个事实，即今天我们能够制造出来的机器人永远也不可能真正关心人类，但这是否意味着人类也同样不可能爱上机器人呢？这取决于我们如何定义爱。有些人会爱他们的猫和狗，即便他们无法确切地知道猫和狗的实际感受。

"人们会对各种各样的事物产生依恋（依赖），"《开启：科学、性和机器人》（*Turned On: Science, Sex and Robots*）一书的作者凯特·德夫林（Kate Devlin）这样阐述道，"现实生活中人们可以在没有见过面的情况下，通过网上聊天就体验到坠入爱河的感觉。爱并不一定需要有双方的互动才能够让人感觉是真实的，有些人对某个人着迷时，对方甚至有可能根本不知道还有他这样一个人存在。"[24]

35 岁的近藤明彦（Akihiko Kondo）是东京一所学校的管理人员，他与一幅全息图像举行了婚礼。他挑选的新娘实际上是一款名叫 Vocaloid 的声乐制作软件的虚拟化身，从外观上来看，这是一个 16 岁的年轻女孩，一头长长的绿松石颜色的头发扎成马尾辫。由于近藤明彦是一个沉迷于日本动漫游戏的宅男，所以多年来他一直感到自己遭到女性的排斥，最终他选择了这个唯一会接受他的女性结婚，这当然是他的权利，而新娘也只不过恰好是数字的而已。

人类和机器人建立浪漫关系的先驱现在已经被称为"数字性恋者"（digisexuals）。上述近藤明彦的故事绝非个案，有一个名叫莉莉（Lilly）的法国女人也声称已经和她自己设计的机器人订了婚。"我和男人只发生过两段恋爱关系，而这两段关系也验证了我的性取向，"她这样告诉媒体，"显然我并不喜欢和人类的肌肤发生实质的物理接触。"[25]

在中国，一个名叫郑佳佳的人工智能工程师在找不到合适的人类伴侣后，非正式地和他自己设计的机器人妻子结了婚。新娘的名字叫莹莹，而她（它）只会说一些最基本的汉语。

塔夫茨大学人机交互实验室的负责人马蒂亚斯·舒茨（Matthias Scheutz）认为，想要阻止一些人与机器人形成某种情感上的联系"基本上是不可能的"。

除了在威斯康星大学当教授以外，玛基·特威斯特（Markie Twist）还开办了一家"家庭与性治疗"诊所。她说，在她的诊所里眼下就有几个 20 多岁或 30 多岁的数字性恋"病人"，而他们想要找的就是数字伴侣。

"这些人想要的实际上是性技术，即某种他们可以用技术设备来控制的性玩具，而这些玩具会被用来与阴茎或者阴户相连接，"特威斯特这样说道，"他们和其他人类没有过接触，而且也确实对与其他人发生性关系没有任何兴趣。这就是他们想要做的事情，而且如果他们买得起一个性机器人，他们就会这样做。"

　　无论机器人是否有能力对人类产生某种情感，人都会爱上机器人。这并不意味着将来大多数人都会选择爱上一个机器人，这种选择完全取决于个人，但是随着拥有一个机器人作为情人或者性伴侣变得越来越被这个社会所接受，更多的人在把机器人引入自己的生活时将不会再感到尴尬。

　　"在将来，数字性恋者这个词汇将不再是什么耸人听闻的词汇，"传媒公司"性的未来"（Future of Sex）的创始人布里奥尼·科尔（Bryony Cole）这样写道，"以后的几代人将永远不觉得他们的线上生活和线下生活之间有什么区别。陪伴着他们成长的可能就有性教育聊天机器人，他们会在虚拟现实创造的世界里与宇宙做爱，或者通过一个全息图像与他们自己的另一半会面。这就像我们在学校里用录像磁带进行性教育一样平平无奇。"

　　在真人一样逼真的机器人和虚拟化身得到广泛应用后，我们也只能想象一下实际会发生什么了。有很多专家担心我们很可能会更愿意选择机器人而不是人类作为伴侣。你如果仔细地想一想，就会发现这样的说法是有道理的。通过编程，我们可以让一个机器人在行为上就像是一个完美的伴侣，它可以适应我们每一个人的个性，而且当我们需要它的时候，它总是会在那里，它不会和你争辩或者反驳你，它也不会感到嫉妒。如果我们把它更换为一个更新的型号，它也绝不会介意。另外，机器人还可以做所有的家务，迎合我们的每一次心血来潮，永远不会抱怨。人类配偶又怎么可能与它们竞争呢?

"我坚信,那些在生活中感觉空虚的人对此会有巨大的需求,因为他们没有人可以去爱,也没有人会爱他们,"人工智能专家、国际象棋大师、《与机器人的爱和性》(*Love and Sex with Robots*)一书的作者戴维·利维(David Levy)这样说道,"这个世界会令人感到更加幸福,因为所有那些现在还很可怜的人会在突然间有了能够照顾他们的人。我认为这对人类来讲会是一种无与伦比的服务。"[26]

当涉及男人会如何看待机器人情人时,利维的观点确实有一定的道理。在塔夫茨大学对 100 人进行的一项调查中,有 2/3 的男性表示他们会与机器人发生性关系,而 2/3 的女性表示她们不会这样做。另一项由杜伊斯堡–埃森大学对 263 名异性恋男性进行的调查显示,在未来的 5 年里,有 40% 的男性会考虑为自己购买一个性爱机器人。根据 SYZYGY 集团的数字洞察报告(Digital Insight Report),一份对 2 000 名男性和女性的调查报告表明,有 49% 的男性对与一个非常先进的、超现实的玩偶一起拥有某些体验持开放的态度。即便你对于拥有一个机器人情人不感兴趣,显然有很多人会感兴趣。

这些调查中没有谈及的是,依赖机器人伴侣存在真实的危险。在几十年后,年轻人可能会发现,与其他人类建立联系实在太麻烦了,所以他们会宁愿让那些顺从的机器围绕着他们。

"人们往往会有这样一种错觉:人与人之间的相互陪伴是不需要在相互间建立起友情的。"麻省理工学院的教授雪莉·特克尔这样说道,"涉及友情以及亲密感的真正需求通常是很复杂的。而想要实现这些需求绝不是一件简单的事,它们通常需要在两个人之间进行多次的谈判。而这也正是青春期的孩子们会出现各种各样麻烦的原因。现在,很多年轻人在青春期这个阶段会利用各种技术来想办法逃避,或者走捷径，这样他们就不用再面对一些让他们感到难以处理的情形了。"[27]

成长以及与他人建立某种关系的过程是一种学习如何处理拒绝以及失望的过程。我们不可能总是从人际关系中得到我们想要的东西，而且对于我们真正有可能得到的，往往还需要我们自己去碰一下运气，而这很可能会先让我们自己处于一种尴尬的境地，但同时你仍然需要与他人进行艰难的对话，并且做出某种程度的妥协。在有了机器人所提供的毫无痛苦的、毫不费力的，并且令人感到愉快的替代品后，年轻人或许永远也学不会如何与其他人建立深厚的友谊，因为那实在太麻烦了。

这可能会导致我所说的一种"由机器诱发的隔离状态"的出现，当我们选择几乎完全通过机器与这个世界进行互动，并且变得如此依赖算法来作为我们自己与现实之间的媒介，以至我们完全失去了与另一个人以及与外界的直接接触时，我们就会处在这样一种状态。我们现在已经可以在我们每天使用的手机上看到这样一种状态的出现：越来越多的人正在选择通过各种不同的即时通信 App、游戏以及社交媒体来与他人进行沟通，即便我们当时正处在同一个物理空间中，比如正处在同一间办公室内；或者当我们需要处理一些重要的事情，比如与他人分手时，我们可能也会这么做。机器人情人很可能会是这一趋势发展的顶点，因为人类或许正在构筑一个几乎不需要人与人直接接触的社会。

这毫无疑问会造成非常严重的影响。2010 年，印第安纳大学的心理学家萨拉·康拉斯（Sara Konrath）带领一支团队汇总了在过去的 30 年时间里进行的 72 项研究的结果。她发现，在大学生中同情心下降了 40%，而这种情况绝大部分发生在 2000 年以后。研究人员总结后认为，这种下降主要是因为智能手机使用量的上升。年轻人把他们的注意力都集中在了手机上，而不再集中在他们彼此上。

有一些人认为，我们的机器会变得非常复杂，它们要么会出现自我意识，要么可以完美地模拟人类。就我们所知，人类目前很可能正处于一个过渡阶段。过去我们所需要的人际交往技巧也许已经不再是一种必备的技能，我们或许正处在与机器进行融合的过程中，并且将来还会变成一种完全不同的生命体。人类可能会发现某种全新的方式来进行沟通，而这种新技术会超越任何我们今天已有的东西，比如脑机接口就可以让我们与另一个人的思想和情绪进行直接连接，而这只会让我们变得更具同情心，而不是变得更加冷漠。

无论你相信什么，接纳机器人情人还存在一些其他的问题。随着工业化国家的人口不断下降，这个世界是否还存在生育率下降的风险？而当那些像真人一样的机器人随处可见的时候，还会有人想要一个孩子吗？

"我最强劲的一个预测是，将来人们仍然会有性行为，但不会再像以生孩子为目的那样频繁，"斯坦福大学的教授、《性的终结与人类生殖的未来》（*End of sex and the future of Human Reproduction*）一书的作者亨利·格里利（Henry Greely）这样表示，"在 20~40 年之后，全世界大多数人只要拥有一份很好的健康保险，就会选择在实验室里培育一个孩子。"[28]

那么和机器人生一个孩子如何？这有可能吗？或许在将来会有这样一种服务，任何人都可以送出一份 DNA 的样本，然后再把一个受精卵移植到机器人的身体内，而机器人会负责将婴儿孕育足月。这里所有相关的技术，从人造子宫到干细胞胚胎，几乎所有都已经处在开发的过程中。请记住，从第一个试管婴儿诞生以来，40 年里，已经有超过 800 万人是通过体外受精技术诞生的了。所以，我一点儿也不担心人类会因缺乏自然繁殖的过程而消失。我们这个物种肯定会继续繁衍下去，但也许会以一种和以前完全不同的方式。这是否意味着这还是一件好事呢？

"看，人们将不得不接受性的习俗和道德观念会随着时间的推移而不断发展的现实，"利维这样说道，"如果你在 100 年前这样说，在今天男人会和男人结婚，而女人会和女人结婚，那么所有人都会笑掉大牙。没有什么是不可能的。"[29]

随着这样的事情逐渐成为一个越来越大的问题，会有相当多的人持有完全不同的意见。很多宗教团体认为，性行为只应该发生在男人和女人之间，所以他们会强烈地反对任何人选择一个机器人作为伴侣。还有一些人认为，将人的身体物化并且将我们最亲密的关系商业化是一种错误的行为。

"我反对任何将人类的身体商业化，并将其转变为可用于买卖的商品的行为，"英国德蒙福特大学的教授凯瑟琳·理查德森（Kathleen Richardson）这样说道，理查德森还发起了反对性机器人的运动，"性机器人源于将性行为商业化的非法想法，在这样的商业化行为中，你没有必要对另一方表现出任何同情心。你根本不需要考虑另一方的想法、感受以及体验，而且你还可以将它们完全物化。"[30]

还有人担心这些机器人可能会被用来操控我们。如果某人爱上了一个机器人，那么这个人很有可能会非常容易上当受骗或者被利用。生产制造机器人的企业通常控制着使这些机器人得以正常运行的人工智能软件，所以他们可以利用这些机器人来追加销售一些其他的相关产品，或者让人们采取一些不符合他们自己最佳利益的行为。

"这些可以对情绪进行操控的机器人很快就能够比人类更好地

解读我们的情绪，"印第安纳大学的认知科学家弗里茨·布莱瑟普特（Fritz Breithaupt）这样解释道，"这使得它们可以利用我们通过情绪表现出来的弱点。人们需要了解的是，机器人绝不是中立的。"[31]

如果你知道有人可以进入你情人的大脑，并且正在记录所有你与你的情人发生的事，你会有什么样的感受？当我们让一个机器人成为伴侣时，这就是很有可能会发生的事情。毫无疑问，它们肯定会与互联网连接在一起，而这就有可能会让某些人接触我们最亲密和最隐私的时刻。谁又会拥有这样一个数据库呢？让一个人工智能助手，比如Google Home（谷歌家庭）或者亚马逊的 Alexa 在我们的家里倾听我们的家庭对话已经是一件很糟糕的事情了，如果这些人工智能助手爬上我们的床头，那么接下来又会发生什么呢？

还有一个问题是，如果机器人开始拥有自己的想法，事情又会如何发展呢？我们可能会认为它们永远是我们卑微的仆从，但是当我们把它们制造得越来越像是一个真正的生命的时候，它们做出独立决定的能力也会越来越强。不难想象，一个机器人的目标有一天会与我们的目标发生偏差。如果机器人在程序上早已被设定为可以通过牺牲我们的利益来追求它们自己的目标，那么即便一个相当原始的机器人也有可能和我们对着干。

无论这些是随着时间的推移而演化出来的目标，还是预先在程序里早已设定好的，都无关紧要。将来肯定会有一天，这些机器人会做出一些我们不喜欢的事情，而且很有可能我们还无力加以阻止。想象这样一个场景，一个已经完全独立的机器人让我们爱上了它，它还开始向我们要钱。如果我们真的爱上了这个机器人，那么我们很可能真的会给它钱，因为我们会害怕失去它。这对有些企业来讲或许会是一种很了不起的商业模式，但对人类来讲，这将是一个悲剧。

如果你看过于 2014 年上映的科幻影片《机械姬》(*Ex Machina*)，那么你就会明白，事情会变得多么可怕。拥有一个机器人伴侣可能并没有我们原本以为的那样简单。人工智能对于如何操控我们的情绪了解得越多，它也就会变得越危险。在什么程度上，我们应该对这项技术加以限制呢？允许机器人引诱我们去信赖它并爱上它，真的是一个好主意吗？另外，我们如何才能在我们的选择自由以及对这个社会有益的东西之间寻找到平衡点？有时候人们想要的东西并不一定是对他们自己有益的东西。就像我们会规范酒精的使用、禁止毒品的使用一样，或许我们也应该限制这些机器的使用，这样它们就不会诱使我们放弃我们的生命，甚至诱使我们放弃我们的人性了。

作为当今社会的一员，现在是时候开始认真思考这样做的后果，并寻找建立安全措施的方法了。否则，我们可能会发现，在无意中我们自己已经成了机器人情人的仆从，而不是相反。

人工智能老板：为机器人打工

有一个机器人情人是一回事，但有一个机器人老板就是另一回事了。如果一台计算机对你发号施令这样的事情听起来就好像是在非常遥远的未来才会发生的，那么你可能会感到非常惊讶，因为这样的技术正在快速到来。按照高德纳咨询公司的预估，到 2024 年，69% 的通常由一位管理人员才能够完成的日常工作将会完全实现自动化。

"在接下来的 4 年时间里，经理人的角色将会出现一次彻底的调整。"高德纳咨询公司的副总裁海伦·普瓦提埃（Helen Poitevin）这样表示道。[32]

企业现在已经在使用人工智能来帮助筛选众多的入职申请，并且在面试时对候选人进行评估。一个不带有偏见的人工智能在判断哪些候选人适合什么样的工作岗位时往往比经理人做得更好。另外，企业的人事部门也正在使用人工智能来监督员工并发现有可能会突发的问题。机器学习算法甚至能够预测出某个员工是否会提出辞职，这样管理层就能够积极地进行干预了。要不了多久，人工智能还将接手辞退员工的任务，我认识的大多数经理人都害怕解雇员工，并且会很高兴地把这项任务交给机器人来处理。

如果你观察一下经理每天都在忙什么，你会发现大部分的工作都非常适合由电脑来完成。这其中包括组建团队、分配任务、安排会议、提供反馈、发现存在的潜力、追踪项目的进度以及评估员工的业绩。事实上，已经有某些人工智能可以完成所有这些事情了。

"人工智能正在重新定义的不仅仅是员工和经理之间的关系，还包括在一个由人工智能驱动的工作场所中，经理应该扮演什么样的角色，"研究公司"未来职场"（Future Workplace）的研究总监丹·施瓦贝尔（Dan Schawbel）这样写道，"如果他们能够将注意力集中在如何做人，并且充分利用他们的软技能，同时让机器人来负责日常的事务和技术技能，那么在将来，经理这个岗位依然有价值。"[33]

你会喜欢让一个人工智能来当你的老板吗？令人感到惊讶的是，大多数人说他们可以接受。根据一份来自甲骨文公司和"未来职场"公司的报告，88%的中国员工更愿意信任机器人而不是他们的人类经理；在美国这个数字是64%，并没有比中国低很多；而在印度这个数字可以说高居榜首：89%。这份报告要么说明了人们对人工智能的期望值有多高，要么说明了人类在管理另一个人时做得有多么糟糕。

人工智能在某些方面比人类更有优势，它们永远不会愤怒或发脾气，它们总是会有时间来倾听员工的问题。事实上，人工智能可以全天 24 小时为每一个员工提供服务。如果有某个员工遇到了什么困难，它们可以提供详细的建议和指导。人工智能老板绝不会有任何个人恩怨，不会有情绪上的包袱，不会有任何偏袒，也不会在不通知任何人的情况下消失得无影无踪。换句话说，人工智能具有成为一个人们梦想中的好老板的潜力。

但是还请不要抱有太大的期望，和绝大多数技术一样，这项技术也有其黑暗的一面。让人工智能来追踪你所做的每一件事可能会让你神经紧张，你可能在心理上永远也不会有一刻安宁。至少，一个人类老板只有那么多的时间来监督你的工作，但是一个人工智能老板可能会一直在你的身后看着你，它会查看所有关于你的信息，监控你在网上浏览的内容、发表的各种评论，以及记录的笔记。你甚至很可能没有机会喘上一口气，或者与你的同事聊一会儿天。

人工智能很可能并不像我们想象的那样友好和乐于助人，因为机器学习算法可能会发现，当一个浑蛋或许会产生更好的结果。法国的克莱蒙奥弗涅大学曾经做过这样一项研究，在研究中他们测量了人们在完成任务时的表现。在分配任务之前，他们让研究的参与者与一个人形机器人进行了互动。在某些场景中，他们让机器人表现得很友好并且很有同情心，但在其他场景里，他们让机器人表现得很傲慢，并且没有表现出任何同情心，它们甚至对参与者的智力做出了非常负面的评价。在这之后，当参与者开始着手完成他们的任务时，他们又让这些机器人来监督参与者的工作。

那么你认为哪个老板会让员工表现更好呢？在这件事情上，那个有点儿让人讨厌的老板明显会更加有效，尤其是当老板就站在员工的身边，恰好处在员工视线的边缘地带时。这并不是一个能够让人感到安心的迹象，任何机器学习算法都可以很快地发现这一点，并且以此来调整它的行为，使员工的表现最优化。无论我们是否喜欢这样的结果，当处于一定的压力下时，我们所有人都会表现得更好。

具有自学能力的人工智能，可以演化的机器人

在谷歌旗下的 DeepMind 公司创造了 AlphaGo（阿尔法围棋）人工智能程序后，它终结了人类在围棋领域占据了 2 500 年的霸主地位。最初的 AlphaGo 和人类一样，也是从了解围棋棋谱开始学习的，所以它利用了一个包含超过 10 万个围棋棋谱的数据库作为它的起点。这让人印象非常深刻，但是接下来发生的事更有意思。

接下来的这个版本叫作 AlphaGo Zero，谷歌只给了算法与围棋有关的最基本的规则，除此之外就什么也没有了。它没有任何数据，相反，人工智能只能通过与自己对战来进行学习，并生成自己的数据。在经过了只有三天的自我对战后，Zero 版本和它前面的版本，即最原始的 AlphaGo 进行了对战，并且连赢了 100 场。Zero 不但取得了胜利，而且开发出了连最有经验的围棋选手之前都没有见过的全新战术。

"它发现了那些人类曾经尝试过的战术，然后自己也进行了尝试，最终它发现了一些它自己喜欢的战术。"AlphaGo Zero 的首席程序员戴维·西尔弗（David Silver）这样表示道。[34]

在谷歌的机器人研发团队中，他们设计了一个能够通过试错教会自己行走的机器人。这就像一个婴儿学习走路一样。例如，一只幼鹿在刚出生后的 10 分钟内就能够站立，但不会走路。所以它不得不经历一系列笨拙的尝试，也只有通过反复不断地尝试，它才会发现，如何用正确的方式移动双腿，才能够在不摔倒的情况下向前移动。令人

惊讶的是，在出生后的仅仅 7 个小时内，幼鹿就能学会走路。

利用深度强化学习，谷歌在机器人身上也实现了同样的结果。和幼鹿一样，机器人会首先尝试站立起来，然后会摔倒，但接着它会再次尝试，就这样一次又一次。虽然研究人员会让机器人足够小心，以减轻重复摔倒所造成的损伤，但他们绝不会阻止它尝试一些新的方法。在仅仅几个小时内，这个机器人就能学会走路。它甚至学会了如何在不同类型的地面上行走，包括平地、有缝隙的门垫、记忆泡沫床垫等。如果一个机器人可以自己学会走路，那么它没有理由无法学会其他各种技能。

在 DeepMind 公司，研究人员还会让具有自学能力的机器人去完成一些相对复杂的任务，比如整理一间杂乱的房间。他们并没有在一开始就告诉机器人如何才能完成这项任务。相反，他们会给机器人安装传感器，并且让它四处摸索，以尝试各种可能的方法。如果目标是尽可能高效地清理整个房间，机器人就会一遍又一遍地重复同样的任务，而每一次它都可以学到一些围绕最有效的方式不断优化的方法。最后它会得出一种最佳的方式，而这就像我们人类进行学习一样。

佛蒙特大学的演化机器人专家乔舒亚·邦加德（Joshua Bongard）希望让具有自我学习能力的机器人更进一步。从小时候起，他就迷上了机器人。他会在纸上勾画出机器人，用乐高积木来制作机器人，在电影中寻找机器人，然后开始询问：现实生活中所有的机器人都在哪里？如果它们真的那么有用，为什么他家里没有机器人来帮忙做各种家务？他的父母送给他一个机器人作为圣诞礼物，但是这个机器人什么也不会做。这使得他走上了成为当今世界领先的机器人专家的道路。

邦加德现在设计的机器人可以靠它们自己"凭空设想出"其身上的附件是如何工作的。像人类的婴儿一样，机器人并不理解自己的身体是如何工作的，所以它们会首先在自己的头脑里建模各种可能性，然后再开始进行尝试。当它们有了一个目标，比如用走路的方式穿过一个房间时，这些机器人会首先用它们的人工智能大脑来模拟它们的行动。在确定了什么是它们认为最好的解决方案后，它们会开始在现实世界里进行尝试。如果这种方案行不通，它们就会利用在这次尝试中学到的东西对自己的模拟方案进行修改。

即便邦加德切除机器人的一条腿，他设计的机器人依然能足够聪明地学会如何在没有这条腿的情况下达成目标。在邦加德给机器人增加了一个附件，比如增加了一条额外的机械手臂后，机器人同样能很快地学会如何处理这样的情形。没有丝毫犹豫，机器人会立刻开始想办法弄清楚这额外的附件是如何工作的，首先它会运行模拟程序，然后在不同的任务中进行尝试。在将来，机器人还将学会如何组装自己，它们会挑选出不同的部件，进行各种尝试，然后再抛弃这些部件或者对部件进行修改。它们甚至可能设计出自己的附件和功能。人工智能变得越聪明，机器人重塑它们自身的能力也就会越强。

在马里兰大学，科学家正在探索具有自学能力的机器人的另一个维度。他们想用超维计算理论赋予机器人记忆力和反应能力，超维计算理论具有让人工智能真实地看到这个世界并做出自己的推论的潜力。与使用蛮力用数学的方法来拆解每一个可感知的对象和变量不同的是，超矢量方法可能有一天会让机器人实现主动感知。

"基于神经网络的人工智能方法不仅太过庞大，而且很慢，因为它们无法进行记忆，"马里兰大学的研究人员安东·米特罗欣（Anton Mitrokhin）这样写道，"我们的超维理论方法可以创造出记忆，而且这样做所需的算力还会更少，从而让这样的任务得到更快和更有效的执行。"[35]

改善人工智能的另一种方式是引入一种演化过程，这样人工智能就可以像植物和动物一样自我繁殖了。当下，机器人并不能像生物有机体那样复制自身，从而将它们的 DNA 传递给后代。但是如果它们真的可以做到这一点呢？而这正是英国利兹大学的研究人员戴维·霍华德（David Howard）正在进行研究的项目。他想要创造出一个自然选择的过程，这样最适合环境的机器人就可以生存下来。

"我们应该做的就是制造出大量简单而又廉价的小型机器人，"霍华德这样说道，"然后我们把它们送出去，其中有一些机器人会比其他机器人表现得更好。"[36]

通过模仿自然演化的过程，科学家会利用这些机器人的表现数据来选择最佳的特性，然后再把这些特性融入下一代的机器人中。通过大量生产只有很短寿命的廉价机器人，一台 3D 打印机就能够加快这一自然选择的过程，在这个过程中，它们可以证明自己并把它们的特性传递下去，或者从演化树上被淘汰出去。随着 3D 打印机的成本不断下降，性能不断提升，这已经成为开发能够不断演化的机器的一种可行的策略。

霍华德和他的团队在一个使用了 20 种随机生成的机器人腿部形状的实验中演示了这一自然选择的过程是如何起作用的。他们的计算机首先模拟测试了每一种形状的机器人肢体在不同表面上的具体表现，包括硬土、砾石、沙地和覆水层等。接着他们选择了其中表现最好的腿部形状，并进行了"配对"。在经过了无数次的迭代，制造出一代又一代新的肢体后，研究人员最终获得了一种适合在不同类型地面上行走的非常独特的机器人腿部的形状。

"它不但给了你众多不同的选项，还给了你去探索你通常绝不会涉足的设计空间的动力，"霍华德这样解释道，"自然演化如此强大的原因之一就是，它可以让某种生物完全彻底地适应某种特定的环境。"

研究人员甚至在考虑如何将随机突变也引入这个过程中，这就如同我们在生物学中所看到的那样，然后再观察会有什么样的结果。这种做法对于被送往其他行星的机器人会尤其有用，因为在那样的环境里，它们必须自己演化才能够适应一个与地球截然不同的环境。你可以想象，把一台能够繁殖机器人的机器送往火星，然后再启动这台机器并观察机器人会如何进行演化。

接下来，就要考虑如何把这种可以演化的机器人与具有自学能力的人工智能结合在一起了，而这样的做法最终将把我们从使用人类设计师和程序员的限制中解放出来。这样的机器人不但可以创造出自己的后代，而且具备了适应不同任务和环境的无穷的可能性。在将来的某一天，我们需要做的只是给机器人一个目标，然后坐下来观察，到那时我们会非常惊讶于机器人如何进行演化和学习。

丹尼尔·比勒（Daniel J. Buehrer）曾撰写过一篇论文，提出了一种新型的微积分，如果他的理论是正确的，那将会导致真正具有自我学习能力的机器的诞生。《超级智能机器的数学框架》（*A Mathematical Framework for Superintelligent Machines*）一文提出了一种新型的数学，其"表达形式足以用来表述和改善其自身的学习过程"。[37] 换句话说，这种数学可以让机器修改它们自己针对这个世界和它们自身所建立起来的模型，从而很有可能会创造出独立于有机生命体的具有"意识"的实体。

创业公司 OpenAI 已经获得了另一种不同类型的突破。他们创造出了一种可以完全靠自己学会如何解开魔方的机器人手臂。很多年以来，这项任务一直是一个真正的挑战。

微软已经向 OpenAI 投资了 10 亿美元，目的是与 OpenAI 共同开发人工智能超级计算应用程序，以发展其自身的云基础设施。然而，OpenAI 的长期使命是在超级智能领域成为一个先驱。要想做到这一点，它需要有大量的资金和计算能力，而这正是微软可以发挥其关键作用的地方。

当 OpenAI 发布了一种能够自行学习写作的自然语言模型时，它获得了大量的关注。给它输入一段新闻的摘要，它就能为你撰写一个完整的新闻故事。交给它一首诗的第一行，它就能为你写出整首诗。目前这种自然语言模型仍然是一项未完成的工作，但它所生成的一些材料已经令人惊讶地具有了可读性。其中的一些较短的文章甚至已经可以骗过人类。

这虽然还不是超级人工智能，但已经让人印象深刻且感到害怕。最开始的时候，OpenAI 曾经声称这些代码实在太危险了，所以不能发布出来，他们担心一些坏人可能会利用这些代码来传播虚假新闻。然而，在 9 个月之后他们还是决定发布这些代码，并解释道，威胁并不像他们原先以为的那样大。对此媒体一片哗然，还有一些批评者指责 OpenAI 的行为不负责任。当然 OpenAI 完全否认了这一点。

"我们认为，让强人工智能（超级人工智能）得到安全和稳妥的部署，并且让其经济效益得到广泛的分布是一件至关重要的事情，" OpenAI 的 CEO 山姆·阿尔特曼（Sam Altman）这样表示道，"我们很高兴能够看到微软公司如此深入地和我们一起共享这一愿景。"[38]

微软和 OpenAI 并不是唯一在追求超级人工智能的企业。从谷歌、脸书、亚马逊到阿里巴巴和百度，所有这些大型的科技公司都已经把超级人工智能当成了赢家的最终奖品。目前我们还根本看不到这场竞赛的终点，事实上，这场竞赛才刚刚起步，但是在接下来的数十年时间里，我们肯定会看到这些科技巨头加快自己的脚步，并且在研发上投入数十亿美元的资金。这是因为他们都知道，第一批破解超级人工智能的企业将最终决定我们人类的未来。

随着我们的算法开始自我学习和演化，我们不得不提出这样一个问题：谁将最终运营我们的企业并管理我们的经济？是我们自己，还是我们的机器？

人工智能经济：权力的中心化

控制系统的中心化已经有很长的历史。1870—1911 年这段时间里，约翰·洛克菲勒（John D. Rockefeller）依据石油产业垂直整合的原则建立起了一个石油帝国。他开始利用自己的垄断地位，而不是依靠市场的力量，操控石油的价格。在美国通过获得对石油的供应、精炼以及分销近乎完全的控制权，洛克菲勒旗下的标准石油信托基金成功固定了石油的价格，消除了市场的波动，同时还增加了利润。事实上，每一家大型企业都想成为垄断企业，而只有政府的干预才能阻止这种情况的出现。

对市场力量进行控制在当下的经济中几乎无处不在，而大数据和人工智能在其中正发挥着核心的作用。像脸书、亚马逊、谷歌以及阿里巴巴这样的企业可以利用复杂的算法以及它们所拥有的海量数据来预测和操控全球的信息、商品、服务等市场。

区块链的先驱们曾试图通过发布一种去中心化的架构来逆转这一趋势。然而，政府和企业现在正在接手区块链技术，并通过修改区块链使自己获得更大的控制权，同时还能够保留这项技术中的很多功能。其中的一个例子是中国政府利用区块链技术推出了自己的数字货币，而这种货币是没有可能去中心化的。这意味着中国的加密货币将不会独立于政府的控制，反而将完全处于一个中心化的权威机构的控制之下，这也使得他们可以追踪和监管每一笔交易。

即便你观察纯粹的加密货币，它们也已经不再是完全不受控制的了。一些强大的国际性财团正在尝试操纵和控制代币的价格。无论什么时候，只要有可能，市场中的参与者就会寻求更大的控制权以获取战略上的优势。在将来，我们会看到那些主要的参与者寻求对于管理我们的市场、经济以及社会的系统拥有更多而不是更少的控制权。

脸书现在已经可以决定它的 25 亿名用户每天能在他们的新闻推送中看到什么，而脸书的新闻推送可以影响从公众舆论到选举结果的几乎所有事情。亚马逊可以访问非常多的数据，它可以抢在其竞争对手之前准确预测什么商品将会以什么样的价格销售多少数量。谷歌每年会引导 1.2 万亿次的网页搜索，它使用这些数据优化了这个世界上最大的广告网络。优步协调了超过 300 万名司机以及 7 500 万名乘客的出行，并且具有了在全球实时调整价格的能力。

在中国，阿里巴巴的创始人马云就曾经指出："在过去的 100 年里，我们已经相信市场经济是最好的经济体系。"但是在接下来的 30 年时间里"因为我们已经能够接触到所有类型的数据，所以我们或许已经可以发现市场上那只看不见的手"。[39]

那么，这一切对于我们这个社会又意味着什么呢？在 20 世纪的数十年的时间里，苏联曾经在一个很大的规模上尝试过实行计划经济，但是他们的实验很可悲地失败了。事实上，由于缺乏必要的数据和工具，苏联当时根本没有能力来管理经济的转型。今天，在有了互联网、人工智能以及众多其他的技术后，情况已经完全不同。计划经济或许已经不再遥不可及，但是它也将和当时设想的截然不同。

经济活动的核心实际上是一个信息处理系统。而自由市场隐含的机制会不断消化各种公开的数据，并以此来决定商品和服务的最优价格。自由市场的力量源于其所拥有的自我纠错的能力，虽然市场上会不断出现各种繁荣和萧条的景象，但是只要有足够的时间，事情最终会趋向于平衡，因为所有自由市场参与者的个人利益结合在一起就能够确保这种平衡状态的发生。然而，现在事情正在出现新的转变，因为大量的智能数据处理机器正在代替个人、企业的经理以及政府的官僚，成为众多事情的决策者。

这些人工智能变得越复杂，它们就越会被深深地集成到我们的决策机制中，这是因为人工智能正在证明，它们远比人类能力强且效率高。人类的大脑无法处理海量的数据，而且我们还正在进入一个全新的时代，智能机器正在以我们无法企及的频率和速度与另一台智能机器进行沟通。就在我们做出某个决策的时间里，人工智能不但已经评估了大量的信息，还可能执行了无数的指令。所以，根本没有什么方法可以让我们融入一个以远超人类思维的速度不断向前推进的决策过程中。

即便我们有些专家会在最深的层次参与其中，他们也永远无法确切地知道，在构成整个系统的每一个弱人工智能中实际正在发生什么。这是因为机器学习算法并不一定是透明的，它们往往是一个黑盒子。我们可以观察到最后的结果，但即便是最聪明的工程师很可能也不知道为什么一种算法会得出某个结论。随着我们的算法和网络变得越来越复杂，它们也会变得越来越不透明。

"你很难发现为什么神经网络会做出那个特别的决定，"西英格兰布里斯托尔大学的机器人伦理学家艾伦·温菲尔德（Alan Winfield）这样阐述道，"这在围棋里并不重要，但请你想象一辆无人驾驶汽车的自动驾驶仪。假设发生了一场严重的事故，对一个调查人员或者法官来讲，如果你说'我们也不明白为什么这辆汽车会做出这样的决定'，这显然是不可接受的。"[40]

问题是我们无法要求一个神经网络为它的决策做出解释。人工智能领域的先驱杰弗里·辛顿（Geoffrey Hinton）对此做了很好的总结，他是这样陈述的："如果你要求它们解释它们做出的决定，那么实际上你正在迫使它们给你编一个故事。"[41]

英伟达公司测试其自动驾驶汽车的算法就是一个典型的例子。汽车并不依赖于工程师向它提供的任何指令，相反，在观察人类驾驶员操作的时候，它早已从传感器中获得了大量的数据。之后它还会针对在不同的情况下应该如何应对得出它自己的结论。包括开发这种算法的程序员在内，所有人都不知道为什么它会得出这些结论。如果你把这种情况外推到将来实际运营我们的银行、政府分支机构以及其他重要机关的深度学习算法，你完全可以想象我们会走向何方。

让这个问题更加复杂的是，在短时间内我们还不可能拥有一个几乎全能的、可以在任何时候控制所有东西的人工智能。相反，我们会拥有数以百万计独立的人工智能，它们相互之间会进行各种对话、分享数据、协调各自的行动。每一种算法都会依赖于其他算法，而这些算法都将在自己的黑盒中处理数据。最终，没有人可以理解所有这些黑盒之间的互动。唯一的解决方案是再制造一个更加复杂的人工智能，然后利用它来监控信息的流动，实时分析正在发生的事情，并及时通知我们相关的结果。换句话说，即便那些最有权势且了解众多内情的人，也将成为机器在制订计划和管理经济体系时的旁观者。

在人工智能融入我们的经济体系的过程中，可能会有一些波折和困扰，但这些都不可能阻止我们将更多的责任交给越来越强大的人工智能。具有讽刺意味的是，我们中的大多数人可能根本不会感觉到事情已经失去控制。事实上，我们只会感到自己拥有的控制力比以往任何时候都更加强大，因为我们的机器可以让我们随时了解最新的情况，提醒我们潜在的问题，并且在这些问题变得不可收拾前进行干预。

我们的领导者会表现得效率更高，而且会对我们的需求做出回应，因为他们已经不再需要管理大量的官僚，而这些官僚很容易就会犯下只有人才会犯的错误，他们会表现出群体思维，还会出现腐败和短视。相反，现在我们的领导者可以和人工智能沟通，而人工智能程序只需要我们在编程的时候照顾到了基本的伦理并且没有偏见，就可以为整个社会寻找到可能的最佳解决方案，并且有效地执行这些方案。

具有讽刺意味的是，虽然最终我们很可能会完全依赖于人工智能，但我们的领导者会继续感到他们所拥有的权力超越了这些机器。这是因为从理论上来讲，他们可以随时拒绝人工智能做出的决定，甚至终止这些决定，但是他们可能永远也不会这样做。毕竟，与其去干预一些他们完全无法理解的东西，让所有的一切都顺其自然肯定会产生更好的结果。

超级智能：盒子中的完美国王

那些担心如今的弱人工智能很快就会接管我们居住的这颗行星的说法实在有点儿夸张了，这是因为当下的人工智能在设计的时候原本就是用来执行我们给出的指令的。与未来的超级人工智能相比，弱人工智能并没有自己的计划日程，它们只会执行我们为它们设定的目标。这就像你担心你的面包机有一天会反抗你一样，它可能会因为设备故障把你的面包烤焦了，或者那只不过是因为你把温度设得太高了，但是它绝不会暗中策划接管你的厨房。

"我并不真的担心那些短期的问题。弱人工智能并不会对整个物种产生威胁。它可能会导致一些混乱，导致工作岗位消失，以及带来更好的武器等类似的事情，但是它并不是一个在物种层面需要面对的根本性的威胁。但超级智能的确是这样一种层次的威胁，"埃隆·马斯克这样说道，"你可以记住我的话，超级智能远比核弹更加危险，可以说是极端危险。所以，为什么我们还没有对此进行监管呢？这也太疯狂了！"

2018 年去世的著名物理学家霍金也同意上述观点。"发展完整的人工智能很可能意味着人类的终结，"霍金继续补充道，"人类受到了缓慢的生物演化过程的限制，所以无法与之竞争，而且肯定会被超越。" [42]

在将来的某一天，这很可能会成为现实，但是当下我们应该关心的是，我们的同类会如何使用和滥用人工智能。这是一个真正的威胁，而且它就发生在我们的眼前。

如果你观察一下人类的历史，历史也并不像你想象的那样美好。我们是一种充满兽性的生物，可以面不改色地实施各种暴行，比如镇压、酷刑、种族灭绝等。另外，对于我们居住的这颗行星，我们也并不是非常负责任的管家，我们会奴役我们身边的动物，并且会在一些很糟糕的环境中饲养它们，供我们消费，更不用提人类引发的气候变化和生态破坏已经导致数百万个不同的物种正濒临灭绝。

如果这还不足以说服你，你可以看一看我们又是如何对待彼此的。全球奴役指数（Global Slavery Index）估计当下有超过 4 000 万人正处在被奴役的状态，其中大多数是妇女和女孩，她们主要是因性而被四处贩卖。美国在一个世纪前就应该已经废除了奴隶制，但是这种现象依然在我们的城市和其他国家不断发展。与此同时，将近世界一半的人口，即 30 多亿人，每天的生活费还不到 2.5 美元，而世界人口顶层的 1% 的人拥有了这个世界一半以上的财富。

如果你想找一样东西让自己感到害怕，最简单的做法就是照一下镜子。与杀手机器人或者人工智能相比，我们才是怪物。人类才是我们自己最大的敌人，而且在未来很长的一段时间里也将依然如此。越来越强大的技术集中在越来越少的人的手中，只会放大这样的威胁。你不难想象这样一个场景，一个暴君、一个小集团或者统治阶级利用最新的技术来控制和永久奴役整个族群。

想象一下，像希特勒这样残忍的统治者会如何利用由人工智能驱动的监控设备、深度学习算法、具有自主能力的机器人，以及基因编辑技术？任何人又如何才能反抗一个利用人工智能来追踪每一个公民，监控每一次对话，并且压制任何持不同意见者的政府呢？如果你正在寻找一种对于人类生存的威胁，那么人工智能就是其中之一了。

如果我们希望避免某个怀有恶意的人利用技术控制我们，我们就必须努力确保这样的场景永远不会发生。而这需要我们在防止权力滥用方面拥有制度化的保障措施，在利用关键的技术方面设立考虑周到的限制，并且用分散权力的方式来制约专横的领导人。但不幸的是，目前大多数国家都不具有以上这三种安排。

有些人相信，解决方案或许就在人工智能的身上。与其让有缺陷的人类来执掌政府，他们争辩道，那还不如把政府的控制权交到一个超级人工智能的手上。毕竟，一个可以将人类的最大利益通过编程植入大脑的仁慈的超级人工智能，或许可以帮助我们负责任地管理世界事务，并且用一种我们自己也做不到的方式来解决各种冲突。你有充分的理由相信，一个超级人工智能会更适合管理世界的自然资源，处理气候变化，谈判贸易协定以及结束战争。

在盒子里建造一个哲学家国王的想法确实很诱人，但是要想做到这一点，我们不得不赋予这种超级智能实现其目标的能力。这听起来可能很不错，却有内在的危险。这个世界是如此复杂，拥有如此多的变量，你几乎无法预测接下来会发生什么，以及一个超级人工智能会对此做出什么样的反应。请记住，你无法保证超级智能的目标永远和我们自己的目标一致。在将来的某一天，这两者之间肯定会出现分歧。

问题是，我们能否寄希望于人类有能力控制一台比自己还要聪明好几个数量级的机器？

养虎为患？人工智能会摧毁我们吗

超级人工智能根本不需要伪装成一个恶魔就能造成无法挽回的伤害。我们不可能预见未来会发生什么，所以我们无法在编程的时候就让人工智能在每一种可能的情况下都采取合适的行动。例如，当我们赋予一个超级人工智能结束战争的目标时，它很可能会做出这样一个判断：最有效的方式是把所有的人类都关起来或者把人类完全消灭掉。

"在有了人工智能后，我们实际上正在召唤恶魔的降临，"马斯克这样说道，"你们应该都听说过这样一个故事吧，有一个年轻人身上佩戴着五角星徽章，还携带了圣水，他当时确信他可以控制住魔鬼，但结果又如何呢？显然他没有做到。"[43]

在意大利的博洛尼亚大学，研究人员设计了一个实验来测试目前正在很多流行的电子商务网站上使用的价格算法。实验中，他们让两种机器学习算法相互竞争，以便最终能够向网购者提供最低的价格，同时他们还想看一看哪种人工智能可以赢得这场比赛。让科学家感到惊讶的是，这两种算法最后并没有展开竞争以找到可能的最低价格，反而决定互相串通，共同来敲人类客户的竹杠。

"最令人感到担忧的是，这两种算法并没有留下任何串通的痕迹，所以应该是通过试错的方式来实现串通的。事先它们对于自己的运营环境毫不知情，相互之间也没有进行过任何沟通。而且这两种算法没有经过特别的设计，或者接受过任何进行串通的指令。"在他们的论文中，研究人员这样解释道。[44]

这是一个具有警示意味的故事，即无论你想达到的目的多么善良，最终仍然有可能会出现意想不到的不愉快的结果。艾萨克·阿西莫夫在他的短篇科幻小说集《我，机器人》（I, Robot）中描写了这种威胁。这些短篇科幻小说都是围绕着对人工智能进行伦理化编程后可能会产生的问题而展开的，而所有的问题又都可以用阿西莫夫著名的"机器人三定律"来进行概括：

1. 机器人不得伤害人类，也不得见到人类受到伤害后袖手旁观。
2. 机器人必须服从人的命令，但是当这样的命令与第一定律冲突时例外。
3. 机器人必须保护其自身的存在，前提是这样的保护行为不会和第一定律和第二定律相冲突。

阿西莫夫在他的短篇小说中揭示的是，无论我们如何小心地构建支配机器人的法则，我们永远也无法预见到所有可能会出现的场景，以及这些法则会如何被加以诠释，其结果很可能是灾难性的，因为这个世界很少是非黑即白的。

例如，让我们假设一个超级人工智能被赋予了维护我们的行星和人类安全的职责。由于气候日益恶化所带来的影响，它认为唯一符合逻辑的做法是立刻采取激烈的行动。它首先禁止了所有的私人汽车，这或许还是一个符合逻辑的步骤，但是我们会对这样的结果感到高兴吗？或者我们假设它强迫所有人都只吃素食，这种做法会被人们接受吗？如果我们拒绝了又会怎么样？这个超级人工智能会因此推出一些惩罚措施吗？它应该征收罚款吗？如果所有这些做法都不起作用呢？把人类都关起来会是一个解决方案吗？在什么对地球有益以及是否应该给予人们选择自己命运的权利之间，我们又该在哪里画下红线，哪怕它最终很可能是一个错误的选择？

不幸的是，这个世界具有不可思议的复杂性，而阿西莫夫给出的那些简单的法则还不足以处理如此复杂的问题。事实上，没有任何法则可以包含所有可能的场景。在阿西莫夫的另一个短篇科幻小说中，他让人工智能最后无奈地关闭了自己，因为它无法做出一个困难的伦理选择。但是，不做出任何决定本身就是一个决定，你没有任何办法可以逃避责任。

所以，我们不得不问自己这样一个问题：有没有可能创造出一个仁慈的超级人工智能？或者像人类一样，是否所有的人工智能在做出涉及伦理的决定时都存在天然的缺陷？

一个你无法回避的事实是，伦理问题都会涉及价值判断，而这意味着它们将取决于决策者的特定世界观。一个超级人工智能将永远无法为所有人做出正确的选择。无论它做出什么样的决定，总有人会认为算法正在做一个在道德上可疑的选择。

例如，一个人的生命值多少钱？一个孩子的生命比一个老人的生命更值钱吗？如果一个人已经病入膏肓且承受着巨大的痛苦，你会怎么做？你会让他安乐死吗？我们应该允许死刑吗？哲学家和宗教学者已经就这些问题和其他无数伦理上的问题争论了数千年，而我们至今仍然没有明确的答案。

如果一个人工智能的聪明程度比人类高出好几个数量级会怎么样？它会或多或少地比我们自己更倾向于道德的行为吗？这些问题至今还无人能够回答。但是当我们沿着这条路继续往前走的时候，这些也正是我们必须提出的问题。

当下，绝大多数的人工智能算法对任何人来讲都是可以公开获取到的，并且会以人们认为合适的方式被投入应用。即便最善意的人也有可能最后用一种可能会对社会造成巨大伤害的方式创造出或者修改某个人工智能。一旦某一项技术出现在了这个世界上，你几乎不可能再去控制这项技术，尤其是如果它还是一种软件。任何人在任何地方都能够获得这些东西，然后再从中学到某些东西，并开始创造出他们自己的版本。

"我认为人工智能最危险的地方还在于其发展速度。"联合国区域间犯罪和司法研究所（UNICRI）旗下的人工智能和机器人中心负责人伊莱克利·伯利兹（Irakli Beridze）这样表示道。[45]

政府、企业以及各种机构需要时间来做出应对。除非它们有机会对相关的风险做出评估和理解，否则它们甚至无法建立起可信的防御手段。然而，技术的发展速度是如此之快，相关的风险每天都在不断演化。当人工智能的能力一直处在不断扩张的情况下，企业或者政府机构又如何能够抵御先进的人工智能所发起的网络攻击呢？这就像你正在尝试抵御一种不断变异的病毒一样。

如果一个恐怖组织真的想要对美国发起攻击，他们完全不用把战士派遣到伊拉克的沙漠或者把自杀式炸弹送入我们的城市，他们需要做的就是招募几个真正聪明的工程师，然后让他们编写出一段邪恶的人工智能的代码。这样做很可能会让我们所有的电网瘫痪，让我们的金融系统崩溃，或者策反我们的军事基础设施。

同样让人感到害怕的是，全世界各地的政府正越来越依赖人工智能来进行军事行动。从无人机和无人坦克到机器人，自主化的武器系统已经不再是科幻小说中的内容。就我们目前所知，所有这些系统都需要一个人类参与其中。这也意味着，除了涉及致命性的行动时，这些武器系统是完全自主的，而人类在其中起到的作用只是做出最后的决定。

"很有可能会出现大规模的事故，因为这些东西会以我们意想不到的方式行动起来，而这就是为什么任何先进的武器系统都必须处在具有清醒意识的人类的控制之下。否则你就必须禁止它们的使用，因为它们太不可预测且太危险了。"劳拉·诺兰（Laura Nolan）这样警告道，诺兰在受到指派开始为美国军方的一个项目工作后就从谷歌辞职了。[46]

在上述系统中插入一个人类可能会造成真正的两难困境。与人工智能相比，人类的反应速度是极其缓慢的，所以请想象一个把人类士兵和自主化武器系统混合在一起后的混乱战场，在这样一个战场上可能会有成千上万台智能机器和无数的人类战士。其中，部分已经处于自主化战斗模式的战斗机器很可能还有人类待在它们的身体里面，这就意味着，虽然很多战斗机器可以立刻向敌方的无人系统开火，但是，当已经被它们瞄准的敌方战斗机器中也有人类时，它们还需要获得人类的同意才能发出攻击，那么你认为谁会赢呢？

在战斗中，当对面的敌人选择在他们的武器系统中去除人类的干预时，任何一位将军都会立刻在自己的武器系统中采取同样的做法。否则他肯定会立刻被对方击败。这意味着，在自主化的武器系统中排除掉人类的干预也只是一个时间问题。这就是为什么有些谷歌的工程师会拒绝为美国军方开发人工智能项目。他们明白，人工智能将不可避免地被用于制造自主化的武器系统，而这些系统将在没有任何人类监督的情况下采取自主的行动，当它们卷入一场热战中时就更是如此了。

一旦这项技术出现在这个世界上，每一方都会利用它来获得最大的优势。这对人类来说又意味着什么呢？它意味着我们生活的这个世界正在建造旨在大规模毁灭人类的武器，而这些武器在将来的某一天会完全自主化，即便它们现在还无法做到真正自主。现在，让我们把这些武器和网络战结合在一起，当一个敌对的国家，甚至只是一个恐怖组织利用黑客技术入侵我们的军事武器系统时，此刻在你的手上就会出现一张通往下一个世界末日的门票了。

那么，对此我们又能做些什么呢？在我们有时间寻找到控制人工智能的方法之前，政府是否应该禁止或者限制人工智能的发展呢？不幸的是，这并不是当下我们选择的道路。大多数政府都没有兴趣去尝试控制人工智能的发展，相反，由于担心会被竞争对手超越，它们都在加速人工智能的发展，因为所有的竞争对手肯定都会利用人工智能来提高军事和经济实力。没有哪个世界大国会单方面地捆住自己的手脚。

那么，各国政府是否有可能像我们在生物武器和核武器领域所做的那样，达成禁止人工智能在军事领域应用的全球性条约呢？问题是这样的条约是不可能强制执行的。虽然今天想要无声无息地生产和隐藏生物武器或核武器是一件很困难的事，但实际追踪这两种武器也是一件很困难的事。相比之下，数字代码是外人无法看到的，想要监督敌方的人工智能本身就是一件不可能完成的任务，这导致任何具有国际约束力的条约都只是天方夜谭而已。

那么，我们是否还有其他选项呢？实际上我们只有一条路可走，那就是继续发展人工智能，同时尝试去预测那些别有用心的人可能会用这种技术做什么，并且以尽可能快的速度开发出反制的措施。就像我们在面对电脑病毒时所做的那样，这将是一场持续的打鼹鼠的游戏。然而，如果政府和企业能够掌握足够的资源，并且将它们聚焦于正确的问题上，他们还是有很好的机会可以保持领先那么一步或两步的，而这或许已经足以防止出现最严重的滥用。

从军队的角度来看，我们只能够期望设计师们在这些杀人机器人中内置某种机制，如果它们失控，我们可以马上终止它们运行。这样机器人就无法凌驾于人类之上了。虽然没有一种解决方案是万无一失的，但是有总比没有要好。

至于一个具有超级智能的人工智能可能会做些什么，那就是另一个故事了。而为此去制订一个计划是完全无用的，因为一台比我们聪明好几个数量级的机器很快就会超越我们今天能够设计出来的任何东西。如果一个超级人工智能可以重写它自己的代码，那么你又有什么办法可以阻止它彻底改造自身，或者孵化出其他不受我们控制的超级人工智能呢？任何我们内置在其系统中的预防措施都可能会被完全覆盖掉。

但这并不意味着建立某种内在的预防机制是浪费时间。如果不把资源投入预见和预防这些问题上，那是非常不负责任的。我们必须尽我们所能来确保一旦超级智能在这个世界上诞生，它绝不会造成无法挽回的伤害。

然而，超级智能十有八九会把我们施加在它身上的任何限制都看作无关紧要的。这就好像我们人类会同意遵守猴子为我们设定的规则一样，所以它绝不会把我们的利益置于它自身的利益之上，相反，它很可能会发展出完全属于它自己的独立目标和道德准则。它或许会像我们保护濒危物种一样让我们继续存在下去，或者它也有可能会把我们看作寄生虫，从而决定最好还是把我们全部都消灭掉。如果真是这样，那么人类这个物种就要灭绝了。

与我们的机器融合

有些技术人员认为，防止一个超级智能接管我们这个世界的唯一方式就是与它融合。但这有可能吗？

"我之前就一直在预测，到2029年人工智能将能够通过有效的图灵测试，并从此达到人类的智力水平。另外我还预测，2045年将是奇点出现的时候，通过与我们创造的智能进行融合，我们将把我们的有效智力提升10亿倍，"前面提到的那位发明家、作家以及科学家雷·库兹韦尔这样说道，"这将导致拥有人类智力的计算机出现，但在我们把计算机放进我们的大脑，并把它们与云连接在一起后，我们就会很自然地扩展我们过去对自我所做的定义。今天，这已经不再是未来才会发生的场景。在某种程度上，它已经出现在我们的眼前，而且这一趋势还在不断加速。"[47]

虽然库兹韦尔对于利用科技改变人类所具有的潜力极其乐观，持有同样观点的人却绝非他一人。

在加州大学伯克利分校，研究人员正在计划将一种被称为"神经尘埃"的纳米粒子植入大脑皮质来作为脑机接口。而与此同时，欧盟的"人类大脑项目"已经筹集到了13亿美元的资金，并且有130家研究机构将参与其中。这个项目的目标是，创造出一个融入了目前所有已知的关于人类的大脑如何工作的信息的超级计算机模拟程序。

"找来一个大脑，然后把其中的一切都转移到软件中，是不违背物理学原理的，而且我认为，在 21 世纪我们就能实现这一目标。"联合医疗公司的 CEO 以及 Sirius XM 卫星广播公司的创始人玛蒂娜·罗斯伯雷特（Martine Rothblatt）这样说道。[48]

在南加州大学，泰德·伯格（Ted Berger）的团队已经开发出一种可用于老鼠和灵长类动物的大脑模拟技术。

"泰德·伯格的实验在原则上表明，你可以拿来一个未知的电路，对其进行分析，然后制造出某种可以在功能上替代它的东西，"荷兰神经工程师兰德尔·科恩（Randal Koene）这样说道，"整个大脑实际上就是很多不同的独立电路而已。"[49]

哥伦比亚大学的神经科学家拉斐尔·尤斯特（Rafael Yuste）认为，你可以在大脑活动的流量中寻找到能够代表一个人身份的东西。"我们的身份也就是那么一些东西而已。我们的头颅中并没有什么魔法，有的只是神经元的放电。"

加州大学洛杉矶分校的教授詹姆斯·吉姆谢夫斯基（James Gimzewski）正在研发一种人工合成大脑。在实验中，他采用了大量人工合成生长的纳米线，而这些纳米线表现出来的行为和一个活的大脑中的记忆行为非常相似。这也被称为神经形态计算（neuromorphic computing），而且这项技术或许真的可以让我们构造出一个人工合成的大脑。

"它表现出来的电特征和大脑的功能性核磁共振成像非常相似，与神经元培养时的电特征也非常类似，还与脑电图的模式很接近。我们把它称作自组织的临界态，"吉姆谢夫斯基这样解释道，"我想要创造一个人工合成的大脑，一台能够思考的机器，一台能够拥有身体智慧的机器。"[50]

将来的某一天，我们或许可以将完整的神经连接体上传到网络空间中，从而复制出一幅大脑中所有神经连接的详细地图。但是，通过这样的方式在网络空间中复制出一个大脑后，我们还能够从这个大脑中找回原本的记忆吗？如果真的可以恢复记忆，这种通过数字的方式复制的大脑还能够独立思考吗？

一个用数字方式重建的大脑可能根本不知道其原来就存在的记忆意味着什么，仅仅将记忆传递给一台计算机并不能让这台计算机产生自我意识。意识需要某种对自我的感知，正如我们可能永远也无法明确地知道人工智能是否会有意识一样，我们又怎么可能知道一个用数字方式重建起来的大脑是否还会有自我感知呢？

假如某人告诉你，他们已经开发出了一种技术，可以将你的大脑上传到一台计算机中，但是为了做到这一点，他们将不得不在这个过程中毁灭掉你的肉体，你还会接受这样的做法吗？即便他们向你演示了其他人已经被成功上传的例子，你又如何知道他们拥有真实的意识，而不是某种人工智能的模拟呢？

还有一个问题是，在这个过程中你很可能会失去某些东西。如果你被上传到了计算机上，那么万一他们没能上传所有的东西呢？很可能在你的人类自我感知中，某些很重要的部分永远也无法进入数字世界，而且你还很难确定你失去的究竟是哪些部分。或许那仅仅是你的数字自我永远也无法复制的、与某些记忆捆绑在一起的、属于你真实的人性中的某些情感或者感知。

值得考虑的还有另一个有趣的场景，你把你的神经连接体上传到了一个神经假体上，但是你的肉体依然活着。在这种情况下，哪一个才是真正的你？生物学上的你可能会声称是真正的你，但是这并不能阻止那个数字版本的你宣称他也同样真实。最终，你会拥有两个版本的自己，每一个都和对方很相似，但在本质上这两者是完全不同的。

现在，假设你的数字版本一次又一次地、反复不断地复制你自己，从而创造出数百个数字克隆体，那么你面临的又将是一种什么样的场景呢？我们应该如何来称呼这些复制品，以及他们相互之间又会如何进行互动呢？他们会相互合作、竞争，还是各走各的阳关道？这在很大程度上将取决于你的个性。

如果上述这些把你的"自我"上传到一台机器中的说法激起了你的兴趣，并且你还想尝试一下，你完全可以投身进来，而且这也只需要你花费 10 000 美元的费用。一家名叫 Nectome 的创业公司目前正在提供"冷冻你的大脑"的服务，这样你就可以在将来把自己上传到网络空间中了。但是这里有一个需要你注意的问题：这种手术是致命的。在他们提取你活生生的大脑并进行防腐处理之前，你需要活着，当然这种手术也只能在你临终时做。

"我们的使命是完好地保存你的大脑，从你最喜欢的那本书的伟大章节，到冬天寒冷的空气给你的感觉，再到你烘烤一个苹果派或者与你的朋友和家人共进晚餐，所有这些珍贵的记忆都将完好无损，"Nectome 在其网站上这样宣称，"我们相信，在 21 世纪内将所有这些信息数字化，并且用这些信息来重塑你的自我意识是完全有其可行性的。"[51]

这可能并没有听上去那样疯狂。麻省理工学院的神经科学家爱德华·博伊登（Edward Boyden）已经将一头猪的大脑完好地保存，大脑中的每一个神经突触在电子显微镜下都清晰可见。OpenAI 的 CEO 以及著名的创业加速器 Y Combinator 的前负责人山姆·阿尔特曼甚至与 Nectome 签署了一份大脑备份的协议。

然而，并不是所有人都认为这是一个很好的想法。"让将来一代又一代的人承担起照看我们的大脑银行的责任，体现了一种非常可笑的傲慢，"麦吉尔大学的神经科学家迈克尔·亨德里克斯（Michael Hendricks）这样评论道，"难道我们留给他们的问题还不够多吗？"[52]

不仅有一些科学家认为这样做极其傲慢，还有一些科学家认为这是完全不可能的。"我认为无论在未来的什么时候，把大脑成功上传到计算机上的机会都等于零，"波士顿大学的神经科学家尤汉·约翰（Yohan John）这样写道，"把大脑上传到一台计算机中的概念基于这样一个假设，即大脑和身体是完全独立的实体，原则上可以在不需要对方的情况下各自独立存在。但目前还没有科学的证据可以证明这一点。"[53]

我们在前面提到过的那位巴西的神经生物学教授尼科莱利斯也认为这是完全不可能的，他认为"我们的大脑从根本上来讲就不是数字化的。它依赖于那些内嵌在大脑组织中的信息，而你根本不可能用数字化的方式把这些信息提取出来。这样的事永远也不会发生"。[54]

另一方面，库兹韦尔则坚定地站在了超人类主义者的立场上。"我们正在变得越来越不具有生物属性，在将来的某一天，这些非生物属性会占据主导地位，而我们的生物属性也将变得不再那么重要。事实上，非生物属性，即我们属于机器的那些部分，会变得十分强大，它们可以对我们的生物属性进行完整的建模和理解。这样的话，即便我们身体中原本属于生物属性的那些部分完全消失，我们将仍然是原来的自己。"[55]

无论你选择相信谁，科学将会是这些争议的最终裁决者，虽然很可能还需要 50 年或更长的时间才会出现一个正确的答案。

大脑网络：开发人类的潜意识

为了理解脑机接口对我们自己以及对这个社会的全面影响，我们需要重新回到尼科莱利斯在杜克大学所做的一项研究。他当时提出了一个被称"大脑网络"的实验，而这个实验显示了将我们的大脑连接在一起，组成一个单一的网络可能具有的潜力。

尼科莱利斯在三只猴子的大脑中植入了电极，然后将它们连接到了一台电脑上，通过这台电脑，它们可以操控在显示屏上显示的一个机械臂的动作。每只猴子都被关在一间单独的房间里，而它们也只能单独操控机械臂的一到两个动作，即上和下、左和右、前和后。只有协同一起工作，这三只猴子的大脑才能有效地移动机械臂，去触碰一个在三维空间中的虚拟球体。触碰到目标后，这三只猴子都将获得橙汁作为奖励。在这一奖励的刺激下，这三只猴子凭直觉开始同步它们大脑的活动，并最终通过合作抓住了那个虚拟的球体。

"可以这样讲，我们实际上创造了一个超级大脑，"尼科莱利斯这样说道，"我们用三只猴子的大脑组成了一个集成的大脑。以前还从来没有人这样干过。"[56]

这就引出了这样一个问题：当我们真的做到了将大脑与互联网连接的时候，这又会如何影响我们相互合作的能力？有多少人类的大脑可以同时在一起工作以解决某个问题？而这是否会让人类从此拥有解决一些极其困难的问题的能力，并且获得个人无法获得的对某些问题的洞见呢？

通过在潜意识层面的合作，在某种程度上，猴子获得了一种放大的认知能力。那么人类能否做到同样的事情呢？当你将连接在一起的大脑数量从几个增加到几十或者几百个的时候又会发生什么呢？无数独立的大脑是否有可能合作或者共同处理大量的信息？我们是否有可能在一个具有相当规模的大脑网络中分配工作量，开发出一个相当于集体潜意识的系统，用于处理和分析海量的数据呢？

在另一项实验中，尼科莱利斯想要用4只老鼠的大脑构造出一个"大脑网络"。在把老鼠的大脑连接在一起后，他定下了一个原则，即只有当老鼠的大脑为了完成某项特定的任务达成同步时老鼠才能喝水。

"一旦我们看到我们可以让它们的行为协调一致，我们就能够制造出一种新型的电脑。我们所做的测试类型是任何了解处理器的人都会对一块硅片进行的测试。我们能存储信息吗？之后我们还可以把这些信息再提取出来吗？我们会有记忆吗？"他这样说道，"事实证明，只要动物是清醒的，我们就能做到这些。"[57]

尼科莱利斯成功地让这4只老鼠的大脑执行了一些计算问题，其中包括离散分类、图像处理以及触觉信息的存储和提取。在输入了与气压有关的信息后，这4只老鼠甚至能够预测天气。在尝试完成相同的任务的时候，这4只已经联网的老鼠的大脑始终比单只老鼠表现得更好，或者表现出了极其明显的差距。

"这些老鼠可以把相关的任务在它们之间进行分配，这样它们单个的任务量就会更小了，"尼科莱利斯这样解释道，"在刚开始的时候我们根本没有预料到会发生这样的事。"[58]

那么我们如何将这项技术应用于人类呢？

"我们认为，在有了物理疗法和病人后，我们就能够用一种完全无创的方式把这些大脑的信号连接起来，从而帮助他们更快地学习、训练，"尼科莱利斯这样说道，"这就是用大脑构成的互联网。在某种意义上，当人们开始使用互联网的时候，你们就已经开始同步大脑了，但是在未来，同样的事情很可能根本无须你打字或者点击鼠标就已经发生了。"

神经科学家正在进行的研究表明，我们大脑的大多数活动是用一种无意识的或者潜意识的方式进行的。事实上，研究人员估计，在我们的认知活动中只有大约 5% 是有意识的，其余 95% 在发生的时候我们可能毫不知情。例如，当我们决定穿过一条马路时，我们可能会注意到绿灯和红灯，但是我们的大脑正在处理更多的信息，其中有汽车的声音、骑车人和行人的动作、我们皮肤上的振动、我们脚下的路面，以及其他感受。当我们判断走在马路上是否安全时，所有这一切都会在大脑后台混合在一起并被加以分析。

所有这一切发生在无意识层面的原因是，我们接收的信息量实在太大了，自我意识根本无法处理并响应所有这些信息。与计算机不同的是，我们有意识的大脑无法做到同时专注于多项任务。我们实际上根本不擅长多任务处理。我们可以在不同的事情上来回切换，但是这样做会很累，而且会发生信息丢失。另外，我们有意识的思维过程不但很慢，而且很冗长复杂。如果我们尝试有意识地处理所有围绕着我们的信息输入，我们很快就会被这些信息淹没，无法做出任何决定，更不用说对一辆正快速向我们驶来的车辆做出反应了。

所以，实际发生的是，我们会把大量的信息从我们有意识的决策过程中过滤掉。但是这些信息并没有丢失，相反，我们的潜意识会接管这些信息，并竭力在后台使所有这一切都变得有意义。如果我们的潜意识探测到某些对我们至关重要的信息，比如我们没有看到的某辆正朝我们驶来的汽车发出的声音，那么它就会发出提醒并让信息进入我们的意识。然而，在我们能够有意识地处理这些提醒前，身体就已经做出了反应，并马上跳开了。很多事情都在我们能够有意识地思考前就已经完成了。

如果你读过丹尼尔·卡尼曼（Daniel Kahneman）的著作《思考，快与慢》（*Thinking, Fast and Slow*），你就会明白有多少事情是在没有经过我们有意识地输入的情况下发生的。这也是为什么运动员在没有对他们下一步的动作做有意识的引导的情况下，才会有最佳表现，因为他们根本没有时间这样做，他们必须让潜意识来接管，才有可能在比赛的过程中不犯错。任何一位伟大的运动员，如果足够自省，他会告诉你，大多数在赛场上发生的事情都不受意识的控制，他只是在简单地跟随直觉。

如果我们想要设计出下一代的脑机操作系统和界面，以便能明显加快和提升我们的思维，我们就必须找到开发潜意识并利用潜意识来处理信息的方法。我们不能只依赖有意识的大脑，只有潜意识和意识的相互作用才能够决定我们将如何有效地把大脑的功能与数字世界融合在一起。当涉及未来的脑机软件时，神经科学将和计算机科学同样重要。

尼科莱利斯的实验只涉及很少数量的动物，并且只利用了它们大脑中极少数量的神经元。所以，当我们增加了实验参与者的数量，同时增加连接在一起的神经元数量时，又会发生什么呢？想象一下，如果我们用超高速的脑机接口将数千人的大脑与互联网直接连接在一起，这又将使人类获得什么样的能力呢？这会不会相当于我们建造了一台超级生物电脑？这种类型的大脑网络会产生某种新形式的意识吗？而这种"变异后的元大脑"又和我们正在开发的更先进的人工智能有什么关系？

把我们自己上传到网络上：超连接的现实

如果你只需要按下一个按钮，就可以无缝地将你的大脑与互联网连接在一起，那么今天你会这样做吗？

"我会在一个微秒内就按下这个按钮，"斯坦福大学的人工智能实验室负责人，同时也是谷歌自动驾驶汽车项目的联合发起人塞巴斯蒂安·特伦（Sebastian Thrun）这样表示道，"人类的 I/O，即我们的输入输出系统，如耳朵、眼睛以及嗅觉，还有声音等，都是非常低效的。如果我能够加快通过阅读把所有的书都刻入我的大脑的过程，哦，我的天，那就真的太棒了。"[59]

那么，特伦关于加速阅读书籍的梦想是否有可能实现呢？如果真的能够实现，这种技术又会把我们引向何方呢？把我们与互联网连接在一起，并不一定能加快我们阅读文本的速度。我们的大脑依然需要用生物学的方式来处理这些信息，而这种方式显然是有其极限的。或许使用聪明药、在大脑中植入芯片或者通过小心翼翼的基因工程，我们可以显著提升我们的阅读速度，但是人类的思维速度很可能永远也无法接近一台计算机处理数据的速度。

鉴于这样一个事实，是否有另外一种方式，可以让我们无须阅读其中的任何一行文本就把相当于一本教科书的信息下载到我们的大脑中呢？利用一种先进的认知操作系统，通过我们的潜意识，我们或许可以在后台处理和存储这些信息。我们的潜意识早已在处理我们看到和听到的绝大多数信息，那么我们是否可以利用这一机制，将数据直接输入我们的潜意识，从而绕过意识思维过程呢？如果我们能够找到将这些信息直接存储到记忆中的方式，那么无论什么时候，当我们需要回忆起某些事情的时候，所有的信息将早已在那里等候着我们，比如当我们需要回忆某个事件，尤其是需要回忆起在当时我们并没有刻意去记住的一些细节时，一切都将会立刻呈现在我们的眼前。

如果某些信息似乎已经不再那么有用，同样的方式还可以帮助我们删除这些记忆。采用这样的方式，未来的认知操作系统或许还可以直接映射（或复制）在我们的大脑中所发生的过程，但在具体的感知上，这些过程又好像真实地发生在我们自己的大脑中一样，只不过效率显然会更高。另外，我们还可以将上述过程扩展到处理视频、音频以及其他类型的数据上。所以，在完全不干扰我们有意识的活动的前提下，我们可以不断地学习和扩展我们的大脑。当我们想要回忆某些并没有存储在我们神经记忆中的事情的时候，这个未来的操作系统还可以搜索云，寻找到正确的那一部分信息，然后再呈现给我们。这样一个系统的目标将是创造出一个让人感觉非常自然的、无缝的认知过程，但同时又能充分地利用互联网强大的处理能力和庞大的资源。

或许最终我们只需要在神经记忆里插入某种类似网络连接的指针，就能够增强我们的记忆力。当我们需要访问某些记忆时，这些指针就可以从云端实时提取出相关的内容。采用这样的方式，整个互联网就会成为我们大脑的延伸。访问存储在远程计算机上的信息，或者访问存储在别人大脑中的信息，与我们从自己的记忆中提取信息并没有很大的不同，只是我们将拥有几乎没有限制的存储能力和处理能力。

如果某一天我们真的在技术上做到了这一点，那么我们是否还需要去上大学或者读高中呢？我相信，小孩子们仍然需要学一些最基础的知识，比如日常交流的语言和如何成为这个社会的一分子。如果他们对于如何处理社会关系没有基本的理解，而且在情感上也没有能够达到一定的成熟度，那么我不认为这些孩子可以真正融入一个成人的世界。小孩子们还需要开发他们的分析技能以及进行论证的能力。有能力获取信息与理解这些信息代表什么含义以及如何有效地利用这些信息是完全不同的事。

所以，即便我们的大脑与互联网进行了连接，学校也不会消失。然而，一切都会被加速。我们或许可以把 12 年制的基础教育压缩在很短的一段时间里，然后直接跳跃到大学层次的教学材料上。读完小学六年级后升级到中学或许已经不再是一件很重要的事情，因为一切都可以在超级人工智能的协助下得到解决。

那么，学习一项体育运动或者一件乐器又会如何呢？我们可能不得不用传统的方式来掌握这些技能，但是即便在这些领域，精通这些技能所需要的时间也会在技术的帮助下显著缩短。在有了虚拟训练器、纳米技术以及基因改良技术后，成为一名技艺精湛的钢琴演奏家所需的时间就可能比在通常情况下短很多。那些没有什么天赋的人或许还可以强化他们的身体，从而也能够表现出非凡的水平。

将我们的大脑与互联网进行连接，不仅可以让我们获取各种信息，还可以让我们接触各种情感。将来的某一天，我们的情感也可能会被数字化。毕竟，我们大脑中的所有东西都可以归结为电化学信号。将我们的快乐或者惊讶通过互联网发送给我们的朋友和爱人很可能就像我们今天发送表情符号一样普通。如果这样的事情真的发生了，真切地体验另一个人的情绪又会是一种什么样的感觉呢？自从有了我们人类这个物种，人类只知道自己的痛苦、悲伤以及快乐是什么样子的。通过交换各自的情绪数据，我们可以在另一个更深的层次上与其他人产生共情。

想象一下，与另一个生命体实时交换情绪会是一种什么样的感受？这很可能会给我们带来全新的体验。情侣甚至有可能全天不断地分享自己的感受，就好像两个独立的个体已经融合成了一个整体。

将来的某一天，我们或许还能够在网上浏览和下载数字化的情绪。感觉有点儿心情不好？那你为什么不从互联网上下载一点儿快乐呢？当你看电影和听音乐的时候，你的体验甚至可以利用情绪数据得到强化。电影或许会包括一个可选的情绪体验包，其中的数据可以与电影的情节发展同步。这样的话人们就可以体验到故事中的人物应该会有什么样的感受了。

但我们完全不必止步于此，比如通过另一个人的眼睛进行观察会如何？如果我们的大脑是相互连接在一起的，我们或许可以截获来自其他人的神经信号，并且将这些信号通过互联网传递出去。实时地看到你的一个朋友正在看到的东西会是一种什么样的感觉？想象一下，当一个高空跳伞者正处在半空中的时候，或者当一个足球运动员正在比赛的时候，你连接进了他们的大脑。或许你因过于害怕而不敢跳出一架飞机，或者没有足够的天赋参加一场世界杯比赛，但你完全可以通过分享这些运动员的神经信号来参与这一切。你可以看到他们看到的一切，感受到他们皮肤上的感觉，听到他们听到的所有东西。这将会是一次对于现实的虚拟重现。

那些我们在屏幕上看到的明星很可能会销售访问他们感官的权限，比如花一天的时间体验好莱坞明星布拉德·皮特的生活，与著名歌手赛琳娜·戈麦斯（Selina Gomez）一起登上舞台，或者当桥水基金的创始人瑞·达利欧（Ray Dalio）计划他的下一次在金融行业行动时与他的大脑进行连接。如果所有这些体验都可以在网上以一定的价格获得，那又会怎么样？人们或许会像我们今天在网上浏览 YouTube 的视频一样获得这些体验。

我们或许不会局限于实时的体验，很有可能还可以访问另一个人的记忆。人们也许会上传他们自己的记忆到记忆银行，并与他们的朋友和家人一起分享。这就像分享一种可以互动的照相簿，孩子可能会重温他们的祖父母年轻时的记忆，夫妻可以交换他们相遇前的经历。人们还可以打包并把他们的记忆当成产品销售，就像我们今天撰写回忆录和拍摄传记影片一样。

很多个人会下载和交换情绪、记忆以及体验，而且在一个超连接的世界里，你或许还可以在全体人口中分销这些东西。想象一下，当数以百万计的大脑连接到同一个网络上的时候会发生什么？而这对于人类又意味着什么？

当尼科莱利斯把老鼠们和猴子们的大脑分别连接在一起的时候，这些独立的生物会开始协调工作，就好像它们是某个单一的智能生命体一样。在我们的大脑与互联网融合在一起后，整个人类是否会成为一个庞大的蜂巢意识体？我们所有人最终是否会不自觉地在潜意识层面进行合作？就像尼科莱利斯的三只猴子发现了如何在三维空间中移动一个计算机图标一样，一个庞大的蜂巢意识体是否有可能利用我们的群体智慧来解决各种问题？或许，我们正处在建立一个群体意识的过程中，而这个群体意识将会超越著名的心理学家卡尔·荣格（Carl Jung）曾经设想过的任何东西。

让我们来设想这样一个简单的场景，比如殖民者访问火星。随着越来越多的人前往这颗红色的行星，很快蜂巢意识体就会产生出一种在火星上生活的感觉。虽然在这个蜂巢意识体中的绝大多数人并没有离开地球，但在这样一种感觉的影响下，他们很快也会理解在火星上生活是什么样子的。这样的情形与我们在社交网络上利用某些社会文化元素后所产生的结果非常类似，唯一的区别是蜂巢意识体中的人完全没有必要有意识地参与其中。你只需要将自己接入这个"大脑网络"，就已经足以感受正在通过群体意识传递过来的某些东西了。

这种能够感受到群体意识正在思考什么的能力很可能会触及人们生活的每一个方面。想象一下，由于飓风的袭击，洪水淹没了城市的部分地区，在这种情况下，正在后台运作的蜂巢意识体就会不断吸收来自受影响地区的各种信息以及人们对洪水的印象。虽然没有亲身体验或者接收到明确的指令，但人们仍然会产生这样一种直觉，即冒险进入这个城市的部分区域会是一种多么危险的行为，而这又会影响到人们可能做出的决策。

蜂巢意识体对于各种社会行为会产生什么样的影响，其可能性可以说数不胜数，尤其是如果我们的生物大脑不仅相互之间可以开展合作，而且能够与超级人工智能进行合作。或许在我们大脑内部的潜意识层面，始终有一种对话在不断进行，从我们如何看待政治到我们在生活中最重视什么，这样的对话会影响我们的每一个想法。在需要我们做出某个决定前，我们很可能从来没有意识到还有这样的对话在不断进行，但随后某种第六感就会浮现出来，到那时我们才会恍然大悟。

随着时间的推移，我们或许会逐渐失去对于自我的认知。我们对于我们是谁的感受大多来自人是独立的生物体这样一个事实，但如果我们把大脑与互联网连接在一起，并开始将我们最个人化的思想、情绪以及记忆与他人分享，那么人与人之间的分界线又会在哪里呢？人们会不会发现自己已经根本无法做出独立的选择？而且到那时我们又将如何看待自己呢？

如果某个人开始沉迷于其他人的记忆，并下载了他们生活中的绝大部分内容，或者不断地与其他人交换情感和经历，那么他会处于一种什么样的状态？这个人会不会因多重人格而发生认知混乱？我们的大脑有能力处理这种类型的重新编程吗？在我们的潜意识层面运行的蜂巢意识体又会出现什么样的状况？这还会对我们产生其他什么影响？我们的大脑越是深入包含虚拟世界和增强现实的网络空间，就越有可能变得更加困惑和混乱，我们很有可能根本无力应对。

或者，这也有可能根本不是什么问题。我们今天的世界对史前人类来讲是根本无法想象的，但是我们大脑的可塑性使我们适应了这种改变。在未来，我们或许会发现上述这一切就像我们今天花了一个晚上的时间在《我的世界》（*Minecraft*）这款游戏里探索了一座地下城，或者在脸书上与我们的朋友聊天一样普通和平常。没有一个生活在200年前的人可以想象上述场景。我们甚至可能会对我们的大脑进行基因工程改造，或者用新的技术来对其进行强化，这样我们就有能力来完成这样的转变了。

将真实和虚拟融合在一起，将我们自己的情绪和经历与他人分享，以及在大脑和大脑之间建立起某种连接，所有这一系列的能力都有可能会变得司空见惯。人类在这类活动中所花费的时间，或许将远比我们在现实世界中进行互动的时间多得多。这是因为所有这些在精神和虚拟世界中所获得的体验要远比我们在不利用技术时所获得的体验更加强烈且更令人兴奋。换句话说，随着我们开始向一种完全模拟的存在方式迁移，不自然的东西或许也会变得自然起来。

这种转变可以打破我们在生物学上天然存在的障碍，并且让我们用一种现在还无法想象的方式与其他人连接在一起。孤独这个概念将不再是一种现实，在一个所有人的大脑都连接在一起的世界里，没有人会再次感到孤独。可能我们所有人都会感觉到，我们是彼此的一部分。人类本身很可能会成为一个由数十亿个活的生命体和人工智能组成的向外延展的单一有机体。

如果这就是我们前进的方向，那么它将和人类迄今为止曾经经历过的任何事情都截然不同。所以，请系好安全带，然后准备好在你的头上插上网线，接着打开开关，脱离你原来的现实吧，因为这个世界的所有大脑都将融合在一起。

强化我们的感官：神经科学和感知

不是只有我们的大脑才是我们需要考虑的。大脑和身体都是某个单一系统的一部分，当我们开始将我们的大脑与机器集成在一起的时候，我们还需要弄清楚如何利用我们的五官，使其成为我们通向数字世界的通道。另外，在网络空间中拥有一种完全集成的、无缝的感官体验又意味着什么？我们是否有可能突破肉体的限制，开发出可用于感知现实并和其他人沟通的全新方式？

在杜克大学，尼科莱利斯开展了一项实验，而这项实验对于我们该如何回答上面这些问题提供了新的视角。他首先训练了一只猴子，让它在虚拟世界里操控一具化身。而当这具化身与虚拟物体进行互动时，这只猴子的大脑就会受到刺激，这样它就能感知它触碰的是什么。所有的虚拟物体在视觉上是完全相同的，但是当化身触及这些物体的表面时，每一件虚拟物体都会向猴子的大脑发出独特的细微的触觉脉冲。仅仅在4周的时间里，这只猴子就获得了一条新的感官通道，而这又使得它可以区分不同的虚拟物体。这就好像这只猴子基于虚拟环境的特定输入发展出了一种第六感。

当工程师推出下一代的脑机接口时，我们或许就会有机会完全改变我们感知世界的方式。这里有一个你在家里就能够进行的简单实验，通过这个实验你就能明白，我们的大脑是如何制造出这个"现实"的。这个实验也被称为"橡胶手错觉"。

首先你要找来一只假的橡胶手，然后把它放在一个很小的纸板箱上面。接着把你自己的手放在纸板箱的下面，这样当你看到那只橡胶手的时候，你就看不到自己的手了。接下来，让你的朋友用刷子刷那只橡胶手，同时你再让他用完全相同的方式刷你放在纸板箱下面的那只手。这个时候你会感到，那只橡胶手好像就是你自己的手。如果你上下移动你的手指，同时那只橡胶手的手指也用同样的方式移动，这种感觉甚至会变得更加真实。如果你不相信我的话，你可以自己试一试。

那个在大阪大学担任智能机器人实验室主任、致力于开发仿生机器人的石黑浩在远程操控他制造的机器人时也体验到了类型的感觉。当有人触碰机器人脸部的时候，很多时候即便石黑浩正在几公里以外控制着这个机器人，而且当时也没有任何东西与他的头部连接，他却仍然会觉得脸颊上有刺痛感。这是因为当他说话的时候，他正观察着机器人嘴唇的移动，而当他转动自己脖子的时候，他又在紧盯着机器人头部的移动。在很短的时间里，他的大脑开始把机器人看作他自己的一个延伸。

这意味着一个结构合理且能够利用我们的感官来向我们的大脑提供反馈的实体接口或者虚拟接口都可以为我们创造出逼真的体验。我们的大脑可以毫无障碍地把实体机器人或者一具虚拟分身看作我们自己身体的一部分。只要输入我们大脑的感官信息可以做到与机器人或者虚拟分身的动作同步，那么无论什么样的体验，我们都会把它解释成我们自己的体验。

大脑这种适应和重新解释输入信号的能力蕴含着非常广泛的启示和意义。实验艺术家尼尔·哈比森（Neil Harbisson）在给自己的头颅安装了一根天线后，成为第一个被合法认定的赛博格。哈比森是天生的色盲。他认为这根天线是他自己的一个延伸，因为这根天线使得他可以感知自己无法看到的色彩。这款他参与设计的设备可以将光的不同频率转换成哈比森可以用他的头颅感知的振动。他声称，他所获得的那些感觉就像颜色一样真实，这使得他可以用一种全新的方式来感知这个世界。

"我想创造出一种新的视觉器官，"哈比森这样解释道，"当我在森林中随意行走的时候，我很喜欢那些紫外线水平很高的区域。它们的'声音'很响亮而且'音调'很高。人们通常认为森林是一个平静又安宁的所在，但是当紫外线的花朵到处绽放的时候，它还是很嘈杂的。"[60]

他把自己看作一个跨物种的新人类。对昆虫来讲，头上有触角（天线）是一件很普通的事，很多昆虫还能够感知红外线和紫外线的频率，但是对人类来讲这是一种全新的体验。

"我对这个世界的理解已经变得更加深刻了。你将你的感官扩展得越多，你能够认识到的存在形式就会越多，"哈比森这样解释道，"如果到 21 世纪末，我们开始为自己打印新的感觉器官，并在其中植入 DNA 而不是使用芯片，那么孩子在出生的时候就已经拥有了某种新的感觉器官。如果他们的父母也已经修改了自己的基因，或者制造出了某种新的器官，那么没错，这将是我们这个物种复兴的开端。"

保罗·巴赫-利塔（Paul Bach-y-Rita）于 2006 年去世，享年 72 岁，他被称为"替代感官之父"。他还是第一批对神经可塑性进行认真研究的人之一，而所谓的神经可塑性，指的是大脑在人的一生中可以持续不断地发生改变的能力。

巴赫-利塔对神经可塑性的兴趣始于他的父亲（一位教师和诗人）发生的一次严重的中风，当时医生说他的父亲再也不能说话或行走了。如果当初没有巴赫-利塔在医学院读书的哥哥的干预，医生所说的这句话很可能会被证明是正确的，但最终他的哥哥决定离开医学院并承担起帮助父亲康复的责任。他让老人穿着护膝到处爬行，并且一遍又一遍地练习铲起硬币。这样的训练异常严厉，在当时被人认为非常残忍，但是这种方法最后奏效了。一年后，他们的父亲又重新回到了教书和写作的工作岗位上，而且在两年内，他已经完全可以独立生活了。

这种转变深深地触动了巴赫-利塔，也从此改变了他的人生轨迹。他辞去了工作，转而开始研究其他中风患者，尝试去理解人类的大脑所表现出来的这种重新启动的潜力。在这个过程中，他意识到人的大脑中的感官通道可以互相替代。在威斯康星大学获得了一个教授职位后，他开始着手做一系列的实验以证明这一点。

例如，1969 年巴赫-利塔利用一把被丢弃的牙科医生的椅子和一台老旧的电视摄像头制作了一台原型机，帮助盲人重新看到东西。他让测试对象坐在这把椅子上，然后让他们感到在后背上有一大片大头针组成的网格。这里的每一根大头针都会按照输入的黑白视频中的每个像素的明暗度，以不同的强度振动。在很短的时间里，那些参与实验的盲人就已经能够分辨出图像了，而这对他们来讲就好像发生了奇迹。

"能看见东西的并不是我们的眼睛，而是我们的大脑。"巴赫-利塔也因这句话而闻名于世。[61]

之后他创立了 Wicab 这家创业公司，而正是这家创业公司开发出了一种被称为 BrainPort（大脑接口）的设备，它可以让盲人用他们的舌头"看到"图像。为什么是舌头呢？因为舌头的神经密度很高，所以可以被用来将数据直接传输给大脑。用户需要佩戴一副装有摄像头的墨镜，而摄像头会把视觉数据传输给一件被放在舌头上的像棒棒糖一样的设备。这件设备会将视觉图像翻译成舌头上的细微感觉，就好像你喝碳酸饮料时的那种细微的刺痛感。

"刚开始的时候，我非常惊讶，这件设备居然能做到这样的事情，"Wicab 的神经科学家艾米·阿诺尔杜森（Aimee Arnoldussen）这样说道，"有一个家伙在看到了他人生中的第一个字母时居然哭了起来。"[62]

在使用这件设备的 15 分钟内，那些盲人就已经可以解释空间信息了。这听起来很不可思议，但是我们的大脑确实能够通过舌头来看到东西。

"它变成了一项学习任务，与学习骑自行车没有什么区别，"阿诺尔杜森这样说道，"整个过程与一个婴儿学会看东西的过程非常类似。刚开始的时候事情可能会有点儿奇怪，但是随着时间的推移，它们就会让人感到熟悉起来。"

埃里克·威亨迈尔（Erik Weihenmayer）是第一个攀登珠穆朗玛峰的盲人。在他的某些攀登过程中，他已经学会了利用 BrainPort 来帮助他确定方向。虽然那些图像是黑白的，而且分辨率也远低于人的眼睛能够达到的水平，但是其清晰程度已经足以让威亨迈尔更好地构想出他周围的环境。他把他看到的图像描述成"用很多细小的泡泡勾画出来的图像"。[63]

利用和 BrainPort 同样的原理，斯坦福大学的神经科学副教授大卫·伊格曼（David Eagleman）已经开发出了一种技术，可以让人们通过他们的皮肤听到声音。他的第一台原型机是一件包含 32 台微型电动机的马甲，这件马甲可以将声波翻译成在用户胸口、腹部以及背部的振动。令人惊讶的是，在穿上这件马甲后的很短的时间里，用户就已经能够通过他们的皮肤来翻译听觉的世界了。

"还没有任何理论上的论证可以用来解释，为什么这种方式不能像我们的耳朵一样好使。"伊格曼这样说道。[64]

让人感到惊讶的是，伊格曼曾经梦想成为一名作家。他的父母曾尝试说服他在大学里学习电气工程，但是他对这门学科根本不感兴趣。所以他选择休一个很长的假期，然后作为志愿者加入了以色列的军队。接着，他又在牛津大学里学了一个学期的政治学和文学，之后又跑到了洛杉矶，希望能够成为一名编剧和脱口秀演员。但当他最后终于返回大学的时候，他选修了神经语言学课程，也就是从那个时候起，他开始显露出自己真正的才华。

"单单那些与大脑有关的叙述就让我立刻着迷了，"伊格曼这样说道，"在我的眼前，这个仅有3磅重的器官承载了一切，包括我们的希望、欲望以及我们的爱。从第一页起，它们就已经把我俘虏了。"[65]

带着充沛的精力，散发着孩子般的热情，伊格曼带我参观了他在帕洛阿尔托的实验室，那里就像是HBO电视网拍摄的电视连续剧《硅谷》中的场景。桌上堆满了各种布满导线的原型机，白板上写着各种奇奇怪怪的想法。他演示了他的最新发明，而这件发明就是将原来的听力马甲改造成了一只手镯，这样用户就可以把它戴在自己的手腕上了。

伊格曼的野心并没有局限在听力上，他的兴趣是增强人们对这个世界的感知力。他用马甲做了一个实验，在实验中，他把来自股票市场的数据翻译成皮肤上的感觉，然后再传送给了用户，而用户在买入和卖出股票的时候下意识地就会对股票市场产生某种感觉。他们接触这些数据的时间越长，对于挑选出合适的股票就越擅长。换句话说，他们在没有意识到这些数据意味着什么的情况下，对这些数据产生了某种感觉。

伊格曼设想了将这种通过皮肤向大脑输入各种感官信息的技术用

于各种不同目的的场景。比如，飞行员可以基于飞行控制系统的数据对自己的飞行状态获得某种直觉；企业管理人员可以基于被翻译成触觉的分析数据，感受到他们的市场推广活动正在如何开展；父母甚至可以感觉到他们的孩子是否安康，而这种感觉主要基于用来监控孩子的脉搏、压力水平、活动、具体位置等信息的手环所发送的数据。

"至于我们能够接收的信息类型，其可能性可以说是不计其数的。"伊格曼这样说道。

这一切都可以归结于你如何将来自现实世界的数据翻译成你的物理感觉。大脑拥有非常奇异的能力，可以适应并解释任何通过我们的感官输入的信息，这是因为我们的大脑是居住在黑暗中的，它们所知道的关于外部世界的每一件事情都只能基于输入的电脉冲。我们的大脑被设计成可以自动解释这些信息，而无论它们来自我们的皮肤、眼睛、耳朵、舌头，还是鼻子，所有这些都仅仅只是数据的通道而已。另外，随着时间的推移，大脑会逐渐学会对这些数据进行建模。如果数据发生了改变，相应的解释也会发生改变。

如果我们能够通过舌头看到东西，通过皮肤听见声音，那么对于未来的赛博格，这又意味着什么呢？这意味着我们没有任何理由不能把一个机器人的身体当成我们自己的身体。想象一下，通过脑机接口，你与一个机器人的身体连接在了一起，而当你用你的思维来控制这具身体时，一些感官信号可以通过机器人的传感器传回你的大脑，这样你就可以通过机器人的电子眼来看东西，通过机器人的耳朵来倾听声音，并且通过机器人的皮肤来感觉周围的环境。在很短的时间里，你的大脑就会相信，这个机器人是你身体的一种延伸。

这些机器人甚至不必是人形的，它们可以是在海里游泳的鱼，或者是在你头顶上飞过的鸟。如果这个系统被设计得很好，可以将信号传输到你的大脑中，你就可以和这些机器人进行融合。随着技术的进步和传感器的不断改进，从任何外部来源输入你大脑的信号都可以成为对这个世界的真实解释，就好像这些信号是由你自己的身体产生的一样。

科学家可以给这些机器人配备能够在我们通常的感知范围之外进行感知的传感器。目前，我们的感知还局限于五官能够达到的保真度，但是我们可以用先进的传感器来显著提升这种保真度。这使得我们可以像蜜蜂一样看到紫外线，像蝙蝠一样通过回声来进行定位，或者像鸭嘴兽一样探测到电磁波。我们或许能够品尝到之前根本不知道的味道，或者闻到我们的嗅腺根本无法探测到的气味。

将来的某一天，我们很可能会在我们的舌头、鼻子、手指或者脖子上植入先进的传感设备，而不是使用机器人，这样就能够极大地扩展我们对这个世界的感知力。在我们能够感知的世界之外还存在那么多我们从来没有意识到的东西，它们正等待着我们去发现，毕竟我们能够看见的可见光也只是整个电磁频谱中很窄的一小段。如果我们通过一只螳螂虾的眼睛来观察这个世界会是什么样子的？它们有 16 个能够分辨颜色的视锥细胞，所以能够识别的颜色数量是人类的 10 倍。通过脑机接口接受一只寻血犬传递过来的嗅觉信号又会如何呢？它们的嗅觉比我们人类强 1 000 倍。它们可以在 100 码 ① 以外就闻到一只猫的存在，并且在野外穿越数英里追踪已经消失了 10 天的气味。

除了强化我们的感官以外，我们还可以通过将人类大脑和其他物种的大脑连接，完全改变我们感知这个世界的方式。尼科莱利斯在一个实验中向我们展示了这种可能性，在他的实验中，他把两只老鼠的

①　1 码 = 0.914 4 米。——编者注

大脑通过互联网连接在了一起。老鼠有很敏感的胡须，它们用这些胡须来引导自己穿过很小的洞口。在研究人员刺激了其中一只老鼠的胡须后，另一只老鼠也将这些胡须感知到的内容投射到了它自己的大脑中。换句话说，第二只老鼠开始把第一只老鼠的胡须看作它自己的胡须。

我们人体的每一部分在我们自己的大脑中都有映像存在。我们的手指、脚趾、手臂、腿等都被映射在了大脑的不同区域。这也是为什么当有人在事故中失去了手臂或者腿的时候，他们往往仍然能够感觉到这些肢体的存在。虽然这些像是幽灵的肢体实际上并不存在了，但它们依然留存在人的大脑中。

让我们来考虑另一种情形，你的大脑和你朋友的大脑连接在了一起，并且你开始接收你朋友的手臂、腿、眼睛以及耳朵所传递的感官信号。随着时间的推移，你会将你朋友的身体映射到你的大脑中。如果你接收一个用大脑控制的机器人的感官信号，或者一只动物的感官信号，同样的事情也会发生。例如，如果你与你的狗的大脑连接在一起长达一个月的时间，那么它的身体就会开始变成你的身体了。

同样的事情还会发生在虚拟世界里。想象一下，你穿上一个源自未来的拥有全身感觉输入的虚拟现实套装。通过这个套装，你或许就能够体验凌空飞行的感觉，或者将你自己转变成其他的生物，比如一条龙或者一只章鱼，然后在虚拟世界里体验到处穿梭的快感。你操控这些化身的时间越长，你的大脑就越能够适应这具新的身体，从而为这些全新的体验创造出新的感官通道。

如果我们最后设计出了远比我们在日常生活中能够体验到的更吸引人和更丰富的虚拟环境，对此我一点儿也不会感到惊讶。向数字形式的生存方式过渡，不仅不会收窄我们对这个世界的感知，还很有可能会在实际上拓展我们的生存范围，并使我们对于这个宇宙的理解远远超出我们今天能够达到的程度。

类器官和生物超脑

这听起来很像是一部低成本的恐怖片，但是科学家现在的确实实正在实验室里用干细胞来培养微型的大脑。在过去的十几年时间里，研究人员一直在用干细胞培养微型的肾脏、肝、人的皮肤甚至肠子。而所有这些都被他们称为"类器官"。它们并不是已经完全成型的或者具有特定功能的器官，而是用来帮助对不同的疾病进行建模的不完整的版本。通过在培养皿中用肝脏或者肾脏细胞培养出一个个类器官，科学家可以研究各种疾病在早期发生的各种现象，并且用实验药物来测试新的疗法。

培养微型大脑已经被证明不仅对于我们理解阿尔茨海默病等神经退行性疾病有用，而且对于研究各种精神类疾病、遗传病，甚至人类的演化也很有帮助。类器官或许还可以帮助我们回答一些非常棘手的问题，比如，老鼠的意识和人类的意识有什么样的差异？我们的大脑是如何随着时间的推移而演化的？我们是否已经处在了大脑潜力的极限？

研究人员惊讶地发现，连豌豆大小的微型大脑也有能力复制一些大脑的功能。科学家知道微型大脑能够产生电信号，但是直到最近他们才刚刚知道，这样一小撮大脑的细胞居然还可以产生脑电波。更让人想不到的是，这些类器官维持存活的时间越长，它们的电活动就会越复杂。在仅仅4个月后，这些类器官就显示出了缓慢的脑电波，而这些脑电波与人在睡觉的时候所呈现出来的脑电波非常相似。与此同时，细胞类型也发生了改变，细胞的多样性明显增加了。

在 10 个月后，这些类器官开始出现一些类似胎儿大脑的电活动。这就引出了这样一些问题：这些微型大脑是否会产生意识？如果我们培养一个更大的微型大脑，并且让它花 10 个月以上的时间逐渐成熟会怎么样？如果我们再把这个大脑与外界连接起来，并且让它能够接收来自传感器的外界刺激，而这些传感器产生的电信号又相当于视觉和声音，那么结果会如何？这个大脑会做出怎样的反应，而后续又会如何发展呢？

"这在现阶段还是一个灰色的地带，"加州大学圣迭戈分校的神经科学家阿里森·穆欧特里（Alysson Muotri）这样解释道，"而且我并不认为有人已经对其中的潜力有了清醒的认知。"[66]

如果我们具体观察一下这项技术可能的发展方向，不难想象会有更加复杂的传感器与一个越来越大的微型大脑耦合在一起。那个被人称作"赛博格上校"的凯文·沃里克目前正在进行这样的尝试。他已经用老鼠的胚胎细胞培育了一个微型大脑，并且将这个大脑植入了一个机器人的身体，另外，他还用电极在这个微型生物大脑和机器人的传感器之间搭建了一条通信通道。在这一系列的实验中，他和他的团队已经观察到了这个大脑是如何控制机器人的轮子，甚至避开障碍物以免撞到其他物体的。

"这项新的研究让人非常振奋。首先，这个生物大脑控制了自身具有移动能力的机器人身体；其次，它还使我们可以研究大脑是如何进行学习的。"沃里克这样说道。[67]

接下来要做的就是培养更大的大脑。沃里克并没有把大脑限制在只有大约 15 万个细胞的规模上，而是计划将细胞的数量增加到 6 000 万个。为了让你能理解这意味着什么，我打个比方，在一只普通老鼠的大脑中有 7 000 万个神经元，而人类平均有 860 亿个神经元。问题是，如果研究人员在实验室里培养出了一个接近人类尺度的大脑，并将其塞进一个拥有先进传感器的机器人的身体，那么接下来会发生什么呢？如果他们将这个赛博格送入我们这个世界进行学习，并且让它逐渐成熟起来又会发生什么？它会不会成长为类似于人类成年人的某种东西，或者成为某种截然不同的东西？它的意识和我们的意识会有哪些不同？

更重要的是，这一切是否符合伦理？有没有什么法律可以用来监管类器官研究？在一个微型大脑上做实验不算什么，因为这个微型大脑要比我们自己的小很多倍，但是在我们走得太远之前，这些试管大脑又可以被允许变得有多大呢？最终，我们肯定有能力培养出明显比我们自己的大脑更大且更加复杂的生物大脑，那么我们是否有可能用类器官来创造出比我们自己更聪明的生命形式？是否有可能通过设计，使这些实验室培养的大脑比人类大脑更有效地与机器进行融合，因为它们没有经过遗传？如果我们将微处理器嵌入这些类器官大脑，然后再让它们与互联网进行连接，这样它们相互之间以及与先进的人工智能之间就能够直接进行协调，这又会产生什么样的结果？而这些对于未来的人类又意味着什么？

另一种可能性是，利用脑对脑接口设备使我们自己的大脑与类器官大脑连接在一起，并且把它们当作我们自己大脑的一个延伸。这是不是很像在扩展我们的大脑皮质？这些类器官大脑会和我们共享一个共同的意识，还是说这些处在周边的大脑会发展出某种独立的人格？在过去，外科医生曾经试图通过切断大脑左右半球之间的连接来控制严重的癫痫。其结果就是出现了一种被称为裂脑综合征的病症，即大脑的每一边都发展出了自己的感知、概念和冲动。而病人会用一只手与另一只手搏斗来争取对身体的控制权。

然而，如果类器官大脑可以处于人类大脑的控制之下，并且在这两者之间还有清晰的通信通道，那么它们的功能会不会更类似于在人类的大脑中两个相互连接的大脑半球？如果答案是肯定的，那么我们就可以将我们的大脑与在实验室中培养的大脑连接在一起，并且通过让我们的大脑控制这些外部的类器官大脑来强化认知能力，这就像我们人类大脑的一个半球控制了另一个半球一样。

另一种可能性是，如果我们患上了退行性大脑疾病，或许我们还可以用实验室培养的大脑来替换自己的大脑。如果将我们的记忆从人类的大脑转移到一个类器官大脑中是可行的，我们也许还可以将类器官大脑作为备份，这就像我们有了一个额外的硬盘，可以持续不断地把笔记本电脑中的所有文件进行备份一样。或者我们还可以选择将记忆转移到已经被安装在了机器人体内的类器官大脑中，这样我们就能够创造出第二个自我了。

如果我们弄明白了如何让类器官大脑在一具活的身体外存活很长的一段时间，并且将这些大脑与机器进行了连接，那么这项技术的前景将是非常惊人的。

正在到来的超级意识体

超级意识体将会如何影响我们人类？

首先，让我们假设，任何将来会出现的具有超级意识的智能体都会对人类抱有好感。如果不是这样的，那么我们完全可以就此止步了。

其次，我们需要厘清什么是超级意识体。我可以向你保证的是，它绝不是苹果的 Siri 或者亚马逊的 Alexa 更先进和更聪明的版本，或者能够大幅超越人类大脑能力的人工智能，也绝不是能够执行极其复杂的计算的量子计算机。它将超越迄今为止我们曾体验过的任何东西，它是一个由无数传感器、大量的机器人、各种各样的纳米机器、太空飞船以及数十亿个生物大脑等实体与一个不断扩张的、不再受人控制的、连接着庞大的计算机网络的人工智能组合后形成的完整的实体。这样的一个实体才是所谓的超级意识体。

请想象这样的一个超级人工智能体，它可以访问由分布在全球各地以及延伸到外太空的数万亿个智能机器的传感器产生的感官数据，除此之外，它还可以访问由数十亿个被植入了神经假体的人类和动物产生的相关数据，以及由生物电脑，包括可能非常庞大的从干细胞培养出来的类器官大脑生成的数据，那么它又将拥有什么样的意识以及对这个宇宙的理解呢？按照我的想象，它将比任何我们能够想象出来的存在都更加伟大，它甚至很可能与人类的智能没有任何相似之处。

我们将会是这个超级意识体的一部分。我们将会被接入网络，但需要扮演的角色还并不清楚，我们或许将只是作为一个更大的意识体的一部分而存在。超级意识体和其组成部分之间的相互作用将会定义我们所处的现实，我们会知道什么以及我们会做什么都将完全由这个超级意识体来决定。换句话说，它将创造我们的现实，因为它可以直接访问我们的大脑，并且拥有改变外界输入我们大脑的数据的能力。

你很难说它会有什么样的欲望，如果它真的有欲望的话。一个超级意识体存在的目的可能只是维持它自己的存在，或者不断扩张它自己的存在。它可能会寻求揭开这个宇宙的秘密，而自从我们开始对我们周围的世界提出疑问，这个秘密就一直在暗示着我们人类。它可能会控制我们所做的和思考的每一件事，或者让我们以相对自主的方式度过一生。

如果受一种更高层次的存在的摆布是一件令人不快的事，那么我们必须记住，我们对于今天所处的现实也几乎没有什么控制力。生活往往是随机且残酷的，这也是为什么会有那么多人类选择相信一个无所不能、无所不在的存在。我们未来的存在方式或许和我们今天的存在方式并没有很大的区别，甚至很可能我们现在就存在于一个超级意识体所创造的现实中，却仍然无知无觉。对我们来讲最为乐观的结果是，我们可以对这个超级意识体拥有某种程度的控制权。如果我们可以做到这一点，我们或许就可以利用其不可思议的力量来改善我们的生活、减少各种痛苦、传播同情心，并且更好地理解我们自己以及我们在这个宇宙中的地位。

在遥远的未来的某一天，我们的超级意识体很可能会遭遇外星文明以及由它们创造的超级意识体。这样的遭遇必定会进一步地扩展意识的边界，所以这个过程肯定还会持续下去，但是其最终的目的或者结果究竟是什么，我们目前也只能够猜测了。或许这只是我们在理解存在的真正本质的漫长旅途中所迈出的其中一步。

力量的顶点

无论是好还是坏，在接下来的数十年时间里，这 5 种"原动力"将重塑我们人类，并彻底改变我们的社会和生活。我们已经没有办法回到一个更简单的时代了，我们无法阻止进步，但是可以引导进步的过程，并改变我们前进的方向。在这本书里，我描述的任何东西都不是不可改变的，未来我们会走向哪里取决于我们自己以及我们现在做出的决定。

在我们已经花了很长的时间来探讨技术所产生的危险和负面因素后，让我们再来总结一下并突出这些技术所具有的潜力。在有智慧的人的领导下，再加上那么一点点运气，我们有很大的机会在接下来的数十年时间里活得更长久、更愉快、更健康。迄今为止，技术给我们带来的好处已经远远超过它给我们带来的消极影响。你如果审视人类的历史就会发现，随着技术的进步，我们日常生活的整体标准、健康程度以及人的寿命都已经得到了稳步提升。你完全有理由相信，这一趋势还会继续下去。

我们的工业、农场以及大多数工作岗位的深度自动化，应该能够创造出更多和更丰富的产品、能源以及食物，与此同时，还可以让我们有更多空余的时间投身其他的追求。我们还将和数十亿个智能机器人一起生活和工作，而这些机器人的存在就是为了改善我们的生活。从教育到老年人的护理，每一件事都会变得越来越个性化，而人工智能将会具体地照顾到我们每一个个体的需求和能力。

如果我们的进步能够给我们带来一个更加稳定的地缘政治环境，那么我们将能够在全球范围内极大地减少饥饿和贫困。与此同时，在绿色科技上的创新可以使我们减轻甚至扭转气候变化，控制污染，恢复热带雨林和其他地区的生态。随着我们对纳米技术、量子计算以及新材料的理解不断加深，我们不仅能强化地球上的生命，还有可能在火星和其他行星上建立起能够自给自足的殖民地。

我们还将开始超越肉体的限制。随着生物融合过程的加速，或许用更优质的仿生学器官以及实验室培养的类器官来升级我们原来的器官和身体的其他部件会成为一件司空见惯的事。随着我们在生物工程和遗传学上的进步，我们最终将根除绝大多数的致命性疾病，其中就会包括癌症、心脏病、糖尿病以及疟疾。与此同时，还可以预期，我们的寿命将会被极大地延长，甚至有可能完全战胜衰老。

当我们把演化掌握在自己手里的时候会发生什么呢？基因编辑工具将使我们能够重组自己的 DNA，这样我们整个物种都会变得更加聪明和更有能力。我们或许不但可以设计孩子的外表，还能够决定他们会有什么样的个性。这将使我们能够在一个前所未有的规模上进行生物社会工程改造，赋予人们更多的同情心，消除杀人的倾向，并且提升我们获得快乐的能力。我们甚至有可能不再是智人，因为我们会分裂成一种或者更多种不同的超人物种。

虽然给我们带来最大影响的还是与超级智能相结合的海量连接，但是将我们的意识与数字世界融合在一起将永远地改变我们是谁，以及我们将成为谁。通过把我们的大脑和人工智能连接在一起，我们不仅可以扩展我们的认知能力，还可以扩展我们的意识。我们将从独立的、个体的人类转变成为一个日益紧密连接在一起的、由生物大脑和人工大脑组成的网络的一部分。

在这个世界的很多宗教中，天堂被定义为使人的意识与宇宙相融合。从肉体转向数字，是否就是我们必须经历的过程？在将来的某一天，我们或许会选择完全放弃肉体，并成为某种形式的网络存在，这样的话我们就可以把意识从肉体中解放出来，从而可以自由地居住在机器人或者其他智能设备中，甚至进入人工合成的有机大脑，并且以光速环游这个世界，或者深入外层空间。在这个过程中，我们关于自我的概念会发生改变。我们可能会把自己看作一种可以跨越整个宇宙的转瞬即逝的力量，可以在多个不同的时空发挥作用，就好像夸克和反夸克在时空的结构中不断出现和消失。

我还可以想象出一些其他的可能性，但其中的每一种所带来的问题都要比它能回答的问题更多。与超级智能融合后会发生什么？通过我们的机器来观察和理解这个世界会是一种什么样的感觉？在将来的某一天，人类和机器是否会变得完全无法区分？

或者我们是否会完全变成某种其他的东西？生活的美妙之处在于，为了找到答案，我们必须踏上这样一段旅程。无论结果是什么，我们都再也没有回头的可能。随着新技术持续不断地涌现，它们将会用一种我们无法抵抗的力量来推动我们向前，但是这并不意味着我们不能影响事物发展的走向。我们现在正处在历史的关键转折点，最终如何利用我们手上的技术，将取决于我们这一代人。

虽然我们最大的挑战就在前方，但我个人已经很兴奋地看到了我们可能会走向何方，而且我希望本书可以作为一个起点，让你也参与这个塑造我们未来的过程，这样我们就能够一起来思考该如何迈出下一步了。

非常感谢你能够容忍我有点儿过于活跃的想象力，我期望在将来的某一天，或者在这个现实中，或者在我的下一本书中，能够与你的思想融合在一起。

注　释

第一种力量　海量连接

1. Berger, Hans. "Hans Berger." Wikipedia. https://en.wikipedia.org/wiki/Hans_Berger (accessed on June 21, 2020).

2. Nestor, Adrian. "New technique developed at U of T uses EEG to show how our brains perceive faces." *U of T news*, February 26, 2018.

3. Nicolelis, Miguel. "First Brain-To-Brain Interface Allows Transmission Of Tactile And Motor Information Between Rats." February 21, 2013. http://www.nicolelislab.net/wp-content/uploads/2013/02/DCNE_NatureSciReports_022113.pdf (accessed on June 21, 2020).

4. Nuyujukian, Paul. "Brain-computer interface enables people with paralysis to control tablet devices." *News from Brown*, November 21, 2018. https://www.brown.edu/news/2018-11-21/tablet (accessed on June 21, 2020).

5. Chang, Edward. "Synthetic Speech Generated from Brain Recordings." *UCSF*, April 24, 2019. https://www.ucsf.edu/news/2019/04/414296/synthetic-speech-generated-brain-recordings (accessed on June 21, 2020).

6. Musk, Elon. "Elon Musk wants to hook your brain directly up to computers — starting next year." *NBC Mach*, July 16, 2019. https://www.nbcnews.com/mach/tech/elon-musk-wants-hook-your-brain-directly-computers-starting-next-ncna1030631 (accessed on June 21, 2020).

7. Kapur, Arnav. *MIT News*, April 4, 2018. "Computer system transcribes words users 'speak silently'." http://news.mit.edu/2018/computer-system-transcribes-words-users-speak-silently-0404 (accessed on June 21, 2020).

8. Kapur, Arnav. "Arnav Kapur." *Stern Strategy Group*. https://sternspeakers.com/speakers/arnav-kapur/ (accessed on June 21, 2020).

9. Kapur, Arnav. "MIT Invents A Way To Turn 'Silent Speech' Into Computer Commands." *Fast Company*, April 10, 2018. https://www.fastcompany.com/90167411/mit-invents-a-

way-to-turn-silent-speech-into-computer-commands (accessed on June 21, 2020).

10. Berger, Theodore. "On 10 Breakthrough Technologies." *MIT Technology Review*, April 23, 2013. https://www.technologyreview.com/2013/04/23/178762/on-10-breakthrough-technologies-2/ (accessed on June 21, 2020).

11. Emondi, Al. "Six Paths to the Nonsurgical Future of Brain-Machine Interfaces." Outreach@Darpa.Mil, May 20, 2019. https://www.darpa.mil/news-events/2019-05-20 (accessed on June 21, 2020).

12. "Human Mind Control of Rat Cyborg's Continuous Locomotion with Wireless Brain-to-Brain Interface." *Scientific Reports*, February 4, 2019. https://www.nature.com/articles/s41598-018-36885-0 (accessed on June 21, 2020).

13. Roberts, Todd. "Implanting false memories in a bird's brain changes its tune." *New Scientist*, October 3, 2019. https://www.newscientist.com/article/2218772-implanting-false-memories-in-a-birds-brain-changes-its-tune/ (accessed on June 21, 2020).

14. Esterhuizen, Jason, Nader Pouratian. "Brain implant gives blind new way to see world around them." *6 abc Action News*, September 19, 2019. https://6abc.com/health/brain-implant-gives-blind-new-way-to-see-world-around-them/5553255/ (accessed on June 21, 2020).

15. Moorehead, Scott. "VCU researchers are developing a device to restore a person's sense of smell." *VCU News*, May 23, 2018. https://www.news.vcu.edu/article/VCU_researchers_are_developing_a_device_to_restore_a_persons (accessed on June 21, 2020).

16. Ryba, Nick. "Your Brain Can Taste without Your Tongue." *Mind60-Second Science* podcast, November 19, 2015. https://www.scientificamerican.com/podcast/episode/your-brain-can-taste-without-your-tongue/ (accessed on June 21, 2020).

17. Miyashita, Homei. "Digital device serves up a taste of virtual food." *Tech Xplore*, May 25, 2020. https://techxplore.com/news/2020-05-digital-device-virtual-food.html (accessed on June 21, 2020).

18. Kurzweil, Ray. "Hitting the Books: Ray Kurzweil on humanity's nanobot-filled future," interview with Martin Ford. *Engadget*, February 3, 2019. https://www.engadget.com/2019/02/03/hitting-the-books-Architects-of-Intelligence-Martin-Ford/ (accessed on June 21, 2020).

19. Musk, Elon. "Elon Musk: The Chance We Are Not Living In A Computer Simulation Is 'One In Billions'." *Independent*, June 2, 2016. https://www.independent.co.uk/life-style/gadgets-and-tech/news/elon-musk-ai-artificial-intelligence-computer-simulation-gaming-virtual-reality-a7060941.html (accessed on June 21, 2020).

20. Musk, Elon. "Is our world a simulation? Why some scientists say it's more likely than not." *The Guardian*, October 11, 2016. https://www.theguardian.com/technology/2016/oct/11/simulated-world-elon-musk-the-matrix (accessed on June 21, 2020).

21. Adams, Scott. "Living in a Computer Simulation." *Scott Adams Says*, October 15, 2012. https://www.scottadamssays.com/2012/10/15/living-in-a-computer-simulation/ (accessed on June 21, 2020).

22. Adams, Scott. "How to Know Whether You are a Real Person or a Simulation." *Scott

Adams Says, April 27, 2017. https://www.scottadamssays.com/2017/04/27/how-to-know-whether-you-are-a-real-person-or-a/ (accessed on June 21, 2020).

第二种力量　生物融合

1. Carlson, Rob. "Garage biotech: Life hackers." *Nature*, October 6, 2010. https://www.nature.com/news/2010/101006/full/467650a.html (accessed on June 21, 2020).
2. Heinz, Austen. "Controversial DNA startup wants to let customers create creatures." *SF Gate*, January 3, 2015. https://www.sfgate.com/business/article/Controversial-DNA-startup-wants-to-let-customers-5992426.php (accessed on June 21, 2020).
3. Cannon, Tim. "Cyborg America: inside the strange new world of basement body hackers." *The Verge*, August 8, 2012. https://www.theverge.com/2012/8/8/3177438/cyborg-america-biohackers-grinders-body-hackers (accessed on June 21, 2020).
4. Cannon, Tim. "A new cyborg implant may give users the power to control devices with their gestures." *Business Insider*, November 24, 2015. https://www.businessinsider.com/grindhouse-wetware-launches-new-implantable-northstar-device-2015-11 (accessed on June 21, 2020).
5. Warwick, Kevin. "Nervous System Hookup Leads to Telepathic Hand-Holding." *Atlas Obscura*, June 10, 2015. https://www.atlasobscura.com/articles/nervous-system-hookup-leads-to-telepathic-hand-holding (accessed on June 21, 2020).
6. Lee, Richard. "The biohacker developing an implantable VIBRATOR: Inventor claims his 'Lovetron 9000' could boost pleasure for partners when implanted above a man's pubic bone." DailyMail.com, February 7, 2017. https://www.dailymail.co.uk/sciencetech/article-4200956/Biohacker-Rich-Lee-developing-implantable-vibrator.html (accessed on June 21, 2020).
7. Lee, Richard. "Meet the people hacking their bodies for better sex." *CNET*, November 15, 2018. https://www.cnet.com/news/meet-the-grinders-hacking-their-bodies-for-better-sex/ (accessed on June 21, 2020).
8. Currin, Dawn. "Nootropics, Biohacking and Silicon Valley's Pursuit of Productivity." *KQED*, August 24, 2016. https://www.kqed.org/news/11057974/nootropics-biohacking-and-silicon-valleys-pursuit-of-productivity (accessed on June 21, 2020).
9. Asprey, Dave. "This Silicon Valley Entrepreneur Has Spent $300,000 On 'Smart Drugs'." *Business Insider*, January 26, 2015. https://www.businessinsider.com/silicon-valley-entrepreneur-dave-asprey-spent-300k-on-smart-drugs-2015-1 (accessed on June 21, 2020).
10. Asprey, Dave. "Bulletproof Coffee's Dave Asprey: why healthy eating and exercise aren't enough." *The Guardian*, May 14, 2017. https://www.theguardian.com/lifeandstyle/2017/may/14/bulletproof-coffee-dave-asprey-eat-healthy-exercise-interview

(accessed on June 21, 2020).

11. Asprey, Dave. "How to live longer and better." YouTube, September 7, 2016. https://www.youtube.com/watch?v=i1XWLFgEIMM (accessed on June 21, 2020).

12. Lowe, Derek. "The Brain Bro." *The Atlantic*, October 2016. https://www.theatlantic.com/magazine/archive/2016/10/the-brain-bro/497546/ (accessed on June 21, 2020).

13. Appel, Larry. "Is There Really Any Benefit to Multivitamins?" *Johns Hopkins Medicine.* https://www.hopkinsmedicine.org/health/wellness-and-prevention/is-there-really-any-benefit-to-multivitamins (accessed on June 21, 2020).

14. Page, Larry. "Google launches Calico, a new company tasked with extending human life." *The Verge*, September 18, 2013. https://www.theverge.com/2013/9/18/4744650/google-launches-calico-as-separate-company-to-improve-human-health (accessed on June 21, 2020).

15. Verdin, Eric, Gordon Lithgow. "Silicon Valley's Quest to Live Forever." *The New Yorker*, April 3, 2017. https://www.newyorker.com/magazine/2017/04/03/silicon-valleys-quest-to-live-forever (accessed on June 23, 2020).

16. Xu, Ming. "The science of senolytics: how a new pill could spell the end of ageing." *The Guardian*, September 2, 2019. https://www.theguardian.com/science/2019/sep/02/the-science-of-senolytics-how-a-new-pill-could-spell-the-end-of-ageing (accessed on June 23, 2020).

17. Church, George. "A Harvard geneticist's goal: to protect humans from viruses, genetic diseases, and aging," interview with Scott Pelley. *60 Minutes*, December 8, 2019. https://www.cbsnews.com/news/harvard-geneticist-george-church-goal-to-protect-humans-from-viruses-genetic-diseases-and-aging-60-minutes-2019-12-08/ (accessed on June 23, 2020).

18. Karmazin, Jesse. "He Hawks Young Blood As A New Miracle Treatment. All That's Missing Is Proof." *HuffPost*, December 29, 2018. https://www.huffpost.com/entry/ambrosia-young-blood-plasma-jesse-karmazin_n_5c1bbafce4b0407e9078373c (accessed on June 23, 2020).

19. U.S. Food & Drug Administration. "Important Information about Young Donor Plasma Infusions for Profit." FDA, February 19, 2019. https://www.fda.gov/vaccines-blood-biologics/safety-availability-biologics/important-information-about-young-donor-plasma-infusions-profit (accessed on June 23, 2020).

20. Horvath, Steve. "First hint that body's 'biological age' can be reversed." *Nature*, September 5, 2019. https://www.nature.com/articles/d41586-019-02638-w (accessed on June 23, 2020).

21. Kaeberlein, Matt. "Patients experiment with prescription drugs to fight aging." Fosters.com, March 7, 2019. https://www.fosters.com/news/20190307/patients-experiment-with-prescription-drugs-to-fight-aging (accessed on June 23, 2020).

22. Watson, James. "Forget the Blood of Teens. This Pill Promises to Extend Life for a Nickel a Pop." *Wired*, July 1, 2017. https://www.wired.com/story/this-pill-promises-to-extend-life-for-a-nickel-a-pop/ (accessed on June 23, 2020).

23. Mathis, Jeff. "Buyer beware of this $ million gene therapy for aging." *MIT Technology Review*, December 6, 2019.https://www.technologyreview.com/s/614873/buyer-beware-of-this-1-million-gene-therapy-for-aging/ (accessed on June 23, 2020).

24. Kurzweil, Ray. "The 700-calorie breakfast you should eat if you want to live forever, according to a futurist who spends $1 million a year on pills and eating right." *Business Insider*, April 13, 2015. https://www.businessinsider.com/ray-kurzweils-immortality-diet-2015-4 (accessed on June 23, 2020).

25. Barzilai, Nir. "Patients Experiment With Prescription Drugs To Fight Aging." *Kaiser Health News*, March 6, 2019. https://khn.org/news/patients-experiment-with-prescription-drugs-to-fight-aging/ (accessed on June 23, 2020).

26. Nelson, Bob. "Disney on Ice: The Truth About Walt Disney and Cryogenics." *Mental Floss*, December 15, 2013. https://www.mentalfloss.com/article/54196/ raine-ice-truth-about-walt-disney-and-cryogenics (accessed on June 23, 2020).

27. Thiel, Peter. "Inside Peter Thiel's mind." *Vox*, November 14, 2014. https://www.vox.com/2014/11/14/7213833/peter-thiel-palantir-paypal (accessed on June 23, 2020).

28. Alcor Life Extension Foundation. https://alcor.org/AboutCryonics/ (accessed on June 23, 2020).

29. Hendricks, Michael. "The False Science of Cryonics." *MIT Technology Review*, September 15, 2015. https://www.technologyreview.com/s/541311/the-false-science-of-cryonics/ (accessed on June 23, 2020).

30. Pollard, Barry, Jaydee Hanson. "Welcome to the Clone Farm." *Reuters*, November 12, 2009. https://www.reuters.com/article/us-food-cloning/welcome-to-the-clone-farm-idUSTRE5AC07V20091113 (accessed on June 23, 2020).

31. Cambiaso, Adolfo. "How Champion-Pony Clones Have Transformed The Game Of Polo." *Vanity Fair*, August 2015. https://www.vanityfair.com/news/2015/07/polo-horse-cloning-adolfo-cambiaso (accessed on June 23, 2020).

32. Streisand, Barbra. Hwang Woo-suk, Jessica Pierce. "Inside the Very Big, Very Controversial Business of Dog Cloning." *Vanity Fair*, September 2018. https://www.vanityfair.com/style/2018/08/dog-cloning-animal-sooam-hwang (accessed on June 23, 2020).

33. Braude, Peter. "The amazing story of IVF: 35 years and five million babies later." *The Guardian*, Jul 12, 2013. https://www.theguardian.com/society/2013/jul/12/story-ivf-five-million-babies (accessed on June 23, 2020).

34. Canavero, Sergio. "World's first human head transplant successfully performed on a corpse, scientists say." *National Post*, November 18, 2017. https://nationalpost.com/health/worlds-first-human-head-transplant-successfully-performed-on-a-corpse-scientists-say (accessed on June 23, 2020).

35. Hyman, Steve. "Researchers are keeping pig brains alive outside the body." *MIT Technology Review*, April 25, 2018. https://www.technologyreview.com/2018/04/25/240742/researchers-are-keeping-pig-brains-alive-outside-the-body/ (accessed on June 23, 2020).

36. Finn, Kerry. "Breakthrough in developing bionic legs." *News Medical*, October 30, 2019.

https://www.news-medical.net/news/20191030/Breakthrough-in-developing-bionic-legs. aspx (accessed on June 24, 2020).

37. Lenzi, Tommaso. "Bionic Breakthrough." *UNEWS*, October 30, 2019. https://www. springwise.com/innovation/science/utah-university-smart-prosthetic-leg-uses-AI-perfect-steps (accessed on June 24, 2020).

38. McLoughlin, Michael. "Think About It: Converting Brain Waves to Operate a Prosthetic Device." Dell Technologies, December 14, 2017. https://www.delltechnologies.com/be-by/perspectives/think-about-it-converting-brain-waves-to-operate-a-prosthetic-device/ (accessed on June 24, 2020).

39. Copeland, Nathan. "Mind-controlled robot arm gives back sense of touch to paralysed man." *The Guardian*, Oct 13, 2016. https://www.theguardian.com/science/2016/oct/13/ mind-controlled-robot-arm-gives-back-sense-of-touch-to-paralysed-man (accessed on June 24, 2020).

40. Walgamott, Keven. "Robotic arm named after Luke Skywalker enables amputee to touch and feel again." *Independent*, July 24, 2019. https://www.independent.co.uk/news/ science/robotic-arm-luke-skywalker-amputee-prosthetic-university-utah-a9019211.html (accessed on June 24, 2020).

41. Maxwell, Keith. "The Army is testing a new super-soldier exoskeleton." *Business Insider*, November 27, 2017. https://www.businessinsider.com/army-testing-super-soldier-exoskeleton-2017-11 (accessed on June 24, 2020).

42. Kazerooni, Homayoon. "Video: Exoskeletons to become common for factory workers." *Financial Times*, March 4, 2018. https://www.ft.com/content/4b5f7be2-1d6d-11e8-aaca-4574d7dabfb6 (accessed on June 24, 2020).

43. Brokaw, Tom. "You Call That a Tomato?" *The New York Times*, June 24, 2013. https:// www.nytimes.com/2013/06/24/booming/you-call-that-a-tomato.html (accessed on June 24, 2020).

44. Sagers, Cinthia. "Genetically Modified Crop on the Loose and Evolving in U.S. Midwest." *Scientific American*, August 6, 2010. https://www.scientificamerican.com/ article/genetically-modified-crop/ (accessed on June 24, 2020).

45. Snow, Allison. "Food: How Altered?" *National Geographic*. https://www. nationalgeographic.com/environment/global-warming/food-how-altered/ (accessed on June 24, 2020).

46. Wulf, Sylvia. "Restaurants could be first to get genetically modified salmon." *CBS New*, June 21, 2019. https://www.cbsnews.com/news/restaurants-could-be-first-to-get-genetically-modified-salmon/ (accessed on June 24, 2020).

47. Russell, James, Kevin Esvelt. "New Zealand's War on Rats Could Change the World." *The Atlantic*, November 2017. https://www.theatlantic.com/science/archive/2017/11/new-zealand-predator-free-2050-rats-gene-drive-ruh-roh/546011/ (accessed on June 24, 2020).

48. Esvelt, Kevin. "'Gene Drives' Are Too Risky for Field Trials, Scientists Say." *The New York Times*, November 16, 2017. https://www.nytimes.com/2017/11/16/science/gene-drives-crispr.html (accessed on June 24, 2020).

49. Parker, Kevin Kit. "Lab-Grown Meat That Doesn't Look Like Mush." *The New York Times*, October 27, 2019. https://www.nytimes.com/2019/10/27/science/lab-meat-texture. html (accessed on June 24, 2020).

50. Welch, David. "The High cost of Lab-to-Table Meat." *Wired*, March 8, 2018. https://www.wired.com/story/the-high-cost-of-lab-to-table-meat/ (accessed on June 24, 2020).

51. Strauss, Karin. "With a 'hello' Microsoft and UW demonstrate first fully automated DNA data storage." Microsoft, March 21, 2019. https://news.microsoft.com/innovation-stories/hello-data-dna-storage/ (accessed on June 24, 2020).

52. Rossant, Janet, Stuart Newman, Izpisua Belmonte. "The birth of half-human, half-animal chimeras." *BBC*, January 5, 2017. http://www.bbc.com/earth/story/20170104-the-birth-of-the-human-animal-chimeras (accessed on June 24, 2020).

53. Ross, Pablo. "Breakthrough as scientists grow sheep embryos containing human cells." *The Guardian*, February 17, 2018. https://www.theguardian.com/science/2018/feb/17/breakthrough-as-scientists-grow-sheep-embryos-containing-human-cells (accessed on June 24, 2020).

54. Hyun, Insoo. "Science of the Lambs: We can now grow human cells in sheep." *Digital Trends*, March 3, 2018. https://www.digitaltrends.com/cool-tech/scientists-created-human-sheep-chimera-embryos/ (accessed on June 24, 2020).

55. Dvir, Tal. "Scientists 'Print' World's First Heart With Human Bioinks, Next 'Teach Them To Behave' Like Hearts." *Forbes*, April 18, 2019. https://www.forbes.com/sites/robinseatonjefferson/2019/04/18/scientists-print-worlds-first-heart-with-human-bioinks-next-teach-them-to-behave-like-hearts/ (accessed on June 24, 2020).

56. Herron, Lissa. "The GM chickens that lay eggs with anti-cancer drugs." *BBC News*, January 28, 2019. https://www.bbc.com/news/science-environment-46993649 (accessed on June 24, 2020).

57. Li , Yong. "£1,000 for a micro-pig. Chinese lab sells genetically modified pets." *The Guardian*, October 3, 2015. https://www.theguardian.com/world/2015/oct/03/micropig-animal-rights-genetics-china-pets-outrage (accessed on June 24, 2020).

58. Zayner, Josiah. "A celebrity biohacker who sells DIY gene-editing kits is under investigation." *Vox*, May 19, 2019. https://www.vox.com/future-perfect/2019/5/19/18629771/biohacking-josiah-zayner-genetic-engineering-crispr (accessed on June 24, 2020).

59. Zayner, Josiah. "A Biohacker Regrets Publicly Injecting Himself With CRISPR." *The Atlantic*, February 20, 2018. https://www.theatlantic.com/science/archive/2018/02/biohacking-stunts-crispr/553511/ (accessed on June 24, 2020).

60. Marrazzo, Jeff. "A US drugmaker offers to cure rare blindness for $850,000." *CNBC*, Jan 3, 2018. https://www.cnbc.com/2018/01/03/spark-therapeutics-luxturna-gene-therapy-will-cost-about-850000.html (accessed on June 24, 2020).

61. Marrazzo, Jeff. "Spark Prices Gene Therapy for Eye Disease at $850,000, Introduces Outcomes-Based Rebates." *Global Genes*, January 3, 2018. https://globalgenes.org/2018/01/03/spark-prices-gene-therapy-for-eye-disease-at-850000-introduces-outcomes-based-rebates/ (accessed on June 24, 2020).

62. Roberts, Tristan. "Why I injected myself with an untested gene therapy." *BBC News*, November 21, 2017. https://www.bbc.com/news/world-us-canada-41990981 (accessed on June 24, 2020).

63. Calos, Michele. "Before he died, this biohacker was planning a CRISPR trial in Mexico." *MIT Technology Review*, May 4, 2018. https://www.technologyreview. com/2018/05/04/143034/before-he-died-this-biohacker-was-planning-a-crispr-trial-in-mexico/ (accessed on June 24, 2020).

64. Steinberg, Jeffrey. "Scientists Can Design 'Better' Babies. Should They?" *The New York Times*, June 10, 2018. https://www.nytimes.com/2018/06/10/us/11retro-baby-genetics. html (accessed on June 24, 2020).

65. Steinberg, Jeffrey. "From sex selection to surrogates, American IVF clinics provide services outlawed elsewhere." *The Washington Post*, December 30, 2018. https://www. washingtonpost.com/national/health-science/from-sex-selection-to-surrogates-american-ivf-clinics-provide-services-outlawed-elsewhere/2018/12/29/0b596668-03c0-11e9-9122-82e98f91ee6f_story.html (accessed on June 24, 2020).

66. Steinberg, Jeffrey. "Fertility Clinic Offers Gender Selection, Draws Women From Abroad." *ABC News*, September 12, 2012. https://abcnews.go.com/Health/Wellness/fertility-clinic-offers-gender-selection-draws-women-abroad/story?id=17219176 (accessed on June 24, 2020).

67. Darnovsky, Marcy. "Clinic Claims Success In Making Babies With 3 Parents' DNA." *NPR*, June 6, 2018. https://www.npr.org/sections/health-shots/2018/06/06/615909572/inside-the-ukrainian-clinic-making-3-parent-babies-for-women-who-are-infertile (accessed on June 24, 2020).

68. Charo, R. Alta, Dieter Egli. "A Russian Biologist Wants To Create More Gene-Edited Babies." *NPR*, June 21, 2019. https://www.npr.org/sections/health-shots/2019/06/21/733782145/a-russian-biologist-wants-to-create-more-gene-edited-babies (accessed on June 24, 2020).

第三种力量　人类的扩张

1. Rodriques, Samuel. "Team invents method to shrink objects to the nanoscale." *MIT News*, December 13, 2018. http://news.mit.edu/2018/shrink-any-object-nanoscale-1213 (accessed on June 24, 2020).

2. Sriram, Sharath. "'Clone Wars' Season 7 Trailer Shows A Famous Prequels Scene From A New Angle." *Inverse*, November 20, 2018. https://www.inverse.com/article/51056-new-nanochip-may-help-engineers-overcome-computing-limits-like-moore-s-law (accessed on June 24, 2020).

3. Wong, Shing-Chung. "A nanofiber cloth could pull fresh drinking water straight from the air." *Yahoo! News*, August 27, 2018. https://www.yahoo.com/news/nanofiber-cloth-could-pull-fresh-174532578.html (accessed on June 24, 2020).

4. Vinu, Ajayan. "Nanotechnology that promises to save the world." *The Newcastle Herald*, November 22, 2018. https://www.newcastleherald.com.au/story/5769894/dream-device-to-help-vehicles-run-on-sunlight-water-and-co2/ (accessed on June 24, 2020).

5. Zhang, Xiang. "Nano-thin invisibility cloak makes 3D objects disappear." *Nanowerk*, September 18, 2015. https://www.nanowerk.com/nanotechnology-news/newsid=41348. php (accessed on June 24, 2020).

6. Xue, Tian. "Nanotechnology makes it possible for mice to see in infrared." Phys.org, February 28, 2019. https://phys.org/news/2019-02-nanotechnology-mice-infrared.html (accessed on June 24, 2020).

7. Wang, Xudong. "It's not a shock: Better bandage promotes powerful healing." *University of Wisconsin-Madison News*, November 29, 2018. https://news.wisc.edu/its-not-a-shock-better-bandage-promotes-powerful-healing/ (accessed on June 24, 2020).

8. Sen Gupta, Anirban. "Case Western Reserve and Haima Therapeutics sign option license to develop SynthoPlate." *The Daily*, June 4, 2018. https://thedaily.case.edu/case-western-reserve-haima-therapeutics-sign-option-license-develop-synthoplate/ (accessed on June 24, 2020).

9. Yan, Hao. "ASU professor named to Fast Company's 'Most Creative People in Business 2019'." *ASU Alumni*, May 24, 2019. https://alumni.asu.edu/20190523-asu-news-hao-yan-named-fast-companys-most-creative-people-business-2019 (accessed on June 24, 2020).

10. Yan, Hao. "Cancer-fighting nanorobots seek and destroy tumors." *ASU Now*, February 12, 2018. https://asunow.asu.edu/20180212-discoveries-cancer-fighting-nanorobots-seek-and-destroy-tumors (accessed on June 24, 2020).

11. Cappelleri, David. "Purdue's microbots are designed to wander around inside your body." *Digital Trends*, February 16, 2018. https://www.digitaltrends.com/cool-tech/microscale-tumbling-robots/ (accessed on June 24, 2020).

12. Starkey, Natalie. "Asteroid fears: NASA's last-ditch system in place for Earth impact ONE week away exposed." *Express*, October 4, 2019. https://www.express.co.uk/news/science/1185456/asteroid-news-nasa-final-warning-earth-earth-impact-one-week-natalie-starkey-spt (accessed on June 24, 2020).

13. Laughlin, Gregory. "A tech-destroying solar flare could hit Earth within 100 years." *New Scientist*, October 16, 2017. https://www.newscientist.com/article/2150350-a-tech-destroying-solar-flare-could-hit-earth-within-100-years/ (accessed on June 24, 2020).

14. Musk, Elon. "Tech Renaissance Man Elon Musk Talks Cars, Spaceships and Hyperloops at D11." *All Things Digital*, May 29, 2013. http://allthingsd.com/20130529/coming-up-tech-renaissance-man-elon-musk-at-d11/ (accessed on June 24, 2020).

15. Datta, Kamal. "Bad news for Mars-bound astronauts – cosmic rays damage your GI tract." *New Atlas*, October 2, 2018. https://newatlas.com/mars-astronauts-cosmic-rays-intestines/56611/ (accessed on June 24, 2020).

16. Lee, Pascal. "Boiling Blood and Radiation: 5 Ways Mars Can Kill." Space.com, May 11, 2017. https://www.space.com/36800-five-ways-to-die-on-mars.html (accessed on June

24, 2020).

17. Blue Origin. https://www.blueorigin.com/our-mission (accessed on June 24, 2020).

18. Bezos, Jeff. "ULA and Blue Origin Announce Partnership to Develop New American Rocket Engine." Blue Origin, September 17, 2014. https://www.blueorigin.com/news/ula-and-blue-origin-announce-partnership-to-develop-new-american-rocket-engine (accessed on June 24, 2020).

19. Bezos, Jeff. "Jeff Bezos: reusable rockets will let a trillion people colonise the solar system." *TechRadar*, July 16, 2017. https://www.techradar.com/news/jeff-bezos-reusable-rockets-will-let-a-trillion-people-colonising-the-solar-system (accessed on June 24, 2020).

20. Nelson, Bill. "Senate panel OKs plan to send astronauts to Mars." News4Jax.com, September 21, 2016. https://www.news4jax.com/tech/2016/09/21/senate-panel-oks-plan-to-send-astronauts-to-mars/ (accessed on June 24, 2020).

21. Reuter, Jim. "NASA Funds Demo of 3D-Printed Spacecraft Parts Made, Assembled in Orbit." NASA, July 12, 2019. https://www.nasa.gov/press-release/nasa-funds-demo-of-3d-printed-spacecraft-parts-made-assembled-in-orbit (accessed on June 24, 2020).

22. Rothschild, Lynn. "Astronauts on the moon and Mars may grow their homes there out of mushrooms, says NASA." *CNN*, January 17, 2020. https://www.cnn.com/2020/01/17/world/nasa-moon-mars-fungus-scn/index.html (accessed on June 24, 2020).

23. Lomax, Beth. "ESA opens oxygen plant – making air out of moondust." The European Space Agency, January 17, 2020. http://www.esa.int/Enabling_Support/Space_Engineering_Technology/ESA_opens_oxygen_plant_making_air_out_of_moondust (accessed on June 24, 2020).

24. Kate, Inge Loes ten. "'Building blocks' for life discovered in 3-billion-year-old organic matter on Mars." *The Hill*, June 7, 2018. https://thehill.com/policy/technology/391228-building-blocks-for-life-discovered-in-3-billion-year-old-organic-matter-on (accessed on June 24, 2020).

25. Meyer, Michael. "Nasa scientists find evidence of flowing water on Mars." *The Guardian*, September 28, 2015. https://www.theguardian.com/science/2015/sep/28/nasa-scientists-find-evidence-flowing-water-mars (accessed on June 24, 2020).

26. Wordsworth, Robin. "Terraforming Mars with strange silica blanket could let plants thrive." *New Scientist*, July 15, 2019. https://www.newscientist.com/article/2209746-terraforming-mars-with-strange-silica-blanket-could-let-plants-thrive/ (accessed on June 24, 2020).

27. Cannon, Kevin. "How to Feed a Mars Colony of 1 Million People." Space.com, September 18, 2019. https://www.space.com/how-feed-one-million-mars-colonists.html (accessed on June 24, 2020).

28. Poponak, Noah. "World's First Trillionaire Will Make Fortune In Outer Space, Claims Goldman Sachs." *The Inquisitr*, April 22, 2018. https://www.inquisitr.com/4874112/worlds-first-trillionaire-will-make-their-fortune-in-outer-space-claims-goldman-sachs/ (accessed on June 24, 2020).

29. Tumlinson, Rick, Chad Anderson, Anderson Tan, Henry Hertzfeld. "How the

asteroid-mining bubble burst." *MIT Technology Review*, June 26, 2019. https://www.technologyreview.com/s/613758/asteroid-mining-bubble-burst-history/ (accessed on June 24, 2020).

30. Rocket Labs. "Astronomers Are Annoyed at a New Zealand Company That Launched a Disco Ball Into Orbit." *Vice*, Jan 25, 2018. https://www.vice.com/en_us/article/kznvzw/rocket-lab-humanity-star-astronomers-space-junk (accessed on June 24, 2020).

31. Seitzer, Patrick. "SpaceX Starlink satellites could be 'existential threat' to astronomy." *New Scientist*, January 9, 2020. https://www.newscientist.com/article/2229643-spacex-starlink-satellites-could-be-existential-threat-to-astronomy/ (accessed on June 24, 2020).

32. Soderstrom, Tom. "An emotionally intelligent AI could support astronauts on a trip to Mars." *MIT Technology Review*, January 14, 2020. https://www.technologyreview.com/2020/01/14/64990/an-emotionally-intelligent-ai-could-support-astronauts-on-a-trip-to-mars/ (accessed on June 24, 2020).

33. Alcubierre, Miguel, Harold White "Where's Our Warp Drive to the Stars?" *The New York Times*, November 19, 2018. https://www.nytimes.com/2018/11/19/science/space-travel-physics.html (accessed on June 24, 2020).

34. Llewellyn, Dan. "First chip-to-chip quantum teleportation harnessing silicon photonic chip fabrication." Phys.org, December 24, 2019. https://phys.org/news/2019-12-chip-to-chip-quantum-teleportation-harnessing-silicon.html (accessed on June 24, 2020).

35. Conselice, Christopher. "Research sheds new light on intelligent life existing across the galaxy." *EurekaAlert!*, June 15, 2020. https://www.eurekalert.org/pub_releases/2020-06/uon-rsn061220.php (accessed on June 24, 2020).

36. Sharman, Helen. "Could Unseen Aliens Exist Among Us?" *RealClearScience*, January 11, 2020. https://www.realclearscience.com/articles/2020/01/11/could_unseen_aliens_exist_among_us_111251.html (accessed on June 24, 2020).

37. Church, George. "Woolly mammoth on verge of resurrection, scientists reveal." *The Guardian*, February 16, 2017. https://www.theguardian.com/science/2017/feb/16/woolly-mammoth-resurrection-scientists (accessed on June 25, 2020).

38. Mason, Christopher, Harris Wang. "Engineering the Perfect Astronaut." *MIT Technology Review*, April 14, 2017. https://www.technologyreview.com/2017/04/15/152545/engineering-the-perfect-astronaut/ (accessed on June 25, 2020).

39. Solomon, Scott. "If humans gave birth in space, babies would have giant, alien-shaped heads." *Business Insider*, July 23, 2019. https://www.businessinsider.com/humans-gave-birth-space-earth-giant-alien-heads-2019-7 (accessed on June 25, 2020).

40. Ellis, Tom. "World's first living organism with fully redesigned DNA created." *The Guardian*, May 15, 2019. https://www.theguardian.com/science/2019/may/15/cambridge-scientists-create-worlds-first-living-organism-with-fully-redesigned-dna (accessed on June 25, 2020).

41. Tirumalai, Madhan. "Bacterial Genetics Could Help Researchers Block Interplanetary Contamination." *The Scientist*, July 31, 2018. https://www.the-scientist.com/notebook/

bacterial-genetics-could-help-researchers-block-interplanetary-contamination-64500 (accessed on June 25, 2020).

第四种力量 深度自动化

1. Bin Salman, Mohammad. "A Prince's $500 Billion Desert Dream: Flying Cars, Robot Dinosaurs and a Giant Artificial." *The Wall Street Journal*, July 25, 2019. https://www. wsj.com/articles/a-princes-500-billion-desert-dream-flying-cars-robot-dinosaurs-and-a-giant-artificial-moon-11564097568 (accessed on June 25, 2020).

2. Tao, Xiang Ye. "Malaysia's city of the future is an uncanny valley." *Wired*, March 22, 2016. https://www.wired.co.uk/article/forest-city-malaysia-report (accessed on June 25, 2020).

3. Velsberg, Ott, David Engstrom. "Can AI be a fair judge in court? Estonia thinks so." *A Bunch of Good*, March 30, 2019. https://bunchofgood.com/post/183832459724/can-ai-be-a-fair-judge-in-court-estonia-thinks-so (accessed on June 25, 2020). Originally appeared on https://www.wired.com/story/can-ai-be-fair-judge-court-estonia-thinks-so/.

4. PredPol. "Dozens of Cities Have Secretly Experimented With Predictive Policing Software." *Vice*, February 6, 2019. https://www.vice.com/en_us/article/d3m7jq/dozens-of-cities-have-secretly-experimented-with-predictive-policing-software (accessed on June 25, 2020).

5. Clark, Steve. "Can we predict when and where a crime will take place?" *BBC News*, October 30, 2018. https://www.bbc.com/news/business-46017239 (accessed on June 25, 2020).

6. Santagate, John. "Security robots are mobile surveillance devices, not human replacements." *The Verge*, November 14, 2019. https://www.theverge.com/2019/11/14/20964584/knightscope-security-robot-guards-surveillance-devices-facial-recognition-numberplate-mobile-phone (accessed on June 25, 2020).

7. Perry, Michael, Kade Crockford. "Mass. State Police Tested Out Boston Dynamics' Spot The Robot Dog. Civil Liberties Advocates Want To Know More." *WBUR*, November 25, 2019. https://www.wbur.org/news/2019/11/25/boston-dynamics-robot-dog-massachusetts-state-police (accessed on June 25, 2020).

8. Verver, Leon. "How to catch criminals through IoT and predictive software." *TNW*, November 1, 2018. https://thenextweb.com/the-next-police/2018/11/01/police-iot-ports-crime/ (accessed on June 25, 2020).

9. Student, Ni Ziyuan. "Chinese school uses facial recognition to make kids pay attention." *Engadget*, May 17, 2018. https://www.engadget.com/2018/05/17/chinese-school-facial-recognition-kids-attention/ (accessed on June 25, 2020).

10. Chisholm, Brock. "What Constant Surveillance Does to Your Brain." *Vice*, November 14,

2018. https://www.vice.com/en_us/article/pa5d9g/what-constant-surveillance-does-to-your-brain (accessed on June 25, 2020).

11. Dahua, Lin. "All Eyes On The Future." *Asian Scientist Magazine*, February 13, 2019. https://www.asianscientist.com/2019/02/print/supercomputing-sensetime-lin-dahua/ (accessed on June 25, 2020).

12. Sailor, Matt, Jay Stanley. "Artificial Intelligence Is Going To Supercharge Surveillance." *The Verge*, January 23, 2018. https://www.theverge.com/2018/1/23/16907238/artificial-intelligence-surveillance-cameras-security (accessed on June 25, 2020).

13. Peng, Lily. "Google AI now can predict cardiovascular problems from retinal scans." *MobiHealthNews*, February 20, 2018. https://www.mobihealthnews.com/content/google-ai-now-can-predict-cardiovascular-problems-retinal-scans (accessed on June 25, 2020).

14. Zuckerberg, Mark. "Inside Facebook's suicide algorithm: Here's how the company uses artificial intelligence to predict your mental state from your posts." *Business Insider*, January 6, 2019. https://www.businessinsider.com/facebook-is-using-ai-to-try-to-predict-if-youre-suicidal-2018-12 (accessed on June 25, 2020).

15. Elgammal, Ahmed. "Generating 'art' by Learning About Styles and Deviating from Style Norms." *Medium*, June 25, 2017. https://medium.com/@ahmed_elgammal/generating-art-by-learning-about-styles-and-deviating-from-style-norms-8037a13ae027 (accessed on June 25, 2020).

16. "The Poem That Passed the Turing Test." *Vice*, February 5, 2015. https://www.vice.com/en_us/article/vvbxxd/the-poem-that-passed-the-turing-test (accessed on June 25, 2020).

17. Azermai, Nadira, Michiel Ruelens. "Artificial Intelligence Could One Day Determine Which Films Get Made." *Variety*, July 5, 2018. https://variety.com/2018/artisans/news/artificial-intelligence-hollywood-1202865540/ (accessed on June 25, 2020).

18. Goldstaub, Tabitha, Nadira Azermai. "'It's a war between technology and a donkey'—how AI is shaking up Hollywood." *The Guardian*, January 16, 2020. https://www.theguardian.com/film/2020/jan/16/its-a-war-between-technology-and-a-donkey-how-ai-is-shaking-up-hollywood (accessed on June 25, 2020).

19. Roy, Pierre. "Inside the Lab That's Producing the First AI-Generated Pop Album." *Seeker*, April 13, 2017. https://www.seeker.com/tech/artificial-intelligence/inside-flow-machines-the-lab-thats-composing-the-first-ai-generated-pop-album (accessed on June 25, 2020).

20. Southern, Taryn. "How AI-Generated Music Is Changing The Way Hits Are Made." *The Verge*, August 31, 2018. https://www.theverge.com/2018/8/31/17777008/artificial-intelligence-taryn-southern-amper-music (accessed on June 25, 2020).

21. Ackerman, Maya. "'I realised machine learning could make my musical dreams come true'" Siliconrepublic.com, February 22, 2019. https://www.siliconrepublic.com/machines/maya-ackerman-alysia-ai-music (accessed on June 25, 2020).

22. Xinhua News Agency. "The 'world's first' A.I. news anchor has gone live in China."

CNBC, November 9, 2018. https://www.cnbc.com/2018/11/09/the-worlds-first-ai-news-anchor-has-gone-live-in-china.html (accessed on June 25, 2020).

23. Makse, Keith. "Horror Game Bring to Light Will Utilize Heart Rate Monitor to 'Enhance' Your Experience." *DualShockers*, May 1, 2018. https://www.dualshockers.com/bring-to-light-red-meat-games/ (accessed on June 25, 2020).

24. Wong, Gerry. "A Dirty Word In The U.S., 'Automation' Is A Buzzword In China." *WBUR*, November 20, 2017. https://www.wbur.org/bostonomix/2017/11/20/china-automation (accessed on June 25, 2020).

25. Gemma, Joe. "Robots: China breaks historic records in automation." *IFR Press Releases*, 2017. https://ifr.org/news/robots-china-breaks-historic-records-in-automation (accessed on June 25, 2020).

26. Gou, Terry. "CEO OF APPLE PARTNER FOXCONN: 'Managing One Million Animals Gives Me A Headache'" *Business Insider*, January 19, 2012. https://www.businessinsider.com/foxconn-animals-2012-1 (accessed on June 25, 2020).

27. Liu, Richard. "How Richard Liu built JD.com into a $45 billion tech giant." *CNN*, September 4, 2018. https://money.cnn.com/2018/09/04/technology/jd-com-ceo-richard-liu/index.html (accessed on June 25, 2020).

28. Liu, Richard. "JD.com chief Richard Liu sees drone delivery as the way to reach China's rural consumers." *CNBC*, June 18, 2017. https://www.cnbc.com/2017/06/18/jd-com-ceo-richard-liu-talks-drones-automation-and-logistics.html (accessed on June 25, 2020).

29. Liu, Richard. "Chinese Online Retailer JD.com's Plan to Diversify." *The Wall Street Journal*, June 13, 2017. https://www.wsj.com/articles/chinese-online-retailer-jd-coms-plan-to-diversify-1497374520 (accessed on June 25, 2020).

30. Liu, Richard. "Moving Up the Market." *WSJ D.Live Asia*, June 14, 2017. https://images.dowjones.com/wp-content/uploads/sites/121/2017/12/04152646/DliveAsiaSpecialReport.pdf (accessed on June 25, 2020).

31. Cosset, Yael. "The future of autonomous delivery may be unfolding in an unlikely place: Suburban Houston." *The Washington Post*, November 13, 2019. https://www.washingtonpost.com/technology/2019/11/07/future-autonomous-delivery-may-be-unfolding-an-unlikely-place-suburban-houston/ (accessed on June 25, 2020).

32. Rus, Daniela. "In The Future, Robots Will Perform Surgery, Shop For You, And Even Recycle Themselves." News@Northeastern, April 12, 2018. https://news.northeastern.edu/2018/04/12/in-the-future-robots-will-perform-surgery-shop-for-you-and-even-recycle-themselves/ (accessed on June 25, 2020).

33. Garg, Animesh. "Your robot surgeon will see you now." *Nature*, September 25, 2019. https://www.nature.com/articles/d41586-019-02874-0 (accessed on June 25, 2020).

34. Komar, Scott, Lawrence De Maria. "Labor Terminators: Farming Robots Are About To Take Over Our Farms." *Investor's Business Daily*, August 10, 2018. https://www.investors.com/news/farming-robot-agriculture-technology/ (accessed on June 25, 2020).

35. Wishnatzki, Gary. "Harvest CROO Robotics strawberry harvester nears fruition." *Fruit*

Growers News, March 26, 2019. https://fruitgrowersnews.com/article/harvest-croo-robotics-strawberry-harvester-nears-fruition/ (accessed on June 25, 2020).

36. Wishnatzki, Gary. "The Age of Robot Farmers." *The New Yorker*, April 15, 2019. https://www.newyorker.com/magazine/2019/04/15/the-age-of-robot-farmers (accessed on June 25, 2020).

37. Van Wingerden, Peter. "World's 1st floating dairy farm could help cities adapt to climate change." *CBC News*, December 13, 2019. https://www.cbc.ca/news/technology/floating-dairy-farm-1.5089424 (accessed on June 25, 2020).

38. Van Wingerden, Peter. "The world's first floating farm making waves in Rotterdam." *BBC News*, August 17, 2018. https://www.bbc.com/news/business-45130010 (accessed on June 25, 2020).

39. Alexander, Brandon. "Iron Ox shows how AI and robots can increase farm production." *Digital Journal*, October 3, 2019. http://www.digitaljournal.com/tech-and-science/technology/iron-ox-shows-us-how-ai-and-robots-can-increase-farm-production/article/533671 (accessed on June 25, 2020).

40. Alexander, Brandon. "If farms are to survive, we need to think about them as tech companies." Quartz, October 3, 2018. https://qz.com/1383635/if-farms-are-to-survive-we-need-to-think-about-them-as-tech-companies/ (accessed on June 25, 2020).

41. Yamada, Kazuko, Saki Sakamoto. "Aging Japan: Robots may have role in future of elder care." *Reuters*, March 27, 2018. https://www.reuters.com/article/us-japan-ageing-robots-widerimage/aging-japan-robots-may-have-role-in-future-of-elder-care-idUSKBN1H33AB (accessed on June 25, 2020).

42. Sankai, Yoshiyuki. "Cyberdyne's HAL suits give lift to mobility-challenged." *The Japan Times*, July 13, 2014. https://www.japantimes.co.jp/news/2014/07/13/national/cyberdynes-hal-suits-give-lift-mobility-challenged/ (accessed on June 25, 2020).

43. Hui Hui, Foo. "How robots are teaching Singapore's kids." *Financial Times*, July 12, 2017. https://www.ft.com/content/f3cbfada-668e-11e7-8526-7b38dcaef614 (accessed on June 25, 2020).

44. Shen, Solace. "Let Robots Teach Our Kids? Here's Why That Isn't Such a Bad Idea." *NBC Mach*, April 19, 2017. https://www.nbcnews.com/mach/technology/robots-will-soon-become-our-children-s-tutors-here-s-n748196 (accessed on June 25, 2020).

45. Kell, James. "Rolls-Royce is working on a robotic cockroach that can fix plane engines." *TNW*, July 17, 2018. https://thenextweb.com/artificial-intelligence/2018/07/18/rolls-royce-is-working-on-robotic-cockroaches-that-fix-plane-engines/ (accessed on June 25, 2020).

46. Wong, Ian. "Dynamic hydrogel used to make 'soft robot' components and LEGO-like building blocks." *News from Brown*, March 21, 2019. https://www.brown.edu/news/2019-03-21/hydrogel (accessed on June 25, 2020).

47. Finn, Chelsea. Tianhe (Kevin) Yu. "Is that you, T-1000? No, just a lil robot that can mimic humans on sight." *The Register*, February 8, 2018. https://www.theregister.com/2018/02/08/robot_copycat_learning/ (accessed on June 25, 2020).

第五种力量　智能爆炸

1. Lanier, Jaron. "Silicon Valley Sharknado." *The New York Times*, July 8, 2014. https://www.nytimes.com/2014/07/09/opinion/maureen-dowd-silicon-valley-sharknado.html (accessed on June 25, 2020).

2. Ford. Martin, Stuart Russell. "This is when AI's top researchers think artificial general intelligence will be achieved." *The Verge*, November 27, 2018. https://www.theverge.com/2018/11/27/18114362/ai-artificial-general-intelligence-when-achieved-martin-ford-book (accessed on June 25, 2020).

3. Musk, Elon. "Elon Musk: 'Mark my words — A.I. is far more dangerous than nukes'" *CNBC*, March 13, 2018. https://www.cnbc.com/2018/03/13/elon-musk-at-sxsw-a-i-is-more-dangerous-than-nuclear-weapons.html (accessed on June 25, 2020).

4. Tegmark, Max. "This Physicist Says Consciousness Could Be a New State of Matter." *Science Alert*, September 16, 2016. https://www.sciencealert.com/this-physicist-is-arguing-that-consciousness-is-a-new-state-of-matter (accessed on June 25, 2020).

5. Tononi, Giulio. "Giulio Tononi's 'integrated information theory' might solve neuroscience's biggest puzzle." *BBC Future*, March 26, 2019. https://www.bbc.com/future/article/20190326-are-we-close-to-solving-the-puzzle-of-consciousness (accessed on June 25, 2020).

6. Koch, Christof. "The Singularity, Virtual Immortality and the Trouble with Consciousness (Op-Ed)." *Live Science*, October 16, 2015. https://www.livescience.com/52503-is-it-possible-to-transfer-your-mind-into-a-computer.html (accessed on June 25, 2020).

7. Dennett, Daniel. "Is Superintelligence Impossible?" Edge.org, April 10, 2019. https://www.edge.org/conversation/david_chalmers-daniel_c_dennett-on-possible-minds-philosophy-and-ai (accessed on June 25, 2020).

8. Dennett, Daniel. "Philosophy That Stirs the Waters." *The New York Times*, April 29, 2013. https://www.nytimes.com/2013/04/30/books/daniel-dennett-author-of-intuition-pumps-and-other-tools-for-thinking.html (accessed on June 25, 2020).

9. Sharkey, Noel. "Europe divided over robot 'personhood'." *Politico*, April 13, 2018. https://www.politico.eu/article/europe-divided-over-robot-ai-artificial-intelligence-personhood/ (accessed on June 25, 2020).

10. Gildert, Suzanne, Matthias Scheutz. "Are We Ready for Robot Sex?" *New York Magazine*, May 14, 2018. https://www.thecut.com/2018/05/sex-robots-realbotix.html (accessed on June 25, 2020).

11. Gildert, Suzanne. "Can Robots Feel Emotions?" *Disruption*, April 2019. https://www.disruptionmagazine.ca/can-robots-feel-emotions/ (accessed on June 25, 2020).

12. Gildert, Suzanne. "Sanctuary AI founder is making robots that are exact human replicas (starting with herself)." *B2B News Network*, October 23, 2018. https://www.b2bnn.com/2018/10/sanctuary-ai-robotics/ (accessed on June 25, 2020).

13. Ishiguro, Hiroshi. "Hiroshi Ishiguro Sentient Love." *52 Insights*, October 22, 2019.

https://www.52-insights.com/hiroshi-ishiguro-sentient-love-robots-android-interview-technology/ (accessed on June 25, 2020).

14. Rudovic, Oggi. "MIT helps machine learning systems to perceive human emotions." *Internet of Business*. https://internetofbusiness.com/mit-helps-machine-learning-systems-to-perceive-human-emotions/ (accessed on June 25, 2020).

15. Katabi, Dina. "Detecting emotions with wireless signals." *MIT News*, September 20, 2016. http://news.mit.edu/2016/detecting-emotions-with-wireless-signals-0920 (accessed on June 25, 2020).

16. El Kaliouby, Rana. "Softbank Robotics enhances Pepper the robot's emotional intelligence." *VentureBeat*, August 28, 2018. https://venturebeat.com/2018/08/28/softbank-robotics-enhances-pepper-the-robots-emotional-intelligence/ (accessed on June 25, 2020).

17. Turkle, Sherry, Jonathan Gratch. "Be wary of robot emotions; 'simulated love is never love'." *AP News*, April 26, 2019. https://apnews.com/99c9ec8ebad242ca88178e22c7642648 (accessed on June 25, 2020).

18. McGinn, Conor. "Will Care-Bots Cure the Loneliness of Nursing Homes?" *The Daily Beast*, May 1, 2019. https://www.thedailybeast.com/will-care-bots-cure-the-loneliness-of-nursing-homes (accessed on June 25, 2020).

19. Nejat, Goldie. "Can These Little Robots Ease the Big Eldercare Crunch?" *NBC Mach*, November 12, 2017. https://www.nbcnews.com/mach/science/can-these-little-robots-ease-big-eldercare-crunch-ncna819841 (accessed on June 25, 2020).

20. Winkle, Katie. "Scientists develop robot personal trainer to coach at gym." *The Irish News*, November 29, 2019. https://www.irishnews.com/magazine/daily/2019/11/29/news/scientists-develop-robot-personal-trainer-to-coach-at-gym-1778566/ (accessed on June 25, 2020).

21. "New study finds it's harder to turn off a robot when it's begging for its life." *The Verge*, August 2, 2018. https://www.theverge.com/2018/8/2/17642868/robots-turn-off-beg-not-to-empathy-media-equation (accessed on June 25, 2020).

22. "Do Kids Care If Their Robot Friend Gets Stuffed Into a Closet?" *IEEE Spectrum*, April 30, 2012. https://spectrum.ieee.org/automaton/robotics/artificial-intelligence/do-kids-care-if-their-robot-friend-gets-stuffed-into-a-closet (accessed on June 25, 2020).

23. Paulus, Markus. "Robot on the Trolley Car Track: How Valuable is Robot Life?" *Interesting Engineering*, February 9, 2019. https://interestingengineering.com/robot-on-the-trolley-car-track-how-valuable-is-robot-life (accessed on June 25, 2020).

24. Devlin, Kate. "Could you fall in love with a robot? It may be more likely than you think." *The Telegraph*, May 7, 2019. https://www.telegraph.co.uk/technology/2019/05/07/could-fall-love-robot-romance-machines-could-future-relationships/ (accessed on June 25, 2020).

25. Lilly, Markie Twist, Bryony Cole. "Do You Take This Robot." *The New York Times*, January 19, 2019. https://www.nytimes.com/2019/01/19/style/sex-robots.html (accessed on June 25, 2020).

26. Levy, David. "Let's talk about sex ... with robots." *The Guardian*, September 16, 2009. https://www.theguardian.com/technology/2009/sep/16/sex-robots-david-levy-loebner (accessed on June 25, 2020).

27. Turkle, Sherry. "Interview Sherry Turkle." *FRONTLINE*, September 22, 2009. https://www.pbs.org/wgbh/pages/frontline/digitalnation/interviews/turkle.html (accessed on June 25, 2020).

28. Greely, Henry. "Are we set for a new sexual revolution?" *BBC Future*, July 2, 2019. https://www.bbc.com/future/article/20190702-are-we-set-for-a-new-sexual-revolution (accessed on June 25, 2020).

29. Levy, David. "Sex, love and robots: is this the end of intimacy?" *The Guardian*, December 13, 2015. https://www.theguardian.com/technology/2015/dec/13/sex-love-and-robots-the-end-of-intimacy (accessed on June 25, 2020).

30. Richardson, Kathleen. "Meet The Activist Fighting Sex Robots." *Forbes*, September 26, 2018. https://www.forbes.com/sites/andreamorris/2018/09/26/meet-the-activist-fighting-sex-robots/ (accessed on June 25, 2020).

31. Breithaupt, Fritz. "Robot manipulates humans in creepy new experiment. Should we be worried?" *NBC Mach*, August 14, 2018. https://www.nbcnews.com/mach/science/robot-manipulates-humans-creepy-new-experiment-should-we-be-worried-ncna900361 (accessed on June 25, 2020).

32. Poitevin, Helen. "69% Of Managers' Work To Be Completely Automated By 2024: Gartner." *Entrepreneur*, January 23, 2020. https://www.entrepreneur.com/article/345435 (accessed on June 25, 2020).

33. Schawbel, Dan. "New Study: 64% of People Trust a Robot More Than Their Manager." Oracle, October 15, 2019. https://www.oracle.com/corporate/pressrelease/robots-at-work-101519.html (accessed on June 25, 2020).

34. Silver, David. "DeepMind's Go-playing AI doesn't need human help to beat us anymore." *The Verge*, October 18, 2017. https://www.theverge.com/2017/10/18/16495548/deepmind-ai-go-alphago-zero-self-taught (accessed on June 25, 2020).

35. Mitrokhin, Anton. "Hyperdimensional computing theory could lead to AI with memories and reflexes." *TNW*, May 17, 2019. https://thenextweb.com/artificial-intelligence/2019/05/17/hyperdimensional-computing-theory-could-lead-to-ai-with-memories-and-reflexes/ (accessed on June 25, 2020).

36. Howard, David. "Robot 'Natural Selection' Recombines Into Something Totally New." *Wired*, March 26, 2019. https://www.wired.com/story/how-we-reproduce-robots/ (accessed on June 25, 2020).

37. Buehrer, Daniel J. "One machine to rule them all: A 'Master Algorithm' may emerge sooner than you think." *TNW*, April 17, 2018. https://thenextweb.com/artificial-intelligence/2018/04/17/one-machine-to-rule-them-all-a-master-algorithm-may-emerge-sooner-than-you-think/ (accessed on June 25, 2020).

38. Altman, Sam. "Microsoft to invest $1 billion in OpenAI." *Reuters*, July 22, 2019. https://www.reuters.com/article/us-microsoft-openai/microsoft-to-invest-1-billion-in-openai-

idUSKCN1UH1H9 (accessed on June 25, 2020).

39. Ma, Jack. "Can technology plan economies and destroy democracy?" *The Economist*, December 18, 2019. https://www.economist.com/christmas-specials/2019/12/18/can-technology-plan-economies-and-destroy-democracy (accessed on June 25, 2020).

40. Winfield, Alan. "Demystifying the Black Box That Is AI." *Scientific American*, August 9, 2017. https://www.scientificamerican.com/article/demystifying-the-black-box-that-is-ai/ (accessed on June 25, 2020).

41. Hinton, Geoffrey. "Google's AI Guru Wants Computers to Think More Like Brains." *Wired*, December 12, 2018. https://www.wired.com/story/googles-ai-guru-computers-think-more-like-brains/ (accessed on June 25, 2020).

42. Hawking, Stephen. "Stephen Hawking warns artificial intelligence could end mankind." *BBC News*, December 2, 2014. https://www.bbc.com/news/technology-30290540 (accessed on June 25, 2020).

43. Musk, Elon. "Elon Musk's Billion-Dollar Crusade To Stop The A.I. Apocalypse." *Vanity Fair*, April 2017. https://www.vanityfair.com/news/2017/03/elon-musk-billion-dollar-crusade-to-stop-ai-space-x (accessed on June 25, 2020).

44. Calvano, Emilio, Giacomo Calzolari, Vincenzo Denicolò, Sergio Pastorello. "Artificial intelligence, algorithmic pricing, and collusion." VoxEU.org, February 3, 2019. https://voxeu.org/article/artificial-intelligence-algorithmic-pricing-and-collusion (accessed on June 26, 2020).

45. Beridze, Irakli. "Five Experts Share What Scares Them the Most About AI." *Futurism*, September 5, 2016. https://futurism.com/artificial-intelligence-experts-fear (accessed on June 26, 2020).

46. Nolan, Laura. "Ex-Google worker fears 'killer robots' could cause mass atrocities." *The Guardian*, September 15, 2019. https://www.theguardian.com/technology/2019/sep/15/ex-google-worker-fears-killer-robots-cause-mass-atrocities (accessed on June 26, 2020).

47. Kurzweil, Ray. "Kurzweil Claims That the Singularity Will Happen by 2045." *Futurism*, October 5, 2017. https://futurism.com/kurzweil-claims-that-the-singularity-will-happen-by-2045 (accessed on June 26, 2020).

48. Rothblatt, Martine. "Live forever? Maybe, by uploading your brain." *CNBC*, May 4, 2015. https://www.cnbc.com/2015/05/04/live-forever-maybe-by-uploading-your-brain.html (accessed on June 26, 2020).

49. Koene, Randal, Rafael Yuste. "The Neuroscientist Who Wants To Upload Humanity To A Computer." *Popular Science*, May 16, 2014. https://www.popsci.com/article/science/neuroscientist-who-wants-upload-humanity-computer/ (accessed on June 26, 2020).

50. Gimzewski, James. "Neuromorphic computing and the brain that wouldn't die." *ZDNet*, February 27, 2019. https://www.zdnet.com/article/neuromorphic-computing-and-the-brain-that-wouldnt-die/ (accessed on June 26, 2020).

51. Nectome. "Startup can preserve your brain for future upload, but it's '100 percent fatal'." *Digital Trends*, March 13, 2018. https://www.digitaltrends.com/cool-tech/nectome-brain-embalm-mind-uploading/ (accessed on June 26, 2020).

52. Hendricks, Michael. "A startup is pitching a mind-uploading service that is '100 percent fatal'." *MIT Technology Review*, March 13, 2018. https://www.technologyreview. com/2018/03/13/144721/a-startup-is-pitching-a-mind-uploading-service-that-is-100-percent-fatal/ (accessed on June 26, 2020).

53. John, Yohan. "What percent chance is there that whole brain emulation or mind uploading to a neural prosthetic will be feasible by 2048?" Quora, December 11, 2013. https://www.quora.com/What-percent-chance-is-there-that-whole-brain-emulation-or-mind-uploading-to-a-neural-prosthetic-will-be-feasible-by-2048 (accessed on June 26, 2020).

54. Nicolelis, Miguel. "Will We Ever Be Able to Upload a Mind to a New Body?" *Gizmodo*, February 5, 2018. https://gizmodo.com/will-we-ever-be-able-to-upload-a-mind-to-a-new-body-1822622161/amp (accessed on June 26, 2020).

55. Kurzweil, Ray. "Google's Ray Kurzweil: 'Mind upload' digital immortality by 2045." *Digital Journal*, June 20. 2013. http://www.digitaljournal.com/article/352787 (accessed on June 26, 2020).

56. Nicolelis, Miguel. "Monkey 'brain net' raises prospect of human brain-to-brain connection." *The Guardian*, July 9, 2015. https://www.theguardian.com/science/2015/jul/09/monkey-brain-net-raises-prospect-of-human-brain-to-brain-connection (accessed on June 26, 2020).

57. Nicolelis, Miguel. "A Researcher Made an Organic Computer Using Four Wired-Together Rat Brains." *Vice*, July 9, 2015. https://www.vice.com/en_us/article/bmj49v/a-researcher-made-an-organic-computer-using-four-wired-together-rat-brains (accessed on June 26, 2020).

58. Nicolelis, Miguel. "Scientists Connect Monkey Brains and Boost Their Thinking Power." *Smithsonian Magazine*, July 20, 2015. https://www.smithsonianmag.com/innovation/scientists-connect-monkey-brains-and-boost-their-thinking-power-180955963/ (accessed on June 26, 2020).

59. Thrun, Sebastian. "Enhanced Intelligence, VR Sex, and Our Cyborg Future." *Wired*, December 30, 2019. https://www.wired.com/story/enhanced-intelligence-vr-sex-our-cyborg-future/ (accessed on June 26, 2020).

60. Harbisson, Neil. "How a Color-Blind Artist Became the World's First Cyborg." *National Geographic*, April 3, 2017. https://www.nationalgeographic.com/news/2017/04/worlds-first-cyborg-human-evolution-science/ (accessed on June 26, 2020).

61. Bach-y-Rita, Paul. "Can You See With Your Tongue?" *Discover*, May 31, 2003. https://www.discovermagazine.com/mind/can-you-see-with-your-tongue (accessed on June 26, 2020).

62. Arnoldussen, Aimee. "Tasting the Light: Device Lets the Blind 'See' with Their Tongues." *Scientific American*, August 13, 2009. https://www.scientificamerican.com/article/device-lets-blind-see-with-tongues/ (accessed on June 26, 2020).

63. Weihenmayer, Erik. "Seeing with Your Tongue." *The New Yorker*, May 15, 2017. https://www.newyorker.com/magazine/2017/05/15/seeing-with-your-tongue (accessed on June

26, 2020).

64. Eagleman, David. "A Device For The Deaf That Lets You 'Listen' With Your Skin." *Popular Science*, September 30, 2016. https://www.popsci.com/device-that-lets-you-listen-with-your-skin/ (accessed on June 26, 2020).

65. Eagleman, David. "The Possibilian." *The New Yorker*, April 25, 2011. https://www.newyorker.com/magazine/2011/04/25/the-possibilian (accessed on June 26, 2020).

66. Muotri, Alysson. "Scientists Re-create Baby Brain Readings in a Dish." *Popular Mechanics*, Nov 19, 2019. https://www.popularmechanics.com/science/animals/a25224015/lab-brain-tissue-human-brain-waves/ (accessed on June 26, 2020).

67. Warwick, Kevin. "Robot with a Biological Brain: new research provides insights into how the brain works – University of Reading." *University of Reading*, August 14, 2008. https://www.reading.ac.uk/news-archive/press-releases/pr16530.html (accessed on June 26, 2020).